GESCHICHTE DER ARCHITEKTUR

GESCHICHTE DER
ARCHITEKTUR

Jonathan Glancey

DORLING KINDERSLEY

DORLING KINDERSLEY

Projektbetreuung: Neil Lockley, Jo Marceau
Gestaltung: Carla De Abreu
Bildbetreuung: Simon Murrell
Bildredaktion : Rowena Alsey
Lektorat: Peter Jones
Cheflektorat: Anna Kruger
Leitung Bildlektorat: Stephen Knowlden
Leitung Bildrecherche: Sam Ruston
DTP-Design: Robert Campbell, Louise Waller
Herstellung: Sarah Coltman

Die Deutsche Bibliothek – CIP Einheitsaufnahme
Ein Titelsatz für diese Publikation ist bei
Der Deutschen Bibliothek erhältlich.

Titel der englischen Originalausgabe:
The Story of Architecture

Übersetzung Dr. Hajo Düchting, Britta Rath
Redaktion Dr. Lothar Altmann
Satz AVAK Publikationsdesign, München

ISBN 3-8310-0168-5

Printed and bound in Italy

Besuchen Sie uns im Internet
www.dk.com

SEITE 2: DIE WIESKIRCHE, BAYERN (1745–1754; SIEHE S. 89)

INHALT

VILLA ROTONDA, BEI VICENZA, ITALIEN, 1569

UNITÉ D'HABITATION, MARSEILLE, FRANKREICH, 1946–1952

GELEITWORT

Die »Geschichte der Architektur« beginnt etwa
7 000 Jahre v. Chr. in Mesopotamien und reicht bis zur globalen
Baukunst des 21. Jahrhunderts. Jonathan Glancey bringt
zwei wichtige Voraussetzungen für dieses enzyklopädische Werk mit:
Erstens hat er die meisten Gebäude, über die er schreibt,
selbst gesehen. Der Leser mag dies für selbstverständlich halten, es
gibt jedoch immer wieder Autoren, die seitenweise über Gebäude
schreiben, die sie nur von Abbildungen her kennen. Den Unterschied merkt man beim Lesen schon bald. Zudem zeichnet sich
Glancey durch seine ansteckende Begeisterung für dieses Thema aus.
Architektur berührt alle unsere Sinne. Wenn wir, fern von
den Tagesgeschäften, dieses Buch durchblättern, werden für uns die
Gebäude und die Geschichte dahinter lebendig.

Dieses Buch erinnert uns daran, dass Kultur aus dem
Machen von Dingen entstanden ist, einem Prozess, der mit dem
provisorischen Schutz gegen die Elemente begann.
Architektur transzendiert diese Grundbedürfnisse. Ihre Ausdrucks-
möglichkeiten sind so vielseitig wie die Welt der Pflanzen
und Tiere. Jonathan Glancey erklärt hier ganz unangestrengt und
trotzdem spannend die Grundlagen der unterschiedlichsten
Architekturen auf der Welt.

Seine Darlegungen sind immer lebendig und anregend formuliert.
Ich schätze insbesondere seine historischen Einflechtungen,
die über das Leben der Musiker, Künstler, Architekten, Ingenieure
und Auftraggeber der jeweiligen Kulturepoche informieren.
Alle diese Menschen tragen zu der Architektur einer Epoche bei.
Dieses Buch könnte sich somit auch als Führer bei Ihrer
nächsten Architekturreise bewähren.

Jonathan Glancey versucht die Geschichte der Architektur und alle,
die in ihr eine Rolle spielen, einem möglichst breiten Publikum
näher zu bringen. Und das ist ihm hervorragend gelungen.

Sir Norman Foster, London, Mai 2000

VORWORT

VIELE BAUWERKE, die im Laufe der Geschichte entstanden sind, gehören zu den bemerkenswertesten Unternehmungen des Menschen. Mittels der Architektur versuchen wir, in unsere so aufregende wie chaotische Welt Ordnung zu bringen und uns selbst Schutz zu gewähren. Wir alle leben und arbeiten in ganz unterschiedlichen Gebäuden. Aber selbst die bescheidensten Behausungen können noch inspirierend sein. Das kann an der Drehung der Treppe liegen oder an der Art, wie das Sonnenlicht durch die Fenster fällt und faszinierende Muster auf den Boden wirft. Vielleicht berührt uns auch der Kontrast zwischen kühlen Baumaterialien und der Sommerhitze oder aber der Rhythmus einer Arkade, ganz abgesehen von der bedeutungsschweren Symbolik einer Domkuppel. Architektur – nicht zu verwechseln mit dem bloßen Bauen – vermag unseren Geist und unsere Sinne anzuregen. Sie kann uns schlimmstenfalls auch einschüchtern, wenn das Ego des Architekten zu groß war. Dieses Buch ist eine konzentrierte Präsentation von Gebäuden, Plätzen und Bauideen, die mich von Kindheit an angezogen haben, wie das Licht die sprichwörtliche Motte. Ich habe fast jedes der beschriebenen Bauwerke selbst besichtigt und dazu noch einige ausgewählt, ohne die keine Architekturgeschichte auskommen kann. Die Architektur ist ein riesiges Gebiet, das die ganze Geschichte der Zivilisation umfasst. Obwohl ich mein Bestes versucht habe, ist diese Zusammenstellung natürlich nicht vollständig. Ich hoffe jedoch, dass sie Sie anregt, die hier gezeigten und andere Bauten zu besichtigen, um mehr über die Möglichkeiten der Architektur zu erfahren.

Jonathan Glancey

GRAND CENTRAL STATION, NEW YORK, 1903–1913

Die wunderschöne Schalterhalle des New Yorker Zentralbahnhofs ist einer der größten Treffpunkte der Welt. Sie misst 36,5 x 38m.

Ihr weit gespanntes Tonnengewölbe ziert eine Darstellung des Firmaments, gemalt von Paul Helleu.

EINFÜHRUNG

SÄULENHALLE, TEMPEL VON AMUN, KARNAK, ÄGYPTEN, 1530–323 V. CHR.
Im Zentrum des Tempels von Amun befindet sich eine monumentale Säulenhalle. Dieser wundervolle Raum besteht aus 122 Säulen und einem erhöhten Mittelschiff mit 12 Säulen von 22 m Höhe.

BIS AUF SELTENE AUSNAHMEN, wie bei Ausflügen in einsame Landschaften, Trekking im Hochgebirge oder beim Segeln auf hoher See, sind die meisten Menschen ständig von Gebäuden umgeben. Es gibt jedoch einen wichtigen Unterschied zwischen Bauen und Architektur. Auch Tiere können bauen: Termiten errichten z. B. spektakuläre, hoch aufragende Bauten im australischen Busch. Vögel bauen Nester. Einige davon, wie die des Laubenvogels in Australien und Neuguinea, sind von großer Raffinesse und Schönheit. Kunstvoll gebaute Bienenstöcke offenbaren einen in der Natur unübertroffenen instinktiven Sinn für Geometrie und ökonomische Materialverarbeitung.

Doch nur der Mensch hat eine Architektur entwickelt. Dabei handelt es sich, einfach gesagt, um die Wissenschaft und Kunst des Bauens, entstanden in dem Moment, in dem sich das Bauwerk durch ein magisch anmutendes Wissen vom reinen Schutzraum in ein selbstständiges Kunstwerk verwandelt. Diese Kunst kann ebenso verärgern wie begeistern. Die Architektur hat sich zudem weiter entwickelt, von der Erhabenheit des Parthenon und der Eleganz der Tempelbauten von Mahabalipuram über die emporstrebenden gotischen Kathedralen bis zu den Wolkenkratzern des 20. Jh. Sie bietet die Möglichkeit, unseren künstlerischen Ambitionen in drei Dimensionen Dauer zu verleihen. Mittels der Architektur können wir unserem Reichtum und Wohlergehen sichtbaren Ausdruck geben. Man denke nur an die großen Kirchen und Tempel, die zum Dank, dass man von einer grassierenden Seuche verschont worden war, und zur Ehre Gottes, der Götter oder Heiligen errichtet wurden. Architektur stellte so eine Art Treppe zum Himmel dar. In grauer Vorzeit, etwa 8000/9000 Jahre vor unserer Zeitrechnung, begannen Menschen mit Hilfe von außergewöhnlichen Bauten nach den Sternen zu greifen.

KATHEDRALE VON CHARTRES, FRANKREICH, 1194–1220
Die Kathedrale von Chartres ist ein Schlüsselwerk in der Entwicklung der Hochgotik. Besonders bemerkenswert sind die Glasfenster, die das Innere in farbiges Licht tauchen. Die Kathedrale ist zugleich Ausdruck des Glaubens und des Wohlstands.

Diese Bauwerke ähneln entweder heiligen Bergen oder Treppen (Pyramiden, Türme), auf denen die Priester hinaufsteigen konnten, um den Himmelsgöttern zu begegnen, oder auf denen die Götter auf die Erde hinab gelangen konnten.

Die ältesten Bauwerke, die uns erhalten blieben, sind Tempel. Schon in der Bronzezeit, als die himmlischen Götter in den meisten Gebieten der Erde über die prähistorische Erdgöttin triumphierten, versuchte die Menschheit, sich mit dem Ewigen zu verbinden und in Harmonie mit

dem Kosmos zu bauen. Es überrascht daher nicht, dass die alten Tempelanlagen in Beziehungen zu den Tagundnachtgleichen und Sonnenfinsternissen sowie anderen Bewegungen und Konstellationen am nächtlichen Firmament stehen. Die Menschen wollten mit dem Geist des Universums eins sein. Es ist interessant, dass in monotheistischen Religionen, vor allem im Christentum, Gott als der große und ursprüngliche Architekt bezeichnet wird. Daher stammt das überzogene Selbstbewusstsein einiger unserer Architekten.

Nicht weniger bedeutsam waren das Einverständnis und die (gebaute) Verbindung mit den Göttern, die Land oder See fruchtbar machen sollten. Stonehenge diente z. B. als Observatorium und Tempelanlage sowie vermutlich als riesiger Theodolit, der mit anderen Steinkreisen in ganz Britannien verbunden war und es unseren Ahnen ermöglichte, die Sterne zu lesen und so erfolgreich ihre Handelsrouten auf See zu befahren. Heute tragen wir solch umfassende Technologie in Form von Uhren am Handgelenk.

Ich erwähne das nicht nur, weil mich die Ursprünge der Zivilisation so faszinieren, sondern auch, weil es mich daran erinnert, wie bedeutsam Architektur für unser Leben ist und wie sehr sie sich vom einfachen Bauen unterscheidet. Die Baukunst mutete immer wie eine Religion an, und Architekten schienen in ihrer Funktion Priestern vergleichbar. In den besten Zeiten glichen sie, wie man in diesem Buch sehen und lesen kann, Schamanen oder Magiern, die Stein, Ziegel und später Eisen, Stahl, Titan und Plastik in sensationelle Bauten verwandelten und damit unseren Geist beflügelten. Im Laufe der Jahrhunderte ermöglichten neue Technologien die Ausübung der Architektur mit immer größerer Geschicklichkeit. Gleichzeitig nahmen aber auch die Fehler in einem Maße zu, wie es zur Zeit der Pyramiden oder Stonehenges nie möglich gewesen wäre. Mit der Architektur verhält es sich leider wie mit den Weltreligionen: im Laufe der Zeit bildeten sich Sekten und gegenseitig bekämpfende Splittergruppen.

Zu Beginn des 21. Jh. gibt es mehr Menschen und entsprechend mehr Architekten als jemals zuvor in der Geschichte der Zivilisation. Das hat aber ganz sicher nicht zur Qualitätsverbesserung geführt. Und wieso nicht? Weil wir nicht mehr bauen, um die Menschheit mit Gott zu verbinden und unseren Platz im Kosmos zu bestimmen, sondern aus banalen, modischen und ökonomischen Gründen,

SÃO PAOLO, BRASILIEN
Mit einer Einwohnerzahl von über 17 Millionen ist São Paolo die größte Stadt Brasiliens. Sie ist das größte Wirtschaftszentrum Lateinamerikas und eine der bevölkerungsreichsten Städte der westlichen Welt. In den 50er, 60er und 70er Jahren zogen viele Millionen Menschen vom Land in die Stadt; Ballungszentren wie São Paolo begannen rapide zu wachsen.

die die Architektur auf ein eitles und sehr irdisches Geschäft reduzieren. Es ist doch bezeichnend, dass zu einem Zeitpunkt, da die Technologie so faszinierende Möglichkeiten bietet, so viele Bauten langweilig, ja sogar deprimierend wirken. Seit Beginn des 20. Jh. ist die Rolle des Architekten im Niedergang begriffen. Um zu überleben und um uns wieder so zu begeistern, wie es die großen Moscheen und Tempel vor Tausenden von Jahren getan haben, müssen die Architekten wieder Fantasie und Imagination entdecken. Nur dann werden sie wieder zu Schamanen und Magiern, wie es ihre Vorläufer vor der Industriellen Revolution waren.

Natürlich gibt es auch heute Architekten, die genauso großartige Bauten schaffen wie ihre Kollegen von damals. Doch diese sind, wie große Könner auf anderen Gebieten auch, rar gesät. Es ist an uns, den Rest der Zunft zu ermutigen, herauszufordern und zu kritisieren, um so sicherzustellen, dass unsere anspruchsvolle, gierige und unausgewogene globale Zivilisation behaust ist und sich dem Reich der Götter wieder näher bringt. Aber natürlich erhalten wir immer die Architektur, die wir verdienen. Wenn wir wirklich ein banales, geistloses Leben führen wollen, dann winken uns die kunstlose Welt der klimatisierten Geschäftspassagen, die Comicwelt der Vergnügungscenter, die verlogene Welt der im »traditionellen« Stil gebauten Vororthäuser mit Vorgarten und Dreifachgarage sowie die der gesichtslosen Fertighäuser und der seelenlosen Bürosilos.

REICHSTAGSGEBÄUDE, BERLIN, 1999

Norman Fosters meisterhafte Einbindung des Lichts wird in der neuen Glaskuppel des Reichstagsgebäudes deutlich. Im Zentrum der Kuppel erhebt sich ein reflektierender Kegel, der das Licht in den Plenarsaal des Bundestages spiegelt.

Die
ANFÄNGE

AM ANFANG DES 21. JH. LÄSST SICH NUR SCHWER EINE ZEIT VORSTELLEN, IN WELCHER GOTT (ODER DER DUNKLE KOSMOS DER GÖTTER) ALS DER EINZIGE ARCHITEKT GALT. DIE DAMALS LEBENDEN MENSCHEN HATTEN KEINE BEWUSSTE VORSTELLUNG VON ARCHITEKTUR UND AUCH KEIN VERLANGEN DANACH. INSEKTEN UND VÖGEL BAUTEN WESENTLICH RAFFINIERTERE HEIMSTÄTTEN ALS UNSERE JAGENDEN UND SAMMELNDEN VOR-FAHREN. IM GEGENSATZ ZUR ANNAHME DER ARCHITEKTURTHEORETIKER DES 18. JH. GAB ES KEINE MYSTISCHEN ANFÄNGE IN DER GESCHICHTE DER ARCHITEKTUR. MAN BEGANN NICHT PLÖTZLICH PRIMITIVE UNTERKÜNFTE ZU HÄUSERN UMZUBAUEN ODER ZU KULTSTÄTTEN ZU GESTALTEN. ARCHITEKTUR ENTSTAND VOR ETWA 8000/9000 JAHREN, ALS DIE ERSTEN HÄUSER, MONUMENTE UND SCHLIESSLICH STÄDTE ENTSTANDEN. DER DEUTSCHE ARCHITEKT MIES VAN DER ROHE DRÜCKTE ES SO AUS: ARCHITEKTUR ENTSTAND, »ALS ZWEI ZIEGEL SAUBER ZUSAMMENGESETZT WURDEN«.

GROSSER PORTIKUS DES ISIS-TEMPELS IN PHILAE, NUBIEN
Das Gemälde von David Roberts aus dem 19. Jh. zeigt die stark verzierte monumentale Architektur des frühen Ägypten. Nicht zwei Kapitelle gleichen sich. Das Grundgerüst ist jedoch relativ einfach aufgebaut.

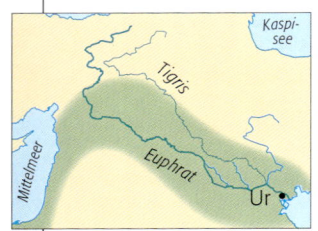

DAS ZWEISTROMLAND

Ab 8000 v. Chr. begannen Jäger und Sammler Tiere zu zähmen und Pflanzen zu kultivieren. Das Gebiet zwischen Euphrat und Tigris, als Zweistromland bekannt, bot sich wegen der zuverlässigen Wasserversorgung zur Kultivierung an. Am Ende des 7. Jahrtausends v. Chr. haben Bauern dort bereits Weizen und Gerste angebaut und Bewässerungssysteme angelegt. Die Menschen in den dortigen Ansiedlungen begannen sich in Handwerk und Handel zu spezialisieren und gründeten die ersten Städte.

DIE ENTSTEHUNG DER STÄDTE
DIE WIEGE DER ZIVILISATION

DIE ARCHITEKTUR nahm ihren Anfang, als die Menschen sich der regelmäßigen Feldarbeit zu widmen begannen. Nun erstrebten die Menschen, anstatt zu jagen und zu sammeln, wie es ihre Ahnen getan hatten, feste Wohnsitze in der Nähe ihres Ackerlands. Diese neue Lebensweise entstand etwa gleichzeitig an den Ufern des Nils und im so genannten Zweistromland, der einst so fruchtbaren Tiefebene zwischen Euphrat und Tigris und entlang der Ostküste des Mittelmeers. Den Verfassern der Bibel war diese Gegend als »Garten Eden« geläufig und so kann man es sich wohl auch vorstellen. Die erste Architektur und die ersten Städte entstanden also in den Ländern, die wir heute Ägypten, Israel, Irak und Iran nennen.

DIE GEBURT DER ARCHITEKTUR

Die Menschen ließen sich an diesen biblischen Orten nieder, um die Felder zu bestellen, und schufen im Laufe der Zeit die ersten Städte. In diesen Städten wurden feste Wohn- und Kulthäuser, dann Paläste und Tempel errichtet. Die Geburt der Architektur vollzog sich also zeitgleich mit jener der Stadt. Die Stadt wurde durch die Feldarbeit ernährt, wie umgekehrt die Stadt den Feldarbeitern Schutz bot. Die Zivilisation, wie wir sie verstehen, hatte ihren langen, manchmal

DIE ZIKKURAT VON URNAMMU, UR, IRAK, UM 2125 V. CHR. *Von den oberen Etagen dieses riesigen Bauwerks blieb nur wenig übrig. Die Basis hat jedoch überdauert und gibt eine Vorstellung davon, wie das intakte Bauwerk ausgesehen haben muss, als es sich hoch über die weite, unbebaute Ebene erhob.*

ruhmreichen, aber oft auch schrecklichen Aufstieg begonnen.

Das Wort »Zivilisation« stammt vom lateinischen *civis*, was Stadtbewohner bedeutet. Die älteste Stadtbesiedlung und damit der Ausgangspunkt der Architektur war Jericho. Ausgrabungen haben für damalige Begriffe zweifellos ansehnliche Wohnhäuser aus Lehmziegeln freigelegt, die vor 8000 v. Chr. zurückdatieren, und Kulthäuser von etwa 7000 v. Chr. Solche Städte wie Jericho wären uns recht vertraut vorgekommen, abgesehen von Autos, Elektrizität, Reklame und Satellitenschüsseln. Viele kleine abgelegene Städte und Dörfer im Mittleren Osten und in Nordafrika haben sich die letzten 10000 Jahre kaum in ihrem

Erscheinungsbild verändert. Die fruchtbare Verbindung von Reichtum und Erfolgsstreben brachte die Architektur schließlich zu technologischer und künstlerischer Größe. Die ersten Stadtbewohner wurden bald von Priestern und Königen angeführt. Die Priester verkündeten und interpretierten den Willen der Götter, welche die Macht besaßen, das Land fruchtbar zu machen oder verdorren zu lassen. Dafür sorgten die Städter für die Priester, die in den meisten frühen Gesellschaften immer reicher, verwöhnter und furchteinflößender wurden. Um sich vor Überfällen und Invasionen feindlicher Völker zu schützen, wählte die Bürgerschaft Könige, die Armeen aufstellten, sie in den Kampf führten und das Land, aus dem die Städte hervorgegangen waren, schützten. Im Laufe der Geschichte wurden daraus Königreiche, Nationen und Staaten, die zu ihrer Verteidigung immer stärkeres Militär benötigten. Zum Dank für diesen Schutz wurden die Könige mit großen Reichtümern belohnt bzw. nahmen sich selbst ihren Teil. Die Priester bauten Tempel, die Könige Paläste und beide Führungsschichten Grabmäler: Zikkurate und Pyramiden, zu deren Besichtigung wir heute tausende von Kilometern reisen, denn die bis zum Himmel strebenden Bauten aus Ziegel oder Marmor haben sich unauslöschlich unserem Bewusstsein eingeprägt.

DIE ZIKKURATE

Einer der größten und beeindruckendsten frühen Tempel ist die Zikkurat (getreppte Pyramide) von

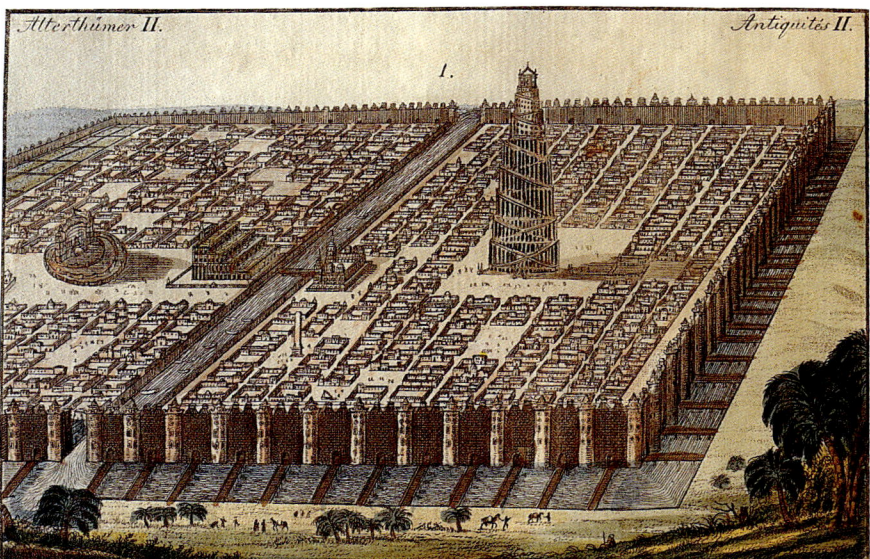

DIE MAUERN VON BABEL IN DER VORSTELLUNG EINES KÜNSTLERS DES 18. JH.
Die Geschichte des Turms zu Babel, wie sie in Genesis 11,1–9 erzählt wird, geht wahrscheinlich auf die Zikkurat von Etemenanki zurück.

Urnammu in Ur im Land der Sumerer. Der Tempel war dem Mondgott Nanna geweiht und erhob sich über eine dicht bebaute Stadt mit etwa 350000 Einwohnern wie ein künstlicher Berg, dessen Gipfel über eine großartige Kulttreppe erreicht werden konnte. Der Tempel wurde zuletzt von Urnammu und seinen Nachfolgern etwa 2125 v. Chr. umgebaut, sein Kern ist jedoch viel älter. Jede Generation baute anscheinend am bestehenden Bau weiter und schuf schließlich, zunächst unabsichtlich, die faszinierende Form der Zikkurat. Man vermutet heute, dass jede Ebene mit Bäumen bepflanzt war, sodass die Zikkurat einem natürlichen, in Sonnenlicht getauchten Berg ähnelte. Der große Tempel war ganz sicher kilometerweit in der Ebene sichtbar und somit den auf den Feldern arbeitenden Bauern ein Unterpfand, damit ihre Priester für sie bei den Göttern um Hilfe baten.

Eine der berühmtesten Zikkurate der Alten Welt ist als Turm zu Babel bekannt. Wahrscheinlich handelt es sich dabei um den Tempel von Etemenanki in Babylon, der größten und modernsten aller alten Städte in Mesopotamien. Die Stadt hatte ihre größte Blüte unter König Nebukadnezar II. (605–563 v.Chr.). Der Turm zu Babel war wahrscheinlich spiralförmig angelegt, mit blau glasierten Ziegeln verkleidet und ragte

SCHIBAM, WÜSTENSTADT IM JEMEN
Das »Manhattan der Wüste« ist ungefähr 2000 Jahre alt. Die meisten dieser Lehmziegelhäuser datieren aus dem 16. Jh. v. Chr. Das Erscheinungsbild der Stadt wirkt jedoch sehr modern.

FRÜHE SCHRIFT
Schrift war für die Entwicklung der frühen Zivilisation von wesentlicher Bedeutung. Sie wurde verwendet, um Wissen von einer Generation zur nächsten weiterzugeben. So entstanden die ersten Schreibdienste, die für die Kulturentwicklung in den frühen Städten wichtig waren. Die Keilschrift (von lateinisch *cuneus* = Keil) wurde aus einfachen Piktogrammen entwickelt und ab 3100 v.Chr. zu administrativen Zwecken eingesetzt. Die hier abgebildete Inschrift datiert von 2400 v.Chr. und zeigt die Widmung einer Königin der Stadt Umma an ihren Gatten König Gischakidu.

sieben Stockwerke bis zu einer Höhe von 90 m auf. Er könnte sich über den wundervollen, am Ufer des Euphrats gelegenen Palast erhoben haben, der durch seine Hängenden Gärten, große, duftende Gartenterrassen über mächtigen Gewölben, berühmt war. In diesen Gewölben wurde Wasser für die Pflanzen gespeichert, aber auch Trinkwasser für die Hofdamen und Prinzessinnen, für welche diese Gärten, eines der sieben Weltwunder der Antike, angelegt worden waren.

BABYLON

Es gab zwar schon vorher große Städte in Mesopotamien, wie Ur, Khorsabad, Nimrud und Ninive, doch war Babylon wahrscheinlich die erste Weltstadt, die vollständig durchgeplant worden ist. Die von Mauern umgebene Stadt dehnte sich am Ost- und Westufer des Euphrats aus und war mit einer Brücke verbunden, die Teil der großen Prozessionsstraße war, die sich vom Königspalast zum Haupttempel zog. Das im Pergamon-Museum in Berlin rekonstruierte Nordtor, das Ischtar-Tor, kann noch

DIE HÄNGENDEN GÄRTEN VON BABYLON IN DER VORSTELLUNG EINES KÜNSTLERS
Die auf künstlichen Terrassen angelegten exotischen Gärten konnten durch den Königspalast betreten werden. Hier sind sie auf einer Rekonstruktion des 19. Jh. zu sehen.

heute etwas von dem wunderbaren, bunten Anblick der Stadt vermitteln. Es ist mit den typischen blau glasierten Ziegeln verkleidet, zwischen denen braune und weiße Ziegelreliefs den Löwen der Göttin Ischtar, den Schlangendrachen des Schöpfergottes Marduk und den Stier des Wettergottes Adad zeigen. Nur die Tore der assyrischen Stadt Khorsabad, ein Jahrhundert früher erbaut, waren wohl noch eindrucksvoller. Sie führten in den Palast von Sargon II. (722–705 v. Chr.) und waren von Furcht erregenden geflügelten Bullen mit Menschenköpfen bewacht. Die Mauern waren vermutlich mit den abgezogenen Häuten von besiegten Feinden geschmückt und an den Straßen waren Kreuze mit Folteropfern aufgestellt. Diese frühen Städte waren einerseits sehr kunstvoll erbaut, andererseits spielte sich in ihnen oft ein sehr barbarisches Leben ab.

FRÜHE BAUWEISEN

Damals waren die Bautechniken noch sehr einfach. Sonnengetrocknete Lehmziegel wurden unter spärlichem Einsatz des nur wenig vorhandenen Holzes mit wechselnden Steinlagen aufgeschichtet. Noch war nichts von den griechischen und römischen Baukonstruktionen zu sehen, die nicht lange nach Babylons ruhmreichen Zeiten auftauchten. Das differenzierteste Gebäude dieser mesopotamischen Kulturen war die Zikkurat, die zwar in Höhe, Volumen und dem damit verbundenen Mysterium eindrucksvoll ist, aber als Gebäudetyp, etwa im Vergleich zu einer gotischen Kathedrale, doch recht einfach konstruiert ist. Man könnte mit Recht behaupten, dass selbst die größten Gebäude jener Zeit, ob

DAS ISCHTAR-TOR, BABYLON, 605–563 v. CHR.
Man schätzt, dass die Prozessionsstraße, die durch das Tor führte, mehr als 800 m lang war. Die Straßenseite war mit Löwen aus weißen Ziegelsteinen dekoriert, dem heiligen Tier der Göttin Ischtar.

Tempel oder Palast, nicht viel raffinierter gebaut waren als das einfachste Haus. In diesem Sinne waren sich die mesopotamischen Städte alle sehr ähnlich. Bis zum eigenständigen Gebäude der Neuzeit war noch ein weiter Weg.

DAS PERSISCHE REICH

Alle diese Städte und frühen Kulturen wurden irgendwann einmal von dem ersten großen Weltreich geschluckt, das die Perser unter Kyros dem Großen (um 600–530 v. Chr.) gründeten. Nun beginnt die Verschmelzung der bisher vorhandenen Ideen und Stile der Architektur. Handwerker aus dem ganzen Reich, Assyrer, Babylonier, Ägypter und ionische Griechen, vereinten ihre Kräfte unter einer Oberherrschaft und schufen eine neue Architektur, freier in der Form, dekorativer und heiterer als die düsteren Zikkurate Mesopotamiens.

Das größte Monument dieser Zeit war der Palast von Persepolis, 518 v. Chr. von Darius I. begonnen und 60 Jahre später von Artaxerxes I. beendet. Selbst zu diesem Zeitpunkt kennen wir noch nicht die Namen einzelner Architekten, nur von Königen und Herrschern, deren Ruhm in Ziegel, Stein und Terrakotta verewigt wurde. Der auf einem mächtigen Fundament ruhende Palast konnte über eine breite, sanft ansteigende Treppenflucht erreicht werden, sodass auch Krieger auf Pferden hinauftraben konnten. Auf jeder Seite des Palastes waren reiche Reliefs angebracht, die unter anderem Völker und Krieger des Neuen Reiches zeigten. Der Palast selbst bestand aus mehreren Gebäuden, darunter ein Harem, sowie aus der sehr berühmten Halle der Hundert Säulen, einem Thronraum von 68,6 m². Die bemalte Holzdecke wurde von einem Wald aus Säulen getragen, mit Kapitellen in Form von Stieren und Einhörnern. Reich verziert und üppig ausgemalt zeigt der ganze Komplex von Persepolis, wie weit sich die Architektur von den elementaren Zikkuraten und mauerumgürteten Städten entfernt hatte, mit denen die Architektur begonnen hatte.

Dennoch sind einige der schönsten Monumente des mächtigen und weit reichenden Perserreiches verblüffend schlicht gebaut, wie zum Beispiel die schönen Gräber

TERRASSENTREPPE IN PERSEPOLIS, IRAN, UM 518–460 V. CHR.
Von Nordwesten kommend erreichte man den Palast über die wundervolle Terrassentreppe. Die Steinpfeiler auf den Treppenabsätzen gehören zum Torhaus des Xerxes. Rechts lag das »Apadana« von Darius I., eine Säulenhalle, die als Thronsaal diente.

der Achämeniden-Könige (5. Jh. v. Chr.), die in das Felsgestein von Naksch-e Rostam gemeißelt worden sind, ein Zeichen dafür, dass die größte Architektur in der Geschichte oftmals auch die reduzierteste und gedanklich tiefste ist.

DIE ACHAIMENIDEN-GRÄBER, NAKSCH-E ROSTAM, IRAN, 5. JH. V. CHR.
Der Ort Naksch-e Rostam hat seinen Namen von den Reliefs unterhalb der Gräber, die den mythischen Helden Rostam darstellen sollen. Eine Inschrift identifiziert eines der Gräber als das des Darius I., die anderen Gräber sind vermutlich für Xerxes I., Artaxerxes I. und Darius II. errichtet worden.

DAS ALTE ÄGYPTEN
PYRAMIDEN UND TEMPEL

DIE ARCHITEKTUR des alten Ägypten entwickelte sich in einem Zeitraum von etwa 3000 Jahren nach eigenen geheimnisvollen Gesetzen. In diesem Zeitraum war Ägypten meist frei von Eindringlingen, ein gut organisiertes Land, dessen Reichtum und Wohlstand auf den Gezeiten des Nils beruhte. Seine jedes Frühjahr ansteigenden Wasser brachten das gesamte Tal zum Erblühen. Dann musste die gesamte Nahrung produziert werden, die über die Dürreperioden bis zum nächsten Jahr auszureichen hatte. In den Dürreperioden blieb wenig Arbeit zu tun und so hatte das alte Ägypten fünf Monate im Jahr einen Überschuss an freien Arbeitskräften, die zur Errichtung jener Monumente eingesetzt wurden, mit denen wir heute diese faszinierende Kultur vor allem identifizieren, der Pyramiden.

Die Pyramiden wurden gebaut, um die Mumien der Pharaonen und ihre Schätze aufzunehmen. In der religiösen Vorstellung der Ägypter war die Seele unsterblich und der Pharao ein Gott. Nach einer gewissen Zeit würde die Seele in den toten Körper des Königs zurückkehren und dann die in den weiträumigen Steinmonumenten deponierten Schätze benötigen. Die Pyramide stellte die Spitze einer religiösen Kultur dar, die sich 3000 Jahre lang mit dem Tod und dem Nachleben des Menschen beschäftigte. Die ersten ägyptischen Städte waren Nekropolen, Totenstädte. Pyramiden standen im Zentrum dieser von Mauern umgebenen Städte, in denen Tempel und Hallen mit langen Säulengängen verbunden waren, deren Kapitelle Palmwedeln, Lotus- und Papyrusblüten ähnelten.

Diese Nekropolen hätten für unsere Augen sicher sehr merkwürdig ausgesehen. Die gewöhnliche Bevölkerung lebte am Flussufer in unbeständigen, wuchernden Städten aus einfachen, weiß gekalkten Lehmziegelhäusern, von denen Modelle in den königlichen Gräbern gefunden wurden und guten Aufschluss über das ägyptische Alltagsleben geben. Im krassen Unterschied zu dieser einfachen Lebensweise traten die toten Herrscher ihre lange Reise ins ewige Leben in einigen der größten und eindrucksvollsten Monumente an, die je gebaut wurden.

DIE ERSTEN PYRAMIDEN
Die Pyramiden entstanden aus den frühen königlichen Gräbern, den Mastabas, lang gestreckten, bis zu 7,6 m hohen Baukörpern mit flachem oder gewölbtem Dach und geraden oder geböschten Wänden. Eine der frühesten Pyramiden, die Stufenpyramide von Djoser in Sakkara (begonnen in der 3. Dynastie, 2778 v.Chr.), wurde von dem Architekten Djosers, Imhotep, gebaut, der in der 26. Dynastie zum Gott erhoben wurde. Imhotep ist nicht nur der erste namentlich bekannte Architekt, sondern errichtete auch das erste ganz aus Stein bestehende Monument. Wenn man davon ausgeht, dass die alten Ägypter tatsächlich nicht den Flaschenzug kannten, ist diese Pyramide wie auch die folgenden eine außergewöhnliche Konstruktionsleistung. Riesige, tonnenschwere Granitblöcke wurden aus Aswan den Nil flussaufwärts transportiert und dann auf hölzernen Rollen zu den Bauplätzen geschoben. Über aus Lehm gebaute Rampen wurden sie dann an der Pyramide hochgezogen und an dem vorgesehenen Platz eingefügt. Die Genauigkeit der ägyptischen

STUFENPYRAMIDE VON DJOSER, SAKKARA, 2778 V.CHR.
Diese Pyramide erhebt sich in sechs Stufen als Mittelpunkt des Grabkomplexes von König Djoser. Sie wurde von Imhotep erbaut, dem ersten namentlich bekannten Architekten, der während der 26. Dynastie zum Gott erhoben wurde. Dieser Bau ist der erste, der ganz in Stein errichtet wurde.

Baumeister erscheint wie ein Wunder. Doch wenn man nicht nur für 50 oder 100 Jahre, sondern für die Ewigkeit baut, kann man sich keine Halbheiten leisten.

Die Stufenpyramide von Sakkara wurde über mehreren älteren Mastabas errichtet und erscheint in ihrer endgültigen Form als eine sechsstufige Konstruktion von 60 m Höhe auf einer Grundfläche von 125 x 109 m. Die erste glattwandige Pyramide wurde in Medum für Huni, den letzten König der 3. Dynastie, gebaut. Die zunächst gestufte Granitpyramide war später mit sauber zugehauenen

Kalksteinen verkleidet, sodass der fertige Bau aussah, als ob er aus vier massiven gleichschenkligen Dreiecken zusammengesetzt sei. Die oberste Steinschicht war vielleicht sogar vergoldet, sodass die Pyramide markant im Sonnen- wie im Mondlicht glänzte.

DIE GROSSE PYRAMIDE VON GISEH

Die 4. Dynastie war die große Zeit des Pyramidenbaus. Die berühmtesten Pyramiden, jene von Cheops, Chephren und Mykerinos, stehen in Giseh südlich des heutigen Kairo. Die Cheopspyramide zählt bis heute zu den Weltwundern. Auf einer Basis von 230,6 x 146,4 m hoch aufragend, gehört sie zu den größten Gebäuden der Welt. Ihre Baumeister entwarfen auch die riesige merkwürdige Skulptur, die Sphinx, die – halb Mensch (mit dem Kopf des Pharaos Chephren) und halb Tier – im Schatten des Herrscherhauses kauert. Eine Inschrift erinnert daran, dass die Sphinx bereits unter Thutmoses IV. in der 18. Dynastie (ca. 1425 v. Chr.) restauriert wurde.

DAS ÄGYPTISCHE TOTENBUCH

Die hier gesammelten ägyptischen Sprüche und magischen Formeln wurden den Toten beigegeben, im Glauben, dass sie dadurch in ihrem Nachleben beschützt würden. Die wahrscheinlich im 16. Jh. v. Chr. herausgegebene Sammlung enthielt auch Sargtexte von um 2000 v. Chr., Pyramidentexte von etwa 2400 v. Chr. und andere Schriften. Sie erhielt die Bezeichnung *Totenbuch* von dem deutschen Ägyptologen Richard Lepsius, der sie 1842 erstmals veröffentlichte.

PYRAMIDE VON CHEPHREN, 4. DYNASTIE

Das ist die zweite der drei Pyramiden von Giseh. Im Vordergrund die Sphinx mit dem Kopf von Chephren auf dem Körper eines Löwen.

TEMPEL DES AMUN, LUXOR, UM 1408–1300 V. CHR.
Dieser Tempel war der thebanischen Trias Amun, Mut und Chons geweiht und wurde unter Amenophis III. begonnen. Der große Vorhof (oben) mit Pylonen wurde unter Ramses II. hinzugefügt. Riesige Statuen dieses Pharaos flankieren den Eingang.

die Grabräuber vom weiteren Vordringen abhalten sollten – wie sich herausstellte, leider vergebens, denn die geheimen Gänge waren für die findigen Diebe nur ein Kinderspiel. Die meisten Felsgräber wurden daher ausgeraubt. 1922 entdeckte der englische Archäologe Howard Carter das Grab Tutenchamuns in der ganzen unversehrten Pracht.

ÄGYPTISCHE TEMPEL

Neben den Pyramiden sind die zur Anbetung der Götter im Neuen Königreich (ca. 1550–1070 v. Chr.) gebauten Tempel die wichtigsten ägyptischen Monumente. Der Große Tempel von Amun in Karnak (um 1530 v. Chr. begonnen) und der Tempel von Luxor bei Theben (ca. 1408–1300 v. Chr.) zählen zu den berühmtesten. Diese riesigen Gebäude sind durch breite Straßen verbunden, die mit Sphinxstatuen gesäumt sind und durch Furcht einflößende Eingangstore, die Pylonen, in Säulenhallen, Höfe und Heiligtümer führen. Die Wände der Pylonen sind auf typische Weise »geböscht«, ein charakteristisches Merkmal der altägyptischen Architektur, das auch später wieder aufgegriffen wurde.

Die Säulen waren bemalt und dekoriert und schwerer als jene im alten Griechenland und Rom. Die Wirkung, vor allem in den größeren Gebäuden, muss sehr geheimnisvoll gewesen sein. Die Säulenhalle des Großen Tempels von Amun ist ziemlich beeindruckend; sie besteht aus einem Wald von 134 Säulen in 16 Reihen, die ein mit Steinplatten gedecktes Dach tragen, das 24 m hoch in das sonnengleißende Licht ragt. Die Säulenhalle hat das Ausmaß von 103 x 52 m und wurde einst durch einen Lichtgaden aus durchbrochenen Steinen erhellt, der unterhalb des Dachansatzes verlief.

Also ist die Restauration alter Gebäude keine moderne Erfindung.

Trotz der rätselhaften Schönheit und stereometrischen Klarheit wurde der Pyramidenbau, der seinen Höhepunkt ca. 2600 v. Chr. erreichte – in der gleichen Zeit wurden die großen neolithischen Steinkreise in Avebury in Südengland errichtet –, nach 2000 v. Chr. eingestellt. Das Neue Königreich setzte auf Felsgräber, die wir heute am besten aus dem Tal der Könige bei Theben am Westufer des Nils, nicht weit von Luxor entfernt, kennen. Diese wunderbaren, bis in 96 m Tiefe und bis zu 210 m in den thebanischen Fels reichenden Konstruktionen wurden mit einem weit verzweigten Gängesystem versehen,

Die Tempelanlage war von einer Mauer umgeben und umfasste zudem Wohnhäuser und Vorratsräume für die Priester und ihre Sklaven sowie einen heiligen Teich, der in Karnak noch zu sehen ist. Der Tempel von Karnak wurde in einem Zeitraum von 1000 Jahren immer wieder erweitert, sodass selbst Experten die einzelnen Teile nur schwer datieren können. Auch wandelten sich die ägyptischen Baustile nur sehr langsam. Dennoch lassen sich einzelne Gebäudetypen unterscheiden.

GROSSER TEMPEL VON AMUN, KARNAK, 1530–323 V. CHR.
Die große Säulenhalle (um 1312–1301 v.Chr.) wurde unter Sethos I. und Ramses II. erbaut. Das Mittelschiff ist etwa 24 m hoch und hat Säulen von 21 m Höhe und 3,6 m Durchmesser.

Der Große Tempel von Abu Simbel (um 1301 v. Chr.) verkörpert den Hang der alten Ägypter zur Gigantomanie. Der Tempel ist direkt in den Felsen hineingebaut, sein wundervoller Eingang als Pylon gestaltet. Davor ist die 20 m hohe Sitzstatue des dynamischen Krieger-Königs Ramses II. aufgestellt, der den Tempel erbauen ließ. Innen befindet sich eine luftige, 9 m hohe Kammer, deren Dach von Pfeilern in Gestalt des Gottes Osiris getragen wird.

Während der Große Tempel von Abu Simbel auf eine ferne, unwirkliche Welt zurückzublicken scheint, wirken die tief liegenden Pfeilerhallen des Grabtempels der Königin Hatschepsut (1520 v. Chr.), die an die Felshänge des Deir el Bahari bei Theben gebaut sind, wie ein Vorgriff auf die edle und rationale Architektur des alten Griechenland. Der Tempel wurde von dem Architekten Senmut erbaut und erhebt sich in drei breiten Terrassen, die durch flache Rampen verbunden

sind. Jede Terrasse trägt eine schattige Pfeilerhalle. Die Säulen sind weniger pflanzenartig verziert, sondern wirken wie Prototypen der griechisch-dorischen Ordnung. Die Wände sind reich mit Szenen aus dem vitalen Leben der Hatschepsut geschmückt, darunter auch ihre angeblich göttliche Geburt. Die oberste Terrasse trägt den riesigen Altar des Sonnengottes Ra. Die Königin selbst ruht in einer Grabkammer am Ende eines tief in den Felsen gehauenen Korridors.

Die ägyptische Kultur dauerte zwar noch 1500 Jahre an, doch begannen ihre Kunst und Architektur zu erstarren und erreichten nie mehr die Höhepunkte der großen Pyramiden des 3. Jahrtausends v. Chr. oder der Tempelanlagen des 2. Jahrtausends. Die Bauten des alten Ägypten bilden jedoch eine wesentliche Grundlage der Weltarchitektur.

HATSCHEPSUT

Diese Tochter von König Thutmoses I. und Königin Ahmoses regierte 1503–1482 v. Chr. Sie hatte viel Macht für eine Königin und trug die Krone sowie den Zeremonienbart des Pharaos. Ihre Herrschaft bewirkte eine Ausweitung der Handelsbeziehungen. Eine Expedition ins Land der Punt brachte Gold, Elfenbein, Weihrauch, Vögel und Bäume nach Ägypten. Auch förderte sie die Künste.

TEMPEL DER KÖNIGIN HATSCHEPSUT, DEIR EL BAHARI, 1520 V. CHR.

Dieser Amun und anderen Göttern geweihte Totentempel wurde von Senmut, dem Architekten der Königin Hatschepsut, erbaut.

Die Wandreliefs zeigen die Expedition der Königin nach Punt. Ein Prozessionsweg mit Sphingen verband den Tempel mit dem Tal.

DAS FRÜHE AFRIKA
TRADITIONELLE ARCHITEKTUR

DOGON-ARCHITEKTUR
Das etwa 200 000 Menschen zählende Volk der Dogon lebte die letzten 500 Jahre in den Dörfern der Hochebene von Bandiagara im südlichen Mali. Ihr Haupthaus ist meist rechteckig, zweigeschossig und mit einer Dachterrasse versehen. Es ruht im Osten auf einem Fundament aus unbehauenen Steinen. Die Wohnstätten der Frauen und Kinder sowie die Vorratsräume sind um den Bereich des Oberhaupts der Familie gruppiert. Dazwischen erstreckt sich der Hof. Die Vorratstürme (siehe oben) können nur über eine Leiter betreten werden, da die Einstiege sehr hoch liegen. Im Innern sind separate Kammern abgemauert, die halb so hoch wie die Vorrats-türme sind.

NACH WESTLICHEN Begriffen gab es einst südlich der Sahara überhaupt keine Architektur. Man vermutete dort vor der Kolonialisierung nur kleine schmutzige Hütten. Selbst wenn einige von ihnen, wie beispielsweise die der Zulu und Ndebele in Südafrika, sehr schön sind, so gelten sie doch nicht als Architektur. Aufgrund der schnell verfallenden Baumaterialien hat so gut wie nichts von der alten afrikanischen Architektur überdauert. Einige wenige gut gebaute Häuser wurden aus der mittelalterlichen Zeit von El Ghaba im König-reich Ghana und der Swahili-Stadt Gedi in Kenia ausgegraben. Hinsichtlich der Anpassung der Architektur an die natürliche Umgebung und in Anbetracht der verwendeten Materialien und Techniken kann der afrikanische Kontinent jedoch dem Westen einiges Wissen vermitteln.

Es gibt in Afrika aber auch einige monumen-tale Ruinen, vor allem jene der aus der Eisen-zeit stammenden festungsartigen Ansiedlung in Groß-Zimbabwe, Zimbabwe (um 1000–1500 v. Chr.), oder des Palastes von Husuni Kubwa, Tansania (um 1245). Dieser am Meer gelegene Palast in den Ausmaßen 150 x 75 m hatte mindestens 100 fensterlose, aus korallenrotem Sandstein gebaute Zimmer, deren Türstürze aus zugehauenen Steinen bestanden. Die königlichen Zimmer waren gewölbt und mit Steinwerk dekoriert. Der Palast hatte auch ein achteckiges Bad und war in einem geometrischen Raster angelegt.

Auch an anderen Orten Afrikas gab es ziemlich große Städte, Paläste und Festungen. Da sie aber meist aus Lehm bestanden, haben die wenigsten von ihnen die Zeitläufte überdauert. Eine der letzten alten Städte, Benin, einst das Zentrum eines blühenden Königreiches, wurde durch Feuer zerstört, kurz nachdem englische Kolonisten dort 1897 angekom-men waren.

Wo jedoch diese Lehmarchitektur überlebt hat, weil sie von Generation zu Generation gepflegt und erneuert wurde, ist sie eines der großen Wunder des frühen Afrika. Die (im letzten Jahrhundert umgebaute) Sankore-Moschee in Timbuktu und die in Djenne, beide in Mali, gehen bis ins frühe 14. Jh. zurück. Das Grundprinzip ihrer Konstruktion sind mit Lehm gefüllte Holzgerüste, die man ständig erneuern muss und natürlich nicht sehr stabil sind. So sieht diese Architektur mit ihren ausgehöhlten Minaretten wie ein riesiger Termitenbau aus.

Die Moscheen von Bobo-Diulasso in Burkina und Kongo an der Elfenbeinküste sind kleiner und verwenden wegen des dortigen feuchten Klimas größere Wandpfeiler und mehr Bauholz.

EINE GRÜNE ARCHITEKTUR

Diese ökologisch gesunde, einheimische Architektur findet Anfang des 21. Jh. viele Anhänger. Die Architektur sucht in ihrer Geschichte ständig ihre Grenzen mit neuen Techniken und Ideen zu erweitern. Diese eindrucksvollen Lehm-

KONISCHER TURM, GROSS-ZIMBABWE, 11.–16. JH.
Dieser 10 m hohe Turm steht in der Hauptanlage von Groß-Zimbabwe. Seine Funktion ist ungewiss. Die Zimbabweaner waren Meister im sauberen Aufschichten von Granitblöcken, wie die Konstruktion von Turm und angrenzenden Mauern zeigt.

Moscheen zeigen jedoch, wie man mit wenig Materialaufwand und für jedermann günstig bauen kann.

AFRIKANISCHE BAUWERKE

Die häufigste Form der afrikanischen Architektur ist die kreisförmige Hütte aus Lehm oder Stein, die oft mit einem konisch zulaufenden Dach bedeckt ist. Man findet diese Hütten vor allem bei den Ackerbau treibenden Völkern des Graslandes, wie zum Beispiel bei den Nok in Nordnigeria, die auf diese Weise Kornspeicher errichten. In Kamerun hingegen sind rechteckige Hütten mit dekorativ geschnitzten Pfosten üblich. An anderen Orten Afrikas gibt es rechteckig um einen Hof gruppierte Lehmhäuser mit überstehenden Dächern, die den Regen in ein zentrales Becken (so genanntes impluvium) ableiten.

MOSCHEE IN DJENNE, 14. JH.
Djenne in Mali war einst ein großes Zentrum von Handel, Wissenschaft und Religion. Die Moschee von Djenne hat regelmäßig angeordnete Wandpfeiler mit herausragenden Fialen und einen eindrucksvoll gestuften Eingang.

Die
KLASSISCHE WELT

V OR DER GRIECHISCHEN ANTIKE ERSCHEINT DIE ARCHITEKTUR ZIEMLICH NEBULOS UND GEHEIMNISVOLL, WIE EIN THEATER MIT DUNKLEN UND MAKABREN RITUALEN ODER EINE OPER MIT MELODRAMATISCHEN EFFEKTEN. DIE ABEND-LÄNDISCHE ARCHITEKTUR BEGINNT EIGENTLICH ERST MIT DER GEOMETRISCHEN PERFEKTION UND EDLEN ORDNUNG DER GRIECHISCHEN TEMPEL UND AMPHITHEATER, EINER HARMONISCHEN VERBINDUNG VON MENSCHHEIT UND GÖTTERN, ALLTÄGLICHEM UND SPIRITUELLEM, DER KUNST DES BAUENS UND DER WUNDERBAREN KUNST-LOSIGKEIT DER NATUR. DAS ANTIKE GRIECHEN-LAND UND ROM SCHUFEN ZWEIFELLOS EINIGE DER GROSSARTIGSTEN GEBÄUDE UND STÄDTE IN DER GESAMTEN ARCHITEKTURGESCHICHTE. DIESE BAUTEN FASZINIEREN UNS NOCH HEUTE UND INSPIRIEREN SELBST IM ZEITALTER DER RAUMFAHRT, DER NANOTECHNOLOGIE UND DES INTERNETS ARCHITEKTEN UND STÄDTEPLANER WELTWEIT.

AKROPOLIS, ATHEN
Die Akropolis war ursprünglich eine befestigte Oberstadt. Der erste Athena-Tempel dort entstand wahrscheinlich im 8. Jh., der Parthenon erst im 5. Jh. v. Chr.

PERIKLES

Der Staatsmann und Admiral Perikles führte in seiner langen politischen Karriere (um 461–429 v.Chr.) die athenische Demokratie zu ihrer Blüte und konnte Athen zum führenden Staat in Griechenland machen. Ab 451 förderte er auch die kulturelle Erneuerung und gab ein Reihe von öffentlichen Gebäuden in Auftrag, darunter auch den Parthenon.

DAS ANTIKE GRIECHENLAND
ORDNUNG UND HARMONIE

DER PARTHENON IST vielleicht das größte und einflussreichste Gebäude aller Zeiten. Er ist von überwältigender Schönheit und zeitloser Ausstrahlung. Dieses Bauwerk markiert den Höhepunkt der antiken griechischen Architektur. Der Parthenon ist der Athene geweiht, der griechischen Göttin der Weisheit und Patronin des Stadtstaates Athen, der ihren Namen übernahm. Der Anblick des gesamten Tempelberges mit der unterhalb liegenden Stadt und der wundervollen Landschaft dahinter ist unvergleichlich. Der Tempel ist heute leider eine Ruine. Da er aus Marmor – mit einem Holzdach – gebaut ist, überstand er die Zeit seit seiner Vollendung im Jahre 436 v. Chr. bis zum venezianischen Angriff auf Athen 1687, als Griechenland von den Türken besetzt war, ganz gut. Die Türken hatten den Parthenon 1458 in eine Moschee umgewandelt, dessen Minarett völlig unpassend aus dem Dach lugte. Schon im späten 6. Jh. n.Chr. war der Tempel in eine christliche Kirche umgebaut worden. Sogar als Schießpulverlager, das bezeichnenderweise in die Luft flog, wurde die antike Stätte missbraucht. Der schlimmste Feind aber ist die heutige Luftverschmutzung von Athen. Das großartigste Gebäude der Welt droht vor unseren Augen endgültig unterzugehen.

Der Parthenon wurde von Perikles nach den griechischen Siegen über die Perser zwischen 490 und 480 v.Chr. in Auftrag gegeben. Dem Bildhauer Phidias ob-

WALHALLA, BEI REGENSBURG, 1829–1842
Der Einfluss des Parthenon auf den von Leo von Klenze (1784–1864) erbauten neoklassizistischen Bau ist deutlich. Er wurde für Kronprinz Ludwig von Bayern errichtet. Die Lage auf einem Hügel erinnert an die Athener Akropolis (Oberstadt).

blauen und goldenen Farben bemalt. Wir sind es heute gewohnt, die griechischen Tempel als keusche, farblose Ruinen in der Landschaft zu sehen, und vergessen dabei, dass sie errichtet wurden, um als Rahmen für große, lebensvolle Zeremonien zu dienen. Auch das griechische Alltagsleben fand nicht hinter geschlossenen Türen, sondern auf den öffentlichen Plätzen statt. Meist waren die Wohnhäuser klein und unscheinbar und standen in engen Gassen. Die Agora und das Theater am Fuß der Akropolis waren Tag und Nacht belebt.

EIN SYMBOLISCHER TEMPEL
Der Parthenon und die benachbarten Tempel repräsentierten wichtige Aspekte der griechischen Gesellschaft und Kultur. Der Tempel, der als Versammlungsplatz und zur Verehrung der Götter diente, verkörpert ein griechisches Kriegsschiff (die Grundlage der Athener Macht), einen heimischen Webstuhl (Bestandteil jedes griechischen Haushalts) und das Volk (*demos*) selbst, obwohl Athen und die anderen griechischen Stadtstaaten noch keine Demokratien in unserem Sinn waren: Das Kriegsschiff wurde durch die *entasis* symbolisiert, welche die Säulen und die Front des Tempels wie Segel sich blähen ließ. Der Webstuhl wurde von der Tempelfront mit der Säulenordnung repräsentiert, die dessen klar begrenztem Rahmen entspricht. Das Volk, das die Nähe Athenes sucht, deren riesige Statue in der Cella des Parthenon stand, wurde von den Säulen, die den Tempel umringen, dargestellt. Für die antiken Griechen war ein Tempel wie der Parthenon also nicht nur schön und eindrucksvoll, sondern auch Zeichen und Symbol ihrer wichtigsten kulturellen Werte.

Die Nachwirkung des Parthenon war beträchtlich. Nachbildungen des Tempels wurden in verschiedenen Teilen der Welt errichtet, während die Essenz des perfekten, strengen und frei stehenden Gebäudes die Architekten bis in das Maschinenzeitalter und weiter beeinflusst hat.

Der Parthenon hatte sich ziemlich schnell aus einem Architekturstil entwickelt, der 150 Jahre vorher entstanden war.

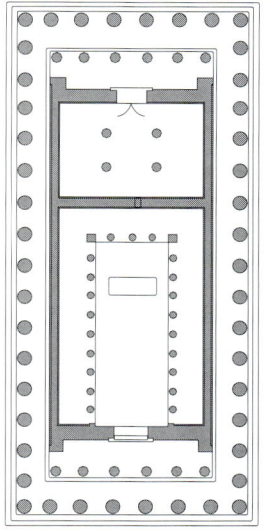

PLAN DES PARTHENON
Der Parthenon unterscheidet sich von anderen griechischen Tempeln dadurch, dass die unter Perikles' Herrschaft erbaute Front acht statt sechs Säulen hat. Die Zahl der Seitensäulen erhöhte sich auf 17. Die Kolonnade umschließt die Cella, den Innenbau, der in zwei Räume unterteilt ist. In dem größeren Raum war die Statue der Athene untergebracht.

lag die künstlerische Leitung des Neubaus über der lebhaften Stadt und ihrer Agora (Marktplatz). Der Vorgänger-Tempel war von den Persern niedergebrannt worden. Phidias wandte sich an die Architekten Iktinos und Kallikrates, die elf Jahre brauchten (447–436 v. Chr.), um den großen dorischen Tempel zu vollenden.

Dabei war das Äußere des Baus wichtiger als das Innere. Das Klima ließ den Griechen viel mehr Zeit zum Treffen im Freien. Daher wurden die Kolonnaden, die Säulenreihe, die an allen Seiten den Tempel umläuft, so wichtig. Das Sonnenlicht spielt darin und gibt den Gebäuden Tiefe und Zauber, die bei gewöhnlichen Ziegel- oder Steinbauten fehlen. Iktinos und Kallikrates verwendeten den Kunstgriff der *entasis*, d.h., der sich nach oben verjüngende Säulenschaft weist eine deutliche Schwellung auf, um den Tempel optisch perfekt zu machen. Denn diese Verzerrung zwingt das Auge dort gerade Linien zu sehen, wo sie sonst gekrümmt erscheinen würden. Es gibt wirklich keine schnurgerade Linie am Parthenon. Dieser brillante Einfall erforderte von den Architekten große Kenntnisse in der Mathematik und von den ausführenden Baumeistern große Geschicklichkeit.

Wie die meisten, vielleicht sogar alle griechischen Tempel war auch der Parthenon (und sein Skulpturenschmuck) in grellen roten,

PARTHENON, ATHEN, 447–436 v. CHR.
Der Parthenon wurde gebaut, um die Kultstatue der Athene Parthenos aufzunehmen. Als größter Tempel auf dem griechischen Festland markiert er den Höhepunkt der perikleischen Periode.

GRIECHISCHES KRIEGSSCHIFF
Athen und der von ihm geführte Attische Seebund unterhielten eine große Flotte. Auf der Höhe seiner Macht im 5. Jh. besaß der Stadtstaat 300 Kriegsschiffe (Triremen).

Es war der »dorische Stil«, der wohl zuerst bei der Konstruktion des Hera-Tempels in Olympia um 590 v.Chr. verwendet worden war. Er war der Stil der dorischen Eroberer, die in Griechenland um 1000 v.Chr. aus dem Balkan einfielen.

Die Blütezeit des antiken Griechenland liegt zwischen 800 und 323 v.Chr., wobei das letztere Datum den Tod Alexanders des Großen und den Zerfall des hellenistischen Reiches markiert. Die früheste griechische Architektur bzw. Architektur in den Gebieten, die später von Griechen besiedelt wurden, begegnet in den Ruinen und der teilweisen Rekonstruktion des Palastes von König Minos in Knossos auf Kreta, der etwa zwischen 1635 und 1375 v.Chr. anzusetzen ist. Das ist jedoch eine labyrinthische Architektur, eher ein Albtraum als eine Vorfahrin der sonnenklaren Vernunftbauten der späteren Griechen. Der Parthenon könnte geistig nicht weiter entfernt sein. Die Griechen legten in 1000 Jahren einen sehr weiten Weg zurück.

KLASSISCHE ORDNUNGEN

Das Herz der griechischen Architektur bilden die klassischen Säulen-»Ordnungen«. Das sind die dorische, wie beim Parthenon, die ionische und die korinthische Ordnung, die sich nacheinander entwickelten. Die Ionische Ordnung kam mit den Einwanderern von den Ionischen Inseln; ihr Formengut ist vielschichtiger als das dorische, ihr Stil dekorativer. Die korinthischen Kapitelle treten erst am Ende der Klassik als fertige Formen auf.

PYTHAGORAS

Der um 570 v.Chr. auf Samos geborene Pythagoras war Philosoph und Mathematiker, dessen Ideen Plato und Aristoteles beeinflussten und die Entwicklung der Mathematik beschleunigten. Er hielt Zahlen für die Grundlagen der physikalischen Welt. Dieses Konzept, das Pythagoras auch auf die Musik anwandte, wird in den harmonischen Proportionen der griechischen Architektur deutlich.

AKROPOLIS, ATHEN, IN DER VORSTELLUNG EINES KÜNSTLERS
Diese Lithographie des 19. Jh. zeigt eine Rekonstruktion der Athener Akropolis zu Ende des 5. Jh. v.Chr. Zu sehen sind der Parthenon, die Propyläen und rechts das Erechtheion, ein ionischer Tempel, welcher der Athene, dem Poseidon und dem sagenhaften König Erechtheus geweiht war.

Die drei Säulenordnungen entwickelten sich aus den ägyptischen Säulen, die zusammengebundene Schilfzweige symbolisierten. Die Kapitelle der griechischen Säulen sind ihrerseits Nachbildungen natürlicher Formen, wie von Widderhörnern in der ionischen oder von stilisierten Akanthusblättern in der korinthischen Ordnung. Die Tempel und Häuser Griechenlands (und später Roms) erhielten durch diese Säulenordnungen den ihnen jeweils entsprechenden Charakter. Die dorische Ordnung wirkt eher ernst und maskulin, während die korinthischen Säulen feiner und festlicher sind.

DER GRIECHISCHE GEIST

Die griechische Architektur ist im Unterschied zu den vorhergehenden ägyptischen und mesopotamischen Stilen ernst und heiter zugleich. Das erste Mal in der Geschichte strahlten Bauten eine Art Freude und gute Laune aus. Die frühe Architektur lächelte niemals. Aus der griechischen Gesellschaft gingen, vor allem in der Blütezeit des 5. Jh. v.Chr., erstklassige Architekten, Mathematiker, Philosophen, Künstler und Schriftsteller hervor, die auch witzige Stücke und Satiren schrieben. Zu diesem Zeitpunkt hatte die Zivilisation vielleicht erst richtig begonnen, da man nun imstande war übereinander (und miteinander) zu lachen.

Die Tempel waren buchstäblich die Höhepunkte der griechischen Städte, obwohl die Gebäude

DIE KLASSISCHEN ORDNUNGEN

Die dorische ist die älteste und massivste der drei griechischen Ordnungen. Die Säule hat einen kannelierten Schaft und ein glattes Kapitell. Die ionische Säule ist schlanker. Ihr Schaft hat eine Basis und ein Volutenkapitell. Die korinthische Säule mit Plinthe ist eine Variante der ionischen und unterscheidet sich von dieser durch das reich verzierte Kapitell.

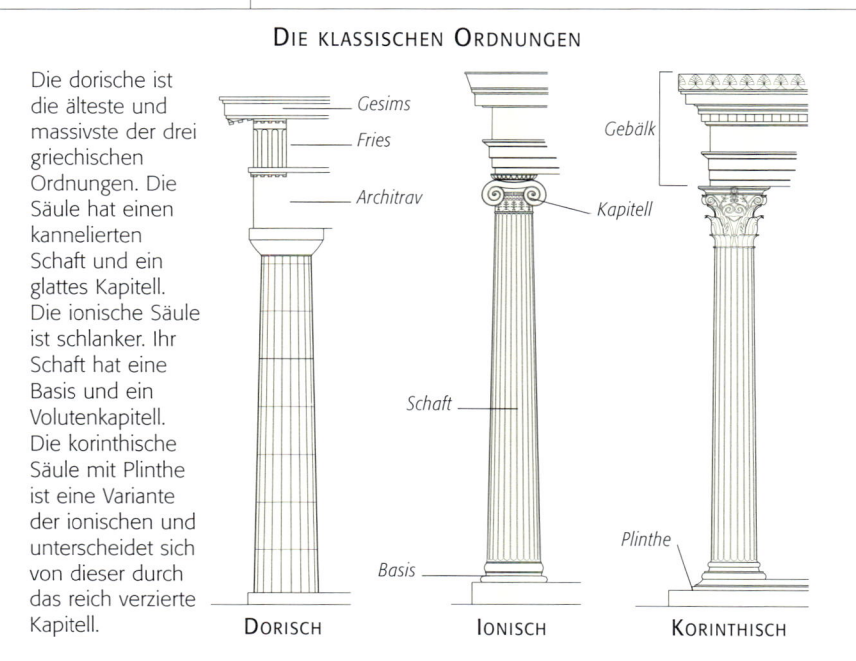

Gesims
Fries
Architrav

Gebälk

Kapitell

Schaft

Basis

Plinthe

DORISCH   **IONISCH**   **KORINTHISCH**

SPORT

Agones (öffentliche Feste zu Ehren eines Gottes oder eines Helden) spielten eine wichtige Rolle in der griechischen Gesellschaft. Die Hauptattraktionen dabei waren Wagenrennen und Leichtathletik. Von den vier Hauptsportfesten, den Olympischen, Pythischen, Nemeischen und Isthmischen, waren Erstere die wichtigsten; sie wurden ab 776 v. Chr. alle vier Jahre zu Ehren des Zeus abgehalten. Die Bedeutung der Spiele ist an den Gebäuden zu erkennen, die hierzu erbaut wurden. Eindrucksvolle Stadien haben sich in Delphi, Olympia, Epidaurus und Athen erhalten. Die oben abgebildete Amphore zeigt vier Athleten, die am Fünfkampf teilnehmen.

Bautyp. In späteren Ausführungen (um 325 v. Chr.) saß das Publikum rund um die Bahn auf Steinbänken. Das Stadion war durch Tunnels zu betreten, die unter den Bänken durchführten, genau wie in unseren Sportstadien heute. Das Gymnasium war ein anderer wichtiger Bautyp, dem neben dem Sportbetrieb auch oft eine Schule angeschlossen war; die Schule in Priene ist noch mit Kritzeleien ihrer Schüler versehen. Solche Gebäude hatten sogar schon fließendes Wasser.

ANDERE GRIECHISCHE TEMPEL

Einige der am besten erhaltenen griechischen Tempel findet man in Süditalien. Was allgemein als Tempel des Neptun bekannt ist, obwohl er eigentlich der Göttin Hera geweiht war, liegt in Pästum südlich von Neapel. Die Doppelsäulenreihe dieses schweren dorischen Tempels blieb intakt. Da relativ wenige Touristen hierher finden, kann der Tempel so erkundet werden, wie die ersten Entdeckungsreisenden im 18. Jh. dies getan haben könnten, nämlich in abgeschiedener Ruhe. Bis jetzt ist diese Anlage von dem Lichterspektakel *son et lumière* verschont geblieben, das allzu viele antike Bauten verschandelt. Die Tempel in Pästum wie auch die Häuser und Tempel auf Sizilien zeigen nicht nur, wie Handel und Einflussbereich der Griechen sich zu einem frühen Zeitpunkt ausbreiteten, sondern auch ihre Baukunst.

Es gab zwar eine lange Pause zwischen der Blüte der griechischen Kultur und ihrer Wiederentdeckung im späten 18. Jh., dennoch war die Architektur des Parthenon weltweit stilbildend.

selbst nicht sehr hoch waren. Die Griechen wählten und perfektionierten ein an sich einfaches Bausystem (Pfeiler und Gebälk), das ihnen am besten zusagte, waren jedoch entgegen anders lautenden Gerüchten durchaus fähig Bögen und andere schwierigere Formen zu verwenden. So entstanden nicht nur die Agora mit ihren Kolonnaden (*stoa*) und den dahinter liegenden Geschäften, Büros, Werkstätten und Speisesälen, sondern auch Versammlungshallen, Stadien, Gymnasien und Theater, die in keiner griechischen Stadt fehlen durften. Der griechische Bürger sollte gesund an Geist und Körper sein, der klassische Alleskönner. Diese nach griechischen Vorstellungen zweitrangigen Nutzbauten gehören zu den schönsten und nützlichsten Bauten der Welt. Das Theater von Epidauros zum Beispiel, von Polyklet entworfen und um 350–330 v. Chr. errichtet, bietet Platz für 13 000 Menschen auf 55 Reihen von Steinsitzen, die um eine *orchestra* (Bühne) gebaut sind und auf die *skene* (Bühnenwand) ausgerichtet sind, die jedoch schon lange zerstört ist. Das Theater ist jedoch heute noch in Gebrauch und hat eine perfekte Akustik. Daneben liegt das Stadion, ein anderer wichtiger griechischer

THEATER IN EPIDAURUS, UM 350–330 V. CHR.

Ab dem 4. Jh. v. Chr. wurden die Theater nach einem einheitlichen Schema errichtet, wofür das in Epidaurus ein ausgezeichnetes Beispiel darstellt. Anstelle von Holzbänken wurden nun konzentrische Steinreihen im Halbrund gebaut, welche die »orchestra« (Spielfläche) umfassen. Die »orchestra« in Epidaurus hat einen Durchmesser von 20,4 m.

DAS ANTIKE ROM
DIE MEISTERBAUER

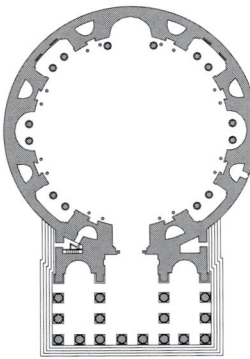

PLAN DES PANTHEON
Der Durchmesser des Pantheon stimmt mit seiner Höhe überein. Theoretisch könnte man deshalb seinem Innenraum eine Kugel einbeschreiben. Das Pantheon war der Gesamtheit der römischen Götter geweiht. Die Eingangshalle integriert Elemente eines griechischen Tempels.

BETON
Die Römer verwendeten eine Art Beton, ein breiiges Gemisch aus Vulkanerde und Kalkstein, das zusätzlich mit Füllstoffen, wie Ziegelstücken, angereichert werden konnte. Damit konnten sie Gewölbe errichten, die große Räume ohne Stützen überspannen. Der römische Beton war nicht verstärkt wie der heutige und hielt daher keine allzu große Belastung aus. Seine Erfindung revolutionierte jedoch die Form und die Möglichkeiten der Architektur.

DAS PANTHEON ist für die antike römische Architektur das, was der Parthenon für die griechische ist. Es stellt den Gipfel der römischen Baukunst dar und macht den Unterschied zwischen der römischen und der griechischen Bauweise deutlich. Das Pantheon (18 – um 128 n. Chr.), ein riesiger Tempel inmitten von Rom, wurde wahrscheinlich von Kaiser Hadrian selbst entworfen. Das beeindruckende, phänomenale, ganz aus römischem Beton (s. Kasten) bestehende Bauwerk würde man dennoch nie als schön bezeichnen. Während der Parthenon ausgesucht schön ist, wirkt das Pantheon außen eher hässlich. Für die Römer hatte Architektur im Unterschied zu den Griechen vorwiegend praktischen Sinn. Obwohl die Römer nach der Eroberung Griechenlands vieles von den Griechen übernahmen, wie Haartracht, Politik, Baukunst oder Unterrichtswesen, gingen ihre Ingenieurleistungen weit über die griechischen hinaus.

Die Römer waren das zäheste Volk der antiken Welt, praktische, hart arbeitende, kriegstüchtige Menschen. Sie eroberten die ganze damals bekannte westliche Welt, verbanden die abgelegensten Teile mit einem Netz gut ausgebauter Straßen und führten ihren Städten über weit verzweigte Aquädukte fließendes Wasser aus den umgebenden Hügeln und Bergen bis zu einer Entfernung von 80 km zu. Sie bauten öffentliche Bäder, öffentliche Toiletten, Abwasserkanäle und richteten öffentliche Transportmittel ein. Sie errichteten Wohnblocks (*insulae*), die zunächst aus Holz und

Lehmziegeln, später aus Beton bestanden und bis zu acht Stockwerke hoch waren; sie verwendeten ausgiebig Fußbodenheizung. Ihre Bau- und Ingenieurkunst übertraf die aller vorhergehenden Kulturen und blieb mehrere Jahrhunderte lang bis zum Fall des Römischen Reiches im Jahre 476 n. Chr. führend.

PLASTISCHE KONSTRUKTION
Die römische Architektur reflektierte die vernünftige, ernsthafte Haltung der Römer zum Leben, ihr Planen und Verwalten des Reiches. Das Pantheon ist dennoch auch eine gewagte Konstruktion: Mit 43,2 m Durchmesser hatte sie die größte Kuppel der Welt (bis Brunelleschi seine Kuppel zwischen 1420 und 1436 über dem Florentiner Dom errichtete). Die Kuppel wurde aus Beton gebaut. Die Römer verwendeten dieses Material nicht nur zum Einwölben öffentlicher Gebäude und Patrizierhäuser, sondern auch zu riesigen Bogenkonstruktionen, wie der des Kolosseums (70–82 n. Chr.). So wurden sie Meister der »plastischen« Konstruktion. Beton, ein formbares Material, ermöglichte ihnen frei und massiv zugleich zu bauen. Im Unterschied zu den alten Kulturen Mesopotamiens und Griechenlands brauchten und wollten sie keine Konstruktion aus Stütze und Balken mehr. Sie konnten bauen, wie sie wollten. Und das taten sie!

ANFÄNGLICHE EINFLÜSSE
Im Grunde adaptierten die Römer nicht nur die griechische, sondern in einem gewissen Grad auch die etruskische Architektur. Die Etrusker beherrschten bis zu ihrer Unterwerfung durch die Römer ganz Mittelitalien. Ihre von den Griechen beeinflusste Architektur war expressiver und primitiver. Ihre wundervollen Grabmonumente mussten jedoch erst einmal übertroffen werden.

Die Römer verwendeten die dorische, ionische und korinthische Säulenordnung und fügten noch zwei eigene hinzu: die toskanische, eine von den Etruskern modifizierte dorische Ordnung, und die komposite, ein Kombination aus ionischer und korinthischer Ordnung. Dank des

PONT DU GARD, NÎMES, FRANKREICH, 1. JH. V. CHR.
Das vielleicht schönste noch bestehende Beispiel römischer Ingenieurleistung ist der 274 m lange Aquädukt, der in 55 m Höhe über den Fluss Gard Wasser in die Stadt Nîmes führte.

INNERES DES PANTHEON, ROM, 1734

Dieses Bild von Giovanni Paolo Panini (1691/92–1765) zeigt das Pantheon nach der Umwandlung in eine Kirche. Ursprünglich war es ein den Göttern der sieben Planeten geweihter Tempel.

Die 9 m große Öffnung in der Kuppelmitte dient als einzige Lichtquelle und zudem zur Be- und Entlüftung des Raums. Die Wandverkleidung und die Statuen sind spätere Zutaten.

VITRUV

Der Anfang des 1. Jh. v.Chr. geborene römische Architekt und Ingenieur Marcus Vitruvius Pollio war Autor der Abhandlung *De architectura*, die er im ersten Viertel des 1. Jh. n.Chr. schrieb. Das Werk beruht nicht allein auf Vitruvs Erfahrungen, sondern auch auf der Tradition der griechischen Architektur. Es ist in zehn Bücher unterteilt, die sich mit Themen wie Stadtplanung, Baumaterial, Tempelbau und Hydraulik beschäftigen.

AMPHITHEATER IN EL DJEM, TUNESIEN, FRÜHES 3. JH. N.CHR.

Dieses dem Kolosseum in Rom ähnliche Amphitheater ist eines der größten römischen Monumente Nordafrikas.

Gegenüber dem Kolosseum hat die Säulenordnung jetzt nur noch rein dekorative Bedeutung.

Betons brauchten sie die Säulen nicht mehr als Stützen, sondern konnten diese auch als dekorative Elemente in Tempeln, Bädern und Arenen verwenden. Daraus gingen dann der Wand aufliegende oder halbe Säulen hervor. Diese und auch die davon abgeleiteten eckigen Pilaster sind bis heute auch Bestandteil und Kennzeichen der klassizistischen Architektur.

Die Römer errichteten zwar viele Tempel, konnten aber am besten Städte bauen, und dies taten sie in ihrem ganzen Imperium. So konnte man zur Blütezeit um 200 n. Chr. fast überall gleichartige Städte vorfinden, von Londinium in Britannien bis zu Leptis Magna in Libyen. Auch wenn die Baumaterialien variierten, beispielsweise Ziegel in Britannien, Steine in Nordafrika, blieben die wesentlichen Elemente gleich. Der schönste erhaltene römische Tempel (neben dem Pantheon) ist die Maison Carrée in Nîmes (siehe S. 124), im Süden Frankreichs; außerdem sind noch viele eindrucksvolle römische Ruinen in der Türkei, in Libyen, Tunesien, Algerien oder Syrien zu sehen.

DIE STADT ROM

Die römischen Städte waren groß und überlaufen. Zur Blütezeit, 200 n.Chr., überschritt die Bevölkerungszahl von Rom eine Million. Die meisten Bürger lebten in *insulae*; ein gutes Beispiel davon ist noch in Ostia zu sehen, der Hafenstadt Roms. Bis zum großen Brand von Rom im Jahre 64 n. Chr. (eine Katastrophe, die Kaiser Nero bei Leierspiel genüsslich verfolgte), bestanden diese Wohnblocks aus unsoliden Holz- und Ziegelkonstruktionen, die von skrupellosen Geschäftemachern zusammen-

HÄUSER IN HERCULANEUM, ITALIEN

Das antike Herculaneum, südöstlich von Neapel, wurde wie Pompeji beim Ausbruch des Vesuv im Jahre 79 n.Chr. verschüttet. Die Stadt war nach griechischer Art rastermäßig angelegt. Im Zentrum erhoben sich mehrstöckige Mietshäuser (insulae).

gezimmert worden waren, sodass Brand und Einsturz häufig Menschenleben forderten. Ein neues Gesetz legte deshalb 64 n. Chr. fest, dass die *insulae* in Zukunft mit feuerfesten Böden und Wänden aus Beton zu bauen seien. Seitdem sind die römischen *insulae* Vorbilder für die Wohnblöcke in aller Welt.

Geschäftsleute, Professoren oder Offiziere lebten hingegen mit ihren Familien in Stadthäusern, die um zwei Höfe gruppiert waren. Zur Straße hin sahen diese sehr schlicht aus, ihre Eingänge waren oft zwischen zwei Läden eingezwängt, doch waren sie innen ziemlich ruhig. Aus Briefen von Julius Cäsar wissen wir, dass Rom nachts ziemlich laut war und er deshalb oft nicht schlafen konnte. Der Typus dieser Stadthäuser mit Innenhöfen findet sich bis heute in den europäischen Stadtzentren.

GETTY CENTER, LOS ANGELES, 1984–1997

Richard Meiers exponierter Campus mit Galerien und Forschungslaboren in fünf Pavillons, Spazierwegen, Höfen und Gärten wurde von der Villa Hadrians inspiriert. Wie beim Vorbild ist nicht nur der Zusammenhang zwischen Innen- und Außenraum wichtig, sondern auch zwischen Architektur und Landschaft.

KAISERLICHE PALÄSTE

Natürlich noch komfortabler lebten Kaiser. Die größte und einflussreichste Villa gehörte Kaiser Hadrian (gebaut um 118–134 n. Chr.) und liegt bei Tivoli, einen Tagesritt südlich von Rom entfernt. Dieses malerische Ensemble von Pavillons, Bibliotheken, Bädern und Prunkbauten erstreckte sich über einen 5 km langen Park. Hinter jeder Biegung wartete eine neue Überraschung. Niemals war eine Gartenarchitektur so ausgeklügelt. Die Villa Hadrians hat erneut seit der Renaissance die Architekten fasziniert und bildete die Ausgangsbasis für ebenso ambitionierte Projekte wie das Getty

HADRIANS VILLA BEI ROM, UM 118–134 N. CHR.
Dieser Gebäudekomplex bei Tivoli außerhalb Roms erstreckt sich auf einer Fläche von 120 Hektar. Er wurde als Landsitz für Kaiser Hadrian erbaut, der dort seine letzten Jahre verbrachte. Das Areal schloss einige originalgetreue Rekonstruktionen von Bauten Griechenlands und Ägyptens ein.

Center in Los Angeles, das von Richard Meier entworfen wurde. Hadrian und sein Vorgänger Trajan waren unter den römischen Kaisern die größten Bauherren. Hadrian hinterließ uns das Pantheon, seine Villa in Tivoli, sein monumentales Rundgrab (135–139 n. Chr., heute Engelsburg) in Rom und den Pons Aelius (134 n. Chr.), der heute noch den Tiber zu seinem Grabmal überbrückt.

KAISER TRAJAN

Trajan, ein erfolgreicher und viel gereister Soldaten-Kaiser, gab solche Wunder wie die Brücke in Alcantara (Spanien) in Auftrag (Architekt: C. Julius Lacer). Immer noch führt sie eine Straße auf sechs massiven Granitbögen 48 m hoch über den Fluss Tajo. Eines der bekanntesten Monumente ist die Säule in Rom, die seinen Namen trägt. Im Innern der 112 n. Chr. errichteten, 35 m hohen Triumphsäule verläuft eine Wendeltreppe bis zu einer Plattform, auf der seit 1587 eine Statue des hl. Petrus steht. An der Außenseite der Säule folgt der Treppenspirale ein fortlaufender Fries mit verschiedenen Episoden aus dem Feldzug gegen die Daker.

Diese Reliefs sind ganz hervorragend gearbeitet, doch von weit größerer Bedeutung ist die wunderbare Schrift auf der Trajanssäule, welche die moderne Typografie begründet. Der Text, den Sie gerade lesen, ist in einer Type gesetzt, die direkt von Trajans Schrift abstammt. Die Römer waren große Baumeister von Siegesmonumenten, die ihrerseits die Basis für alle weiteren derartigen

TRIUMPHBOGEN DES SEPTIMIUS SEVERUS, 203 N. CHR.
Dieser Triumphbogen erinnert auf dem Forum Romanum an den 10. Jahrestag der Thronbesteigung von Kaiser Septimius Severus. Die Inschrift erwähnte auch Septimius' Sohn Geta, wurde jedoch entfernt, nachdem Geta von Caracalla ermordet worden war.

Monumente seit der Renaissance bilden. Der Triumphbogen des Septimius Severus in Rom ist zum Beispiel ein Vorbild für den Marble Arch in London und den Arc de Triomphe in Paris.

Da die Römer sehr auf Hygiene bedacht waren, führten sie frisches Wasser in ihre Städte und bauten Abwasserkanäle. Ihre Aquädukte und öffentlichen Bäder sind beeindruckende Bauten. Große Stadien wie das Kolosseum und der Circus Maximus sind herausragende Beispiele der

TRAJANSSÄULE, 112 N. CHR.
Sie wurde zum Gedächtnis an die Siege des Kaisers in Dakien (dem heutigen Rumänien) errichtet. Die an der Säule umlaufenden Reliefs zeigen Szenen aus dem Feldzug. Ursprünglich war sie mit einer Statue Trajans bekrönt.

ARC DE TRIOMPHE, PARIS, 1806

Napoleons monumentaler Triumphbogen steht im Herzen von Paris und lehnt sich mit den Reliefdarstellungen ganz bewusst an die Triumphbögen der römischen Kaiser an. Allerdings ist dieser Bogen wesentlich größer als seine Vorbilder.

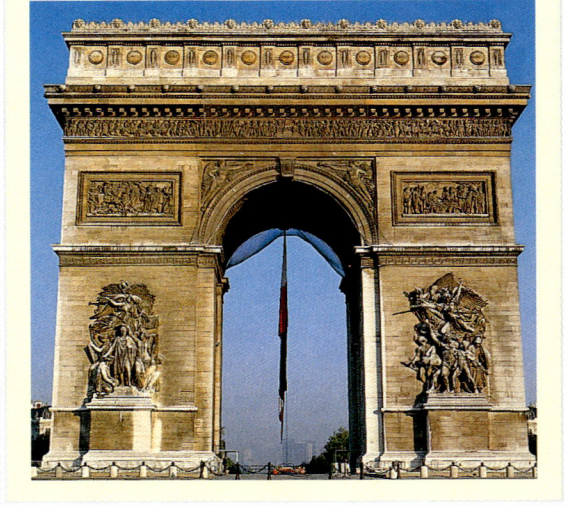

römischen Ingenieurkunst und erinnern daran, wie das römische Volk mit »Brot und Spielen« unter Kontrolle gehalten wurde. Die Thermen von Caracalla (212–216 n. Chr., siehe S. 143) und Diokletian (298–306 n. Chr.) sind jedoch ganz besondere architektonische Wunderwerke.

Die Thermen waren weitläufige, opulent mit Marmor ausgestattete Bauten gigantischen Ausmaßes, versehen mit Statuen, Brunnen und Gärten. Der Hauptbau der Caracalla-Thermen misst 225 x 115 m. Dieser Riese stand inmitten einer großen Freizeitanlage mit Stadion, Gymnasium, Bücherei und Lesehallen. Man kann sich kaum vorstellen, wie komfortabel solche Thermen waren. Gleichwertiges wurde bisher nicht wieder gebaut. Die leider in New York zerstörte Pennsylvania Station (siehe S. 143) wurde Anfang des 20. Jh. von den Architekten McKim, Meade und White als eine Hommage an die Thermen des Caracalla erbaut. Die römischen Bäder Diokletians waren noch größer.

DIE BASILIKA

Die Thermen, Zirkusse und Stadien waren die beliebtesten Treffpunkte im antiken Rom, aber natürlich auch das Forum, das römische Gegenstück zur griechischen *agora*, und schließlich die Basilika. Die Basilika war der wichtigste überdachte Versammlungsplatz und wurde auf vielerlei Art genutzt, u. a. als Gerichtshof, als Markt- und Versammlungshalle. Die größte war die Basilika Kaiser Konstantins (307–312 n. Chr.) in Rom. Sie bestand aus zwei Seitenschiffen und einem Hauptschiff mit einem Betongewölbe. Das Mittelschiff war 80 m lang, 25 m breit und 35 m hoch, also so groß wie eine mittelalterliche Kathedrale, und hätte in unseren Augen einem riesigen Bahnhof geähnelt.

Die römische Basilika war die Ausgangsbasis für die ersten christlichen Kirchen. Die Konstantinsbasilika in Trier (frühes 4. Jh. n. Chr.) ist tatsächlich ein Bindeglied zwischen der Baukunst des antiken Rom und der kommenden byzantinischen bzw. romanischen Architektur. Kaiser Konstantin konvertierte im Jahre 313 n. Chr. zum Christentum und mit ihm das ganze Römische Reich.

KONSTANTINSBASILIKA IN TRIER, FRÜHES 4. JH.
326 n. Chr. begonnen, zeigt dieser große rechteckige Saal aus rotem Sandstein mit Zwischenlagen aus Ziegeln die Fähigkeit der Römer, weite Innenräume ohne stützende Freipfeiler zu schaffen.

Vom
DUNKEL
ins LICHT

ZWISCHEN DEM FALL DES RÖMISCHEN REICHES
AM ENDE DES 5. JH. N. CHR. UND DER ENT-
STEHUNG DER GOTISCHEN KATHEDRALEN LEGTE
SICH EIN DUNKLER SCHATTEN ÜBER GANZ EUROPA.
DOCH WAREN DIESE NUR SKIZZENHAFT ÜBER-
LIEFERTEN JAHRHUNDERTE NICHT SO DUNKEL, WIE
ES DEN ANSCHEIN HAT. IN BYZANZ BLÜHTE DAS
OSTRÖMISCHE REICH WEITER, IN DEN WUNDER-
VOLLEN KLÖSTERN VON IRLAND BIS IN DIE WEITEN
RUSSLANDS WURDE DAS ANTIKE ERBE BEWAHRT
UND GEPFLEGT. DIE ARABISCHE INVASION IN
SPANIEN BRACHTE NEUES WISSEN NACH EUROPA.
DAS SIND NUR DREI BEISPIELE AUS DEN BEREICHEN
KULTUR, ARCHITEKTUR UND ZIVILISATION, DIE IN
ZEITEN GROSSER UNSICHERHEIT UND KRIEGEN
NICHT UNTERGINGEN, SONDERN WEITER BESTANDEN.
INMITTEN DES DUNKELS LEUCHTETE WEITER DAS
LICHT.

HAGIA SOPHIA, ISTANBUL
*Die Hagia Sophia wurde ab 532 in fünf Jahren errichtet. Leider
steht sie in einer Erdbebenzone. Nur 21 Jahre nach ihrer Vollendung
stürzte die Kuppel ein; im 9. und 14. Jh. zerstörten Erdbeben die
Kuppel abermals.*

BYZANTINISCHE ARCHITEKTUR
DAS ÖSTLICHE REICH

JUSTINIAN I.

Nachdem das Römische Reich zum Christentum übergetreten war, wurde Konstantinopel 330 n. Chr. zur Hauptstadt erklärt. Justinian I. war 527–565 n. Chr. Kaiser des Byzantinischen Reiches. Sein bleibender Beitrag zum öffentlichen Bauen war vor allem das Resultat sozialer Überlegungen. Er ließ bestehende Befestigungen, Brücken und Aquädukte in Stand setzen und durch Erdbeben zerstörte Städte, wie Antiochia, wieder aufbauen. Sein größtes Projekt war die Hagia Sophia im heutigen Istanbul. Sein Konterfei lebt in den Mosaiken von Ravenna weiter (oben).

VOR DEM ERSTEN »SACCO DI ROMA« im Jahre 410 n. Chr. war das Römische Reich in eine westliche und eine östliche Hälfte aufgeteilt worden. Die Hauptstadt des Oströmischen Reiches wurde Konstantinopel (heute Istanbul). Es wurde zum Schmelztiegel der Zivilisation und einem Zentrum der Christenheit in einer barbarischen Welt, die wir das dunkle Zeitalter nennen. Die frühen christlichen Kirchen im Westreich basierten auf der römischen Basilika. Trotz mehrfacher Umgestaltung haben S. Sabina (422–432) und S. Maria Maggiore (432–440) in Rom oder S. Apollinare in Classe bei Ravenna (534–549) am besten die Zeiten überdauert. Als sich im 6. Jh. Dunkelheit über Europa legte, revolutionierte

Justinian I., der Herrscher des Ostreichs, nicht allein den Kirchenbau, sondern die Architektur als Ganzes mit einem der großartigsten und abenteuerlichsten Gebäude aller Zeiten, der Hagia Sophia (Göttliche Weisheit), 532–537 errichtet.

Die Hagia Sophia ist die größte von etwa 30 Kirchen, die er in Konstantinopel bauen ließ. Ihre Gewölbestruktur wurde das Vorbild der großartigen Renaissance-Kuppeln von St. Peter in Rom und St. Paul in London. Die Architekten der Hagia Sophia waren Anthemios von Tralles und Isidoros von Milet, geschickte Ingenieure und Mathematiker, obwohl die Kuppel 21 Jahre nach ihrer Vollendung einstürzte. Das ist jedoch nicht auf Berechnungsfehler der Architekten zurückzuführen, sondern auf die Eile, mit welcher der ehrgeizige Kaiser den Bau vorantreiben ließ.

Anthemios und Isidoros schufen einen riesigen Versammlungsraum unter einem gigantischen Gewölbe und der bewundernswerten Zentralkuppel. Das Resultat ist heute noch genauso atemberaubend wie im 6. Jh., obwohl die Kirche mittlerweile viel von ihrem dekorativen Glanz verloren hat und die Fenster verkleinert wurden. Die Betonkuppel soll nach dem Historiker Procopius (Prokop) »an einer goldenen Kette vom Himmel« herabgesenkt worden sein. Nur weniger prosaisch schwebt die Kuppel in Wirklichkeit über zwei Halbkuppeln, an die sich zwei Nischen oder Apsiden anschließen. Auf diese Weise wird die Kuppel vorzüglich gestützt, ohne dass sich das konstruktive System gleich offenbart.

Die Hagia Sophia war reich ausgeschmückt, zeigte dabei aber verschiedene Abweichungen von der römischen Klassik. Die Säulen sind zum Beispiel mit Kapitellen bekrönt, die mit Laubgirlanden geziert sind. Die pragmatische,

SAN MARCO, VENEDIG, UM 1063–1073 UND SPÄTER

San Marco zeigt mit seinen fünf Pfeilerkuppeln über dem Grundriss eines griechischen Kreuzes den Einfluss der byzantinischen Architektur. Dieser neue Stil wurde durch Venedigs Handelsbeziehungen mit dem Osten in die Stadt gebracht. Das Vorbild für San Marco war wahrscheinlich Justinians Apostelkirche in Konstantinopel.

wohl geordnete Architektur des Westens ging hier eine Synthese mit der sinnlichen, organischen Architektur des Ostens ein. Die Türken, die Konstantinopel 1153 eroberten, zerstörten viele christliche Kirchen, waren aber so tief von der Hagia Sophia beeindruckt, dass sie die Kirche für die nächsten 500 Jahre in eine Moschee umwandelten. Heute ist der Prachtbau ein Museum.

DIE VERBREITUNG DER KREUZKUPPELKIRCHE

Kreuzkuppelkirchen verbreiteten sich die nächsten 500 Jahre im ganzen Byzantinischen Reich. Variationen der Hagia Sophia tauchten in Griechenland, Mazedonien, Serbien, Armenien, Georgien und später in Venedig und Sizilien auf. Dann gelangten sie auch nach Russland und finden sich dort noch Anfang des 18. Jh., allerdings in sehr verwässerter Form. Selten übte ein Bauwerk, neben dem Parthenon und dem Pantheon, so viel Einfluss aus wie die Hagia Sophia. Die vielleicht berühmteste Nachfahrin ist die wunderschöne Kirche San Marco in Venedig von etwa 1063–1073. Die fünffach überkuppelte und (später) mit Türmchen (Fialen) versehene venezianische Wunderkirche basiert aber noch mehr auf der unter Justinian erneuerten Apostelkirche (um 536–565), in deren Ruinen im 15. Jh. eine Moschee entstand.

HAGIA SOPHIA, ISTANBUL, 532–537 N. CHR.
Die Zentralkuppel der Hagia Sophia wird von kleineren Halbkuppeln so umschlossen, dass ihr Gewicht auf ideale Weise verteilt wird. Der riesige Zentralraum wird daher nicht von Säulen gestört und die Kuppel scheint leicht und majestätisch zugleich über dem Raum zu schweben.

PROKOP
Der byzantinische Historiker Prokop (1. Hälfte des 6. Jh. n. Chr.) schrieb Bücher, die eine unschätzbare Quelle für diese Zeit sind. Er war Berater des Generals Belisarius auf dessen Feldzügen und könnte 562 auch Präfekt von Konstantinopel gewesen sein. Zu seinen Hauptwerken zählen Kriege, Berichte über die Kriege gegen die Goten, Vandalen und Perser, und Bauten, in dem er alle Bauwerke Kaiser Justinians beschreibt.

Dennoch ist der Einfluss der Hagia Sophia nicht zu verkennen, wie er auch in hunderten von kleinen Kirchen in der Provinz des langsam absterbenden Byzantinischen Reiches zu sehen ist.

Es wurde lange angenommen, dass Reste von der Hagia Sophia ähnelnden Kirchen auch in Armenien existieren müssten, da dieses Land noch vor Rom christlich geworden war. Man findet stattdessen dort weit verstreut sehr schöne, befestigte Kirchen auf zentriertem Grundriss mit eher Türmen als Kuppeln ähnelnden Dachformen. Und doch ist der Geist der Architektur Justinians auch in so wunderschönen Bauten wie der Kirche des Hl. Kreuzes in Aght'amar, Georgien (915–921 n. Chr.), zu spüren. Diese Kirche stand als Heiligtum und Leitstern der Christenheit in einer wilden Gebirgswelt, die noch heute so Furcht einflößend ist wie vor 1000 Jahren. Der Grundriss dieser

S. FOSCA, TORCELLO, ITALIEN, UM 1100
Diese Kirche bei Venedig ist ein ungewöhnlicher Kuppelbau über einem kreuzförmigen Grundriss. Die Kreuzarme sind, wie zu beiden Seiten der Kuppel zu sehen ist, jedoch sehr kurz. Die Kirche steht neben einer Basilika mit einem Campanile.

armenischen Kirche beruht auf dem Kreuz Christi. In der östlichen Kirche wurde hierfür das griechische Kreuz mit vier gleich langen Armen verwendet, während die westliche Kirche das lateinische Kreuz mit längerem Längsbalken bevorzugte. Das sieht man an vielen westlichen Kirchen und Kathedralen bis ins 20. Jh. hinein.

Eine intelligentere Variation der Kuppel in Aght'amar sieht man in der herausragenden Kirche von S. Fosca (um 1100) auf der Insel Torcello in der venezianischen Lagune. Diese einheitlich in Ziegelbauweise errichtete Kirche wird von einem oktogonalen Umgang eingefasst.

PROFANBAUTEN

Von der Wohnarchitektur der frühen byzantinischen Zeit hat nur wenig überdauert. Man kann jedoch annehmen, dass sich die römische Tradition im Bau der Thermen, Paläste, Theater und Sportanlagen noch für viele Jahre fortsetzte. Wenn überhaupt ein Unterschied zu erkennen gewesen war, dann in der reicheren ornamentalen Ausstattung.

Eines der größten Wunder ist das Fortbestehen der großen Wasserzisterne (Yerebatan Saray) im Zentrum von Konstantinopel. Diese wundervolle Wasser-Kathedrale wurde von Aquädukten gespeist. Ein Gewölbe aus 400 Kuppeln wird von zwölf Reihen mit je 28 Säulen getragen, die z.T. mit Marmorkapitellen (!) ähnlich der korinthischen Ordnung bekrönt sind. Die Wirkung ist überwältigend – ein Untergrundtempel, der nie zu vergehen scheint und dessen Säulen sich im Wasser wie in Neptuns Reich spiegeln.

Die Zisterne ist ein gutes Beispiel dafür, wie die Antike ihre Ingenieurleistungen einschätzte. Da Wasser das Lebenselixier schlechthin war, wusste man es auch mit der entsprechenden Architektur

KIRCHE DES HL. KREUZES, AGHT'AMAR, GEORGIEN, 915–921 N. CHR.
Die späte byzantinische Sakralarchitektur legt im Unterschied zur früheren ein großes Gewicht auf die Höhenentwicklung. An den Außenwänden ziehen sich reiche Relieffriese hin.

zu würdigen. Solche Wertschätzung findet man erst wieder im 19. Jh. Im Europa der dunklen Zeit (mit der bemerkenswerten Ausnahme des islamischen Kalifats von Andalusien in Granada, Córdoba und Sevilla) waren fließendes Wasser und Wasserspender fast vergessen. Man glaubte im Mittelalter, Baden wäre etwas Unanständiges, Sündhaftes, weil zu sinnlich.

RUSSISCHE ARCHITEKTUR

Das erst im 10. Jh. nach Russland kommende Christentum brachte die byzantinische Architektur mit. Doch sind die russischen Bauwerke immer etwas klobiger und rauer als alles, was man sonst im byzantinischen Einflussbereich sehen konnte. Die russisch-orthodoxe Kirche wurde später von ihrer Mutterkirche getrennt. Ihr offensichtlichster Beitrag zur sakralen Baukunst ist der Zwiebelturm, der vorzüglich den Schneemassen im Winter trotzt. Bezeichnend ist auch, dass die russischen Kirchen ein massives, gedrucktes Aussehen haben, wie zum Beispiel die Demetriuskirche in Wladimir (1194–1197). Obwohl hier die hohen Mauern mit lieblichen Reliefs dekoriert sind, musste die Kirche bald als Zufluchtsort für die Menschen dienen, die dem mongolischen Ansturm (ab 1237) zu entkommen suchten.

Der Kampf gegen die Mongolen dauerte die nächsten 300 Jahre an. Erst dann konnten sich die »Russen« unter einer Sprache und der neuen Hauptstadt Moskau vereinen.

In welchem Grad die russische Architektur in diesen 300 Jahren eine eigene Sprache gefunden hat, ist sehr schön an der exotischen Basiliuskathedrale (1555–1561) in Moskau zu sehen, die von Iwan dem Schrecklichen bei den Architekten Barma und Posnik in Auftrag gegeben worden war. Die Kathedrale basiert nicht auf einem kreuzförmigen Grundriss, sondern auf einem achteckigen Stern und scheint so eher einem außerirdischen Kult anzugehören. Zunächst schien das Konzept klarer gewesen zu sein, wurde aber während des nächsten Jahrhunderts mehrfach verändert. Es zeigt aber, wie lange man von der architektonischen Idee der Hagia Sophia zehren und wie man dieses Vorbild in einem Zeitraum von 1000 Jahren in etwas völlig anderes umwandeln konnte.

DEMETRIUSKIRCHE, WLADIMIR, 1194–1197
Die Kirche wurde auf Anordnung von Prinz Wsewolod (1170–1212) zu Ehren seines Namenspatrons St. Demetrius gebaut. Wladmir ist eine der Städte des Goldenen Rings nordöstlich von Moskau. Diese unabhängigen Fürstentümer führten zur Gründung von Bistümern und Architekturschulen. Die Kirche ist der einzige noch bestehende Teil von Wsewolods Palastkomplex.

RUSSISCHE IKONEN
In der klassischen byzantinischen und orthodoxen Kunst drücken symbolische Linien und Farben die theologische Botschaft der Kirche aus. Die russische Ikonenkunst datiert bis 988 zurück, als Wladimir, Großherzog des russischen Königreichs Kiew, eine byzantinische Prinzessin heiratete und zum Christentum konvertierte. Die Ikonenmalerei orientiert sich an griechischen Vorbildern und wurde die Kunst des Klerus. Nachweisbare Schulen gab es in Wladimir, Rostow und Kiew. Die Ikone des Erzengels Gabriel (oben), auch Ikone des Goldhaarigen Engels genannt, stammt aus dem 12. Jh.

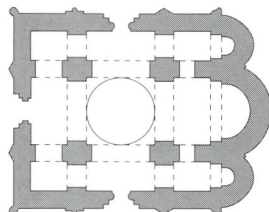

DEMETRIUSKIRCHE
Die Kreuzkuppelkirche ist eine Mischung aus Basilika und kreuzfömiger Kirche. Über der quadratischen Vierung erhebt sich auf vier Pfeilern eine Kuppel. Im Westen ist eine Empore eingezogen. Östlich münden die drei Schiffe in Apsiden. An drei Seiten führen romanische Stufenportale ins Innere.

KLÖSTER

EIN LEBEN IN ABGESCHIEDENHEIT

DAS BOOK OF KELLS (EVANGELIAR VON KELLS)

Eines der berühmtesten Kunstwerke aus der großen Zeit des irischen Mönchtums ist das *Book of Kells*. Es wurde von irischen Mönchen im 8. und frühen 9. Jh. geschaffen und gelangte später in das Kloster Kells in Irland. Es ist vielleicht die schönste illuminierte Handschrift dieser bemerkenswert produktiven Zeit. Es wurde auf Pergament geschrieben und enthält lateinische Bibeltexte mit reichen Initialen sowie vollständig ornamentierte Schmuckseiten.

DIE KLOSTERANLAGEN der großen katholischen Orden, wie Benediktiner, Kartäuser, Cluniazenser, Zisterzienser, Augustiner, Tempelritter und Johanniter, gehören zu den großartigsten mittelalterlichen Bauten. Sie errichteten kathedralähnliche Kirchen, die von stadtgroßen Klosteranlagen mit Refektorien, Dormitorien, Büchereien, Hospitälern und Gasträumen umgeben waren. Die Klöster waren bekannt für ihre Gastfreundschaft und in späterer Zeit auch für ihren Reichtum. Sie waren Zentren des Lernens wie auch des Betens. Man lasse sich nicht von den vielen Gerüchten und Legenden beirren, die um das Klosterleben im Laufe der Jahrhunderte gesponnen wurden. Die Klöster waren weder so korrupt, wie es in den Traktaten der Nachreformationszeit geschrieben stand, noch so lasterhaft und verrucht, wie es skurrile Autoren des 18. Jh., wie zum Beispiel de Sade, glaubhaft machen wollten, auch nicht solche Furcht einflö-

ORATORIUM DES GALLARUS, DINGLE, IRLAND, 8. JH.
Dieses vollständig erhaltene, bootsförmige Klostergebäude hat nur einen schmalen Eingang. Die Form kommt wahrscheinlich von der Bauweise mit trocken geschichteten Steinen her.

ßenden Orte, wie sie von den Horrorschriftstellern William Beckford (*Vathek*, 1786) und Matthew Lewis (*Der Mönch*, 1796) beschworen wurden.

Das Wort »Kloster« kommt vom lateinischen *claustrum*, was »das Abgeschlossene« bedeutet. Die ersten Mönchen waren ägyptische Eremiten des 3./4. Jh. n. Chr. Innerhalb eines Zeitraums von 200–300 Jahren begannen sich Gemeinschaften zu gründen. Einige der frühen Klöster, die überdauert haben, findet man auf der Halbinsel Dingle im Südwesten Irlands. Mönche kamen mit St. Patrick aus Wales nach Irland und von hier aus kehrten ihre Ideen und ihre Architektur ab 635 wieder nach England zurück, als Aidan ausgesandt wurde, um den Norden Englands zu missionieren. Die frühen Klosterbauten waren noch sehr einfach. Schutzdächer aus Steinplatten hielten den starken Wind und den andauernden Regen an der Westküste Irlands ab. Solche Behausungen wurden auch zu Zufluchtsstätten in Zeiten von Unruhe und Gewalt.

Eines der am besten erhaltenen, frühen irischen Klostergebäude ist das wahrscheinlich auf das 8. Jh. zurückgehende Oratorium von Gallarus in Dingle, Kerry. Es sieht wie ein umgedrehtes Boot oder das Steindach eines großen Hauses aus, das vor langer Zeit in den morastigen Boden eingesunken ist. Das Gebäude hat eine Tür mit geradem Sturz an der Westseite und ein einziges Fenster mit Rundbogen an der Ostseite. Der Bau ist in seiner elementaren Schönheit sowohl ein Werk der Landschaftskunst als auch ein Bethaus.

ABTEI RIEVAULX, YORKSHIRE, 1132 GEGRÜNDET
Auf dem Luftbild sind oben noch die Ruinen von Querschiff und Langhaus der Abteikirche zu erkennen, die zu den frühesten Zeugnissen zisterziensischer Architektur in England zählen.

DER ZISTERZIENSERORDEN

Viele große mittelalterliche Klöster entstanden nach der Geburt des Zisterzienserordens in Frankreich. Die Zisterzienser waren ein puritanischer Orden, der sich von den Benediktinern 1098 abgespalten hatte. Sie trugen ungefärbte weiße Kutten und ihre Bauten folgten strengen Regeln. Verboten waren bunte Glasfenster, Skulpturen und anderer Kirchenschmuck. Eine der schönsten Zisterzienseranlagen ist die Ruine von Rievaulx in Yorkshire, England, von 1132. Die Gebäude von großer Schlichtheit gehen eine harmonische Verbindung mit der wunderschönen Umgebung ein. Die Zisterzienser führten auf dem Land französische Ideen in die englische Architektur ein, lange bevor diese die Städte erreicht hatten, wie man an der Kathedrale von Canterbury sieht. Im Laufe der Architekturgeschichte, vor allem bis zum Übergang zum Industriezeitalter, findet man nur noch selten Entwicklungen, bei denen die Architektur auf dem Land führend ist. Um 1225/49 wurde der Chor der Abteikirche Rievaulx in einem üppigeren Stil umgebaut. Die nächsten 300 Jahre wurden die englischen Zisterzienser Großgrundbesitzer, die durch ihre Erträge aus der Schafzucht immer wohlhabender wurden. Die Wollindustrie war eine der wichtigsten Einnahmequellen Englands vor der Industriellen Revolution.

Die Klöster entwickelten sich in verschiedenen Stilen in ganz Europa. Der gotische Stil wurde ab 1135 in der Abtei von St. Denis vorherrschend (siehe S. 57), als Abt Suger seine karolingische Basilika umbauen ließ. An anderen Orten wurden wiederum andere, gleichwohl erwähnenswerte Formen adaptiert. Die griechischen und russischen Klöster folgten dem Vorbild der byzantinischen Architektur, die unter Justinian I. entstanden war (siehe S. 38). Das Ende des 10. / Anfang des 11. Jh. erbaute Katholikon auf Athos ist ein typischer byzantinischer Bau, eine kleine Hügelkette von Kuppeln unterhalb einer bezaubernden Bergkulisse.

MÖNCHSORDEN

Der erste Mönchsorden entstand 540 nach der Regel des hl. Benedikt. Er breitete sich die nächsten 200 Jahre über ganz Europa aus. Modizifierungen der benediktinischen Regeln führten zu weiteren Ordensgründungen. Die kontemplativen Kartäuser beispielsweise legten zusätzlich ein Schweigegelübde ab. Die Zisterzienser kannten nur Beten und Arbeiten (und Bauen). Die Johanniter und Templer waren Militärorden, die an den Kreuzzügen teilnahmen und Jerusalem-Pilger schützten.

DER BERG ATHOS, GRIECHENLAND

Das Zentrum des östlichen, orthodoxen Klosterlebens befindet sich abgeschieden auf einer Halbinsel im Meer. Dort liegen verstreut 20 Klöster, die wie befestigte Dörfer mit einer Mauer umgeben sind. Man betritt die Anlagen durch einen langen gewölbten Gang, der von Eisentoren geschützt wird.

DER ROMANISCHE STIL
DER ÜBERGANG ZUR GOTIK

DER ROMANISCHE STIL entwickelte sich in Westeuropa aus den Tiefen des »saeculum obscurum«, des dunklen Jahrhunderts. Einige hundert Jahre lang zogen die Goten und andere nordische Stämme durch Europa und zerstörten Städte, Aquädukte und andere Monumente antiker Kultur. Im Jahre 800 n. Chr. wurde jedoch Karl der Große vom Papst zum Oberhaupt des Hl. Römischen Reiches gekrönt. Dieser äußerst gebildete fränkische König und Feldherr war von englischen Mönchen aus York unterrichtet worden, von denen er viel über die antike Welt lernte. Sein brennender Wunsch war es, das Römische Reich wieder zu errichten.

GRUNDZÜGE DER ROMANISCHEN BAUWEISE

Der Geist der Romanik wird im Langhaus der Kathedrale von Durham (links) deutlich. Obwohl einzelne Elemente, wie das Kreuzrippengewölbe und das verborgene Strebewerk, die Gotik vorwegnehmen, sind die Massivität und Schlichtheit des Baus Kennzeichen der Romanik. Die riesigen Pfeiler und Arkaden des dreigeschossigen Mittelschiffs sind mit typisch romanischen Ornamenten verziert.

Das ist ihm zwar nicht gelungen, doch konnte er in Westeuropa eine neue rege Bautätigkeit entfalten. Der sich daraus entwickelnde romanische Stil basiert auf massiven Bauformen wie römischen Gewölben und Bögen. Dieser Stil passte besonders gut zu den nordischen Kriegsherren, den Normannen, die im 10. Jh. in Europa eingefallen waren. Diese adaptierten und entwickelten den neuen romanischen Stil kraftvoll weiter. Die Normannen waren Wikinger, die sich 911 n. Chr. in Nordfrankreich ansiedelten, 1066 in Britannien und später in Süditalien und Sizilien. Sie waren auch nach Nordamerika gesegelt, ohne sich jedoch dort niederzulassen.

EIN MONUMENTALER STIL

Eine der größten romanischen Bauten ist die Kathedrale von Durham (1093–1133). Sie steht hoch auf einem zerklüfteten Felsen und überwacht die Landschaft wie eine Burg, eine Funktion, die auch andere romanische Kirchen hatten. Im Innern überrascht nicht nur die Höhe, sondern auch die neuartige Bauweise. Der Blick geht weit hinauf zu den mächtigen Kreuzrippengewölben, die von massiven Rund- und Bündelpfeilern (die aus mehreren kleineren Stützen zusammengesetzt sind) getragen werden. Die Rundpfeiler sind mit Rautenmustern, Zickzacklinien und Kanneluren

KATHEDRALE VON DURHAM, ENGLAND, 1093–1133
Diese Ansicht der Kathedrale von Durham zeigt deren monumentale Westfassade in exponierter Lage hoch über dem Fluss Wear. Die Westtürme, die an die Galilei-Kapelle angrenzen, erheben sich bis zu 44 m. Rechts sieht man den Vierungsturm, der im 15. Jh. umgebaut wurde.

geometrisch gemustert, während die Arkaden mit Zahnschnitten und anderen Mustern dekoriert sind. Vieles der romanischen Ornamente ist direkt in den Stein gemeißelt und nicht plastisch aufgesetzt oder bemalt.

Diese Strenge und Männlichkeit kann man auch an Bauten sehen, von denen man eigentlich eine sanftere Art erwarten würde, wie zum Beispiel vom Baptisterium in Cremona (1167). Diese Taufkirche ist von großer, elementarer Schönheit, ein oktogonales Gebäude, das durch Pilaster gegliedert ist, die sich von der Basis bis zu der unter dem Dachansatz umlaufenden Arkade erstrecken. Der romanische Stil breitete sich aber in Italien auf unterschiedliche Weise aus: So steht die düstere Strenge von S. Ambrogio in Mailand (um 1080–1228) in Norditalien zum Beispiel in starkem Kontrast zur lieblichen Anmut von S. Nicola in Bari (um 1085–1132) im Süden des Landes.

REGIONALE BAUSCHULEN

Die romanische Architektur in Deutschland hat manchmal martialische Züge. Der Kaiserdom zu Speyer sieht mit seinen vier Türmen, die wie Lanzen über das Satteldach hinausragen, aus wie eine Schar Krieger. Man erwartet eigentlich nur noch flatternde Fahnen auf den Turmspitzen. Außen am Dachansatz des Doms ziehen sich Blendarkaden hin, ein Stilmittel, das auch an italienischen Domen vorkommt, was man ganz deutlich in Pisa sehen kann (1063–1118 und 1261–1272). In England und der Normandie finden sich ähnliche Galerien an den Mittelschiffwänden. Romanische Architektur war schwer, aber nicht unflexibel.

Bis zu Beginn der Gotik hatte der romanische Baustil auch noch dekorative Elemente und Techniken übernommen, die von Kreuzrittern, Pilgern und

DOM VON PISA, ITALIEN, 1063–1118 UND 1261–1272
Das weltberühmte Ensemble von Pisa ist eines der schönsten Beispiele der toskanischen Romanik und spiegelt den Reichtum der damaligen Stadt wider. Die Westfassade des Doms hebt sich durch die Säulenarkaden und polychrome Marmordekoration ab.

Spaniern, die in Kontakt mit dem Islam gekommen waren, nach Westeuropa gebracht worden waren. In Spanien ist die Situation noch komplizierter, wo Christen, die dem islamischen Kalifat entflohen waren, Kirchen wie S. Miguel de la Escalada in León (913) bauten, die auf die Moschee von Córdoba zurückgeht, aber auch westgotische Einflüsse zeigt.

GRUNDRISS DES DOMS VON PISA
Der einfache basilikale Grundriss der frühen christlichen Kirchen, bestehend aus einem Mittelschiff und Seitenschiffen, wurde in Pisa durch Zufügung von Querschiffarmen zum lateinischen Kreuz erweitert. Quer- und Mittelschiff schneiden sich in der Vierung, die hier von einer Kuppel überhöht wird.

DOM ZU SPEYER, 1030–1061 U. SPÄTER
Der von Kaiser Konrad II. gegründete Dom zu Speyer ist ein machtvolles Selbstzeugnis des Hl. Römischen Reiches. Die beiden Vierungstürme sind charakteristisch für die deutschen Kaiserdome der Romanik.

ISLAM
MOSCHEEN UND PALÄSTE

ISLAMISCHES ASTROLABIUM

Bis zu Mohammeds Tod im Jahre 632 n. Chr. hatte sich der Islam in der ganzen arabischen Welt ausgebreitet. Die islamischen Gelehrten widmeten sich dem Studium der Philosophie, Astronomie, Mathematik und Geometrie sowie der Ingenieurkunst und konnten so auch Handel und Schifffahrt stärken. Ihre Forschungen führten auch zur Verbesserung des von den Griechen erfundenen Astrolabiums, eines Navigations-instruments. Das hier gezeigte Beispiel stammt aus dem 14. Jh. n. Chr.

»Trittst du in meine Dienste, so wirst du auch in mein Paradies eintreten.«
KORAN, SURE 89

WENN MAN IM EUROPA des »dunklen Zeit-alters« sich seinen Heimatort hätte wählen können, so wäre die Wahl sicher auf Andalusien gefallen, der islamischen Domäne in Südspanien. Dort herrsch-ten nicht nur religiöse und intellektuelle Freiheit, sondern auch sonst wunderbare Zustände. Es gab weite Gärten, fließendes Wasser, schöne Bäder und eine so lichte Architektur, wie sie das übrige Europa erst hunderte von Jahren später erleben sollte.

Die arabischen Eroberer waren von ihrem Prophe-ten Mohammed (geb. 570 n. Chr.) so angestachelt, dass sie ihre »Heiligen Kriege« (Dschihads) von Nordafrika aus auf Europa ausdehnten. Erst 732, in der Schlacht von Moussais-le-Bataille bei Poitiers, konnten die Franken unter Karl Martell deren anscheinend unaufhaltsamen Vormarsch stoppen. Die Araber brachten nicht allein ihre hohe Kultur nach Spanien, die sehr bemerkenswert für ein

DIE ALHAMBRA, GRANADA, SPANIEN, 1338–1390

Die Alhambra ist im Innern ein luxuriöser Palast mit reich ver-zierten Empfangsräumen, schönen Höfen und Gärten. Der Patio de la Acequia (oben) ist ein längsrechteckiger Garten, der seitlich von Mauern eingefasst wird und an den Stirnseiten in Arkaden endet. Im kreuzförmig angelegten Garten, der zum Sommerpalast Generalife gehört, spendet Wasser erfrischende Kühle.

FELSENDOM, JERUSALEM, 688–692 N. CHR.

Mitten auf dem Tempelberg steht der Felsendom, eines der frühesten islamischen Bauwerke. Er wurde als »mashhad« (Pilgerstätte) errichtet. Bunt gemusterte Keramikfliesen bedecken die Außenwände. Durchbrochene Marmor- und Keramiklünetten füllen die Fensteröffnungen. Das Innere ist kostbar mit Glasmosaiken und Marmorplatten dekoriert.

GRUNDRISS DES FELSENDOMS

Das Gebäude hat einen streng geometrischen Grundriss. Eine Kuppel mit einem Durchmesser von etwa 18 m sitzt auf einem Tambour, der sich über einem Kreis von 16 Stützen (Pfeilern und Säulen im rhythmischen Wechsel) erhebt. Dieser wird von einer oktogonalen Arkadenreihe mit 24 weiteren solchen Stützen umschlossen. Vier Portale führen in diese Umgangshalle.

Volk ist, das noch kurz vorher als Nomaden in der Wüste gelebt hatte, sondern auch eine atemberaubende Architektur. Jedes größere islamische Gebäude stellte eine Art Oase dar, umgeben von hohen Mauern und innen versehen mit fließendem Wasser, üppigen Gärten und schattigen Alkoven.

DIE GROSSEN MOSCHEEN

Die ersten islamischen Architekten nahmen örtliche Bauformen auf. Der Felsendom in Jerusalem (688–692) zeigt zum Beispiel den Einfluss der byzantinischen Kunst. Der Dom ist über den Felsen gebaut, von dem Mohammed aus in den Himmel aufgefahren sein soll. Der Achteckbau wird von einer glänzenden Kuppel bekrönt. Sie war einst mit vergoldetem Blei gedeckt, das seit 1967 durch anodisiertes Aluminium ersetzt ist. Die Wände waren ursprünglich mit schimmernden Mosaiken und Marmorinkrustationen verziert, wurden aber dann im 16. Jh. nach osmanischer Sitte mit Marmorfliesen in geometrischen Mustern verkleidet. Der Felsendom besitzt dennoch eine Leichtigkeit, die nur von wenigen

europäischen Gebäuden in dieser »dunklen Zeit« erreicht wurde.

Die größte jemals gebaute Moschee war die Große Moschee in Sammara, Irak (begonnen 848 n. Chr.). Heute sind nur noch Ruinen davon übrig, aber auch diese sind noch sehr eindrucksvoll. Eine Außenmauer von 155 x 238 m umgab die Gebetshalle, die von einem gigantischen spiralförmigen Minarett überragt wird, auf das man sogar hinaufreiten konnte. Man kann sich heute nur schwer diesen paramilitärischen Bereich vorstellen, in dem die Rufe des Muezzins, die Gebete der Gläubigen und das Plätschern der

GROSSE MOSCHEE, SAMARRA, IRAK, BEGONNEN 848

Die größte jemals gebaute Moschee wird meist als ein Werk von Kalif Al-Mutawakkil angesehen. Das konische Minarett wird von einer Rampe spiralförmig umlaufen.

Brunnen widerhallten. Die Araber, ein Wüstenvolk, verehrten das Wasser. Es ist daher ein wichtiger Bestandteil vieler arabischer Gebäude und Gärten.

Die Bauprinzipien von Sammara wurden von Ahmed Ibn Tulun nach Kairo gebracht, wo er die neue Stadt im späten 9. Jh. im Stil seiner irakischen Heimat formte. Das eindrucksvollste Gebäude, das er schuf, war die Moschee von Ibn Tulun (876–879 n. Chr.), ein Bauwerk aus mit Stuck verkleidetem Ziegelstein mit einem weiträumigen Hof oder Paradeplatz. Wahrscheinlich war es von Handwerkern errichtet worden, die vom Irak nach Ägypten gekommen waren.

DIE MOSCHEE VON CÓRDOBA
Es gibt in Spanien sehr unterschiedliche islamische Bauten. Die Moschee von Córdoba (begonnen

785 v. Chr.) ist der erste größere Bau der Omaijaden-Dynastie nach ihrer Flucht aus Syrien über Tunesien nach Spanien. Der Stil der Gebetshalle war so fortschrittlich, dass er fast unverändert bei drei Anbauten im 9. und 10. Jh. beibehalten wurde. Die vollständige Gebetshalle war von genau der gleiche Größe wie der nach Orangen duftende Vorhof. Im Innern gestattet ein Wald von Säulen, die hufeisenförmige Bögen tragen, immer neue Durchblicke. Dieser bezaubernde Eindruck wird weniger durch die von den Spaniern eingebaute hässliche Kapelle im Zentrum der Halle gestört als durch das überlaute Geschnatter der Reiseführer und das Klicken der Kameras. Der verblüffende optische Effekt der sich überschneidenden Arkadenreihen wird noch durch die ornamentale Gestaltung der Hufeisenbögen mittels abwechselnder Ziegel- und Steinlagen in unterschiedlicher Farbigkeit verstärkt. Die

DIE MOSCHEE

ORIENTIERUNG
Die Moschee ist nach Mekka ausgerichtet. Im Mihrab, einer kleinen zentralen Nische in der Mekka zugewandten Wand, spricht der Leiter der Gemeinde (der Imam) seine Gebete. Dieser muss von allen übrigen Teilen des Gebetsraumes aus gesehen werden können. Die Gemeinde versammelt sich in Reihen quer zur Hauptachse, dem Imam zugewandt. Vor der Moschee steht ein Brunnen für rituelle Waschungen vor den Gebeten. Der Muezzin ruft vom Minarett aus die Gläubigen zu den täglich fünf Gebeten.

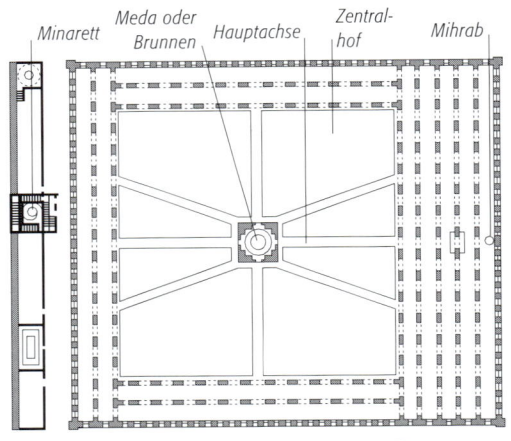

Minarett — Meda oder Brunnen — Hauptachse — Zentralhof — Mihrab

GRUNDRISS DER MOSCHEE VON IBN TULUN

Minarett
Spitzbögen
Hauptachse
Zentralhof

MOSCHEE VON IBN TULUN, KAIRO, 876–879 N. CHR.

DEKORATION
Charakteristisch für islamische Bauten sind Spitzbögen, Zwiebelkuppeln und Wände, die mit Steinreliefs, Malereien, Inkrustationen oder Mosaiken geschmückt sind. Da figurative Kunst verboten ist, sind die Gebäude mit geometrischen, kalligrafischen und floralen Motiven geschmückt. Naturformen werden bis zur Unkenntlichkeit stilisiert.

FLIESENBODEN, FREITAGS-MOSCHEE, YAZD, IRAN

INKRUSTATION, GRABMAL IN AGRA, INDIEN

STALAKTITENGEWÖLBE, MASJED-E EMAN, ESFAHAN, IRAN

undurchdringlichen Arkadenfolgen geben schließlich den Blick überraschend frei auf drei sehr dekorativ und fein gearbeitete Sanktuarien.

DIE ALHAMBRA

Der ehrgeizigste und schönste aller islamischen Bauten in Spanien ist zweifellos die Alhambra (1338–1390), ein formvollendeter und reich dekorierter Palast, der in einer Zitadelle hoch auf einem Hügel steht, vor der beeindruckenden Kulisse der Sierra Nevada. Die Alhambra wurde von den Nasrids gebaut, der letzten muslimischen Dynastie in Spanien. Sie ergab sich 1492 den Streitkräften der Katholischen Könige Ferdinand und Isabella, in dem Jahr, in dem Cristóbal Colón (Christoph Kolumbus) Amerika »entdeckte« und für Spanien in Anspruch nahm.

Zwei weiträumige Innenhöfe, der Löwenhof und der Myrtenhof, haben große Springbrunnen und führen zu schönen Gartenterrassen, Pavillons, Spazierwegen, Türmen und Türmchen. Das ist das schönste Oasenabbild arabischer Architekten und vielleicht immer noch die am perfektesten durchdachte Verbindung von Gartenlandschaft und Architektur, Licht und Schatten. Noch heute erfreuen die Höfe und Gärten der Alhambra

MOSCHEE VON CÓRDOBA, BEGONNEN 785 N. CHR.
Der überwölbte Gebetsraum der Moschee von Córdoba ist ein Wald aus über 850 Säulen, die übereinander stehende Doppelarkaden tragen. Die unteren Arkaden sind hufeisenförmig und abwechselnd aus weißen Stein- und roten Ziegellagen zusammengesetzt.

Millionen von Besuchern und zeigen auf, wohin sich die globale Architektur im neuen Jahrhundert entwickeln könnte.

DIE ALHAMBRA, GRANADA, SPANIEN, 1338–1390
Von außen sieht die Alhambra mit ihren wehrhaften Mauern aus gestampftem Lehm wie ein Kastell aus. Diese Mauern umschlossen mit ihren 23 Türmen und vier Toren einmal Moscheen, Gärten, Gefängnisse, sieben Paläste und sogar die Königliche Münze.

NORDAFRIKA
REINE WEISSE FORMEN

DIE ARABER FIELEN über mehrere Genera- tionen immer wieder in Nordafrika ein. Auf die Architektur wirkte sich diese Invasion vor allem in den großräumigen und oft wundervollen Moscheen und Städten an der Südküste des Mittelmeers aus. Zu den frühesten Bauten zählen die Große Moschee in Kairouan, Tunesien (begonnen 836 n. Chr.), die »Moschee der Drei Tore«, Kairouan (866 n. Chr.), die Große Moschee in Sfax (849 n. Chr.) und die Zaytuna-Moschee in Tunis (etwa ab 860 n. Chr.). Alle diese frühen Moscheen hatten weiträumige Höfe und sahen wie elegante Militärbaracken aus. Dies stand durchaus in Übereinstimmung mit der Religion des Islam, der die Araber zu einer Militärmacht entwickelt hatte, die »Heilige Kriege« (Dschihads) führte. Spätere Eroberungen in den Ländern, die heute Marokko und Algerien heißen, zogen die Entwicklung von feiner ausge- arbeiteten Moscheen nach

sich, die nun hufeisenförmige Arkaden und eine reiche, muschelähnliche Dekoration verwendeten. Eindrucksvolle Beispiele dieses Spätstils findet man in der Moschee von Tlemcen (von ca. 1080), der Moschee von Kutubija in Marrakesch (1147) und der so genannten Andalusiermoschee in Fes (1276–1307).

EINFACHE STRUKTUREN

Zu den aufregendsten und einflussreichsten Ge- bäuden in Nordafrika aus der Zeit zwischen der arabischen Invasion und der europäischen Kolo- nisierung gehören die zahlreichen, kleinen weißen Häuser mit Innenhof, welche die südliche Mittel- meerküste säumen und die im Grunde noch auf biblische Zeiten zurückgehen. Den Mittelmeer- raum durchzogen seit der Antike wichtige Schiffs- und Handelsrouten. So konnten sich neue Bauweisen schnell von Mesopotamien nach

GROSSE MOSCHEE, KAIROUAN, TUNESIEN, BEGONNEN 836 N. CHR.
Der ursprüngliche Bau wurde im 9. Jh. umgebaut, indem der Hoffront offene Arkaden vorgesetzt wurden und über der Gebetshalle eine Zentralkuppel errichtet wurde.

MOSCHEE DER DREI TORE, KAIROUAN, TUNESIEN, 866
*Diese kleine Stadtmoschee hat einen Portikus mit drei
Hufeisenbögen. Über den Arkaden sind kufische Inschriften
angebracht. Den Abschluss bildet ein Konsolgesims.*

Marokko und schließlich bis nach Spanien
verbreiten. Die berühmten weißen Dörfer von
Andalusien, die von Algeciras ausgehen und sich um
Jimena de la Frontera gruppieren, werden von
einer schon lange verfallenen Maurenfestung
dominiert, die genauso gut in Nordafrika stehen
könnte. Von den Türmen der Festung aus kann man
bei klarem Wetter das Atlas-Gebirge sehen. Die
weiß gekalkten nordafrikanischen Häuser hatten
einen großen Einfluss auf die Arbeiten von Le
Corbusier (siehe S. 182/183), wie ebenso die einfachen tunesischen Bauernhöfe mit Tonnengewöl-
ben auf die Bauwerke von Louis Kahn.

REINE FORMEN

Die Reihe der tonnengewölbten Moscheen an den
Stränden der Insel Djerba vor Tunesien gehört zu
den ganz besonderen Bauten auf der Welt. Hier
findet man die pure Architektur, reine platonische
Formen, die dennoch warm und freundlich wirken.
Diese Bauten sind aus Zylindern, Halbkugeln,
Kuben oder Pyramiden zusammengesetzt und
bestechen durch ihre klaren Proportionen. Dazu
sind sie deutlich noch ganz allein mit handwerk-

lichen Mitteln erbaut. Die kühle Abstraktion ihrer
reinweißen Stereometrie wird durch den hand-
werklichen Charakter wohltuend gemildert. Man
braucht hier keine Dekoration, nicht so sehr weil
dies eine Ablenkung vom Gebet wäre oder eine
Beleidigung für Gott, sondern weil das Spiel von
Licht und Schatten auf diesen perfekten Formen
bereits Schmuck genug ist. Dazu kommen noch die
wunderschöne Lage der Bauwerke am Meer, das
golden in der Morgensonne und azurblau am Abend
wirkt, das Weiß der Sandstrände und der Duft der
Orangenblüten aus den Plantagen.

Diese Architektur ist ganz elementar und in
vielerlei Hinsicht absolut vollkommen. In Harmonie mit der natürlichen Umgebung und unberührt von vorübergehenden Modestilen stellt
sie eine perfekte Balance von Form, Funktion und
Schönheit her. Djerba liegt im Golf von Gabes
und ist vielleicht der
ideale Ort für solch
traumhafte Architek-
tur. Hier war viel-
leicht das mythische
Land von Homers
Lotus-Essern, die ein
Leben in träger Ver-
gesslichkeit führten.
Die übrige Architek-
tur der Welt gerät
hier tatsächlich in
Vergessenheit, wenn
auch nur für einen
oder zwei Tage.

KIMBELL ART MUSEUM, FORT WORTH, TEXAS, 1969–1972

Das Museum wurde von dem amerikanischen
Architekten Louis Kahn (1901–1974) entworfen und
besteht aus sechs tonnengewölbten Sälen. Hierzu
inspiriert wurde Kahn auf einer Tunesienreise, wo er die
einfache Schönheit der dortigen Bauernhäuser sah.

GEBÄUDE IN DJERBA, TUNESIEN
*Reine stereometrische Formen — Halbkugeln, Kuben und Pyramiden — werden bei den weiß
gekalkten Häusern und Moscheen verwendet, die man auf der Insel Djerba vor Tunesien findet.*

Die
GOTIK

D IE GOTISCHE ARCHITEKTUR IST EINE
DER GRÖSSTEN EUROPÄISCHEN KUL-
LEISTUNGEN ÜBERHAUPT. DURCH DIE HÖC
JEMALS GEBAUTEN STEINGEWÖLBE UND T
SPITZEN VERSUCHTE MAN DEM HIMMEL (U
DAMIT GOTT) SO NAH WIE MÖGLICH ZU K
DIE IN DER GOTIK ENTSTANDENEN SAKRA
BAUTEN VERDANKEN WIR DEN GROSSARTIG
VISIONEN DER AUFTRAGGEBER UND ARCH
EBENSO WIE DEN HÄNDEN DER GESCHICKT
BAUMEISTER. HOCH ÜBER DEN KIRCHENS
UND OFT AUSSERHALB DER REICHWEITE D
MENSCHLICHEN AUGES FINDET MAN KÜNS
VOLLENDETE, AUS STEIN GEMEISSELTE ENG
DÄMONEN, BLATTWEDEL UND KREUZBLU
DAS WERK GENIALER STEINMETZEN. DEF
GOTISCHE STIL ENTSTAND IN FRANKREICH
ZEIT DER KREUZZÜGE UND ENTWICKELTE
EINEM DER INSPIRIERENDSTEN UND GEWAC
BAUSTILE ALLER ZEITEN.

VIERUNGSTURM, KATHEDRALE VON CANTERBURY
*Nach dem Brand von 1174 beauftragten die Mönche von Cant
von Sens mit dem Neubau der Kirche. Er ließ sie in dem neuar
sischen Baustil errichten und schuf so die erste gotische Kirche*

DIE GOTISCHE WELT
DAS ZEITALTER DER GROSSEN KATHEDRALEN

INNOVATIONEN DER GOTISCHEN KUNST

Die Aufnahme des gotischen Stils erfolgte in der Malerei langsamer als in der Architektur oder Skulptur. Der neue Malstil tauchte im späten 13. Jh. in Italien auf und erreichte seinen Höhepunkt im Werk des Florentiner Künstlers Giotto di Bondone (ca. 1267–1337). Schon zu Lebzeiten wurde Giotto als wichtiger Neuerer erkannt. Er führte einen größeren Naturalismus in die Malerei ein und befreite sie aus der byzantinischen Tradition. In seinen Freskenzyklen in Padua und Assisi, wie auch in dem obigen Tafelbild »Thronende Madonna« (um 1310), wird ein neuer Bildraum erschlossen und die religiöse Erzählung verlebendigt.

»*Die Bilder in den Fenstern sind in erster Linie für die einfachen Leute gedacht, die die Schrift nicht lesen können, um ihnen zu zeigen, was sie glauben sollen.*«
ABT SUGER

DIE KATHEDRALE von Beauvais ist das mittelalterliche Äquivalent zum biblischen Turm zu Babel. Geplant war das höchste Mittelschiff, das jemals gebaut wurde; es sollte sich 48 m hoch über die Gläubigen erheben. Die Spitze des Turms hätte 150 m erreichen sollen. Doch der Ehrgeiz der Erbauer schoss über das Ziel hinaus. Nach 60 Jahren Arbeit musste der Weiterbau wegen mangelnder finanzieller Mittel eingestellt werden. Das weiträumige gotische Gebäude, das man heute sieht, stellt nur einen Bruchteil des Entwurfs von 1220 dar. Das heutige Mittelschiff, das nach gotischer Vorstellung viel zu klein geraten war, datiert aus dem 10. Jh. Es gab auch Zeichen (vielleicht sogar des Himmels?), dass diese Kathedrale zu groß oder zumindest zu hoch geplant war: 1284

brach ein Teil des Schwindel erregenden Chorgewölbes ein; 1573 fiel der Turm in sich zusammen. Beauvais macht die Grenzen der mittelalterlichen Baukunst deutlich.

Übrig geblieben ist eine überwältigende architektonische Leistung und in vielerlei Hinsicht die Apotheose eines Baustils, der sich nach seiner Entstehung in Paris Ende des 12. Jh. vollkommen von seinen Vorläufern gelöst hat. Beauvais verdankt scheinbar nichts dem Kanon der klassischen Architektur oder sonstiger Bautradition. Der gotische Baustil, den diese Kirche exzessiv repräsentiert, forderte zum ersten Mal die Gesetze der Architektur vom Tragen und Lasten heraus. Dieser Baustil sollte 400 Jahre lang in ganz Europa vorherrschen, bis er schließlich in Italien von der Renaissance abgelöst wurde.

DAS ERLEUCHTETE SCHIFF

Der geradezu in die Höhe schießende Chor und die Querschiffarme von Beauvais zeigen die wichtigsten Elemente der gotischen Architektur in ihrer extremsten Form. Das Ziel der Baumeister und Auftraggeber, von denen wir kaum mehr die Namen kennen, war es, so hoch und mit so viel Glas wie möglich zu bauen. In den Kirchenraum sollten durch bunte Glasfenster Kaskaden von Licht einfallen, um die reich verzierten Schiffe, Kapellen und Chöre zu erleuchten. Diese Kathedralen sind die bemerkenswertesten und wagemutigsten Gebäude ihrer Zeit. Sie wurden nicht nur gebaut, um den Ruhm des Klerus zu verewigen und die Gläubigen zu beeindrucken, sondern sie zeigen auch das Gottvertrauen der rivalisierenden französischen Städte, die bis zum Hundertjährigen Krieg mit England (1337–1453) und der schwarzen Pest von 1348, die drei Viertel der europäischen Bevölkerung dahinraffte, eine lange wirtschaftlichen Blüte verzeichnen konnten.

Die meisten Kathedralen sind auch heute noch, 700 Jahre später, Andachtsorte und Anziehungspunkte für Touristen, obwohl ihr Erhalt hohe Kosten verursacht. Sie haben wie Hadrians Pantheon und Justinians Hagia Sophia ihre Kraft und Ausstrahlung behalten und machen noch manche Besucher sprachlos, was im Zeitalter des Computers und der optischen Überreizung bemerkenswert ist.

NORDFENSTER MIT ROSE, KATHEDRALE VON CHARTRES, FRANKREICH, UM 1235
Fensterrosen, ermöglicht durch ein kompliziertes Strebewerk, schmücken die Fassaden der Kathedrale von Chartres.

KATHEDRALE VON BEAUVAIS, FRANKREICH, BEGONNEN 1220

In Beauvais steht die letzte französische Kathedrale, die direkt von Chartres beeinflusst ist. Sie stellt den Höhepunkt der französi- *schen Hochgotik dar. Die Betonung von Höhe und Licht wurde in der Baukunst ganz Europas begeistert aufgenommen.*

Die wichtigste Erfindung der gotischen Architektur ist das Strebewerk (siehe unten), durch das so viel Gewölbeschub wie möglich von den Mauern der Kathedrale genommen und nach außen verteilt werden kann. Je höher die Mauern, desto größer werden die Abstände der Strebepfeiler zu ihnen. Besonders eindrucksvolles Strebewerk kann man an den Chören von Notre-Dame in Paris sowie der Kathedralen von Le Mans, Amiens und natürlich Beauvais sehen. Durch diese Entlastung der Mauern konnten die Baumeister die Fenster ständig vergrößern, bis sie wie im Fall von

Chartres (1194–1220) fast die ganze Wandfläche einnehmen. In den Glasgemälden werden Szenen aus dem Alten Testament und dem Leben Jesu, seiner Apostel und Heiligen erzählt, sodass diese Kirchen wie die mittelalterliche Version des Farbfernsehens oder des Kinos wirken.

Der Kontrast zwischen diesen außergewöhnlich ehrgeizigen, üppig ausgeschmückten Bauten und dem Elend, in dem der Großteil der damaligen Bevölkerung lebte, hätte nicht größer sein können. Da verwundert es nicht, dass das Volk in diesen Kirchen vor Ehrfurcht erstarrte.

GOTISCHE ELEMENTE

MASSWERK

Das einfachste Maßwerk besteht aus Lochformen (»negatives Maßwerk«), z. B. in Chartres. Daraus entwickeln sich immer kompliziertere Formen, die schließlich in der französischen Spätgotik zum Flamboyant-Stil führen. In England entstehen parallel der reiche Decorated Style und der Perpendicular Style mit starker Betonung der Senkrechten, wie hier am Ostfenster der Kathedrale von York zu sehen ist.

STREBEWERK

Das Strebewerk aus Stein oder Holz stützt eine Mauer, um den Druck eines Bogens, Dachs oder Gewölbes aufzunehmen und abzuleiten. Das Strebewerk besteht aus Strebepfeilern und Strebebögen, die über den Seitenschiffgewölben frei aufsteigen. Die Strebebögen werden dabei möglichst leicht ausgebildet, die Strebepfeiler aber möglichst schwer und erhalten gewichtige Aufsätze in Form von Fialen oder Türmchen.

Das Strebewerk wurde nach dem 12. Jh. entwickelt, als die Seitenschiffe immer höher wurden und die Größe der Fenster zunahm. Die innovativen Schrittmacher waren in diesem Fall die Kathedralen von Bourges und Chartres, bis zu den komplexen Strukturen von Amiens, Beauvais und Köln.

MUSTERBUCH VON VILLARD DE HONNECOURT, 1220–1230

MASSWERK, OSTFENSTER, KATHEDRALE VON YORK, 1405–1408

STREBEWERK, KATHEDRALE VON BOURGES, 1209–1214

HOCH RAGENDE TÜRME

Während die Franzosen ihre von Strebewerk gestützten Kathedralen möglichst hoch bauen wollten, ließen die Engländer und Deutschen ihre Kirchtürme in die Höhe sprießen. Der höchste, wenn auch nicht eleganteste Kirchturm gehört zum Ulmer Münster; er ist 160 m hoch. Der Bau begann wahrscheinlich um 1380. Es gab jedoch mehrfache Änderungen im Bauplan und selbst 1543, als das Münster schon längst genutzt wurde, war der Turm immer noch nicht fertig. Erst als man um 1840 in Köln den Weiterbau des Doms beschloss, wurde auch in Ulm der Münsterturm nach den erhaltenen Plänen des Matthäus Böblinger aus dem 15. Jh. vollendet. Der Kölner Dom (begonnen 1284) hat 150 m hohe Doppeltürme, die 1880 fertig gestellt wurden. Im Innern offenbart sich die vielleicht verblüffendste Kathedrale – eine hoch aufsteigende Höhle aus farbigem Glas –, abstrakt, kalt und wundervoll.

Den höchsten Kirchturm außerhalb Deutschlands findet man an der Kathedrale von Salisbury in Südengland. Die Kirche wurde einschließlich der steinernen Turmspitze zwischen 1220 und 1266 in zwei Phasen erbaut. Der Turm ist 123 m hoch und erhebt sich über der Vierung. Zu jener Zeit hielt man diese Höhe für unklug, doch mehr als 700 Jahre später streckt sich die Kathedrale von Salisbury immer noch steil zum Himmel und scheint so gut wie unversehrt zu sein, mit Ausnahme eines leichten Knicks in den Vierungspfeilern, die den Turm tragen.

MASSWERK

Die größte und eindrucksvollste Dekoration der mittelalterlichen Kathedralen ist das steinerne Maßwerk, das die Fenster füllt. Die filigranen ornamentalen Steingitter wurden immer größer und feiner gearbeitet, wenn man zum Beispiel den

MÜNSTER VON ULM, 14.–16. JH., OKTOGON UND SPITZE DES TURMS, 19. JH.
Der Westturm des Ulmer Münsters wurde erst 1890 nach alten Plänen vollendet. Damit wurde die Kirche zum höchsten mittelalterlichen Bauwerk Europas mit einer Höhe von 160 m. Das Langhaus misst in der Breite 45 m.

Chor der Abteikirche von St-Denis, Paris (1143), mit den letzten großen Kathedralen vergleicht, die mehr aus Glas als aus Stein zu bestehen scheinen. Die Entwicklung des Maßwerks zeigt das Bestreben der Steinmetzen, in den riesigen Fenstern der Verglasung immer mehr Raum zu geben.

Diese Entwicklung vollzog sich in verschiedenen Ausformungen, dem Rayonnant-Stil in der französischen Hochgotik mit den charakteristischen strengen Strahlenmotiven und dem Flamboyant-Stil seit etwa 1370 mit flammenförmigen Mustern. In England entstehen zwei Sonderformen, der Decorated Style des 13./14. Jh. mit naturalistischen, fließenden Formen und der Per-

gung einer Kathedrale immer wieder über die reiche Fantasie der Steinmetzen, die diese dabei entwickelten. Sie hatten hier ein Betätigungsfeld, auf dem sie nicht von den Baumeistern dominiert wurden.

HIMMELSVISIONEN

Die wohl bezauberndsten und verspieltesten, vielleicht aber auch die strengsten mittelalterlichen Kathedralen wurden in England gebaut. Dort sah man die Kathedrale nicht als Einzelbauwerk, sondern als Zentrum eines Ensembles von Gebäuden an. So zeigt der Lageplan einer typischen englischen Kathedrale eine Vielzahl auch mehrschiffiger und komplizierter Bauten. Es gab also auch viele Arten von Dächern zu konstruieren. Die exzellenten englischen Zimmerleute durften dabei nicht nur neue Dachformen erproben, sondern diese auch verzieren. So entstanden wunderschöne Fachwerkdecken, die ihren Höhepunkt in den großen Eichenbalkendecken des späten 14. und 15. Jh. finden.

Die schönste Decke ziert aber keine Kathedrale, sondern die St. Stephen's Hall in Westminster (1394–1400). Dieser Versammlungssaal, das englisch-gotische Äquivalent einer römischen Basilika, ist mit einem Balkenfachwerk gedeckt, das von Hugh Hurland, dem Zimmermeister des Königs, entworfen und ausgeführt wurde. Hurland setzte große Holzengel an die Enden der Stichbalken und erhob so die Dachkonstruktion in himmlische Sphären.

Es gibt aber noch andere Entdeckungen zu machen: Ein Geheimtipp ist die Abteikirche St. Wendreda in March, Cambridgeshire. Dort gibt es am Gebälk nicht weniger als drei Reihen von Engeln, die daran mit weit gebreiteten Flügeln zu schweben scheinen, während eine vierte Reihe den Dachfirst entlangfliegt. Ein anderes Beispiel perfekter Zimmermannsarbeit ist die einmalige oktogonale Laterne aus der Mitte des 14. Jh., welche die Vierung der Kathedrale von Ely in Cambridgeshire krönt.

Die Steinmetzen und Holzschnitzer haben auch die Ausstattung der Kirchen höchst anregend zu

ST. WENDREDA, MARCH, ENGLAND, FRÜHES 16. JH.
Stichbalkendecken wurden bei Gebäuden höchsten Ranges verwendet. Sie ragen von beiden Seiten ins Kirchenschiff und werden von Konsolen gehalten. Bei diesem spektakulären Beispiel zieren geschnitzte Engel die Balkenenden.

pendicular Style des 15./16. Jh. mit geometrischen Elementen. All diese zauberhaften Maßwerkformen zeugen von der hohen Kunstfertigkeit der Steinmetzen. Man kann sich leicht den Wettstreit unter den mittelalterlichen Handwerkern vorstellen, die zu immer neuen Höchstleistungen führten.

Außerdem wurden die Kathedralen mit einem Bestiarium fantastischer Kreaturen ausgeschmückt, die Dämonen abschrecken sollten und zum Teil auch als Wasserspeier an den großen bleigedeckten Dächern dienten. Man freut sich bei der Besichti-

schmücken gewusst. An den Wangen der Kirchenbänke und den Miserikordien an der Unterseite der Klappsitze eines Chorgestühls findet man häufig oft unverblümte Reliefdarstellungen aus dem zeitgenössischen Leben.

Die Schlusssteine im Kreuzganggewölbe der Kathedrale von Norwich sind mit ihren Furcht erregenden Seemonstern, die Heilige verschlucken, und anderen mittelalterlichen Spektakeln amüsanter anzuschauen als ein Comic von Disney. Wie diese Szenen betrachtet werden sollten, ist nur schwer vorzustellen. Heute werden Rollwägen mit Spiegeln angeboten, die man durch den Kreuzgang schieben kann. Das spart den Gang zum Orthopäden.

HOLZKONSTRUKTIONEN
Der überwiegende Teil der gotischen Architektur wurde in Stein errichtet, einiges auch in Ziegeln, z. B. in den Niederlanden und Norddeutschland, wo Naturstein nicht ausreichend vorhanden ist. In diesen Bauten wurde Holz zu spektakulären Effekten eingesetzt. Jedoch wurde Holz selten für den Bau großer Gebäude verwendet, da es leicht Feuer fängt. Dennoch haben drei holzreiche Länder, Norwegen, Schweden und Rumänien, mit Holzbauten einen besonderen Beitrag zur Architekturgeschichte geleistet.

Eine der am besten erhaltenen und berühmtesten skandinavischen Holzkirchen steht in Borgund am Sogne-Fjord. Sie wurde um 1150 erbaut und scheint zunächst mit einer christlichen Kirche wenig gemeinsam zu haben. Was man zuerst sieht, sind die Giebel der steilen, schindelgedeckten Dächer, die in wilden geschnitzten Drachenköpfen enden. Ein solches Gebäude scheint einer Horrorgeschichte entsprungen zu sein und beunruhigte die an diesen Küsten lebenden Zeitgenossen sicher genauso wie die Wikingerschiffe mit ihren marodierenden Kriegern. Die so

genannte Stabkirche hat einen von byzantinischen und romanischen Kirchen übernommenen Grundriss und ist ganz aus reich verziertem Holz erbaut.

Es gibt noch weitere bedeutende Stabkirchen in Norwegen, zum Beispiel in Urns, ebenfalls am Sogne-Fjord gelegen. Ein frühes Beispiel kann man in Lund in Schweden besichtigen und andere weiter südlich in Ungarn und Rumänien.

PROFANBAUTEN DER GOTIK
Kathedralen sind nicht die einzigen erhaltenen Gebäude aus der Zeit der Gotik. Obwohl die meisten Menschen im mittelalterlichen Europa in armseligen, ungesunden Häusern wohnten, wurden viele glänzende Bürgerpaläste als Statussymbole in den reichen Handelsstädten errichtet. Zu den

STABKIRCHE IN BORGUND, NORWEGEN, UM 1150

Stabkirchen leiten ihren Namen von den Pfosten (norwegisch stav) ab, die der Baukonstruktion dienen. Die Giebel der Stabkirche in Borgund sind mit geschnitzten Drachenköpfen geschmückt.

MARCO POLO

Der venezianische Kaufmann, Reisende und Schriftsteller Marco Polo (um 1254–1324) stammte aus einer erfolgreichen Kaufmannsfamilie. Der Handel zwischen Europa und China über die Seidenstraße war zur Zeit von Marco Polos Reisen schon lange im Gang. 1275 begleitete er seinen Vater und seinen Onkel auf einer Handelsreise nach China. Dort wurde er ein gern gesehener Gast des mongolischen Kaisers und blieb bis 1292. 1295 kehrte er nach Venedig zurück und befehligte drei Jahre später eine Galeere in der Schlacht von Curzolain während des Kriegs gegen den Rivalen Genua. Dabei wurde er gefangen genommen und verbrachte bis zum Friedensschluss im Sommer 1299 ein Jahr in einem Genueser Gefängnis. Er blieb dann bis zu seinem Tod 1324 in Venedig.

schönsten öffentlichen Gebäuden gehören die Rathäuser und Tuchhallen. Der Reichtum der Niederlande z. B. basierte zum großen Teil auf Tuchwaren. Zwei der größten mittelalterlichen Tuchhallen befinden sich in Ypern und Brügge, beide heute in Belgien.

Die 1260–1380 erbaute Tuchhalle von Ypern war mit ihrer Fassadenlänge von 132 m auch das größte öffentliche Gebäude der damaligen Niederlande. Die streng konzipierte Fassade wurde im Zentrum von einem hohen Glockenturm überragt. Dieser Bau inspirierte im 19. Jh. viele im neugotischen Stil entworfene Rathäuser (siehe S. 148/149). Das mittelalterliche Meisterwerk wurde leider im Ersten Weltkrieg zerstört, aber bald danach mit viel Liebe zum Detail rekonstruiert. Die Tuchhalle in Brügge überlebte hingegen fast unversehrt. Sie ist für ihren 1282 erbauten Ziegelturm berühmt, der sich 80 m hoch über die engen Gassen der Altstadt erhebt.

Ebenso eindrucksvoll sind die turmbewehrten Rathäuser in Italien. Die um die Mitte des 13. Jh. entstandenen Rathäuser von Florenz, Siena, Montepulciano und Perugia markieren den Wendepunkt von der Wehr- zur Repräsentationsarchitektur.

Das am meisten abgebildete öffentliche Bauwerk der Gotik ist der dominante wie charaktervolle Dogenpalast (Palazzo Ducale, 1309–1424) am Markusplatz in Venedig, Sitz des venezianischen Herzogs (Doge). Er wurde von Giovanni und Bartolomeo Buon entworfen und mehrmals, auch wegen Feuerschäden, umgebaut. Die heute sichtbare Gestalt erhielt er im 16. Jh., als auf die

TUCHHALLE, YPERN, 1202–1304
Dieser Bau diente zunächst als Tauschbörse für den flämischen Tuchhandel und war eines der schönsten mittelalterlichen Profangebäude. Nach der Zerstörung 1915 wurde er rekonstruiert.

gotischen Arkaden der beiden Untergeschosse ein drittes Stockwerk gesetzt wurde. Dadurch und weil die unteren Säulen im Laufe der Zeit abgesunken sind (ursprünglich standen sie auf einem dreistufigen Podest), erscheint das Gebäude heute kopflastig. Wie viele venezianische Bauwerke ist es sehr eigenwillig, besonders wenn man bedenkt, dass zu dieser Zeit im übrigen Italien bereits im Stil der Renaissance gebaut wurde.

Das Gebäude besitzt eine fast orientalische Ausstrahlung. Damals nahm ja Venedig als Handelsmacht eine Vorrangstellung im östlichen Mittelmeerraum ein und tauschte Waren sogar mit Indien und China über die legendäre Seidenstraße. Marco Polo war Venezianer.

Die langen Arkadenreihen mit ihren gotischen Kielbögen in Kombination mit Vierpassrosetten gelten als typisch venezianisch. Dieser Stil wurde unter dem Einfluss des großen viktorianischen Schriftstellers und Malers John Ruskin (siehe S. 154/155) auf eine ziemlich lächerliche Weise wiederbelebt. Das Einführungskapitel über die Natur der Gotik in seinem Buch

DOGENPALAST, VENEDIG, 1309–1424
Der Dogenpalast hat eine fast 152 m lange Fassadenfront. Ein Netzwerk von Arkaden und offenen Vierpassrosetten trägt die rosa-weiße Marmormauer des obersten Geschosses.

The Stones of Venice ist jedoch genauso wundervoll wie viele der Bauten, die es inspiriert haben.

ADELSPALÄSTE IN SPANIEN

In Spanien bauten die immer mächtiger werdenden Soldaten-Höflinge, welche die letzten Kreuzzüge gegen die Muslims unter dem Banner von Ferdinand und Isabella von Kastilien führten, noble Paläste aus Stein mit großzügig angelegten Innenhöfen. Diese Bauten waren bemerkenswert zurückhaltend im Vergleich zu den Palästen der Konquistadoren, die ein Jahrhundert später siegreich aus Lateinamerika zurückkehrten. Aber dennoch wird ihre äußere Strenge durch üppigen Dekor gemildert.

Ein immer schon beliebtes Beispiel ist hierfür die Casa de las Conchas (1475–1483) in Salamanca, das Haus von Talavera Maldonado, dem Großmeister des Ritterordens von Santiago. Die namengebenden Jakobs-Pilger-Muscheln an den Außenwänden sind Abzeichen des Ordens.

CASA DE LAS CONCHAS, SALAMANCA, 1475–1483
Dieser spanische Stadtpalast ist mit gegeneinander verschobenen Muschelreihen besetzt. Das Portal krönt ein von zwei Löwen gehaltener Wappenschild aus Stein, der Lilien zeigt.

HOLZKONSTRUKTION

Holzkonstruktionen wurden für den Hausbau in ganz Europa verwendet. In den Städten bestand dadurch allerdings erhöhte Brandgefahr. Es gab jedoch mehr Überlebende, als man denkt, da in späteren Zeiten, vor allem in England, die Fassaden mit Stein verkleidet oder verputzt wurden.

Es ist möglich, dass Kirchenbauten auf eine besondere englische Form der Holzkonstruktion Einfluss hatten, den so genannten *cruck frame*. Darunter versteht man lange, nach innen geneigte Balken, die in der Dachmitte zusammentreffen und den Firstbalken abstützen. Die Konstruktion sieht wie die eines umgedrehten Ruderbootes aus. Der *cruck frame* ist ein eigener englischer Beitrag und stammt wahrscheinlich tatsächlich aus der englischen Schiffsbautradition, die auch ein Rolle in der Kathedralarchitektur spielte. Die meisten Fachwerkbauten in deutschen Städten wie Nürnberg bestehen aus einem Gerüst von Pfosten, Querbalken und Streben.

Der cruck frame *sieht wie ein umgedrehtes V aus.*

ALBRECHT DÜRER, DIE DRAHTZIEHMÜHLE, 1489–1490

HUTTON-LE-HOLE, NORD-YORKSHIRE

BURGEN
BEFESTIGTE GEBÄUDE

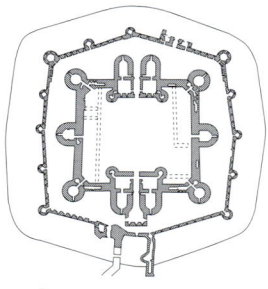

PLAN VON BEAUMARIS

In dem symmetrisch angelegten Grundriss der Burg von Beaumaris (1283–1323) wird die Idee der konzentrischen Verteidigungslinien deutlich. Der innere Verteidigungsring mit den beiden großen Torhäusern und sechs Türmen wird von einem äußeren Ring umschlossen, der nur über einen breiten Burggraben, der vom Meer gespeist wurde, erreicht werden konnte.

DIE GOTISCHE ZEIT umfasste nicht nur die Kathedralen, sondern auch höfische Minne, Rittertum, Kreuzzüge und Burgen. Sie war die Epoche der Ritter in schimmernden Rüstungen, die ihren Besitzer so viel kostete, wie heute ein Ferrari. Aber es war auch die Zeit blutiger Unterdrückung, z. B. der Kelten, die am Rande der europäischen Zivilisation lebten, der Rückeroberung des islamischen Spanien im Namen des Christentums und des Kampfes um das Heilige Land. Es überrascht daher kaum, dass Burgen neben den Kathedralen zu den teuersten Bauten dieser Zeit gehörten.

Die spektakulärsten Burgen findet man in Syrien, in Wales und in Spanien. Die dramatischste Burganlage ist zweifellos Krak des Chevaliers (1142–1200 und später), die hoch auf einem Bergrücken im heutigen Syrien liegt. Graf Raymond von Tripolis übergab sie 1142 den Johannitern, um Pilger auf ihrem Weg in das Heilige Land zu beschützen. Der Hauptteil der Burg ist auf einen massiven und steil abfallenden Felsen gebaut, der 25 m hoch ist, und ragt weit über die Außenmauern mit ihren vielen runden Wachtürmen hinaus. Als die Burg im 13. Jh. fertig gestellt und mit gotischen Loggien und vornehmen Interieurs ausgestattet war, muss sie ein außergewöhnlicher Aufenthaltsort gewesen sein. Die Burg hatte einem Dutzend Angriffen arabischer Armeen standgehalten, bevor die Ritter 1271 aus der Burg vertrieben wurden. Sie ist bis heute ein unvergessliches Erlebnis.

DIE SCHÖNSTEN BURGEN EUROPAS

Die schönsten Burgen sind die, welche in unseren Kindheitserinnerungen erscheinen, da durch Comics, Abenteuergeschichten und Hollywoodfilme wiederbelebt. Unter Edward I. wurden solche Bilderbuch-Burgen ab 1277 entlang der englisch-walisischen Grenze erbaut, um die Kelten zu unterwerfen. Conway (1283–1289) ist am dramatischsten gelegen, direkt am Meer, Beaumaris (1283–1323) von James of St. George ist jedoch die ausgeklügeltere Anlage, ein streng symmetrischer Baukomplex mit einem doppelten Mauerring und leicht zu verteidigen. Eine viel spätere Generation englischer Burgen, wie z. B. Deal und Walmer (um 1540) in Kent, besaß auch Plattformen für Kanonen, um eventuelle Eindringlinge aus Spanien, Frankreich oder Holland abwehren zu können.

Als die Bedrohung durch feindliche Invasion und Bürgerkrieg zurückging, wurde auch der Bau von Burgen eingestellt. Kleinburgen führten in England zu den befestigten Herrenhäusern des späten 13. Jh. Stokesay Castle (1285–1305) in Shropshire ist ein zu Recht berühmtes Beispiel dieses Bautyps, eine bezaubernde Anlage, die um eine große Halle mit hohem Dach gruppiert ist und von einem Turm und einem Torhaus bewacht wird. Tattershall Castle (1436–1446) in Lincolnshire, ein schönes fünfgeschossiges Anwesen in Ziegelbauweise, zeigt, wie die Erinnerung an die

TATTERSHALL CASTLE, LINCOLNSHIRE, ENGLAND, 1436–1446
*Das befestigte, 30 m hohe Herrenhaus wurde an der Stelle einer früheren Burg erbaut.
Der fünfgeschossige Turm ähnelt einem Anwesen aus dem 12. Jh.*

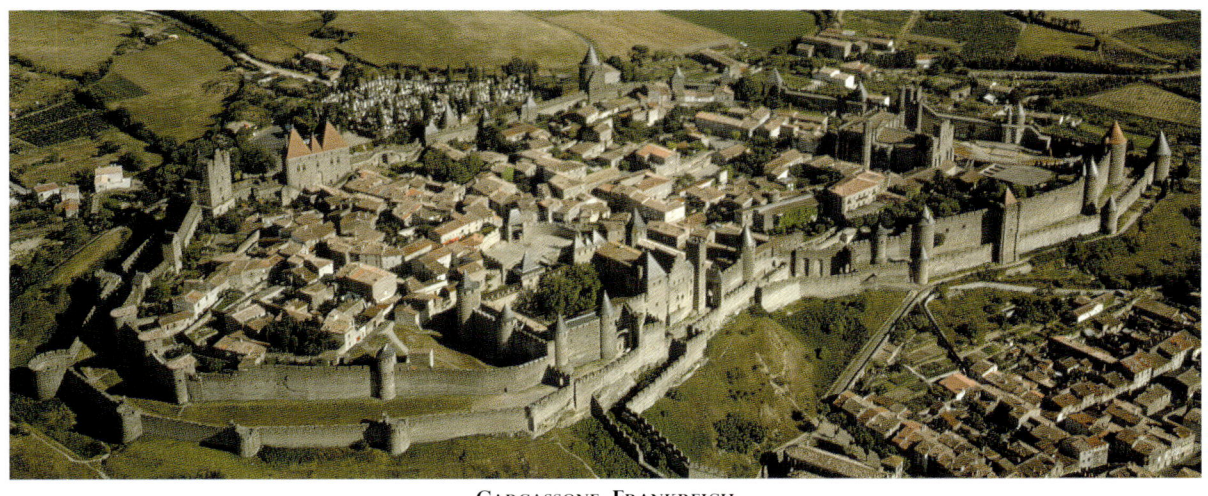

CARCASSONE, FRANKREICH

Hoch auf einem Hügel gelegen wird die mittelalterliche Stadt Carcassonne von großartigen Befestigungsanlagen umgeben. Der innere Mauerring wurde von den Westgoten 485 n. Chr. erbaut. Die äußere Anlage entstand unter Ludwig IX. (reg. 1226–1270).

frühere Burg auch in späteren, luxuriöseren Häusern wach gehalten wurde.

In Spanien waren die Burgen im Norden konservativ, im Süden aber glanzvoll angelegt. Die aus dem 15. Jh. stammende Mudéjar-Burg Coca, Segovia, erbaut von Don Alonso de Fonseca, wirkt wie ein buntes Feuerwerk und ist ebenso Festung wie Lustschloss. Am Ende des 15. Jh. war das große Zeitalter des Burgenbaus endgültig vorbei. Doch viele kleine und große Städte fuhren noch fort sich hinter burgähnlichen Verteidigungsanlagen zu verschanzen. Ein herausragendes Beispiel ist Carcassone im Languedoc, im Süden Frankreichs. Die heutige märchenhafte Ansicht ist jedoch vor allem das Ergebnis einer umfangreichen Restaurierung im 19. Jh. durch Viollet-le-Duc (siehe S. 149).

WANDTEPPICHE

Tapisserien fanden in Kirchen und Burgen Verwendung und galten im Mittelalter als eine besonders luxuriöse Form der Dekoration. Die Kunst der Teppichweberei blühte in Europa seit Beginn der Gotik im 12. Jh. in den großen Werkstätten von Flandern (Arras, Tournai und Brüssel) und Frankreich (Paris und Angers).

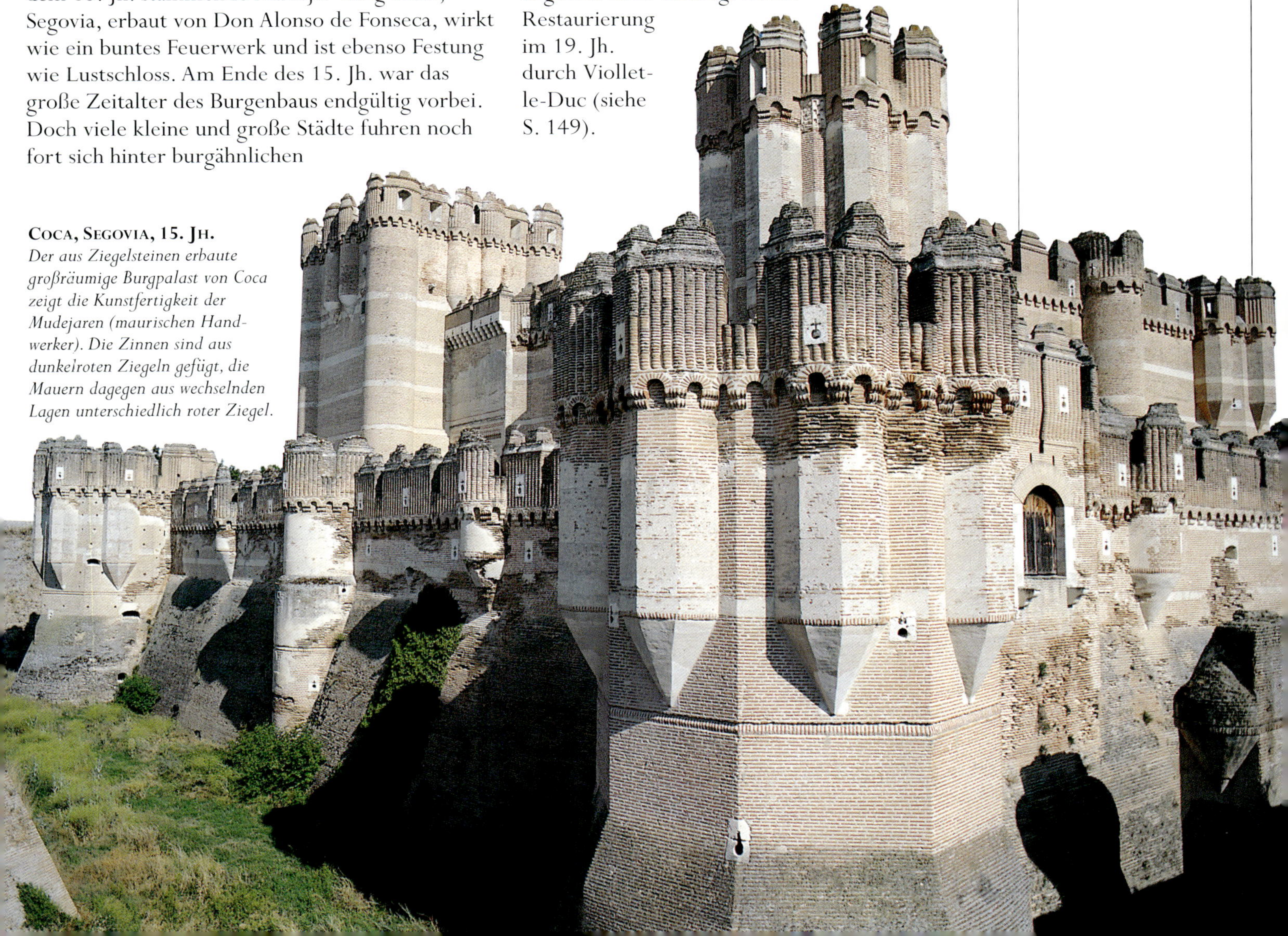

COCA, SEGOVIA, 15. JH.

Der aus Ziegelsteinen erbaute großräumige Burgpalast von Coca zeigt die Kunstfertigkeit der Mudejaren (maurischen Handwerker). Die Zinnen sind aus dunkelroten Ziegeln gefügt, die Mauern dagegen aus wechselnden Lagen unterschiedlich roter Ziegel.

DIE SPÄTGOTIK
SCHREINE AUS GLAS

DER GOTISCHE STIL wurde vornehmlich in England und Spanien, aber auch in Deutschland bis ins 16. Jh. hinein verwendet, als in Italien bereits die Renaissance herangereift war und die europäische Architektur auf einen anderen Weg führte. In Cotswolds im Herzen Englands erhielt sich die gotische Bauweise sogar noch bis ins 17. Jh. Zu jener Zeit waren aber die Tage der Gotik längst gezählt und die meisten Architekten wandten sich den neuen Möglichkeiten der Renaissance zu, die auf die Baukunst des antiken Griechenland und Roms, ja sogar Ägyptens zurückgriff.

PERPENDICULAR STYLE

Im 16. Jh. entstanden in England einige der schönsten spätgotischen Bauten, darunter die Kapelle des King's College in Cambridge (1446–1515) und die Kapelle Heinrichs VII. an der Westminster Abbey (1503–1519) in London. Diese beiden Bauten realisierten die mittelalterliche Vorstellung von der Kirche als Glasschrein in extremer Weise. Die Wände der King's-College-Kapelle scheinen vollkommen aus Glas gemacht zu sein, zusammengehalten nur von einem steinernen Spinnennetz.

Die Fensterflächen sind außergewöhnlich groß, was durch das Fächergewölbe des Baumeisters John Wastell ermöglicht wurde. Dieses Gewölbe setzt sich aus steinernen Fächern zusammen, die in zahlreichen Rippen von den Stützen ausstrahlen. Die Wirkung ist verblüffend, als ob man durch eine Allee von Palmen schreiten würde. Diese letzte Blüte im Perpendicular Style unterscheidet sich jedoch von den früheren Ausformungen der englischen Gotik gewaltig. Hinsichtlich Rhythmus und Konsistenz ist die englische

KAPELLE DES KING'S COLLEGE, CAMBRIDGE, ENGLAND, 1446–1515
Der durch riesige Fenster im Perpendicular Style erhellte Raum ist für sein wundervolles Fächergewölbe des Steinmetzen John Wastell (1512–1515) berühmt.

Spätgotik fast klassisch zu nennen. Was ihr in der etwas seelenlos wirkenden Steinmetzarbeit an organischer Qualität der früheren englischen Kathedralen fehlt, macht sie durch die Reinheit der Vision wieder wett.

EIN SCHMUCKKÄSTCHEN AUS DER TUDORZEIT

Die Kapelle Heinrichs VII. in Westminster leitet die englische Gotik in einem letzten großen Kraftakt in die Renaissance über. Die außergewöhnliche Dekoration, welche die Kapelle zu einem exotischen Stein- und Glasschrein macht, bildet in der englischen Architektur eine Rarität. Trotz der Bewunderung, die man diesem Schatzkästchen hinsichtlich der technischen und kunsthandwerklichen Meisterleistungen zollen muss, ist der spätgotische Stil hier bis an die Grenze gebracht, wo er Gefahr läuft, in Kitsch umzuschlagen. Bezeichnenderweise steht im Zentrum der Kapelle das Grabmonument König Heinrichs VII., das von dem Florentiner Künstler Pietro Torrigiani 1509 entworfen wurde; es ist

DIE KATHEDRALE VON SEVILLA, SPANIEN, 1402–1519
Die Größe dieser Kathedrale ist schon erstaunlich. Über einer Grundfläche von insgesamt 11 020 m² errichtet ist sie die größte mittelalterliche Kathedrale. Das Mittelschiff steigt zu der eindrucksvollen Höhe von 40 m auf. Der Altar ist einer der größten in der Welt und eines der schönsten Beispiele gotischer Holzschnitzkunst.

KAPELLE HEINRICHS VII., WESTMINSTER, LONDON, AB 1503
Der erste Tudorkönig Heinrich VII. ließ diese Kapelle als Grablege errichten. Der reich geschmückte Raum im Perpendicular Style hat einen Chor mit einem ungewöhnlich schönen Sternrippengewölbe, von dem so genannte Abhänglinge herunterhängen.

das erste Kunstwerk im reinen Renaissancestil in England.

SPANISCHE GOTIK

Die Kathedrale von Sevilla (1402–1519) stellt eine völlig andere Variante der Spätgotik dar. Ihr Stil ist üppig und schwerfällig und repräsentiert die Macht der katholischen Kirche und der spanischen Monarchie. Die Kathedrale ist deswegen so weitläufig, weil sie den Platz einer islamischen Moschee einnehmen musste, die dort vor der katholischen Rückeroberung stand. Daher wird das Mittelschiff auch von zwei ungewöhnlich geräumigen Seitenschiffen flankiert.

Sie ist die größte aller mittelalterlichen Kathedralen, bombastisch und zugleich aggressiv, und hat keine technischen oder künstlerischen Innovationen aufzuweisen. Ihre einziger architektonischer Glanzpunkt ist der Glockenturm, die »Giralda«, die aber auf ein Minarett der von Yusef I. im 12. Jh. gebauten Moschee zurückgeht. Aber auch hier scheint allein die Größe zu zählen: Die den Turm hinaufführende Treppe ist für Pferde und Reiter entworfen.

JOHN WASTELL

Meister John Wastell (gestorben um 1515) begann seine Karriere wahrscheinlich bei dem angesehenen Steinmetz Simon Clerk. Wastell arbeitete mit Clerk zusammen an der Abtei Bury St. Edmunds und am King's College, Cambridge. Er war der letzte und vielleicht beste Steinmetz, der am King's College arbeitete. Als einer von vier Meistern war er für die hervorragende künstlerische Qualität der Kapelle verantwortlich. Wastell nahm dort seine Arbeit 1508 auf und war 1512–1515 als Meister tätig, also zu der Zeit, als das wunderbare Fächergewölbe eingezogen wurde. Er wirkte auch an den Kathedralen von Canterbury und Peterborough, wo er die Ostkapellen vollendete, die schon Mitte des 15. Jh. begonnen worden waren.

Die
RENAISSANCE

Die Wiedergeburt der antiken Werte und Architektur geschah nicht über Nacht und mit einem Schlag, wie etwa bei Athene, der griechischen Göttin der Weisheit, die der Sage nach dem Kopf des Göttervaters Zeus entsprang, sondern entwickelte sich langsam im Laufe eines Jahrhunderts in Italien. Maler, Wissenschaftler und Architekten lösten sich von der Vorstellung eines Furcht erregenden, alles beherrschenden Himmelsgottes und machten sich selbst zum Maß aller Dinge. Allein in ihrer Macht stand es nun, der Welt ein Gesicht zu geben, ihre Häuser und Städte zu formen. Dieser neue Rationalismus stand im Zusammenhang mit der Wiederentdeckung der römischen Architektur wie auch mit der Faszination über die neu gefundenen Regeln der Perspektive und dem Wunsch, die ruhmreiche Geschichte der Antike wieder zu beschwören.

BIBLIOTHEK, KLOSTER MELK, ÖSTERREICH
Das Benediktinerkloster Melk, 976 n. Chr. gegründet, wurde nach einer Feuersbrunst im Jahre 1702 neu erbaut. Die Bibliothek (1702–1714) ist ein Meisterwerk des österreichischen Barock und enthält über 100000 Bücher und 1100 Manuskripte.

JOHANNES GUTENBERG

Der gegen 1400 geborene Gutenberg arbeitete zunächst als Schmied. Er erfand den Buchdruck mit beweglichen Metalllettern und ermöglichte so die Produktion gedruckter Bücher. Zu den wichtigsten Arbeiten Gutenbergs gehört die nach ihm benannte Bibel. Die Erfindung des Buchdrucks war eine der wichtigsten Voraussetzungen für die Renaissance und die Verbreitung ihrer Ideen. Architekturtraktate, wie die von Alberti, wurden so in ganz Europa bekannt und revolutionierten die Architektur.

»Alles, was die Natur hervorbringt, wird vom Gesetz der Harmonie geregelt.«

LEON BATTISTA ALBERTI

ITALIENISCHE RENAISSANCE

DER BEGINN DER MODERNE

DIE RENAISSANCE ist ein Markstein in der Geschichte der Architektur. Mit ihrer Entstehung sind die Eröffnung neuer Handelsrouten, ein neu gegründetes Bankwesen und die Aufnahme neuer oder wiederentdeckter Wissenszweige verbunden. Gutenbergs Erfindung des Buchdrucks im Jahre 1450 führte zu einer raschen Verbreitung des neuen Wissens. Die Entdeckung der perspektivischen Zeichnung durch den Architekten Filippo Brunelleschi (um 1425) hatte auch wichtige Veränderungen in der Architektur zur Folge. In dieser Epoche verbreiteten sich Bücher, Wissen und Ideen weit über den Kreis des Klerus hinaus. Das führte aber auch zur Herausforderung der dogmatischen katholischen Lehre und schließlich zur Reformation und Entstehung der protestantischen Kirche.

Wenn man die mittelalterliche Welt als das irdische Reich Gottes bezeichnen will, so zeugt die europäische Renaissance vom Aufstieg des Menschen, der nun, nach einem unsterblichen Satz des griechischen Philosophen Protagoras, zum »Maß aller Dinge« geworden war. Die Renaissancearchitektur beginnt wohl mit dem Werk Brunelleschis, vor allem mit der Kuppel des Florentiner Doms (1420–1436). Doch trug die Veröffentlichung der ersten Architekturabhandlungen seit der Antike genauso viel zur Verbreitung der neuen Ideen in ganz Europa bei. Das erste Traktat stammt von Leon Battista Alberti und hat den Titel *De re aedificatoria* (1485 erschienen). Die Publikation der Schriften

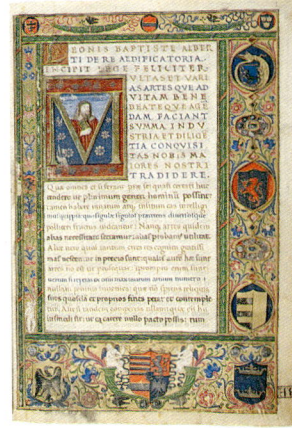

DE RE AEDIFICATORIA
Albertis grundlegendes Architekturtraktat überträgt die Grundsätze römischer Architektur ins Florenz des 15. Jh.

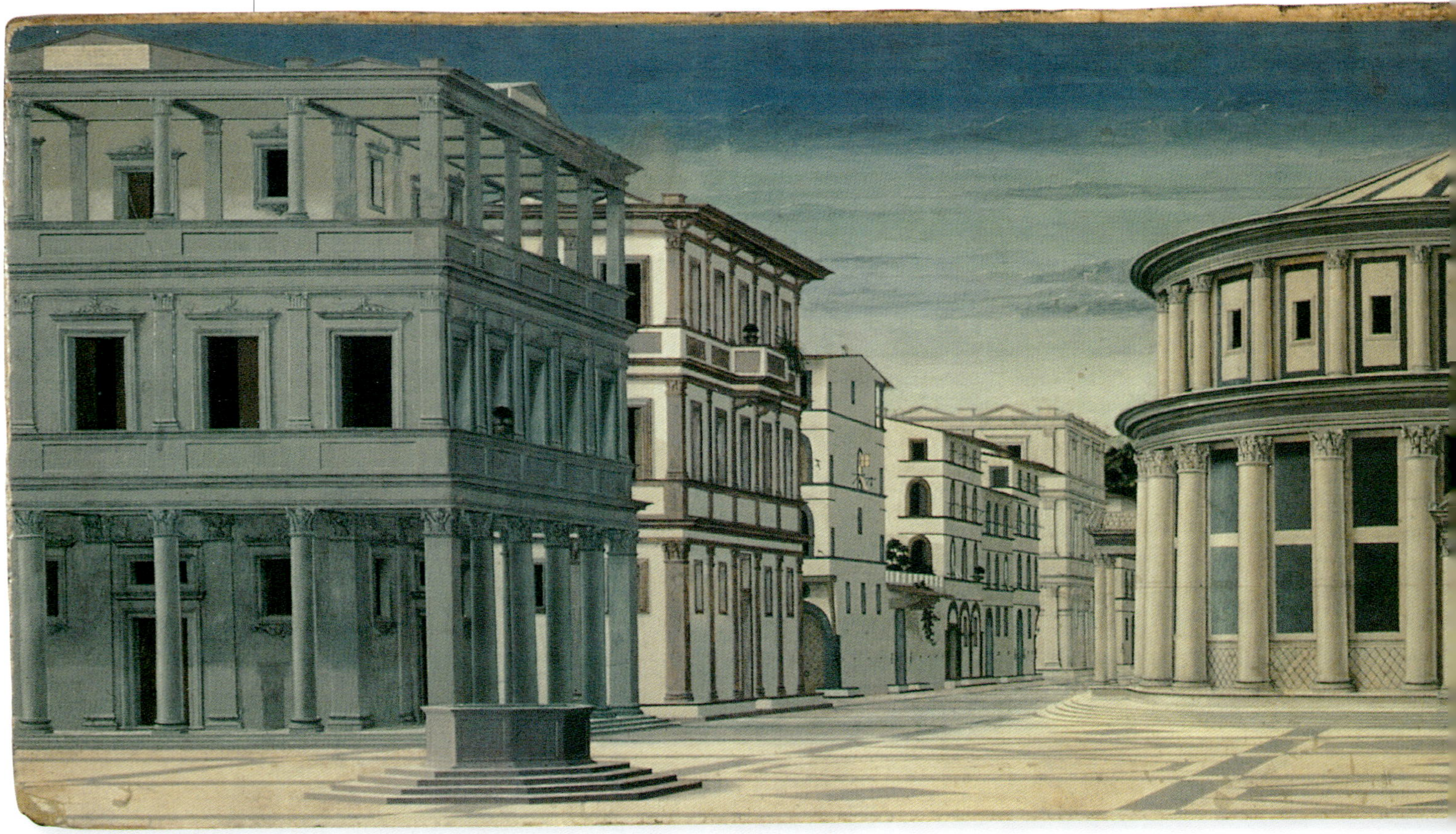

Vitruvs, des römischen Architekten des 1. Jh. n. Chr., folgte im nächsten Jahr. Albertis Schriften waren ungeheuer folgenreich. Er legte darin die wichtigsten Elemente der Architektur, Quadrat, Kubus, Kreis und Kugel, und die daraus abgeleiteten idealen Proportionen eines Gebäudes mit mathematischer Genauigkeit fest. Diese Proportionen standen nicht nur mit Musik und Natur, sondern auch mit dem Idealbild des menschlichen Körpers in Einklang.

Gleich wie der Mensch als Ebenbild Gottes angesehen wurde, konnte nun auch ein Gebäude das Abbild göttlicher Schöpfung sein, wenn die Architekten nur den »göttlichen« mathematischen Proportionen folgten. Mit Hilfe dieser »heiligen« Geometrie konnte der Mensch gleichwertig in seinen Kunstwerken den Willen Gottes vollziehen. Die Rolle und das Selbstverständnis des Architekten waren so erheblich gestärkt. Nun war er nicht mehr der meist anonyme Handwerker der gotischen Welt, sondern Stellvertreter Gottes. Kein

GEMÄLDE AUS DEM PALAZZO DUCALE, URBINO

Diese Ansicht einer Idealstadt wird Piero della Francesca zugeschrieben und zeigt den Einfluss von Albertis Traktat. Ende des 15. Jh. war der Hof des Federico Montefeltro in Urbino ein Zentrum der Wissenschaft. Sein Palast ist ein Meisterwerk.

Wunder, dass seither so viele Architekten ein überzogenes Selbstwertgefühl haben.

Es folgten weitere wichtige Architekturbücher, darunter von Sebastiano Serlio 1537 und Giacomo da Vignola 1562. Die einflussreichsten nach Vitruv und Alberti waren jedoch die *quattro libri dell'architettura* (1570) Andrea Palladios (siehe S. 76/77), eines der größten Architekten. Mit der Erfindung des gedruckten Buchs konnten die neuen Bauideen auf Reisen gehen und auch manchen Dilettanten anregen, nach diesen Vorlagen Gebäude zu entwerfen. Das hatte natürlich auch zur Folge, dass Pläne unabhängig vom Architekten weitergegeben werden konnten und dass der Architekt nicht mehr an die Baustelle gebunden war, was sich, wie fast immer, zugleich als Segen und Fluch herausstellen sollte.

DAS RATIONALE UND DAS HUMANE

Das berühmte, wohl von Piero della Francesca stammende Bild im Palazzo Ducale zu Urbino zeigt, wie man sich rationale und zugleich humane Architektur und Stadtplanung in der Renaissance vorstellte. Zunächst gibt es eine Idealvorstellung der neuen Architektur wieder. Menschen fehlen darauf vollkommen, nicht etwa weil sie die Architekturszene stören würden, sondern weil

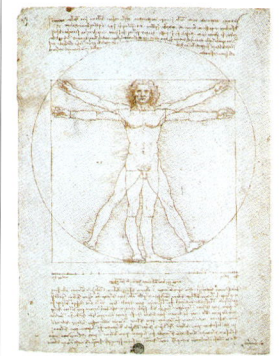

DIE PROPORTIONEN DES MENSCHLICHEN KÖRPERS

Leonardo da Vincis berühmte Zeichnung des *Vitruvischen Menschen* (um 1487) zeigt den menschlichen Körper in perfekter Balance. Dessen Proportionen wurden das Maß der Renaissancearchitektur. Da Vincis Einfluss auf die Architekten der Hochrenaissance war beträchtlich. Doch keiner seiner Bauentwürfe, die in großer Zahl in seinen Notizbüchern gefunden wurden, wurde jemals ausgeführt.

man nach Alberti glaubte, dass die Bauten selbst schon die göttliche wie menschliche Ordnung abbildeten. Gott und Mensch hatten an den Bauwerken dieser Idealstadt gleicherweise Anteil. Das Bild ist auch deswegen so interessant, weil es zeigt, wie Architekten und Künstler – die oft beides in einer Person waren – über rationale Stadtplanung zu denken begonnen hatten. Schon sehr bald sollten Idealstädte mit ihren gerasterten, kreis- oder sternförmigen Anlagen in ganz Italien auftauchen.

Zu den ersten real in Stein errichteten Idealbauten gehören die Pazzi-Kapelle (1429–1461) im Kreuzgang der Franziskanerkirche St. Croce in Florenz und die

PALAZZO STROZZI, FLORENZ, 1489–1539

Die Rustikafassade wird durch Gesimse horizontal gegliedert und hat in den beiden Obergeschossen durch Säulchen unterteilte Fenster. Der Haupteingang führt zum Innenhof, der von dem Steinmetzen und Architekten Cronaca (Simone del Pollaiuolo) entworfen wurde.

PAZZI-KAPELLE, FLORENZ, 1429–1461

Brunelleschis Kapelle für die Familie Pazzi, zugleich Kapitelsaal der Franziskaner von Sta. Croce, zeigt eindrucksvoll die strenge Gliederung der Renaissancearchitektur. Die Majolika-Tondos stammen aus der Werkstatt von Luca della Robbia.

Paläste, die sich die Florentiner Familien der Pitti (von Brunelleschi und Fanelli, 1458–1466), Riccardi (von Michelozzo, ab 1444) und Strozzi (von Sangallo und Cronaca, 1489 und später) erbauen ließen. Diese drei stilistisch und funktional zusammengehörigen Stadthäuser, in denen bedeutende Kaufmannsfamilien lebten, haben strenge Fassaden und sind um Innenhöfe gruppiert. In gewissem Sinn sind auch diese Paläste des 15. Jh. noch wehrhaft angelegt und wie viele Entwürfe Brunelleschis sowohl von romanischer als auch von römischer Baukunst beeinflusst. Obwohl viele Details aus der Antike übernommen wurden, wie zum Beispiel das wundervolle Kranzgesims, das die Fassade des Palazzo Strozzi gegen den

PORTA DELL'ARSENALE, VENEDIG, 1460
*Das von Antonio Gambello geschaffene Tor zum Arsenal
von Venedig basiert auf römischen Vorbildern und wird gerne als
das erste Renaissancebauwerk der Stadt angeführt.*

St. Maria dei Miracoli von Pietro Lombardi
(1481–1489), ein marmorverkleideter Bau mit
einem Tonnengewölbe und einer Kuppel über
dem einfachen rechteckigen Schiff und Chor. Im
Detail ist die Kirche noch eher romanisch als
römisch-antik, unterscheidet sich aber zugleich
gewaltig von einer gotischen Kirche gleicher
Größe. Die Renaissance kam nach Venedig im
Vergleich zu Florenz und Rom relativ spät. Erst
in der 2. Hälfte des 15. Jh. wurde die
Stadt ein weiteres Zentrum des
neuen Stils.

Florentiner Himmel abgrenzt (modelliert
nach einem Gesims des Trajanforums
in Rom), sind diese Paläste nicht die
Vorbilder für die konsequent durch-
gebildeten Bauten Bramantes, die ein
halbes Jahrhundert später in Rom
entstehen. Dennoch sind die lieblichen Rhythmen von Brunelleschis
Pazzi-Kapelle mit ihren grauen
korinthischen Säulen vor den
weiß verputzten Wänden
ein Auftakt zu der groß-
artigen Architektur, die sich
zwischen 1500 und 1750 in
ganz Europa verbreiten
sollte.

VENEDIG

Die Florentiner Architekten
reisten wie ihre Bücher viel
herum. So erreichte die
neue Architektur sehr rasch
andere Teile Italiens. Venedig besaß bereits 1460
Renaissancebauwerke, wie
die Porta dell'Arsenale, das
Tor zu den großen Werften
der venezianischen Repu-
blik. Ein frühes Juwel ist die
dortige, beliebte Kirche

ST. MARIA DEI MIRACOLI, VENEDIG, 1481–1489
*Dieses wahre Schmuckkästchen wurde errichtet, um das
Gnadenbild der Maria mit Kind von Nicolò di Pietro*
*(gemalt 1408) aufzunehmen. Sie ist heute als Hochzeitskirche
bei den Venezianern sehr beliebt.*

BRAMANTE

Donato Bramante, geboren 1444, war der erste große Architekt der Hochrenaissance. Er schuf zunächst mehrere Entwürfe für Ludovico Sforza in Mailand, zog aber wegen der französischen Invasion nach Rom, wo sein neuer Auftraggeber Papst Julius II. wurde. Er zeichnete einen Bauplan für St. Peter und für den Vatikan, von dem Michelangelo aber nur einen Teil verwenden sollte. Weitere Aufträge bildeten u.a. Sta. Maria del Popolo in Rom und die Santa Casa in Loreto. Bramante starb 1514.

RAFFAEL

Der 1483 in Urbino geborene Raffael studierte Malerei bei Perugino. 1508 zog er unter Papst Julius II. nach Rom, wo er mehrere Palazzi entwarf und 1515 Superintendent der römischen Denkmäler wurde. Diese Funktion hatte große Auswirkungen auf seine Entwürfe. Daneben wurde sein architektonisches Werk auch von Bramante beeinflusst. Zusammen mit Sangallo und Giocondo wurde Raffael zum Architekten von St. Peter berufen. Er starb 1520.

HOCHRENAISSANCE
DIE GRÖSSE ROMS

IN DER HOCHRENAISSANCE begannen italienische Architekten, wie Donato Bramante in Rom zu Anfang des 16. Jh., die antike römische Architektur genau zu analysieren und neu zu interpretieren. Sie versuchten nicht die Gebäude der Vergangenheit zu kopieren, sondern von ihnen zu verstehen. Sie lebten ja in einer Zeit voll Erfindungskraft und Einfallsreichtum. Viele Architekten waren als typische Renaissancemenschen zugleich Maler, Bildhauer, Dichter, Militäringenieure oder Erfinder. Die Zeit war gekommen, eine neue mutige Architektur zu schaffen, die sich im Rückgriff auf Vergangenes als sehr zukunftsträchtig erwies.

Bramantes Tempietto (1502) ist in den Kreuzgang der Kirche S. Pietro in Montorio eingefügt. Dieses kleine, perfekt gebaute Monument geht teilweise auf den Tempel der Vesta in Tivoli

TEMPIETTO, S. PIETRO IN MONTORIO, ROM, 1502–1510
Bramante kopierte hier nicht einfach Vorlagen der römischen Antike, sondern wandte sein Wissen um Perspektive und Volumen an, um einen eleganten und harmonischen Sakralbau zu schaffen. Der Plan zum Umbau des Innenhofs kam nicht zur Ausführung.

St. Peter in Rom, 1506–1626

Nach ersten Baumaßnahmen von Bramante und Sangallo wurde das Projekt Michelangelo übertragen, der von Bramante die Zentralbauidee übernahm. Die Kuppel als das beherrschende Element in Michelangelos Plan wurde von della Porta vollendet.

zurück. Es übte einen unübersehbaren Einfluss nicht nur auf Michelangelos Kuppel von St. Peter aus, sondern auch auf die Kuppeln von St. Paul in London, des Kapitols in Washington, des Panthéon in Paris oder der Radcliffe Camera in Oxford, um nur einige berühmte Beispiele der letzten 300 Jahre zu nennen.

Der Tempietto soll den Ort bezeichnen, an dem der hl. Petrus, der erste Papst, hingerichtet wurde. Sein Säulenumgang dorischer Ordnung erhebt sich auf einem gestuften kreisrunden Podest und leitet mittels einer Balustrade zu einem hübschen Tambour mit Kuppel über. Hier kann man endlich wieder nach vielen hundert Jahren das Spiel des römischen Sonnenlichts in einer klassischen Kolonnade genießen. Hier steht wieder ein Bau, der von Vernunft und Zivilisation und nicht von Angst und religwiöser Beherrschung kündet. Natürlich lebte die religiöse Intoleranz fort. Aber die Architektur tat ihr Bestes, um auf eine zivilisiertere Welt hinzuweisen als die von der Kirche zu Beginn des 16. Jh. befohlene.

Die von Michelangelo 1546 entworfene und zwischen 1588 und 1591 von Giacomo della Porta erbaute Kuppel von St. Peter misst 42 m im Durchmesser und gilt als der Höhepunkt der Hochrenaissancearchitektur. Eigentlich ist die Kuppel zu groß und zu üppig geraten, letztendlich unverdaulich. Viele Besucher vergessen den Anblick und erinnern sich nur noch an das Café auf dem Dach von St. Peter, wo Nonnen Cappuccinos servieren, und an das Andenkengeschäft mit den Kitsch-Souvenirs. Von diesem Dach aus hat man jedoch eine großartige Sicht auf die Domkuppel.

Die Kuppel ist ein Meisterstück plastischer Architektur an der Schwelle zum Barock, das die gewaltige marmorverkleidete Substruktion zusammenhält. Der Petersdom bleibt einer der größten Bauten der Welt. Man könnte selbst den Kölner Dom hineinsetzen und hätte immer noch Platz genug. Zudem ist er ein Denkmal des Machtstrebens und Reichtums der Renaissance-päpste, unter ihnen der große Mäzen des frühen 16. Jh., Papst Julius II. Die Kuppel ist das Ergebnis der vereinten Anstrengungen von nicht weniger als

MICHELANGELO

Michelangelo Buonarroti ist die herausragende Künstlerpersönlichkeit der Hochrenaissance. Seine ersten architektonischen Arbeiten entstanden im heimatlichen Florenz. 1534 kam er nach Rom, um das Kapitol umzugestalten. Sein Genie zeigt sich darin, dass er die klassischen Elemente der Baukunst nicht nur übernahm, sondern sie eigenständig zu völlig Neuem wandelte, wie z. B. die Säulenordnung zur mehrere Geschosse übergreifenden Kolossalordnung. Zum Zeitpunkt seines Todes 1564 war keines seiner Projekte vollendet und doch war seine Nachwirkung enorm.

KUPPELN DES 15.–18. JH.

Die Renaissance entdeckte Konstruktionsmethoden wieder, die seit römischer Zeit in Vergessenheit geraten waren. Das wird bereits an Brunelleschis Kuppel des Florentiner Doms sichtbar. Verschiedene Techniken und Hilfsmittel wurden beim Bau der großen Kuppeln verwendet. Mit Ausnahme des Invalidendoms wurde jede dieser Kuppeln zum Wahrzeichen der jeweiligen Stadt. Die Auswahl umfasst den ungefähren Zeitraum, in dem die Renaissanceideen die Architektur dominierten.

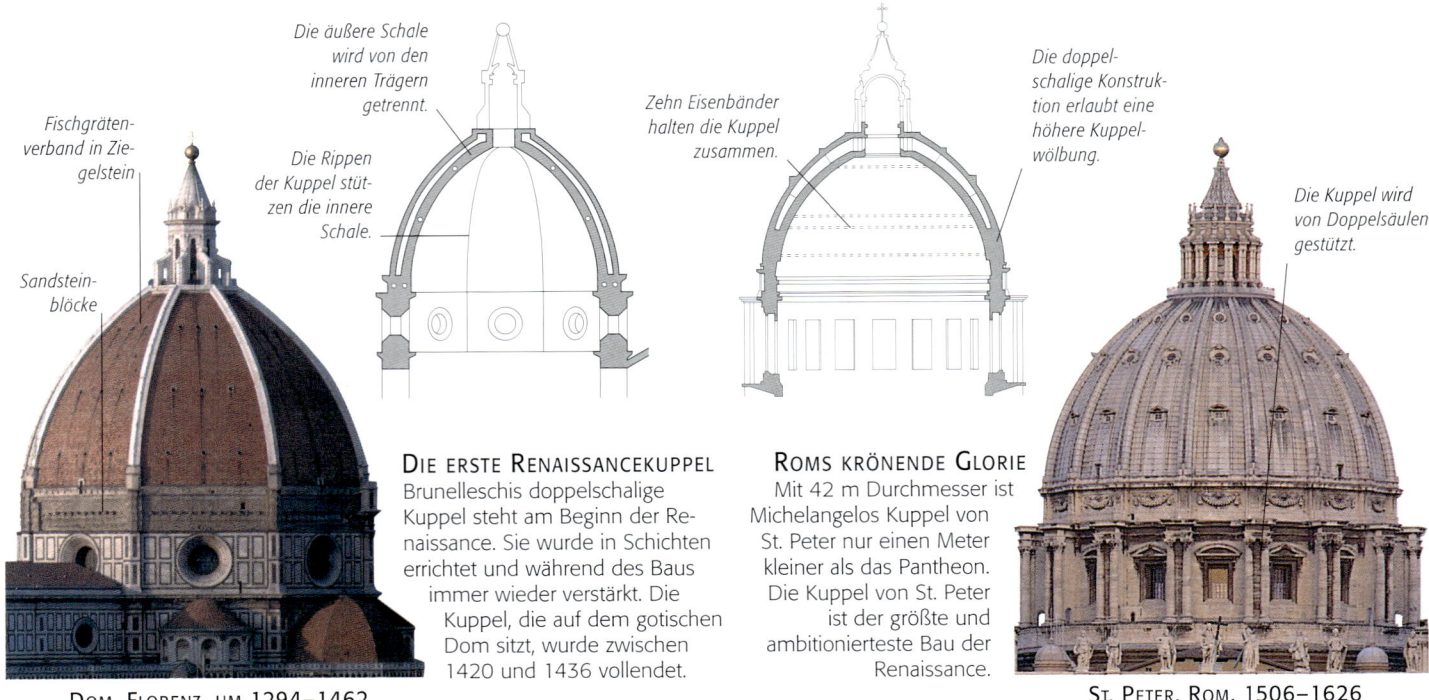

Fischgrätenverband in Ziegelstein

Sandsteinblöcke

Die äußere Schale wird von den inneren Trägern getrennt.

Die Rippen der Kuppel stützen die innere Schale.

Zehn Eisenbänder halten die Kuppel zusammen.

Die doppelschalige Konstruktion erlaubt eine höhere Kuppelwölbung.

Die Kuppel wird von Doppelsäulen gestützt.

DIE ERSTE RENAISSANCEKUPPEL

Brunelleschis doppelschalige Kuppel steht am Beginn der Renaissance. Sie wurde in Schichten errichtet und während des Baus immer wieder verstärkt. Die Kuppel, die auf dem gotischen Dom sitzt, wurde zwischen 1420 und 1436 vollendet.

DOM, FLORENZ, UM 1294–1462

ROMS KRÖNENDE GLORIE

Mit 42 m Durchmesser ist Michelangelos Kuppel von St. Peter nur einen Meter kleiner als das Pantheon. Die Kuppel von St. Peter ist der größte und ambitionierteste Bau der Renaissance.

ST. PETER, ROM, 1506–1626

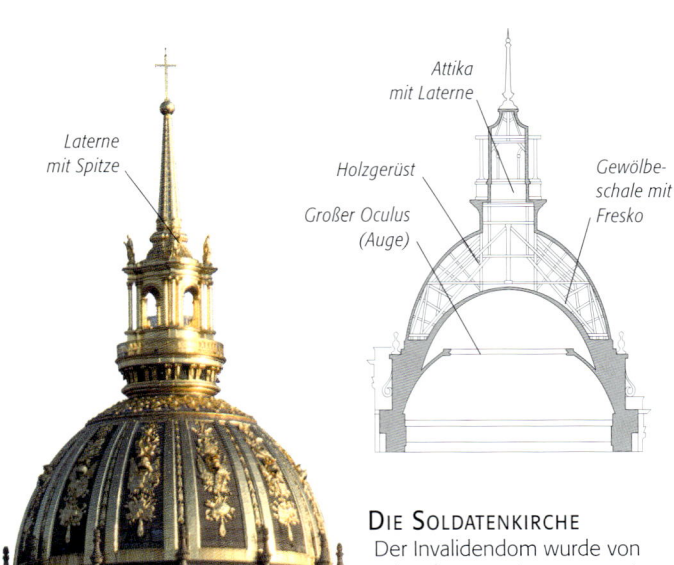

Laterne mit Spitze

Attika mit Laterne

Holzgerüst

Großer Oculus (Auge)

Gewölbeschale mit Fresko

Holzgerüst

Ziegelkegel

Oculus

Peristyl

Innenkuppel aus Ziegeln

Die äußere Kuppel wird von einem Holzgerüst gestützt und ist mit Bleiplatten bedeckt.

DIE SOLDATENKIRCHE

Der Invalidendom wurde von Libéral Bruant (1635–1697) nach dem Vorbild von St. Peter entworfen und war ursprünglich Mittelpunkt eines Krankenhauses für Kriegsversehrte. Neu ist die Attika zwischen Kuppel und Laterne.

INVALIDENDOM, PARIS, 1670–1708

WRENS MEISTERWERK

Die Kuppel von St. Paul's Cathedral, von Christopher Wren erbaut, hat drei Schalen: Die äußere samt Laterne ruht auf einem mit Eisenbändern verstärkten Ziegelkegel. Ein Oculus gibt den Blick in die Laterne frei.

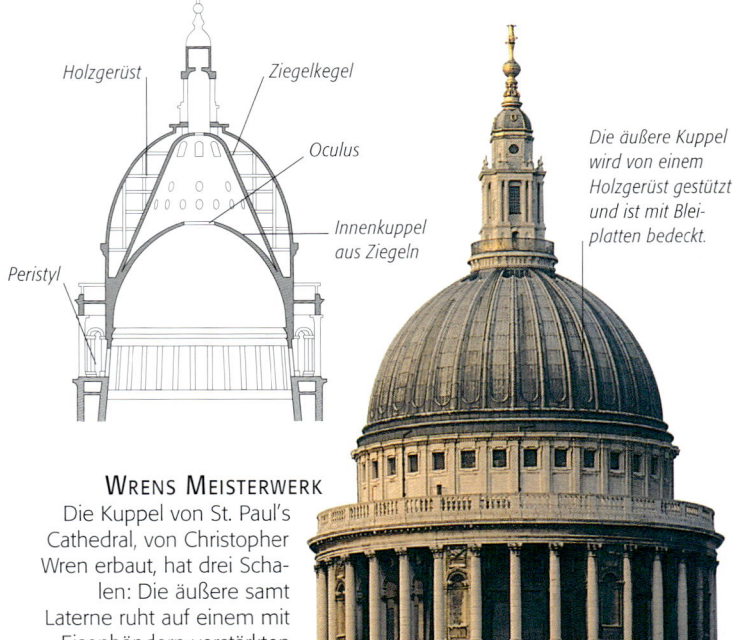

ST. PAUL'S CATHEDRAL, LONDON, 1675–1710

GARTEN DER VILLA LANTE, BAGNAIA, AB 1566
Im 16. Jh. entstand in der Umgebung Roms eine Reihe von Villen, die besonders wegen ihrer prächtigen Gartenanlagen mit aussichtsreichen Terrassen und kühnen Wasserspielen berühmt wurden.

neun großen Architekturtalenten, darunter Bramante, Raffael und Michelangelo, und brauchte ganze 120 Jahre, um vollendet zu werden.

Man ist fast erleichtert, wenn man sich von St. Peter wieder entfernt und einige Villen der Hochrenaissance besichtigt, die nur eine Tagesreise von Rom entfernt sind. Das Besondere an diesen großartigen Anlagen ist die Einfügung der Gärten. Zu den herausragenden Beispielen gehören wegen ihrer wunderbaren Wasserspiele die Gärten der Villa Lante in Bagnaia (Vignola, ab 1566) sowie natürlich der Villa d'Este in Tivoli (Ligorio, ab 1565). Neben den zahllosen Brunnen steht hier die Rometta, eine Miniaturnachbildung des antiken Rom, durch die ein kleiner Tiber fließt.

MANIERISMUS

Die Architekten der Hochrenaissance und ihre Auftraggeber (Bischöfe, Kardinäle, Päpste, Herzöge, Adlige, Bankiers und Kaufleute) hatten wie ihre Vorgänger vor 1500 Jahren ein völlig neues Selbstbewusstsein entfaltet. Ihre Architektur, vor allem das Werk von Giacomo Vignola (1507–1573) und Giulio Romano (1492–1546), mündete

in einen Spätstil, der als manieristisch bezeichnet wird. Zu jener Zeit war das abfällig gemeint, während man den Begriff heute als Äquivalent zu der in den USA entstandenen Postmoderne sehen kann, ein witziger, intellektueller Stil.

Die Manieristen betrachteten die Beschäftigung mit Architektur als intelligenten Zeitvertreib, wie man am besten am Palazzo del Tè in Mantua (G. Romano, ab 1525) sehen kann, in dem klassische Elemente bunt gemischt sind, wie es aus Vitruvs Sicht niemals sein dürfte. Die Architektur verlagerte sich immer mehr aus dem öffentlichen und kirchlichen Bereich in die Privatsphäre, wurde spielerischer. Mitte des 16. Jh. beginnen Architekten auch nur für sich selbst zu bauen.

PIAZZA D'ITALIA, NEW ORLEANS, LOUISIANA, 1978
Die von Charles Moore (1925–1993) entworfene postmoderne, kreisrunde Piazza wurde für die italienische Gemeinde von New Orleans gebaut. Hierbei werden klassische Elemente der Baukunst teilweise ironisiert, wie man z. B. an den Metallsäulen sieht. Die Anlage wirkt wie ein Rummelplatz.

PALAZZO DEL TÈ, MANTUA, ITALIEN, AB 1525
Dieser außergewöhnliche Palast wurde von Giulio Romano für die Gonzaga gebaut und diente der Familie als Refugium. Romano war Hofmaler und -architekt der Gonzaga. Die extravagante Innendekoration, die man schon hier in der Loggia di Davide erkennen kann, wurde von seiner Werkstatt ausgeführt.

ANDREA PALLADIO
DER EINFLUSSREICHSTE ARCHITEKT DER RENAISSANCE

ANDREA PALLADIO (1508–1580) war einer der größten und einflussreichsten Architekten aller Zeiten. Die wunderschönen, aber auch praktischen Landhäuser, die er um Vicenza baute, die beispiellosen Kirchen in Venedig sowie sein immer wieder neu aufgelegtes Buch *I quattro libri dell'architettura* (1570) beeinflussten die Architektur bis in Russland, den USA und Großbritannien.

Palladio kann als der erste moderne Architekt gesehen werden. Er wurde zunächst in Padua als Steinmetz ausgebildet und dann von dem reichen Mäzen Giangiorgio Trissino nach Rom geschickt, um dort Mathematik, Musik und Literatur, besonders aber die antike Architektur zu studieren. Der Umbau des Palazzo della Ragione in Vicenza machte Palladio so berühmt, dass er ab 1550 mit Aufträgen für Paläste, Villen und Kirchen überschüttet wurde. Im Unterschied zu anderen Genies der Renaissance, wie Michelangelo, Raffael oder Alberti, war die Architektur Palladios einzige Leidenschaft und Profession. Leben und Karriere von Andrea

ANDREA PALLADIO
Er hieß eigentlich di Pietro und erhielt seinen Beinamen in Anspielung auf die Göttin der Weisheit und Künste, Pallas Athene.

Palladio markieren daher einen Wendepunkt in der Geschichte der Architektur.

LANDHÄUSER
Palladio errichtete hauptsächlich Landhäuser im Veneto und Kirchen in Venedig, aber auch eindrucksvolle öffentliche Bauten in Vicenza, wie die Basilica (Palazzo della Ragione, 1549) und das Teatro Olimpico (1580), den ersten Theaterbau seit der Antike. Zu seinen schönsten Häusern zählen die Villa Barbaro in Maser (1550er Jahre), wo er verschiedene landwirtschaftliche Nutzbauten mit dem Wohnhaus zu einem monumentalen Ensemble vereinigte, und die weltweit imitierte Villa Rotonda (oder Villa Capra, 1550–1559) in der Umgebung von Vicenza. Die Villa Rotonda ist ein völlig neuer Villentyp: Einem Kubus sind an allen vier Seiten vollkommen gleichmäßig gestaltete Säulenportiken vorgelagert, sodass ein Grundriss in Form eines griechischen Kreuzes

VILLA ROTONDA, 1550–1559
Die Renaissance erneuerte nicht nur das Interesse an klassischen Formen, sondern auch das Konzept der villa suburbana, *eines eleganten Rückzugsortes vom Stadtleben.*

»Schönheit ergibt sich aus der Form und dem Zusammenhang des Ganzen.«

ANDREA PALLADIO

entsteht. Den Mittelraum krönt eine dem Pantheon nachempfundene Kuppel. Diese Villa diente keinen landwirtschaftlichen Zwecken, sondern der Rekreation vom hektischen Stadtleben, um dort in Abgeschiedenheit zu lesen, Wein zu trinken und die Aussicht in alle vier Himmlsrichtungen zu genießen.

Der Entwurf wurde von englischen Architekten übernommen, etwa von Colen Campbell, Autor des *Vitruvius Britannicus*, beim Mereworth Castel (1722–1725), Kent, und von Lord Burlington, Kopf der englischen Palladio-Schule, beim Chiswick House (1723–1729), London. In den USA war die Villa Rotonda das Vorbild von Jeffersons Monticello (1770–1809) bei Charlottesville, Virginia (siehe S. 124).

KIRCHEN

In Venedig entwarf Palladio zwei berühmte Kirchen, San Giorgio Maggiore (ab 1565) und Il Redentore (ab 1577). Die malerische Kirche San Giorgio erhebt sich auf einer kleinen Insel und ist das Zentrum eines Benediktinerklosters. Sie besinnt sich in brillanter Weise auf antike Vorbilder. Die Fassade wird aus zwei sich überschneidenden klassischen Tempelfronten gebildet. Die Kuppel jedoch ist eine Reverenz an den byzantinischen Habitus von San Marco und der Turm ein Gegenstück zum Campanile auf dem Markusplatz. Im Innern ist die Kirche von ungewöhnlicher Klarheit in der Gliederung und von hoher Würde. Die Tönung in Grau und Weiß entspricht dem Farbklang, den Brunelleschi ein Jahrhundert früher in der Pazzi-Kapelle zu Florenz vorgegeben hat.

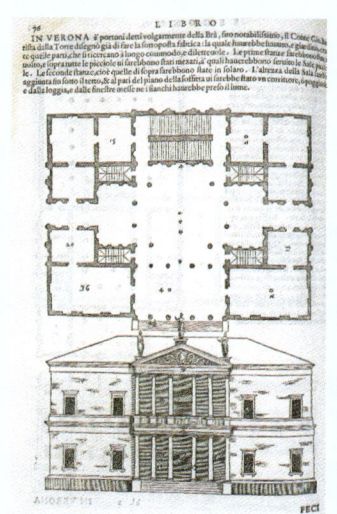

I QUATTRO LIBRI
I quattro libri dell'architettura *wurden 1570 veröffentlicht und fassen 20 Jahre des Wirkens von Palladio zusammen.*

PALLADIOS HAUPTWERKE
Basilica (Palazzo della Ragione), Vicenza, 1549
Villa Barbaro, Maser, 1549–1558
Villa Rotonda (Villa Capra), Vicenza, 1550–1559
San Giorgio Maggiore, Venedig, ab 1565
Il Redentore, Venedig, ab 1577
Teatro Olimpico, Vicenza, 1580

Die Kirche Il Redentore ist ein Meisterwerk, das von der venezianischen Regierung zum Dank an das Ende einer furchtbaren Pestepidemie gestiftet wurde. Schaut man über den Canale della Giudecca auf die Kirche, so hat man eine sehr komplexe Anlage vor Augen, die einige Zeit zum Entschlüsseln braucht. Die Fassade scheint sich wiederum aus mehreren sich über-schneidenden und gestaffelten Tempel-fronten zusammenzusetzen. In den Händen geringerer Architekten wäre daraus nicht mehr als ein manieristischer Gag geworden. Palladio schuf jedoch eine Geistigkeit und Tiefe, die auf das Innere dieser Kuppelkirche neugierig macht.

Wie man den Parthenon als griechisches Kampfschiff in Marmor interpretieren kann, so lässt sich auch diese Kirche als ein venezianisches Kriegsschiff ansehen, das zwischen den niedrigen Häusern vom Stapel läuft. Hinter der Kirche befindet sich ein Klostergarten, wo Mönche Gemüse anbauen und Hühner halten. Palladios große Stadtkirche könnte von hinten gesehen auch auf dem Land stehen. Palladio war ein Meister der Verbindung ländlicher und städtischer Elemente, der Architektur der Antike und der Bauweise, die Venedig damals brauchte. Allein die Tatsache, dass seine architektonischen Vorstellungen von so unterschiedlichen Gesellschaften wie dem aristokratischen Großbritannien, dem demokratischen Amerika und dem zaristischen Russland angenommen wurden, spricht für den universellen Geist, der diesen praktischen Visionär leitete.

IL REDENTORE
Alljährlich am 8. September bahnte eine Schiffsbrücke den Würdenträgern Venedigs den Weg direkt zur virtuosen Kirchenfassade.

ITALIENISCHES BAROCK
SINNLICHE FORMEN

FRANCESCO BORROMINI
Der in Bissone/Norditalien geborene Architekt Francesco Borromini (1599–1667) begann seine Laufbahn als Steinmetz in Mailand. 1620 ging er nach Rom und arbeitete für die Architekten Carlo Maderno und Gianlorenzo Bernini. Ab 1633 erhielt er mit dem Auftrag für S. Carlo alle Quattro Fontane und anschließend für S. Ivo della Sapienza seine große Chance als selbstständiger Architekt. Er wurde rasch wegen seiner kühnen Raumkompositionen bekannt. Obwohl er heute als einer der großen Barockarchitekten gilt, hatte Borromini zu Lebzeiten relativ geringen Einfluss.

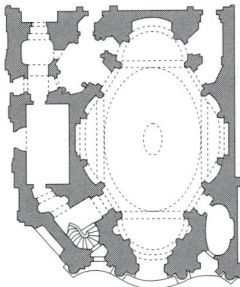

S. CARLO ALLE QUATTRO FONTANE: GRUNDRISS
Der komplizierte Grundriss von S. Carlo setzt sich aus zwei gleichschenkligen Dreiecken, die eine Raute bilden, und zwei einbeschriebenen Kreisen zusammen, sodass eine ellipsoide Raumform entsteht. Vier Kapellen drücken diese Ovalform so nach außen, dass sie zugleich wie eine kreuzförmige Anlage mit runden Abschlüssen erscheint. Dadurch entsteht der Eindruck eines sich ständig wandelnden Raumkörpers.

AM ANFANG des 17. Jh. herrschte ein Geist des Überschwangs in der italienischen Kunst und Architektur. Den sich daraus entwickelnden Stil nannte man im 19. Jh. »Barock«, was schließlich mit »überladen, aufgebauscht« oder sogar »deformiert« gleichgesetzt wurde. Die außergewöhnliche Kirche S. Carlo alle Quattro Fontane in Rom (ab 1634) sieht tatsächlich auf den ersten Blick überladen oder sogar etwas verschroben aus. Francesco Borromini (1599–1667) hat dieses Schmuckstück entworfen und in das dichte Stadtzentrum gesetzt. Als Arbeit suchender Steinmetz nach Rom gekommen erlangte Borromini hier Ruhm, auch wenn er und seine Entwürfe als etwas seltsam angesehen wurden. Später soll er Selbstmord verübt haben. Die vor- und zurückschwingende Fassade von S. Carlo zeigt die Bewegung, die auch das Innere bestimmt und oft mit Borrominis labyrinthischem Geist und seiner theatralischen Imagination in Zusammenhang gebracht wird. Eine solche Bewegtheit des Baukörpers hat es mit Sicherheit vorher nicht gegeben. Auch von der dynamischen Raumanlage, einer Verbindung von griechischem Kreuz und Oval, geht heute noch eine fast elektrisierende Wirkung aus.

THEATRALISCHER STIL
Borromini und sein Zeitgenosse und Rivale Gianlorenzo Bernini schufen einen neuen theatralischen Architekturstil, der ihrer Zeit, in der sich Theater und Oper herausgebildet hatten, durchaus angemessen war. Die Kirche griff rasch die Mittel von Theater und Oper auf: Wenn man die Seelen der katholischen Massen zurückgewinnen und die Flut des Protestantismus eindämmen wollte, musste man dem Volk an Sonn- und Feiertagen das Gegenstück zu Oper und Theater bieten. Im Zuge der Gegenreformation baute die Kirche deshalb ausgiebig in dem neuen Barockstil. Da sich so dessen Ideen rasch verbreiteten, ging der Siegeszug des Barock durch das ganze katholische Europa und setzte sogar nach dem protestantischen Groß-

S. CARLO ALLE QUATTRO FONTANE, ROM, 1634–1682
Borrominis Kirche ist eines der Meisterwerke der römischen Barockarchitektur. Die geschwungene Fassade, um 1630 entworfen, wurde erst nach seinem Tod fertig gestellt.

CAPPELLA CORNARO, S. MARIA DELLA VITTORIA, ROM, 1645–1652

Die Ekstase der hl. Theresa *in der Cornaro-Kapelle ist eines der Hauptwerke der Barockskulptur. Im bühnenartigen Zentrum des Altars hat die Heilige die Vision, dass ein Engel ihr Herz mit* *einem goldenen Pfeil durchbohrt. Statuen der Stifterfamilie verfolgen dieses Schauspiel aus ihren Logen heraus. Die Lichtführung dramatisiert die Szene noch mehr.*

britannien über, wo eine sehr eigenwillige Variante entstand (siehe S. 84/85).

Während Borromini gelernter Steinmetz war, war sein Gegenspieler Bernini zunächst Bildhauer, der auch Theaterstücke schrieb und die Bühnenbilder dazu entwarf. Seine Architektur und Plastik sind erstklassige Beispiele des Barock. Berninis ganzes Talent zeigt sich in der Cappella Cornaro in der Kirche S. Maria della Vittoria, Rom (1645–1652), einer sinnlichen Apotheose des italienischen Barock. Hier findet man seine berühmte Plastik der *Ekstase der hl. Theresa*, die von Statuen der Stifterfamilie in den seitlichen Logen mitverfolgt wird. Bündel von Lichtstrahlen strömen auf die Heilige herunter. Man denkt beim Anblick die-

ser Skulptur unwillkürlich an eine hocherotische Filmszene. Ob diese Plastik erotisch wirken sollte, lässt sich nicht mit Gewiss-heit sagen. Das Barock ist jedoch zweifellos der sinnlichste Stil der westlichen Kultur.

DER SPÄTE BERNINI UND GLEICH GESINNTE

Bernini schuf noch viele theatralische Räume, wie z. B. den Petersplatz in Rom (ab 1656), bei dem zwei offene Arme in Form von geschwungenen Kolonnaden die Menschenmassen in den Schoß der Mutter Kirche zu ziehen scheinen. Berninis großartige Treppenanlage im Vatikan, die Scala Regia (1663–1666), zeigt eindrucksvoll den Einsatz illusionistischer Effekte in der Barockarchi-

GIANLORENZO BERNINI
Die führende Persönlichkeit des römischen Barock war Gianlorenzo Bernini (1598–1680), der zunächst als Bildhauer, dann auch als Maler, Dichter und Architekt wirkte. Er verbrachte sein gesamtes Leben in Rom, wo er ab 1623 von Papst Urban VIII. gefördert wurde. 1624 erhielt er den Auftrag für den Bronzebaldachin in St. Peter. Bis zu seinem Tod arbeitete er am Petersdom und den Kolonnaden des Petersplatzes. Zu seinen Werken gehören auch der Palazzo Montecitorio und der Palazzo Barberini in Rom. Seine Bauten und Skulpturen offenbaren die Größe und Pracht der Gegenreformation.

tektur. Die Treppe erscheint ungewöhnlich lang, weil die Stufen nach oben kürzer werden und die Wände sich näher zusammenschieben. Heute lässt eine Öffnung in der Mitte der Treppe das Sonnenlicht einfallen, das den Anblick untertags ständig verändert. Dennoch war Bernini nicht so extravagant wie Borromini. Seine Suche nach Balance zwischen praktischer Lösung und dramatischer Geste zeigt sich auch im Werk anderer Barockarchitekten, wie bei der Piazza del Popolo in Rom, die Carlo Rainaldi (1611–1691) für Papst Alexander VII. als neues Entree zur Ewigen Stadt gestaltete. Rainaldi ließ – durch zwei von ihm entworfene Kuppelkirchen getrennt – drei Straßen in den Platz münden, die sich in der Verlängerung dort treffen würden, wo der ägyptische Obelisk steht.

Das italienische Barock sollte aber auch außerhalb Roms Höhen des Ehrgeizes und der Fantasie erklimmen. Baldassare Longhena (1598–1682) wurde anlässlich des Endes einer Pestseuche in Venedig beauftragt die Kirche S. Maria della Salute zu bauen. Sie ist ein extravaganter Bau, dessen achteckiger Hauptraum von einer großen Kuppel überwölbt ist. Dessen mächtiger

SCALA REGIA, VATIKAN, ROM, 1663–1666
Der Treppenaufgang zwischen St. Peter und den päpstlichen Gemächern ist eine von Berninis größten Leistungen. Die flankierenden Säulen werden kleiner, je höher sie stehen; so täuschen sie eine größere Länge der Treppenflucht vor.

PIAZZA DEL POPOLO, ROM, 1662–1679
Die von Carlo Rainaldi entworfene Piazza liegt hinter dem nördlichsten Stadttor von Rom. Diese Ansicht von Gaspar van Wittel zeigt den Platz gegen Süden mit den beiden Kuppelkirchen S. Maria di Monte Santo (links) und S. Maria dei Miracoli (rechts).

Tambour wird von Steinvoluten gestützt, die Wellen nachahmen. Da die Kirche an allen Seiten von Wasser umgeben ist, ist dies ein passendes wie spektakuläres Architekturelement.

GUARINO GUARINI

Neben Borromini wurden die genialsten und außergewöhnlichsten Barockexperimente von dem Theatinerpater Guarino Guarini (1624–1683) gemacht, dessen Kapelle des hl. Grabtuchs (Il Sindone) in Turin (1667–1690) eine verwirrende architektonische *tour de force* ist. Die Kapelle, die aus dem einem Quadrat einbeschriebenen Kreis entwickelt ist, wird über zwei lange Treppenfluchten erreicht. Sie verwahrt das hl. Leintuch mit dem Abdruck eines Männerkörpers, von dem man annimmt, dass er der Leichnam Jesu ist. Darüber erhebt sich eine Art gestufte Kuppel, deren Konstruktion man kaum nachvollziehen kann. Guarinis verschiedene Berufsinteressen (als Mathematiker, Philosoph und Priester) sind in diese architektonische Schöpfung eingeflossen.

KAPELLE DES HL. GRABTUCHES TURIN, 1667–1690

Guarinis Kapelle birgt das angebliche Grabtuch Christi. Der obere Teil der Kuppel setzt sich aus kleiner werdenden, gegeneinander versetzten Bögen zusammen, die jeweils ein Segmentfenster übergreifen. Das kegelförmige Hexagon endet in einer Laterne.

Die Barockarchitektur war auf ihrem Höhepunkt eine verwirrende Mischung aus geometrischen und theatralischen Strukturen, wilder Sinnlichkeit und genialer Bautechnik. Bemerkenswerterweise konnte Guarini diesen Geist selbst in seinen öffentlichen Bauten, wie dem Palazzo Carignano in Turin (1679), zum Ausdruck bringen, einem Gebäude, das unfertig aussieht und beinahe geologische Assoziationen hervorruft. Diese Architektur hätte ein puritanischer Geist niemals verstehen können.

BAROCK AUSSERHALB ITALIENS
HARMONIE UND SPEKTAKEL

KIRCHE ST. JOHANN NEPOMUK, MÜNCHEN, 1733–1746

Sie wird auch »Asamkirche« genannt, weil sie von Egid Quirin Asam gestiftet und direkt neben seinem Wohnsitz als Hauskapelle gebaut wurde. Da er zusammmen mit seinem Bruder Cosmas Damian auch die Ausstattung schuf, ist die Kirche das perfekte Beispiel für ein barockes Gesamtkunstwerk, in dem Architektur, Malerei und Skulptur zu einem harmonischen Ganzen verschmolzen sind.

DURCH EHESCHLIESSUNGEN zwischen den Herrscherhäusern, durch Kriege, aber auch durch die zunehmende Reiseaktivität breitete sich das Barock in ganz Europa aus. Die gewagte, bewegte Formensprache des Barock entfaltete sich vor allem im katholischen Europa. In Süddeutschland und Österreich entstanden ganz eigene stilistische Abwandlungen. In Bayern arbeiteten die Architekten eng mit erfahrenen Ausstattungskünstlern zusammen.

Die innovativste Werkgemeinschaft bildeten die Gebrüder Asam, Cosmas Damian (1686–1739) und Egid Quirin (1692–1750). Eines ihrer Meisterwerke ist die reich ausgestattete Kirche St. Johann Nepomuk (1733–1746) im Zentrum Münchens. Man braucht einige Zeit, um sich an das funkelnde Innere zu gewöhnen, in dem es keine geraden Linien zu geben scheint und wo jede Fläche mit herabblickenden Putti (manche mit Totenköpfen) oder mit Gold, Silber oder anderen Materialien verziert ist. Auch die Fassade, die aus imitierten Felsen aufsteigt, ist abenteuerlich.

ARCHITEKTUR FÜR DIE SINNE

Das bayerische Barock ist eine sehr sinnliche und lebenslustige Architektur. Die unerhört komplexe und schön dekorierte Wallfahrtskirche Vierzehnheiligen (1743–1772) von dem großen Balthasar Neumann (1687–1753) ist so berauschend, wie nur eine Barockkirche sein kann. Der Zenit des Barock wurde jedoch weniger im Kirchenbau als in dem von Matthäus Daniel Pöppelmann (1662–1736) entworfenen Zwinger von Dresden (ab 1709) erreicht, ein herrliche, raumgreifende Anlage, bestehend aus eingeschossigen Galerien, welche die zweistöckigen Pavillons untereinander verbinden. Wenn man hier lustwandelt, meint man die Musik Bachs und seiner Zeitgenossen zu hören. Auch Österreich besitzt schöne Barockarchitektur. Hoch

BENEDIKTINERSTIFT MELK, ÖSTERREICH, 1702–1714
Prandtauer schuf in Melk ein Meisterwerk barocker Pracht.
Die zweitürmige Fassade der Kirche erhebt sich hinter den vorspringenden Armen
der Klostergebäude, die einen Vorhof bilden.

DIE VERSCHMELZUNG DER KÜNSTE

Im Barock sind die Einzelelemente der Gesamtwirkung untergeordnet. Dies erklärt die beispielhafte Zusammenarbeit der Asambrüder. Beide waren Architekten, Cosmas Damian zusätzlich Freskomaler und Egid Quirin Bildhauer und Stuckateur. Gemeinsam schufen sie mehrere bayerische Kirchen, wie die der Benediktinerabtei in Rohr. Der atemberaubende Altar von Egid Quirin Asam zeigt die Himmelfahrt Mariens in Lebensgröße.

Ebenso eindrucksvoll ist die Karlskirche in Wien (ab 1716) von Johann Bernhard Fischer von Erlach (1656–1723), ein hervorragendes Beispiel einer Barockkirche im städtischen Ambiente. Ihr vorgeblendet ist eine zweimal so breite Fassade. Ein großer korinthischer Portikus ist zwischen zwei reich dekorierte Triumphsäulen gesetzt, die auf jene von Trajan und Mark Aurel in Rom zurückgehen. Die Säulen grenzen jeweils an einen niedrigen Glockenturm. Die Gesamtanlage wird von einer steilen Kuppel bekrönt. Der Entschluss Fischer von Erlachs, die römischen Säulen genau zu kopieren, verweist bereits auf den sich anbahnenden Klassizismus, der in den nächsten 50 Jahren die Architektur des Barock und Rokoko in Europa ablösen sollte. Ein Jahrhundert später werden das genaue Studium und die Reproduktion antiker Vorbilder fast zur Obsession.

über der Donau liegt das prächtige Benediktinerstift Melk (1702–1704), das Meisterwerk Jakob Prandtauers (1660–1726). Es erhebt sich von dem felsigen Grund, auf dem es errichtet ist, in die schwindelnde Höhe seiner Türme und Kuppel. Im Innern empfängt den Besucher eine würdevolle und festliche Atmosphäre.

MUSIK DES SPÄTBAROCK

Die Werke von Johann Sebastian Bach (1685–1750) und Georg Friedrich Händel (1685–1759) sind charakteristisch für die Musik des späten Barock. Beide stammen aus Sachsen und waren Lutheraner. Doch ihre Karrieren verliefen ganz unterschiedlich. Bach war sehr gläubig und komponierte hauptsächlich religiöse Werke, über 200 Kantaten. Händel inspirierte sich dagegen in Italien und schrieb vorwiegend Opern und weltliche Stücke, die meisten, nachdem er sich 1712 in London niedergelassen hatte.

KARLSKIRCHE, WIEN, AB 1716
Die Karlskirche wurde von Kaiser Karl VI. in Auftrag gegeben. Sie ist eine überraschende Kombination von römischem Barock und römischer Antike. Die Säulenreliefs stellen wie auf den römischen Triumphsäulen Trajans und Mark Aurels einen Sieg dar, und zwar den über die Pest von 1713, und dazu Szenen aus dem Leben des Pestheiligen Karl Borromäus.

GRUNDRISS VON ST. PAUL'S CATHEDRAL

Wren plante zunächst St. Paul als Zentralbau über einem griechischen Kreuz mit einer achteckigen Kuppel. Die Domherren wollten jedoch einen Längsbau. So legte Wren 1673 den Entwurf einer herkömmlichen Kirche mit Langhaus, Chor und Querschiff vor. Dieser wurde mit Ausnahme des Kirchturms auch realisiert, den Wren zu Gunsten einer Kuppel opferte. Das Gewicht der Kuppel wird über einen Säulenring auf die Pfeiler der Vierung abgeleitet.

»Si monumentum requiris, circumspice.«

[Wenn du ein Denkmal suchst, schau dich um.]

INSCHRIFT IN ST. PAUL, WRENS SOHN ZUGESCHRIEBEN

ST. PAUL'S CATHEDRAL, 1675–1710
Die Westfassade von St. Paul besticht durch die frei stehenden Säulenpaare des zweigeschossigen Portikus. An herausragender Stelle sind Statuen aufgestellt: Die des hl. Paulus steht auf der Spitze des Dreiecksgiebels, flankiert von denen der Apostel Petrus und Johannes. Das Relief des Giebelfelds zeigt die Bekehrung des hl. Paulus zum Christentum.

ENGLISCHES BAROCK

Auch in Großbritannien entwickelte sich ein eigener Barockstil, der sich von dem Italiens, Deutschlands oder Österreichs wesentlich unterscheidet. Der Hauptgrund liegt darin, dass England ein protestantisches Land ist und das Barock vorwiegend als dreidimensionales Aushängeschild der päpstlichen Macht angesehen wurde. Sir Christopher Wren (1632–1723) bildete nach der Restauration der Monarchie im Jahre 1660 einen englischen Barockstil aus, der etwas zurückhaltender, aber nicht weniger vornehm als der kontinentale ausfiel. Wren, ein brillanter Mathematiker und Astronom, erhielt den Auftrag zum Neubau von St. Paul's Cathedral (1675–1710) im Zentrum von London. Er schuf dort die vielleicht eleganteste Kuppel, kühl, ernst, klar umrissen, über der Vierung eines auf Wunsch des konservativen Klerus kreuzförmigen Längsbaus in der Tradition der mittelalterlichen Kathedralen Englands. Wrens

Entwurf war also ein Kompromiss, aber dennoch ein brillanter. Die perfekte Kuppel lässt künstlerische Schwächen im Gesamtbau vergessen. Das von Wren für St. Paul hauptsächlich verwendete Material war der leuchtend weiße Portlandstein, der auch schon von seinen Vorgängern benutzt worden war.

Erwähnenswert ist auch Nicholas Hawksmoor (1661–1736), der eine Anzahl herausragender Kirchen baute, wie St. Mary Woolnoth (1716–1727) im Londoner Stadtzentrum. Hawksmoor stellte sich dort, trotz der Verwendung gerader Linien, als der Borromini der englischen Architektur heraus. Seine Christuskirche in Spitalfields (1714–1729) hat ein großes »venezianisches« Fenster (Palladiomotiv) und einen hoch aufragenden Kirchturm.

Wren, Hawksmoor und John Vanbrugh (1664–1726), der von den Franzosen als Spion in der Bastille inhaftiert wurde, aber auch Stückeschreiber, Handelsreisender (nach Indien) und je nach Laune Architekt war, entwarfen eine beträchtliche Anzahl von schönen Palästen, Landhäusern und öffentlichen Gebäuden. Im Vergleich zu den Barockbauten im katholischen Europa nehmen sich diese Gebäude bescheiden aus und setzen in der theatralisch-opernhaften Barockszenerie einen eher häuslichen Akzent. Das zwar monumentale und weitläufig mit Flügelbauten ausgestattete Castle Howard in North Yorkshire (Vanbrugh und Hawksmoor, 1699–1712) liegt aber sanft eingebettet in der hügeligen und von Schafherden durchzogenen englischen Landschaft. Das englische Barock war groß vor allem in kleineren Dimensionen, wie man z. B. an Chettle in Dorset (1710–1720) von Thomas Archer (1688–1743) sehen kann. Was aber noch wichtiger ist, die monumentale, jedoch zurückhaltende Eleganz von Wrens Royal Hospital in Chelsea (1682–1689) und der Londoner Kirche St. Martin-in-the-Fields (1721–1726) von dem schottischen Architekten

CHETTLE HOUSE, DORSET, ENGLAND, 1710–1720
*Der englische Barockarchitekt Thomas Archer wurde von
dem Parlamentsmitglied George Chaffin 1710 beauftragt
dieses Herrenhaus aus rotem Backstein im englischen Barockstil
zu bauen. Es ist umgeben von einer 2 ha großen Gartenanlage.*

ST. MARTIN-IN-THE-FIELDS, LONDON, 1721–1726
*Dieser Entwurf Gibbs' gehört zu den folgenreichsten des 18. Jh.
Die Längsseiten mit vorgeblendeter Kolossalordnung haben Fenster
mit einer für Gibbs charakteristischen Umrahmung. Die Vorderseite
ist eine Kombination von Tempelfront und Einturmfassade.*

James Gibbs (1682–1754), einem Katholiken, der
bei Carlo Fontana in Rom studiert hatte – Wren
reiste nur bis Frankreich und Hawksmoor verließ
England nie –, wurde in den nordamerikanischen
Kolonien und den daraus entstehenden Vereinigten Staaten begeistert aufgenommen. Repliken
von St. Martin kann man in ganz New England
entdecken.

Wren zeigte außerdem, wie der groß angelegte
Barockstil in einen kleinen, aber immer noch
wirksamen Maßstab übertragen werden konnte.
Die zahlreichen Kirchen, die er nach dem großen
Brand von 1666 im Zentrum von London wieder
aufgebaut hat, gehören zu den verborgenen
Schmuckstücken der spätbarocken Architektur
Europas. Nicht vergessen darf man St. Stephen
Walbrook (1672–1687), einen Versuch, den Innen-
raum von St. Paul in Miniatur nachzugestalten,
und St. Mary Abchurch (1681–1686), in der geis-
tigen Haltung das genaue Gegenteil von
St. Johann Nepomuk in München.

Auch Hawksmoor bewies mit dem Entwurf des
Mausoleums (1729) in Castle Howard, einer eindrucksvollen Rotunde, dass eine machtvolle und
monumentale Architektur auch in kleinerem
Maßstab gelingen kann, was seinen Zeitgenossen
entgangen zu sein scheint.

SIR JOHN VANBRUGH
Der Stückeschreiber und
Barockarchitekt Sir John
Vanbrugh (1664–1726)
wurde in London geboren.
Er studierte Architektur,
machte aber dann zunächst
Karriere als Soldat und
Autor von Komödien, wie
The Provok'd Wife (1697).
Die Aufträge für Castle
Howard und Blenheim
Palace festigten seinen Ruf
als Architekt.

MAUSOLEUM, CASTLE HOWARD, YORKSHIRE, 1729
*Das von Nicholas Hawksmoor entworfene Mausoleum in
Castle Howard wurde 1729 begonnen. Im Innern befindet
sich eine Kapelle, darunter eine überwölbte Gruft mit
64 Grabnischen.*

ABSOLUTISMUS
DIE PRACHT DER PALÄSTE

PHILIPP II. VON SPANIEN
Philipp war der Sohn von Karl V., dem Kaiser des Hl. Römischen Reiches, und Isabella von Portugal. 1556 übernahm er die Regentschaft über Spanien und das Reich. Nach seiner Rückkehr aus den Niederlanden 1559 herrschte er 42 Jahre lang von Madrid bzw. vom Escorial aus. Unter seiner Herrschaft kam es zu mehreren Auseinandersetzungen mit den protestantischen Ländern Europas, vor allem mit den Niederlanden. Seine Absicht, England zu rekatholisieren, führte 1588 zur Vernichtung der spanischen Armada.

DER BAUSTIL DER RENAISSANCE verbreitete sich rasch über die Alpen hinweg nach Norden, jedoch etwas langsamer in Frankreich, den Niederlanden und Großbritannien. Er tauchte im 16. Jh. in diesen Ländern lediglich als unverstandenes Dekorationselement auf, wie man an den französischen Schlössern und den jakobinischen und elisabethanischen Landhäusern dieser Zeit sehen kann. Herausragende Bauten sind vor allem die Loireschlösser Chenonceaux (1515–1523) und Chambord (1519–1547) sowie in England Wollaton Hall in Nottingham (1580–1585) und Hardwick Hall in Derbyshire (1590–1597).

SPANISCHE RENAISSANCE
Auch in Spanien kam die Renaissance nur stückweise an, erreichte jedoch schon früh im Palast von Karl V. in Granada (1527–1568) neue Höhen. Der von Raffael und Bramante beeinflusste Palast wurde von Pedro Machuca (Lebensdaten unbekannt; arbeitete von 1517–1550) und seinem Sohn Luis entworfen. Der wunderbare, kreisrunde, in zwei Geschossen von Kolonnaden eingefasste Hof im Zentrum gehört zu den überraschenden Höhepunkten der Anlage und ist ein Ort der Ruhe und Kontemplation.

Die spanische Renaissance nahm jedoch durch den Aufstieg der absoluten Monarchie unter dem asketischen Philipp II. einen anderen Verlauf. Obwohl Philipp über ein Reich herrschte, das sich bis Chile ausdehnte, führte er mehr oder weniger das Leben eines Mönches. Der Escorial (1562–1582), den er 60 km nördlich von Madrid unter der glühenden Sonne errichten ließ, ist eines der imposantesten, aber auch düstersten Gebäude der Welt. Diese Klosterresidenz von Juan Bautista de Toledo (gestorben 1567) und Juan de Herrera (um 1530–1597) ist ein Kolossalbau mit gefängnisartigen Mauern ohne Schmuck. Dahinter befindet sich eine abgeschiedene Welt, in der Königspalast, Kloster, Kolleg und die Kuppelkirche S. Lorenzo um ein Dutzend Höfe grup-

DER ESCORIAL BEI MADRID, 1562–1582
Diese strenge und monumentale Anlage aus gelb-grauem Granit sollte an den spanischen Sieg über die Franzosen in der Schlacht von St-Quentin im Jahre 1557 erinnern. Sie umfasst eine Residenz, ein Kloster, ein Kolleg und eine Kuppelkirche.

piert dahindämmern. Die monumentale Architektur des Escorial gehört zu den besonderen Kennzeichen des damaligen Spanien, das sinnlich und puritanisch zugleich, ausdrucksstark wie auch im Grunde erzkonservativ war.

FRANZÖSISCHE KLASSIZISTISCHE ARCHITEKTUR

In Frankreich wurden die auf der Renaissance basierenden Bauideen zu Ausdrucksformen der Monarchie umgemünzt und während der 1643 einsetzenden, langen und glänzenden Herrschaft von Ludwig XIV., dem Sonnenkönig (1638–1715), zu einem unvergleichlichen Gipfel geführt. Frankreich war nun eine absolute Monarchie – »L'Etat c'est moi« (Der Staat bin ich), wie es der König ausdrückte. Die einzige angemessene Architektur für einen so mächtigen Egomanen war die des kaiserlichen Rom, in einem französischen Spiegel des 17. Jh. reflektiert. Kurz bevor Ludwigs Architekten mit der Arbeit an Versailles begannen, dem größten und schönsten aller europäischen Schlösser, hatte sich in Paris die italienische Architektur in der Kirche Val-de-Grâce (1645–1647) von Jacques Lemercier (um 1580–1654) manifestiert. Der geschlossene Bau wird von einer kräftigen Kuppel nach dem Vorbild von St. Peter bekrönt.

Versailles (1661–1756) war jedoch etwas ganz anderes. Das Schloss ist riesengroß und in eine scheinbar endlose, von André Le Nôtre (1613–1700) nach strengen Regeln gestaltete Parkanlage gesetzt. Die Hauptgebäude des vor den Toren von Paris liegenden Schlosses sind vor allem das Werk von Louis Le Vau (1612–1670) und Jules Hardouin Mansart. Eine geringeren Anteil hatte auch Jacques-Ange Gabriel, der das Petit Trianon schuf. Was mit einem unglaublich ehrgeizigen Schlossbau glorreich begann – der französische Hof zog 1668 nach Versailles –, endete mit dem für Marie-Antoinette nachgebauten Bauernhof, wo ein Jahrhundert später Schäferspiele aufgeführt wurden.

Auf seinem Höhepunkt war Versailles ungemütliche Heimstatt für tausende von unterwürfigen Höflingen, die sich in Bruchbuden zusammenkauerten, nur um dem König und seiner Gunst nahe zu sein. Vielleicht ist es bezeichnend, dass der berühmte Spiegelsaal von Albert Speer, Hitlers Architekten, für die Reichskanzlei in Berlin in den späten 30er Jahren des 20. Jh. (siehe S. 180/181) nachgeahmt wurde. Der Stil von Versailles empfahl sich für absolute Monarchen genauso wie für machthungrige Diktatoren.

Eine monotone Variante des Stils Ludwigs XIV. ist vor allem an der zunächst eindrucksvollen, dann aber langweiligen Ostfassade des Louvre in Paris (ab 1667) zu sehen, einer Gemeinschaftsarbeit von Le Vau, Claude Perrault und dem Maler Charles Le Brun. Die Tempelfront mit Kolonnaden aus Doppelsäulen sollte im nächsten Jahrhundert Merkmal der französischen klassizistischen Architektur werden. Begonnen hatte die französische Hofarchitektur ein knappes halbes Jahrhundert vor Versailles mit der von Heinrich IV. in Auftrag gegebenen Place Royale (heute Place des Vosges). Der König lebte dort selbst in einer der Wohnungen über den gleichförmigen, aber angenehmen Arkaden aus Ziegeln und Stein, die einen begrünten Platz säumen, der zu den angenehmsten in Paris gehört.

PIERRE PATEL, *SCHLOSS UND GÄRTEN VON VERSAILLES, VON DER AVENUE DE PARIS AUS GESEHEN*, 1668
Ausgangspunkt der berühmten Anlage Ludwigs XIV. war das unter seinem Vater 1624 gebaute Jagdschloss. Louis Le Vau erweiterte in den 1660er Jahren das Gebäude und fügte zwei Flügel für die Hofbediensteten an. Der Landschaftsarchitekt André Le Nôtre gestaltete den weiten Park geometrisch mit Alleen, Hainen, Kanälen und Brunnen.

CHARLES LE BRUN
Der französische Maler, Entwerfer und Kunsttheoretiker Charles Le Brun (1619–1690) dominierte die französische Kunstszene unter König Ludwig XIV. Nach einer Ausbildung in Paris ging er 1642 nach Rom, wo er bei dem Maler Nicolas Poussin arbeitete. 1648 war er Gründungsmitglied der französischen Akademie und wurde 1663 erster Direktor der Manufacture royale des tapisseries et des meubles. Von 1668 bis 1683 leitete er die Ausstattung von Schloss Versailles. Le Bruns Talente lagen nicht nur auf dem Gebiet der Malerei, sondern vor allem auf dem der Organisation und der schöpferischen Fantasie. Zu seinen berühmtesten Werken zählen der Spiegelsaal (1679–1684) und die Große Treppe (1671–1678, 1752 zerstört).

ROKOKO
DAS AUFBLÜHEN DES SPÄTBAROCK

DIE RENAISSANCEARCHITEKTUR hatte mit einer Meisterleistung der Ingenieur- und Baukunst, der von Brunelleschi als völlig eigenständiges Kunstwerk dem Florentiner Dom hinzugefügten Kuppel, begonnen. In der Folge entwickelte sie

sich über die mathematische Perfektion von Palladio weiter zu den dramatischen Höhen des Barock. Im 18. Jh. sah dieser Stil, je nach Blickwinkel, entweder gequält oder üppig aus, war eine ausschweifende und eigentlich dekadente Blüte der Dekorationskunst. Das Rokoko war die letzte Entwicklungsstufe einer zunehmend fantastischen und schrulligen Architektur, die dann vom Klassizismus wieder gezügelt wurde. Dieser neue Purismus revolutionierte die europäische Architektur, behielt aber die klassischen Ordnungen bei und nahm die antike Baukunst sogar noch ernster, als dies die vorhergehenden Stilepochen taten.

Aber man täusche sich nicht, auch die römische Architektur hatte in den rauschhaften Zeiten von Nero und Caligula ihre barocke Phase. Die Dekoration bekam im 1. Jh. n.Chr. ein ziemliches Gewicht. Vielleicht war es dies, was Nero dazu trieb, Tonnen von Rosenblättern von den Gewölben seiner Speisezimmer im »Goldenen Haus« herabschütten zu lassen, welche die unglücklichen Gäste süß duftend erstickten, und seine Gärten mit Fackeln aus lebenden Menschen zu erhellen. Die strengen Klassizisten, die dem Rokoko ein Ende bereiteten, könnten durchaus die Dekadenz dieses süßlichen Stils auf gleicher Stufe mit Neros moralisch verwerflichem Vorgehen gesehen haben.

SPIEGELSAAL, AMALIENBURG, MÜNCHEN, 1734–1739
Dieses eingeschossige Jagdschlösschen ist eines der schönsten Beispiele des Profanbaus im Rokoko. Der kreisrunde Mittelsaal ist mit Spiegeln ausgekleidet, welche die Raumgrenzen verwischen.

DIE GEBURT DES ROKOKO
Das Wort Rokoko kommt von *rocaille*, einem Muschelschmuckwerk, das zuerst am Hof von Ludwig XIV. auftrat. Das erste öffentliche Beispiel seiner Verwendung bei einer Innendekoration finden wir in einem Raum des Château de la Menagerie, der in den 1690er Jahren von dem Maler Claude Andran in spielerischer Manier und mit viel Fantasie mit Vögeln, Affen, Masken und anderen Dingen mehr für die dreizehnjährige Verlobte eines Neffen Ludwigs ausgeschmückt worden ist. Doch der neue intime Stil fand erst einige Jahre später, im ersten Viertel des 18. Jh., in den Pariser Adelspalais seinen Durchbruch. Mit reichlichem vergoldetem Stuckdekor und vielen Spiegeln verzauberte der Stil ansonsten eher einfache Räume. Man brauchte nunmehr weniger architektonisches Gespür, da jetzt das Hauptgewicht auf der Dekoration lag.

ABTEIKIRCHE VON OTTOBEUREN, BEGONNEN 1737
Die reiche Dekoration verzaubert Fischers klaren Kirchenbau in Ottobeuren, der eine Abfolge von drei Kuppelräumen darstellt, von denen sich der mittlere in ein Querschiff öffnet. Die Kuppeln sind mit illusionistischen Fresken bemalt.

(1692–1766) und in der Wieskirche bei Steingaden (1745–1754; siehe S. 2) von Dominikus Zimmermann (1685–1766). Das Innere der Wieskirche erscheint vor allem an sonnigen Wintertagen, wenn die umliegenden Felder tief unter dem Schnee liegen, wie in Licht gebadet.

SPANIEN UND PORTUGAL

In Spanien und Portugal entwickelten sich wieder andere Formen des Spätbarock. Der üppige Stil des *Churriguerismus* (1680–1780), benannt nach der Architektenfamilie Churriguera, war teilweise eine Reaktion auf die strenge Architektur unter Philipp II. In Portugal wurden Räume von Kirchen und Palästen nach der Ankunft der ersten Gold- und Silberladungen aus Brasilien ausschweifend dekoriert. Kirchen wie São Francisco in Porto, ein barockisiertes mittelalterliches Gotteshaus, sollte man nur bei gefestigtem Geschmack betreten.

ROKOKODEKORATION
Ornamente wurden meist für Tür- und Fensterrahmungen verwendet und um Wände und Decken zu gliedern. Das typische, dekorativ aus Holz oder Stuck gefertigte Rokokomotiv ist die C- und S-förmige Rocaille, eine Muschelform, die gerne mit Blumen und Blättern kombiniert wurde. Die Abbildung zeigt eine Hausfassade in Prag mit einer stilisierten Muschel in der Giebelnische.

Dieser »Pralinenschachtel-Stil« erreichte seinen Höhepunkt jedoch nicht in Frankreich, sondern in Bayern. Die Amalienburg (1734–1739) im Schlosspark von Nymphenburg in München wurde von dem Hofarchitekten François Cuvilliés (1695–1768) für Kurfürstin Amalie gebaut. Sie ist in ihrer leichten Eleganz und verfeinerten Anmut ein Meisterwerk des Rokokointerieurs. Cuvilliés, der als Hofzwerg in kurbayrische Dienste gekommen war, wurde wegen seines bald erkannten Talents 1720 zum Architekturstudium nach Paris geschickt und arbeitete bei der Dekoration der Amalienburg mit Johann Baptist Zimmermann zusammen. Fenster mit Festons wechseln mit gleich gestalteten Spiegeln in Silberrahmen. Darüber sprießen wundervoll versilberte Ranken und Pflanzen über das Kranzgesims und Silbervögel fliegen in den blauen Himmel des Gewölbes. Palladio würde sich im Grab umdrehen.

SÜDDEUTSCHE ROKOKOKIRCHEN

Während die Franzosen die Rokokodekoration für das Innere einer Kirche nicht als passend ansahen, hatten die Bayern da keine Skrupel. Zwei der schönsten Rokokokirchenräume findet man demnach dort: in der Benediktinerabteikirche von Ottobeuren (ab 1737) von Johann Michael Fischer

SÃO FRANCISCO, PORTO, PORTUGAL, 18. JH.
Diese Kirche ist ein wunderbares Beispiel für den portugiesischen Rokokostil. Mehr als 200 kg Gold wurden für das üppig verzierte Interieur von São Francisco verwendet.

DIE DEKORATIONS-KUNST

Der Geist des Rokoko zeigt sich in den unterschiedlichen Zweigen der Dekorationskunst. Es war zu dieser Zeit für Maler und Bildhauer nicht unüblich, auch Entwürfe für Wandteppiche und Porzellan zu schaffen. Der französische Künstler François Boucher (1703–1770), ein Günstling von Mme. Pompadour, ist dafür ein gutes Beispiel. Als Hofmaler von Ludwig XV. und ab 1755 Direktor der Gobelinwerkstätten lieferte er zahlreiche Entwürfe zur Innendekoration von Schlössern Frankreichs.

DELFTER FAYENCE

Delfter Fayence ist eine dünn glasierte Tonware, die seit dem frühen 17. Jh. in Delft, Holland, hergestellt wird. Die Technik hatten Einwanderer aus Italien mitgebracht. Zudem ließen sich die Delfter Keramiker von dem chinesischen blau glasierten Wan-Li-Porzellan inspirieren, das von der holländischen East India Company eingeführt wurde. So entstand die typische weiß-blaue Delfter Fayence.

DIE NIEDERLANDE
HÄUSLICHES IDYLL

IN DEN NIEDERLANDEN begann sich erst nach den Befreiungskriegen und der Loslösung von Spanien im 17. Jh. eine eigenständige, ausgesprochen protestantische Baukunst zu entwickeln. Es war eine bürgerliche Architektur, von ruhiger Eleganz und geringer Höhenentwicklung, wie es einem Land, das kaum Hügel hat, wohl angemessen ist. Auch sind kaum Hierarchien in der Architektur auszumachen, weil ein Palast nicht viel größer als ein Kaufmannshaus ausfiel. Man ließ sich aber auch kaum von den großen Bauwerken des katholischen Barock anregen. Die Norm war der flache Pilaster vor einer einfachen Ziegelwand, während Kolonnaden und raffinierte Giebel selten zu sehen waren. Diese Zurückhaltung lässt sich nicht allein aus der bürgerlich-häuslichen Einstellung und einer bilderfeindlichen Religion erklären, sondern rührt auch von dem Mangel an Steinmaterial her. Der Ziegelstein bildete das wichtigste Baumaterial.

Dennoch konnte sich dekorative Fantasie an den oft exotisch wirkenden Türmen der Barockkirchen von Hendrick de Keyser (1565–1621) und Jacob van Campen (dem »holländischen Palladio«, 1595–1657) entfalten. Hoch über Leyden und Haarlem zeigen sie Obelisken und Kreuzblumen, Giebelfenster, Kielbögen und Zwiebelkuppeln. Dieser Erfindungsreichtum übte einen direkten Einfluss auf die von Christopher Wren entworfenen Londoner Kirchen aus. Auch an den Giebeln der hohen schmalen Kaufmannshäuser aus dem 17. Jh. an den Kanälen im Zentrum Amsterdams sieht man das Bedürfnis, sich durch Dekorationen von der Gleichförmigkeit der Häuserzeile abheben zu wollen.

SCHLICHTE ARCHITEKTUR

Aber selbst bei diesen ausgefalleneren Bauten wirkt die holländische Architektur eigentlich schlicht. Die Häuser sind licht und geräumig und man sieht, wie sich hier in Holland die Idee des modernen Familienheims zu entwickeln beginnt – gepflegt, ordentlich und sauber. Von diesen Häusern wurden auch die holländischen Maler inspiriert, von denen Vermeer der berühmteste ist: Sie gaben ein häusliches Idyll wieder, das uns heute noch zu berühren vermag.

JAN VERMEER, *ANSICHT VON DELFT* (AUSSCHNITT), 1660/61

Vermeers Meisterwerk zeigt die heimelige Ausstrahlung und Ruhe der holländischen Architektur. Die Stadt Delft war das Zentrum *holländischer Barockmalerei, die besonders für ihre Raumwirkung und die differenzierte Farb- und Lichtgebung berühmt war.*

ZUNFTHÄUSER, GRAND' PLACE, BRÜSSEL, ERRICHTET AB DEN 1690ER JAHREN

Die Häuserfronten an Brüssels Stadtplatz wurden ganz unterschiedlich in reichen Barockformen dekoriert. Eine einheitliche Wirkung entstand jedoch durch die gleiche Höhe der Gebäude und das Übergreifen der Ornamente von einem Bau zum andern.

Der heimische Baustil konnte auch mit dem des Palladianismus gemischt werden, wie man an den Entwürfen von Van Campen sehen kann. Ein gutes Beispiel ist das Mauritshuis in Den Haag, das 1633 für einen General gebaut wurde. Diese Stilmischung führte auch zu dem klassischen englischen Terrassenhaus im Georgian Style, das einen neuen Standard im Hausbau setzte und viele Nachahmer fand.

Ein üppigerer Baustil herrschte im von Spanien beeinflussten Flandern, heute Belgien, vor. Betrachtet man die mit Tieren, Gottheiten, Medaillons und Kartuschen prunkvoll verzierten Fassaden der Barockhäuser an der Grand' Place in Brüssel (ab etwa 1690), denkt man unwillkürlich an die lange Tradition der Spitzenklöppelei und Pralinenherstellung in diesem Land.

AUSSTRAHLUNG ÜBER EUROPA HINAUS

Die holländische Baukunst prägte zumindest die frühe Kolonialarchitektur in den USA, hatte aber noch tiefer gehenden und dauerhafteren Einfluss auf diejenige Südafrikas. Es gibt in New Jersey und New York einige erwähnenswerte Häuser im holländischen Stil. Das früheste ist das Abraham Ackerman House, Hackensack/New Jersey (1704, 1865 zerstört), und zu den spätesten gehört das Vreeland House, Englewood/New Jersey (1818).

In Südafrika begann sich der von Holland beeinflusste Kolonialstil auszubreiten, nachdem 1679 die Festung in Kapstadt fertig gestellt war und sich die Siedler sicher zu fühlen begannen. Der erste öffentliche Gebäude dort war das Burgher Watch House von 1716, das 1755–1761 umgebaut wurde (Architekten unbekannt).

Die volle Qualität der holländischen Südafrika-Architektur zeigt sich jedoch in den wunderschönen Farmhäusern, die mitten in den berühmten Weinanbaugebieten des Landes liegen, z. B. in Stellenbosch. Sie gehören auch heute noch zu den lebenswertesten Häusern der Welt und erscheinen immer noch so modern wie damals.

HOLLÄNDISCHER KOLONIALISMUS

Die Holländer beherrschten zunächst den Seehandel vom Baltikum bis Südeuropa. Im frühen 17. Jh. lösten sie zudem die Portugiesen im Gewürzhandel mit Ostindien ab. Dieser brachte den Niederlanden großen Reichtum, die beste Voraussetzung für das nun anbrechende »Goldene Zeitalter« der holländischen Malerei und Architektur.

STELLENBOSCH, KAPSTADT, FRÜHES 19. JH.

Für die holländisch-südafrikanischen Farmhäuser, die Anfang des 19. Jh. gebaut wurden, sind ein erhöhter Mittelbau mit Portal und barock geschwungenem Giebel charakteristisch.

Das
ALTE
AMERIKA

Mayas, Azteken und Inkas bildeten die mächtigsten Zivilisationen des vorhispanischen Amerika. Eine jede von ihnen entwickelte eine ausgeprägte, schlichte, oft massive Baukunst, die auf einfachen Formen beruhte. Charakteristisch ist insbesondere die Pyramide. Die Azteken, die Pyramiden jedweder Grösse errichteten, betrachteten diese heiligen Bauten als künstliche Bergketten, Bindeglieder zwischen Mensch, Natur und Kosmos. Fremde empfinden die Monumente Mittel- und Südamerikas manchmal als unheimlich. Vielleicht liegt dies daran, dass blutige Opferzeremonien und uns fremde Rituale mit ihnen verbunden sind. Mit den spanischen und portugiesischen Eroberern kam dann eine schwülstige Barockarchitektur nach Amerika, die von Santiago de Cuba bis Santiago de Chile blühte. Die Riten und Gebräuche, die jene begleiteten, waren indes oft nicht weniger blutig als die, die sie ersetzen sollten.

Machu Picchu, Peru
Die herrliche Lage hoch in den peruanischen Anden muss die Festungsstadt, die hier einst stand, noch übertroffen haben.

CHALCHIUHTLICUE

Die aztekische Göttin des fließenden Wassers, der Quellen und Flüsse war die Schwester oder Gattin des Tlaloc, des Gottes der Berge, des Regens und der Quellen. Die Menschen riefen sie zum Schutz der Ehe und Neugeborener an. Die aztekische Gesellschaft war eine Agrargesellschaft, daher bezogen sich viele ihrer Gottheiten auf das Wetter und die Produkte der Erde. Sie mussten friedlich gestimmt werden, Tlaloc etwa brachte man neugeborene Kinder als Opfer dar.

MAYA-SCHRIFT UND -TECHNOLOGIE

Die Maya waren das einzig wirklich schrift-sprachliche Volk im präkolumbischen Amerika. Bis in die zweite Hälfte des 20. Jh., als es gelang, den Zweck vieler Bauwerke zu verstehen, blieb ihre Hieroglyphenschrift unentschlüsselt. Die meisten der uns heute verständlichen Maya-Texte befinden sich an Gebäuden, da nur drei der Maya-Codices erhalten blieben: Die Spanier zerstörten die übrigen als »heidnische« Werke. Ihre Schrift ermöglichte es den Maya, Berichte niederzulegen und so ihren Ackerbau zu planen. Sie waren hervorragende Bauern und Astronomen. Moderne Völkerkundler glauben übrigens, dass die mittelamerikanischen Völker aus Mangel an domestizierbaren Zugtieren für Karren kein Rad benutzten.

MITTEL- UND SÜDAMERIKA
MONUMENTALE ARCHITEKTUR

ALS DIE SPANISCHEN Konquistadoren (Eroberer) ihre Boote verbrannten und sich nach dem Motto »Tod oder Ruhm« ihren Weg ins Herz Mexikos erfochten, waren sie überrascht dort eine Baukunst und Städte von monumentalen Ausmaßen vorzufinden. Teotihuacán war entlang großzügiger Straßen angelegt, die auf weiträumige Plätze zuliefen bzw. von ihnen ausgingen. Beherrscht jedoch wurde die Stadt von gewaltigen Stufenpyramiden, auf deren Spitze sich Tempelplattformen befanden. Diese dienten einem Zweck, der selbst den unbarmherzigen Spaniern abstoßend erschien: Sie waren für die täglichen Menschenopfer bestimmt, welche die Götter verlangten. Denn man glaubte: Wenn nicht ein frisches, noch schlagendes Herz der Sonne entgegengehalten und dann zusammen mit dem jungen Körper, dem es entrissen worden war, von der Spitze der Tempelpyramiden herabgeschleudert würde, würde die Sonne beleidigt sein und sich weigern am nächsten Tag aufzugehen. Folgt man dem Architekten und Historiker Patrick Nuttgens, so hatte man den Großen Tempel von Teotihuacán fünf Jahre vor Ankunft der Konquistadoren geweiht – mit »der Darbringung einer großen Zahl von Menschen, die Angabe schwankt zwischen 10 000 und 80 000, die rituell, jeweils vier zugleich zwischen Sonnenaufgang und Sonnenuntergang während vier aufeinander folgender Tage, geschlachtet wurden«.

DIE PYRAMIDEN
Östlich der Straße der Toten erhebt sich das beeindruckendste Bauwerke von Teotihuacán, die Sonnenpyramide (um 50 n. Chr.). Die Straße der Toten verläuft quer durch die gesamte Stadt, die

über Kanäle, Brücken und große Versammlungsplätze verfügte. Zwar ist uns die Pyramidenform primär aus Ägypten bekannt, ob diese Form indes in der Bronzezeit über See von Nordafrika nach Mittelamerika gelangte oder aber die aztekischen, olmekischen, Maya-, zapotekischen und toltekischen Pyramiden unabhängig von jenen entstanden, bleibt reine Spekulation. Zweifelsohne beeindruckt die Sonnenpyramide mit ihrer Seitenlänge von 217 m an der Basis und einer erhaltenen Höhe von 57 m. Die heutige Pyramide stellt eine Überbauung von mindestens zwei früheren Tempelgebäuden dar. Ihre Größe und die zahlreichen sie begleitenden Tempel lassen die Sonnenpyramide die Zentralachse der Stadt dominieren.

Um das Jahr 200 v. Chr. tauchte sowohl in Nord- wie in Mittelamerika die Pyramidenform auf. Allerdings bleiben die Datierungen etwas fraglich. Festhalten lässt sich, dass man in diesem Gebiet Pyramiden während eines Zeitraums von 800 Jahren baute und die frühesten Entwürfe von den Maya

DIE STRASSE DER TOTEN, TEOTIHUACÁN, MEXIKO
Die Anlage Teotihuacáns folgt einem Gitternetz. Kanäle, gespeist vom Rio San Juan, versorgen die Stadt mit Wasser. Links der Straße der Toten erhebt sich die mächtige, 57 m hohe Sonnenpyramide.

stammen. Diese Bauten steigen steil in Stufen auf, bekrönt von Tempelgebäuden, die mit seltsamen steinernen Federn geschmückt sind. Diese Federn ähneln Hahnenfedern oder, wahrscheinlicher, dem Kopfschmuck von Priestern oder Kriegern. In jüngster Zeit waren es solche steinernen Elemente, die über Baumwipfeln herauslugten und den Archäologenteams verrieten, dass unter der wuchernden Vegetation alte Tempel ihrer Entdeckung harren.

EINZIGARTIGE BAUTEN

Ein Großteil des Alltagslebens im Amerika der Azteken und Maya fand unter freiem Himmel statt. Daher weist die mesoamerikanische Architektur kaum fensterähnliche Elemente auf. In die meisten Gebäude scheint nur durch die Türöffnung Licht gefallen zu sein. Auch findet sich keinerlei Hinweis auf anspruchsvolle Dekorelemente im Inneren. Abgesehen von einigen wenigen Grundtypen – etwa Tempel, Herrscherpaläste und die faszinierenden Ballspielplätze, die auf das 8. Jh. n. Chr. oder früher zurückgehen – wissen wir wenig von der Baukunst der Azteken.

Zwei Ballspielplätze sind noch mehr oder weniger gut erhalten. Der eine liegt in Copán, Honduras, knapp jenseits der guatemaltekischen Grenze, und der andere in Chichén Itzá, Yucatán, Mexiko. Malereien an den Wänden der Anlage in Mexiko

DIE KALENDER
Maya wie Azteken besaßen komplexe Kalender, die Gemeinsamkeiten aufweisen. Bei den Maya gab es einen Jahreskalender mit 365 Tagen (Sonnenjahr) und einen rituellen Kalender mit 260 Tagen (Mondjahr). Bei Letzterem werden 20 Tagesnamen mit den Ziffern 1–13 kombiniert, sodass nach 260 Tagen jeder Name wieder die gleiche Zahl trägt. Ein Sonnenjahr bestand aus 18 Monaten zu je 20 Tagen und fünf zusätzlichen »unglücklichen« Tagen. 52 Jahre bildeten einen Kalenderkreislauf (52 Jahre mit 365 Tagen entsprechen 73 Zyklen mit 260 Tagen). Mit dem 260-Tage-Kalender bestimmte man u. a. Glück verheißende Tage für Unternehmungen oder versuchte zu ergründen, wie die Zeichen für eine glückliche Geburt stehen. All diese Elemente finden sich auch beim aztekischen Kalender, allerdings begannen die Jahre nicht in allen Gegenden zur selben Zeit. Um alle geschichtlichen Ereignisse zueinander in Beziehung zu setzen, benutzte man die fortlaufende Zeitzählung eines festgelegten Datumskalenders. Am Ende eines 52-Jahre-Zyklus warf man alle Hausgeräte fort und ersetzte sie durch neue, die Tempel wurden renoviert.

Das Haus des Gouverneurs, Uxmál, Mexiko, um 900 n. Chr.

Das Haus des Gouverneurs in Uxmál, Yucatán, ist eine eindrucksvolle Anlage. Wie alle mesoamerikanischen Monumentalbauten auf einer Basis errichtet, die in diesem Fall 180 x 150 m misst, *erhebt sich der Palast mit einer Länge von 90 m und einer Breite von 11 m. Er umfasst viele typischerweise nicht miteinander verbundene Räume, die nur durch ihre Türen Licht erhalten.*

legen nahe, dass Mitglieder des verlierenden Teams nach Spielen geopfert wurden, die in Form religiöser Rituale abgehalten wurden. Die heutigen in Samt und Seide gehüllten Fußballspieler sind, wenn sie verlieren, lediglich »niedergeschlagen wie die Papageien« (deren es viele in Honduras gibt).

Die alte, in Ruinen liegende Maya-Stadt Uxmál, Yucatán, ist typisch für die Maya-Architektur zwischen 600 und 900 n. Chr. Hier finden sich neben dem Wohnviertel noch wichtige Gebäude: das Haus des Gouverneurs, der auf einer großen Pyramide stehende Tempel des Wahrsagers und das so genannte Nonnengeviert, vier rechteckige, um einen zentralen Hof gruppierte Häuser, die vermutlich Priestern als Wohnstatt dienten. In diesen alten amerikanischen Bauten scheinen die Zimmer nicht miteinander verbunden gewesen zu sein. Doch da es dort meist sehr heiß ist, war es keine besondere Unbequemlichkeit, außerhalb des Gebäudes von einem Raum zum anderen zu gehen. Unterschiedlich gestaltete Steinplatten, die ursprünglich wohl mit Reliefs oder Steinmosaiken versehen waren, zieren das Haus des Gouverneurs in Uxmál. Die Wirkung, wenn das Sonnenlicht auf sie fiel, muss spektakulär gewesen sein. Der berühmte nordamerikanische Architekt Frank Lloyd Wright griff diese gestalteten Steinplatten später in Form dekorativer Betonstrukturen an einigen seiner Häuser und religiösen Bauten wieder auf.

Machu Picchu

Machu Picchu, die steinumwallte Festungsstadt, ist das wohl am dramatischsten gelegene amerikanische Monument aus der Zeit vor der Eroberung: Die Stadt erstreckt sich hoch zwischen zwei Berggipfeln und überblickt den weit unterhalb fließenden Urubamba-Fluss. Die Lage des im Jahr 1500 vollendeten Machu Picchu ist bemerkenswerter als die Qualität seiner Architektur.

Die Ruinen von Häusern, Palästen, Läden, Tempeln und Friedhöfen erheben sich auf einer komplexen Terrassenreihe. Die Bauwerke sind solide aus Stein errichtet. Es scheinen nur wenige schmückende oder gliedernde Verzierungen vorhanden gewesen zu sein, obwohl es schwierig ist, zu bestimmen, wie diese Andenzitadelle vor

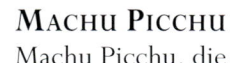

Der Ballspielplatz, Chichén Itzá
Sowohl während der Periode der Maya als auch jener der Tolteken war das alte, im Maya-Stil erbaute Chichén Itzá ein bedeutendes religiöses Zentrum. Zu den Relikten gehören eine gestufte Tempelpyramide und ein 145 m langer Ballspielplatz.

HOLLYHOCK-HAUS, LOS ANGELES, 1917

Frank Lloyd Wrights verblüffendes Haus, erbaut für die Ölerbin Aline Barnsdall, ist eindeutig von der Maya-Architektur beeinflusst. Dies zeigt sich sowohl in den Friesen, die die Außenwände umlaufen, als auch in der pyramidenähnlichen Struktur.

500 Jahren aussah. Wir wissen, dass viele der Gebäude hier, anders als ihre entfernten nördlichen Verwandten, Fenster aufwiesen und dass das Leben unterhalb dieser schneebedeckten Gipfel

wohl zivilisierter war, als wir meinen. Machu Picchu bleibt eines der Wunder der Welt, eine Geisterstadt, in der die Werke der Menschen mit der Natur verschmelzen.

DAS ENDE DER ALTEN KULTUREN

In Nordamerika baute man Erdpyramiden. Davon hat nur wenig die Zeiten überdauert, obwohl es in Cahokia im Mississippi-Tal, einem schon früh besiedelten Gebiet, einen bemerkenswerten, als »Mönchshügel« bekannten Tempelkomplex gibt. Wir wissen außerdem von Pueblo-Stätten im Südwesten der USA, doch die bedeutendsten Bauwerke des alten Amerika liegen in Mexiko, Guatemala und Peru. Die Spanier vernichteten, versehentlich oder mit Absicht, die vorgefundenen Völker, Kulturen und Städte dieser Region weitgehend. Heute sind die Nachfahren der Azteken die ärmsten und am geringsten geschätzten Menschen Mexikos. Sie begannen unter der Flagge der Zapatistischen Nationalen Befreiungsarmee auf bemerkenswert unblutige Weise nach einem Aufstand in Chiapas 1994 ihre Rechte einzufordern. Sie leben in Hütten, haben keine Tempel.

DIE INKA

Das Inka-Reich erstreckte sich von der nördlichen Grenze des heutigen Ecuador bis zum Rio Maule in Zentral-Chile. Die Inkas errichteten im 12. Jh. ihre Hauptstadt in Cuzco und begannen im frühen 15. Jh. die Nachbarvölker zu unterwerfen. Sie entwickelten eine komplexe Regierungsform, an der Spitze stand ein Kaiser, den eine adelige Verwaltung unterstützte. Die Mehrheit des Volkes bestand aus Bauern. Die Inka besaßen ausgeprägte Fertigkeiten in der Metallbearbeitung und im Steinschnitt. Letzteres lässt sich unschwer an den Mauern in Cuzco erkennen. Die spanische Invasion zerstörte die Zivilisation der Inka, ihr Reich wurde eine Kolonie Spaniens.

DER DREI-FENSTER-TEMPEL, HEILIGER PLATZ, MACHU PICCHU, PERU, UM 1500

Dieser Tempel soll die dreifenstrige Höhle darstellen, welche die Inka für ihren Ursprungsort halten. Wie bei anderen Inka-Stätten ist an der Architektur nicht die Gebäudeform bemerkenswert, sondern die saubere, passgenaue Steinarbeit.

KOLONIALES AMERIKA
NEUFUNDLAND – NEU ENTDECKTES LAND

DIE AMERIKANISCHEN Kontinente waren bereits mehrere Jahrtausende besiedelt. Cristóbal Colón (Christoph Kolumbus) »entdeckte« Amerika nicht, als er 1492 in die Karibik segelte, doch er öffnete Amerika der europäischen kolonialen Ausbeutung. Unsägliches Leid, Krankheiten, Sklaverei und große Grausamkeit – das war der Preis, den die amerikanischen Kontinente für ein wenig schöne Architektur und für Städte zahlen mussten, die als Antwort auf tropisches, Berg- und Regenwaldklima gediehen.

BEFESTIGUNGEN

Zur frühesten Kolonialarchitektur zählen beeindruckende Festungen. Diese waren notwendig, um die rivalisierenden europäischen Streitmächte sowie Piraten in Schach zu halten. Auf diese Weise entstand etwa das 1519 gegründete Havanna, heute eine große karibische Stadt. Die mächtigen spanischen Befestigungsanlagen verleihen Havanna seit nun mehr nahezu 500 Jahren viel seines besonderen Charmes: das Castillo de la Real Fuerza, 1558–1582 von Bartolomé Sanchez erbaut, die Fortaleza de San Salvador de la Punta (vollendet 1600), das Castillo del Morro (1587–1630), beide

von Giovanni Battista Antonelli (Vater und Sohn gleichen Namens) und Cristóbal de Roda errichtet, sowie das Castillo de San Carlos de la Cabaña (1763 begonnen, nach der überraschenden Eroberung Havannas durch die Briten im Vorjahr, und 1773 fertig gestellt). Nachdem das Stadtgebiet derart gesichert war, errichteten die Spanier herrliche Bauten. Der Palacio de los Capitanes-Generales (1772–1776) auf der Plaza de Armas, heute das Städtische Museum, zählt zu den schönsten Bauwerken beider Kontinente. Errichtet aus rosa Sandstein, mit Arkaden geschmückt und um einen großen Hof gruppiert bildet es einen eigenen Block. Hinter einer Fassade mit beeindruckenden steinernen Wappen, korinthischen Säulen und riesigen vergitterten Fensteröffnungen liegt der mit herrlichen Trompeten- und Yagruma-Bäumen bestandene und von Vogelgezwitscher erfüllte Innenhof. Der Palast, heute Heimstatt der Stadthistoriker, hat zusammen mit dem Konvent Sta. Clara im Mittelpunkt eines gewaltigen Renovierungsprogramms Havannas gestanden.

SPANISCHER KOLONIALSTIL

Zu weiteren bedeutenden Restaurierungen, die in Kuba seit den 70er Jahren des 20. Jh. durchgeführt werden, zählen die des gesamten Trinidad, einer entzückenden spanischen Kolonialstadt, welche die Jahre der Armut, Vernachlässigung und Revolution unbeschadet überstanden hat. Trinidad zählt zu den Städten und Plätzen von vorrangigem

CASTILLO DE LA REAL FUERZA, HAVANNA, KUBA, 1558–1582
Diese von Bartolomé Sanchez erbaute Festung ist ein frühes Beispiel für die Forts, die errichtet wurden, um die spanischen Besitzungen gegen Piraten zu schützen. Der Grundriss besteht aus einem Quadrat mit rautenförmigen Eckbastionen.

OPERNHAUS, MANAUS, BRASILIEN, 1888–1896

Das Opernhaus von Manaus, eines der bedeutendsten Bauwerke aus der Zeit des Gummihandels, besitzt im Inneren Wandgemälde, die exotische Flora und Fauna zeigen, sowie einen Fries, der dem Betrachter vortäuscht, er stünde unter dem Eiffelturm.

QUEBEC-STADT
Die Kolonialzeit erwies sich in Nordamerika als bemerkenswert fruchtbar. Die dortige Baukunst war im Wesentlichen das Werk von Siedlern, die ihre eigenen Vorstellungen hatten. Das befestigte Quebec-Stadt in Kanada ist eine solche unverkennbar historische Niederlassung. Bis zur Einnahme durch General James Wolfe 1759 war es ein französischer Außenposten. Josué Boisberthelot de Beaucourt hatte dort 1709–1711 Fort Chambly erbaut. Es ist in Anlehnung an Festungsanlagen in Frankreich konzipiert, die Sébastien Le Prestre de Vauban, Militärarchitekt und Chefingenieur Ludwigs XIV., errichtet hatte.

architektonischem und geschichtlichem Interesse, welche die UNESCO, der kulturpolitische Arm der Vereinten Nationen, die einen Großteil des Kapitals zur Restaurierung von Trinidad und der Altstadt Havannas aufbrachten, zum Weltkulturerbe erklärte.

Die Spanier landeten 1519 auf einem kurzen, von Havanna ausgehenden Vorstoß unter Führung Hernan Cortes' in der aztekischen Welt. Sie entwickelten in Mexiko und auch im übrigen Mittel- und Südamerika eine wuchtige Barockarchitektur, deren Wirkung insbesondere auf den üppig verzierten Toren beruht. Dies belegen z. B. die sehr übertrieben gestaltete Zacatecas-Kathedrale in Mexiko aus dem Jahr 1612, die Francisco Jimenez entwarf, oder das über und über verzierte Portal sowie die beiden Fassadentürme der Kirche Sta. Prisca y S. Sebastián in Taxco (1751–1781). Viele amerikanische Kulturen haben eine Vorliebe für Ornamente, die von Fruchtbarkeit zeugen. Im ländlichen Mexiko, ob in Hidalgo, Puebla oder Tlaxcala, bauen Indianer noch immer Holzhäuser, die von der Erde bis zum Dachfirst mit komplexen, herrlichen Schichten aus sonnengetrockneten Roggen, Agaven, Palmen, Gras oder Kakteen bedeckt sind.

DAS OPERNHAUS IN MANAUS

Mit den spanischen und portugiesischen Forschern, Händlern und anderen ehrgeizigen Kolonialisten gelangte deren barocke Baukunst nach ganz Südamerika. Eine der größten architektonischen Überraschungen jener Zeit bildet das Opernhaus von Manaus, tief im Herzen des brasilianischen Amazonas-Regenwaldes. Francisco do Motta Falco hatte die Stadt im frühen 17. Jh. gegründet und nach dem einheimischen Manaus-Stamm benannt. Sie liegt an den Ufern des Rio Negro, der etwa 9 km flussabwärts in den Amazonas mündet. Ein halbes Jahr prägt strömender Regen das Klima. Feuchtigkeit, Termiten und andere Insekten zehren an den Gebäuden – so stark, dass das merkwürdigste Opernhaus der Welt, das heutige Teatro Amazonas (erbaut von Architekten aus Lissabon, 1888–1896), nicht weniger als viermal erneuert werden musste: 1929, 1960, 1974 und 1990.

Sein schmiedeeisernes Skelett wurde per Schiff aus Schottland geholt, Steinverkleidungen sowie Leuchter kamen aus Italien, Ziegel und Bronzeteile aus Frankreich. Die letzte Restaurierung verhalf dem Gebäude wieder zur original rosa Farbe. In seiner Glanzzeit tanzte hier das russische Ballett, Jenny Lind sang unter der 75 m hohen Kuppel.

CHINA und JAPAN

DIE GROSSE MAUER, DIE QUER DURCH CHINA VERLÄUFT, IST DAS VIELLEICHT BEKANNTESTE BAUWERK DES LANDES, DOCH BESTAND SCHON LANGE VORHER EINE AUSGEPRÄGTE ARCHITEKTONISCHE TRADITION. ISOLIERT VON ANDEREN KULTUREN HATTEN DIE CHINESEN IHREN EIGENEN STIL ENTWICKELT. DIESER VERBREITETE SICH ZWAR NACH JAPAN UND SÜDOSTASIEN, DOCH NIE WEIT NACH WESTEN, ZUMINDEST NICHT, BIS MIT DER SEIDENSTRASSE UND DER GEWÜRZROUTE IM 17. UND 18. JH. ZUVERLÄSSIGE VERBINDUNGEN ERSCHLOSSEN WURDEN. VIELE JAHRHUNDERTE HINDURCH WURDEN BAUMETHODEN ERPROBT. DIE GESTALTUNGSWEISE ERFUHR EINE DEUTLICHE RITUALISIERUNG, NICHT ZULETZT WEIL KEINERLEI ÄUSSERE EINFLÜSSE VORHANDEN WAREN. DER FARBE SOWIE IMMER KOMPLIZIERTEREN HOLZVERBINDUNGEN KAMEN GROSSE BEDEUTUNG ZU. IM 20. JH. SOLLTE DIE VOM ZEN INSPIRIERTE SCHLICHTHEIT DER IN HÖCHSTEM MASSE VERFEINERTEN JAPANISCHEN ARCHITEKTUR BEDEUTENDEN EINFLUSS AUF DIE MODERNE ARCHITEKTUR IN EUROPA UND DEN USA NEHMEN

GOLDENER PAVILLON ODER TEMPEL, KINKAKUJI, KYOTO, JAPAN
Dieser Zen-buddhistische Tempel wurde gegen Ende des 14. Jh. gegründet. 1950 fiel er einer Brandstiftung zum Opfer, wurde aber wieder exakt rekonstruiert, daher der goldene Phönix auf der Dachspitze.

DAS KLASSISCHE CHINA
GLEICHGEWICHT UND KONTINUITÄT

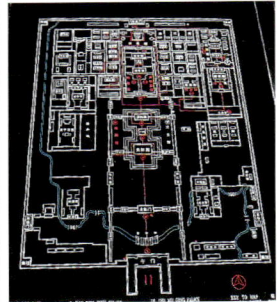

PLAN DER VERBOTENEN STADT
Die Gebäude der Verbotenen Stadt liegen innerhalb eines ummauerten Komplexes und sind entlang einer Nord-Süd-Achse, die sich über 8 km erstreckt, angelegt. Das Mittagstor (Wu Men; unten Mitte) bildet den Eingang zur Verbotenen Stadt, nördlich von ihm überspannen fünf Marmorbrücken den Bach, der den nächsten großen Hof durchquert. Im Zentrum erhebt sich die Halle der Höchsten Harmonie.

ÜBER EINEN ZEITRAUM von fast 500 Jahren diente die Verbotene Stadt (1406–1420) 24 chinesischen Kaisern als Residenz. Wie ein Puzzle verzahnt beherrscht sie heute noch Peking (Beijing). Ihre großen Höfe und farbenprächtigen Hallen bedecken 72 ha. Eine 960 x 750 m lange Mauer umschließt sie. Der Kaiserpalast ist ein bemerkenswerter Ort und das Herz traditioneller chinesischer Architektur. Betrachtet man die bilderstürmerischen politischen und gesellschaftlichen Unruhen, die China während des 20. Jh. erschütterten, so stellt ihr Fortbestand nahezu ein Wunder dar.

Die Mauern, die den kaiserlichen Komplex umgeben, spiegeln die lange Isolation Chinas vom Rest der Welt wider. Zwar sickerten im 3. Jh. n. Chr. indische, persische und sogar griechische Einflüsse in China ein, doch zugleich wurde die Große Mauer ums Doppelte verlängert. Nicht nur die mongolischen Reiter, sondern auch die Außenwelt sollte sie abhalten. China und seine Baukunst entwickelten sich unabhängig von der westlichen Welt. Obwohl es durchaus regionale Unterschiede – insbesondere im Hinblick auf Gestaltung und Konstruktion von Wohnungen – gab, repräsen-

tierte die Palastarchitektur auf gewisse Weise einen Landesstil, vor allem nachdem Li Jie in seinem Buch *Yingzao fashi* (Die Regeln der Architektur; siehe gegenüber) 1103 diesen kodifiziert hatte.

DER PALASTKOMPLEX
Die Verbotene Stadt entspricht allen Regeln des *fengshui* (»Wind und Wasser«), der chinesischen »Wissenschaft« der Geomantik, die herangezogen wurde, um Gebäude so anzulegen, dass die Götter gewogen waren und das Glück Einzug halten konnte. An der zentralen Hauptachse, die von Süden nach Norden verläuft, reihen sich die Zeremonialhallen des Kaisers sowie die Privatgemächer von Kaiser und Kaiserin. Westlich und östlich dieser Hauptachse gruppieren sich weitere Wohnhöfe, in deren Hallen sich u. a. Frauengemächer und bevorzugte Rückzugsräume für die kaiserliche Familie befanden. Die teils vergoldeten Holzhallen sind stets in kräftigen Rot-, Grün-, Gelb- und Blautönen bemalt und mit weit ausschwingenden, farbig gedeckten Dächern mit seltsamen Keramikskulpturen versehen, sodass sie einen farbenprächtigen Anblick bieten. Sie sind auf Terrassen von bis zu 8 m Höhe errichtet und von

DIE VERBOTENE STADT, PEKING, 1406–1420
In rund 500 Jahren lebten 24 Kaiser in der Verbotenen Stadt, von wo aus sie ganz China regierten. Die Taihe Dian (Halle der Höchsten Harmonie; rechts) steht auf einer dreistufigen, 8 m hohen, von Marmorbalustraden gesäumten Terrasse.

beeindruckenden Marmorbalustraden umstanden. Die Decken im Innern sind reich geschnitzt und vergoldet. Die Stützen, die außerordentlich komplexe Konsolen tragen, sind hochkarätige Beispiele der Zimmermannskunst. Immer wieder taucht das Motiv des Drachen auf, das Symbol des Kaisers. Den Chinesen mangelte es weder an Stein oder anderen Baumaterialien noch an der Fähigkeit, Bögen und Gewölbe zu errichten. Sie verzichteten schlicht darauf und ergötzten sich an Holz. Die unliebsame Folge: Im Laufe der Zeit holzten sie die Wälder ab, weite Steppenzonen entstanden.

Im Nordwesten Pekings ließen die Herrscher hinreißende Gärten anlegen. Schon im 12. Jh. unter den Jin wurde ein Teil des heutigen Sommerpalastes angelegt, die Mongolen erweiterten ihn und der Qianlong-Kaiser der Qing-Dynastie und die Kaiserinwitwe Cixi prägten seine heutige Gestalt. Der Sommerpalast mit seinen Vergnügungspavillons und verwinkelten Gärten umschloss 290 ha, drei Viertel davon bestanden aus Wasser. Das größte Gewässer ist der Kunming-See, an dessen einem Ufer der 728 m lange Chang Lang verläuft – ein Wandelgang, den der Qianlong-Kaiser für seine Mutter anlegen ließ. Die Gebäude im

QINIAN DIAN, HALLE DES ERNTEOPFERS, TIANTAN-TEMPEL, PEKING, 1420
Diese Halle, in der für eine gute Ernte gebetet wurde, ist Bestandteil der Anlage des so genannten Himmelstempels, die unter den Kaisern der Ming- und Qing-Dynastie kontinuierlich ausgebaut wurde.

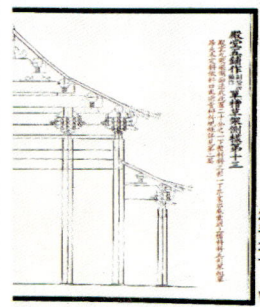

DAS MODULSYSTEM
In der illustrierten Abhandlung *Yingzao fashi* (1103) formulierte der Architekt Li Jie ein System von Proportionen, abgeleitet von der Höhe einer Dachkonsole, um Größe und Abstände von Stützen und Balken harmonisch zu regeln. Li Jies Publikation wurde zu einem landesweit benutzten Standardwerk der Baukunst.

Park und in der Verbotenen Stadt sind erdbebensicher konzipiert.

In der chinesischen Gesellschaft spielten Riten eine große Rolle. Götter und Ahnen mussten zufrieden gestellt werden. In Peking blickten sie

DIE CHINESISCHE GROSSE MAUER, UM 210 V. CHR.

Qin Shi Huangdi, der erste Kaiser Chinas, ließ die Große Mauer, eines der bedeutendsten architektonischen Projekte des Altertums, *errichten, um sein Reich vor Feinden zu schützen. Die erhaltenen Mauerstücke wurden unter den Ming restauriert und verstärkt.*

DIE TERRAKOTTA-ARMEE
Die erste Kaiser von China, Qin Shi Huangdi, entwarf seine eigene Grabanlage als weitläufigen unter-irdischen Palast, der die Herrlichkeit seines Reiches widerspiegeln sollte. 10 000 lebensgroße Terrakotta-Krieger mit echten Waffen bewachten das Grab. Die 1974 entdeckten Krieger repräsentieren jeden militärischen Rang. Die Terrakotta-Armee demonstriert die Macht der Qin-Dynastie.

gewiss voller Freude auf die perfekte Form der Halle der Ernteopfer (Qinian Dian) im Tiantan-Tempel. Diese weitläufige sakrale Anlage wurde während der Ming-Zeit erbaut; ihre heutige Form geht auf die Qing-Dynastie zurück. Die runde, farbenprächtig gestaltete Qinian Dian ist 38 m hoch. Drei mit tiefblauen, glasierten Ziegeln gedeckte Dächer, das oberste mit einer vergoldeten Kugel bekrönt, gliedern den sich nach oben ver-jüngenden Rundbau. Im Inneren tragen 28 Säulen das Dach; die inneren vier symbolisieren die Jahreszeiten, die beiden Ringe zu je zwölf Säulen die Tierkreise und die Doppelstunden, in die sich der chinesische Tag unterteilt. Diese formidable Konstruktion erhebt sich auf drei ebenfalls runden Terrassen mit weißen Marmorbalustraden.

DIE BAUKUNST DER QIN-DYNASTIE
Wie die Römer, von denen sie nichts oder nur wenig wussten, waren die Chinesen der Kaiserzeit ausgesprochen fähige Baumeister, ob von Straßen,

Brücken oder anderen Konstruktionen, die es Peking ermöglichten, sogar seine in den entferntes-ten Gebieten lebenden Untertanen zu regieren – so, wie es auch Rom tat. Doch unterscheiden sich die beiden großen Kaiserreiche des Altertums in der Art, wie sie ihre Grenzen schützten. Rom tat dies mittels der Überlegenheit seiner Legionen. Die Chinesen hingegen bauten eine Mauer, die sich unter den Qin zunächst über 5 000 km, unter den Han sogar über 10 000 km erstreckte. Der Limes, der vom Rhein zur Donau reichte, um die Germanen fern zu halten, ist im Vergleich dazu ein Winzling. Die Große Mauer wurde um 210 v. Chr. durch Qin Shi Huangdi, den ersten Kaiser Chinas, vollendet, dessen Grab voll mit tausenden lebensechter und -großer Terrakotta-Krieger in den 70er Jahren des 20. Jh. ausgegraben wurde. Sie stellt bis heute nicht nur eine bemerkenswerte Leistung, sondern auch ein Werk von großer Schönheit dar. Die Mauer wurde im 15./16. Jh. vollständig überarbeitet und mit Zinnen und

Wehrtürmen bestückt. Ihre Länge betrug nun 6300 km, sie verband das Fort Shanhaiguan am Golf von Bohai mit dem Fort Jiayuguan in der Wüste Gobi, Provinz Gansu. Auf weiten Strecken misst sie 7–8 m in der Höhe und erhebt sich teilweise sogar auf maximal 14 m. Im Chinesischen erhielt das Wort für »Mauer« später die Bedeutung von »Stadt« *(cheng)*: Zivilisationen hängen von Mauern ab und jeder Bewohner lebte auf irgendeine Art hinter Mauern.

Stadthäuser waren häufig in Form mehrerer unterschiedlicher Pavillons gebaut, die sich hinter fensterlosen Mauern um Höfe gruppierten.

DER POTALA-PALAST

Neben der Großen Mauer bilden vielleicht die an Berge gemahnenden Mauern des Potala-Palastes (1645–1694) in Lhasa im besetzten Tibet die bemerkenswertesten baulichen Anlagen im neuen kommunistischen Reich. Der Potala-Palast erhebt sich auf einer Kuppe und überblickt eine weite, von Bergen gesäumte Ebene. So liegt er an einer der wohl dramatischsten Stätten, die es auf Erden hierfür geben kann. Die

Architektur ist nicht komplex, aber allein die Größe des Palastes mit seinem weißen, roten und goldenen Zierrat macht ihn zu einem imposanten Anblick. Hier hat man ein Bauwerk geschaffen, um einer kolossalen und abweisenden Landschaft in einem Teil der Welt, der immer geheimnisvoll war und immer noch viel zu oft vergessen wird, einen Stempel aufzudrücken.

Die Chinesen waren auch ausgezeichnete Brückenbauer. Ihre Brücken variieren von verspielten Konstruktionen, die Seen im Sommerpalast überspannen, bis zu anspruchsvolleren, wie etwa der Anji-Brücke (605–617 n.Chr.) in Zhaoxian, Provinz Hebei. Diese unter der Sui-Dynastie errichtete, von offenen Bögen getragene Brücke ist die älteste ihres Typs – und wurde mindestens 700 Jahre vor dem ersten europäischen Beispiel dieser Art erbaut. Die Brücke besitzt 28 steinerne Bögen und spannt sich über 37 m. Sie stellt nicht nur ein hochkarätiges Werk der Bauingenieurskunst dar, sondern ist – sparsam und dennoch elegant dekoriert – Gegenstand sowohl der Schönheit als auch der Funktionalität.

DIE MING-DYNASTIE
Unter der Ming-Dynastie (1368–1644) wurden bedeutende Leistungen in Töpferkunst und Malerei erbracht. Neben der traditionellen Töpferei entwickelte sich die Produktion des Porzellans. Die Ming-Zeit war das goldene Zeitalter des weißen, mit kobaltblauen Unterglasurmalereien verzierten Porzellans. Während dieser und der nachfolgenden Qing-Zeit gab es weitere Versuche mit verschiedenen Dekortechniken, bei denen Emailglasuren verwendet wurden.

DER POTALA-PALAST, LHASA, TIBET, 1645–1694
Als Residenz des Dalai Lama und als Kloster errichtet erhebt sich der Palast 200 m hoch an einem Berghang. Der Palast ist neun Stockwerke hoch.

JAPAN
RITUAL UND VERFEINERUNG

SAMURAI
Über weite Teile des 12.–19. Jh. dominierten die *daimyos* (Fürsten) Japan. Als Führer der *samurai* (Krieger) errichteten sie 1192 eine Militärherrschaft unter einem *shogun* (großer General). Die *samurai* bildeten eine privilegierte Elite, die ihrem *daimyo* absolut ergeben war. Die *samurai* trugen zwei Schwerter, ein kurzes und ein langes, und folgten einem strengen Kodex, bekannt als Bushido (Weg der Krieger), der sich auf Loyalität, Ehre und Bereitschaft zum Tod gründete. Ab dem 17. Jh. waren ihre militärischen Aufgaben weitgehend nur mehr zeremonieller Natur. 1867 trat der letzte *shogun* zurück. Die Meiji-Reformer schufen diesen Rang in den 70er Jahren des 19. Jh. ab.

DIE BURG HIMEJI (1601–1614) in der gleichnamigen Stadt ziert ähnlich wie Neuschwanstein in Bayern oder das englische Windsor Castle viele Kalender. Es handelt sich nicht nur um ein besonders schönes und für ein Schloss sehr strenges Bauwerk, sondern steht im japanischen Bewusstsein für eine wichtige Periode der jüngeren Geschichte: der Wiedervereinigung des Landes im 16. Jh. Und dem westlichen Betrachter vermittelt sie einen unvergesslichen Eindruck östlicher Architektur. Frühe japanische Baukunst war temporär und stets leicht neu aufzubauen. Solide und dauerhafte, in Stein statt Holz errichtete Gebäude traten in Japan – nach westlichen Maßstäben – bemerkenswert spät auf.

Die Burg stellte einen der bedeutendsten Typen dauerhafter Bauwerke dar. Ständige Kämpfe zwischen rivalisierenden Klans veranlassten die mächtigsten japanischen Kriegsherren des 12. Jh. das Shogunat zu schaffen. Damit ging der Einfluss vom Kaiser auf mächtige Militärbefehlshaber über, die *shogun*, die mit Hilfe ihrer hoch trainierten Krieger, der *samurai*, Gesetz und Ordnung schufen. Unter dem Shogunat, das bis ins 19. Jh. andau-

erte, errichteten Samurai großartige Festungen wie Himeji, von wo aus der Blick weit über Reisfelder und Berge reicht.

BEFESTIGTE RESIDENZEN
Das Bemerkenswerte an Himeji und anderen japanischen Burgen ist ihr Weiß und – für westliche Augen – ihr märchenhaft schönes statt an Schauerromane erinnerndes Aussehen, das dem von Rüstungen, Waffen und Ritualen der Samurai entspricht. Himeji ist die einzige japanische Burg, die vollständig erhalten blieb. Ihr herrlicher sechsstöckiger Festungsturm mit den weiß verputzten Holzwänden erhebt sich auf einem steinernen Unterbau. Die geschwungenen Dächer spiegeln sich im umgebenden Wallgraben. Obwohl es sich um einen soliden Bau handelt, wirkt das Gebäude, als würde es soeben seine großen Giebel entfalten, um sich majestätisch in die Lüfte zu erheben – deshalb nennen es die Japaner auch Weißer

BURG HIMEJI
Die Burg Himeji stellt die eindrucksvollste der befestigten Residenzen des 16. und frühen 17. Jh. dar. Sie besitzt sechs Stockwerke mit geschwungenen Dachgiebeln.

Reiher. Der Wohnbereich liegt im Zentrum eines Labyrinths aus Höfen, dazu angelegt, Eindringlinge zu verwirren, und unterscheidet sich von den mittelalterlichen Burgen Europas wie Sashimi von Roastbeef.

Die Architektur kam via Korea aus China zu den japanischen Inseln. Obwohl sich die chinesische Baukunst bis um 1000 v. Chr. zurückverfolgen lässt, übte die japanische Architektur einen beträchtlich größeren Einfluss auf die westliche Baukunst aus. Lange Zeit blieb Japan den Europäern verschlossen. Zwar erreichten Missionare und Händler aus Portugal, Spanien und den Niederlanden im 16. Jh. das Land, doch wurden schon in den 30er Jahren des 17. Jh. alle Ausländer – »die haarigen Teufel« – des Landes verwiesen. Die japanische Isolation führte indes zu einer Blüte der einheimischen Kultur. Die Zeitspanne zwischen dem Bann über die Ausländer und der Wiederaufnahme von Beziehungen Japans zur Außenwelt in den 50er Jahren des 19. Jh. erlebte die Perfektionierung des Noh-Theaters, der Haiku-Dichtkunst und einer Wohnarchitektur, die gewiss zur kultiviertesten der Welt gehörte. Als Japan seine Tore wieder öffnete, hatte sich die Kultur, die es der Welt darbot, vollkommen verschieden von der Chinas, der lange im Osten vorherrschenden Macht, entwickelt.

SHINTÔ-SCHREINE

Die einheimische Religion Japans ist der Shintô, der Weg der Götter. Früheste Stätten der Andacht waren temporäre Schreine. Die Götter kamen zu bestimmten Zeiten für kurze Besuche auf die Erde und so gab es keine Notwendigkeit, ihnen ständige Häuser zu errichten. Dauerhaftere Schreine traten erst auf, nachdem die kaiserliche Familie im 7. Jh. n.Chr. einen großen, der Sonnengöttin Amaterasu geweihten Schrein errichten ließ – und dies, obwohl der Hof, bis er sich im Jahr 710 in Nara niederließ, weiterhin durch das Land reiste. Dennoch wurde auch dieser Schrein alle 20 Jahre vollkommen neu errichtet. Amaterasu gilt als Ahnherrin des japanischen Kaiserhauses und ist daher eine Art Nationalgöttin. Shintô-Schreine werden im Allgemeinen alle 20 Jahre völlig neu erbaut und trotzdem sieht der Ise-Schrein noch fast genauso aus wie vor 1300 Jahren. Er besteht aus einer einfachen Holzkonstruktion wie der eines Speichers. Die lokale Bevölkerung betete dort zu Ise, damit sich ihre Speicher mit Reis und anderen

DER INNERE SCHREIN VON ISE, HAUPTSCHREIN, UJIYAMADA, AB DEM 8. JH.
Der Kaiserliche Shintô-Schrein von Ise ist Amaterasu Omikami, der Sonnengöttin, geweiht. Der Schrein, der alle 20 Jahre zerstört und an wechselnden Standorten wieder errichtet wird, birgt dem Kaiser gehörende Gegenstände.

Erntefrüchten füllen – und dies erklärt vermutlich das Aussehen des Shintô-Schreins. Wie ein Speicher ist er auf Pfeilern über dem Boden errichtet. Das Dach ist strohgedeckt; gekreuzte Giebelsparren (*chigi*) ragen an beiden Enden über das Dach hinaus, ein typisches Element auch späterer Schreinbauten.

Durch ein schlichtes, symbolisches Tor oder *torii*, das man heute bei Eingängen zu Bars oder Fast-food-Restaurants nachahmt, betritt man das Tempelgelände. Das *torii* besteht aus zwei Holzpfosten, die von einem Paar Holzbalken überbrückt und überdacht werden. Ursprünglich waren die Tore wie im Ise-Schrein gerade, später erhielten sie einen leichten Aufwärtsschwung, so wie wir es von den traditionellen Dächern in ganz Asien her kennen.

Die Schreine entwickelten sich im Lauf der Zeit. Einer der ältesten noch bestehenden ist der Izumo-Schrein in der Präfektur Shimane, letztmals 1744 wieder errichtet. Er zeigt die bescheidenen Veränderungen, die man am ursprünglichen Entwurf im Verlauf von 1000 Jahren vorgenommen hat. Der ehrgeizigste und größte

DAS NOH-THEATER
Noh, eine der traditionellsten Theaterformen Japans, ist eine Art Drama mit streng stilisierter Rede und Bewegung. Zum Einsatz kommen Tanz, Mimik, Masken und minimale Bühnendekoration. Zu den Gestalten zählen Gottheiten, Krieger und übernatürliche Wesen. Noh nahm im 12./13. Jh. bei Schrein- und Tempelfesten seinen Anfang. Heute aufgeführte Noh-Stücke datieren meist aus der Muromachi-Ära (1338–1513).

SYMBOLISCHES TOR
In Kamakura hat man ein *torii* dazu verwendet, den Eingang zu einer Fußgängerzone zu kennzeichnen. Das zeigt, wie dieses traditionelle Element heute noch verwendet wird.

KIYOMIZUDERA KONDO, KYOTO, 1633

Diese buddhistische Gebetshalle wurde an einem Berghang östlich von Kyoto errichtet. Die Konstruktion aus Pfeilern und Binder- *balken versetzte die Erbauer in die Lage, einen Großteil der umgebenden Vegetation zu erhalten.*

AMIDA-BUDDHISMUS

Diese massive Skulptur eines Buddha, hier des Buddha Amida, gilt als die schönste ihrer Art in Japan. Der Amida-Buddhismus konzentrierte sich auf Buddha Amida als Erlöserfigur: Der Mensch könne sich nicht aus eigener Kraft retten und müsse daher auf das Mitgefühl Amidas vertrauen. 1252 von Ono Goroemon in Bronze gegossen, misst diese Statue des Buddha 11 m in der Höhe. Das dritte Auge steht für die geistige Sicht.

Schrein ist der Kibitsu-Schrein in der Präfektur Okayama (1425). Typisch für ihn sind seine mit Giebeln versehenen, komplizierten Dächer, die tiefen Dachvorsprünge und die komplexe Abfolge unterschiedlich hoher Räume im Innern. Doch selbst hier klingt das kraftvolle Echo einer Bauweise nach, die aus einer Zeit datiert, als Hof und Götter noch umherreisten. Darüber hinaus schien es vielleicht schon damals klug, Gebäude aus einzelnen Elementen in Holz zusammenzusetzen: Japan ist von seismischen Verwerfungen durchzogen. Holzgebäude konnten nicht nur abgebaut und an einen anderen Ort transportiert werden, sie waren auch erdbebensicher und, falls sie zusammenbrachen, schnell wieder errichtet.

DIE ZEN-ARCHITEKTUR

Zwischen dem 1. und 5. Jh. n.Chr. gelangte der Buddhismus nach Japan. Im 7. Jh. fand dies in Nara seinen Niederschlag im Bau des ersten buddhistischen Tempels, des Hôryuji (der ältesten erhaltenen Holzgebäude der Welt). Anders als die Shintô-Schreine umfassten buddhistische Tempel auch klösterliche Gebäudekomplexe. Zu den wichtigsten Elementen zählten eine Pagode (als Reliquienschrein), die Kodo (Predigthalle) und die Kondo (Haupthalle mit der Hauptstatue). Den Mönchen standen Schlafsäle, Speiseräume und Badehäuser zur Verfügung. Dem Badekult kommt in Japan eine bedeutende Rolle zu; seine rituellen Badehäuser finden weltweit nur in den Hammams der Türkei, Nordafrikas und Südspaniens ein Pendant.

Im Lauf der folgenden 100 Jahre wurden die buddhistischen Tempel zunehmend komplexer und anspruchsvoller und erreichten im 16. und frühen 17. Jh. ihren Höhepunkt. Die Kondo des Kiyomizudera (1633), hoch an den östlichen Berghängen oberhalb Kyotos gelegen (die rasterförmig angelegte und für ihre Tempel berühmte Stadt wurde 794 gegründet), zählt vielleicht zu den schönsten Bauten des so genannten Wayo-Stils. Als der Kiyomizudera gebaut wurde, hatte sich die Kondo zu einer Gebetshalle mit äußeren und inneren Schreinen entwickelt, die sich unter einem weit ausschwingenden und mit Giebeln versehen Dach gruppierten. Die Kondo des Kiyomizudera ist besonders beeindruckend, weil sie auf einem hohen, aus einem Holzgerüst beste-

henden Unterbau errichtet wurde. Der Tempel schmiegt sich in die Landschaft, Architektur und Natur verschmelzen miteinander.

Diese Harmonie zwischen der natürlichen und der von Menschenhand geschaffenen Welt versuchten japanische Architekten, als sich der Einfluss des Zen-Buddhismus ausbreitete, zunehmend zu erzielen. Zen-Buddhisten erstrebten Einfachheit, Harmonie und Ordnung, was nicht nur von den Priestern und Gelehrten, sondern auch von gebildeten Samurai-Kriegern begeistert aufgegriffen wurde. Dieser Wunsch nach Harmonie fand schließlich in einer Reihe standardisierter Maße seinen Niederschlag, die 1615, als die japanische Hauptstadt ein letztes Mal verlegt wurde – nach Edo, dem heutigen Tokyo, festgeschrieben wurden.

RUHE UND HARMONIE

Dieser Geist drückt sich am elegantesten in den unscheinbaren und schlichten Räumen aus, die für *cha-no-yu*, die Tee-Zeremonie, gestaltet wurden. Ein Teeraum maß im standardisierten edozeitlichen Maßsystem zwischen zwei und viereinhalb *tatami*. Eine *tatami* ist eine Reisstrohmatte in der Größe 1,8 x 0,9 m. Buddhistische Mönche schätzten schon in China Tee als Stimulans während ihrer langen Gebetsstunden. Daher war in chinesischen Chan-Klöstern das Trinken von Tee Bestandteil mancher Rituale. In Japan schließlich erfuhr diese Sitte, ebenfalls zunächst in Zen-Klöstern, als *cha-no-yu* eine besondere Ausprägung. Man schuf einen Raum mit Sonnenlicht, das durch transparente Papierwände (Paravents sind schon seit früher Zeit in japanischen Häusern üblich) gedämpft einfiel. Es gab keinen Schmuck, keine pompösen Möbel, keinen zentralen Punkt, etwa eine Feuerstelle wie in europäischen Häusern jener Zeit, die die Aufmerksamkeit hätten ablenken können. Diese Einstellung zum Innendekor sollte im 20. Jh. das westliche Design stark beeinflussen. Damals wandte sich ein kleiner Teil der gebildeten Mittelklasse zunächst gegen die viktorianische Überladenheit und dann gegen die zuneh-

TEERAUM, KINKAKUJI, KYOTO, 14. JH.
Die Tee-Zeremonie erfordert Ruhe. In einem Teeraum findet sich keine pompöse Dekoration, die ablenken könnte. Das Holz bleibt unbehandelt.

KATSURA-VILLA, KYOTO, 1620–1658
Der Hauptbau der Katsura-Villa ist ein Fachwerkhaus mit Veranden. Von dort aus kann man den Garten mit einem See, Brücken, Steinpfaden und künstlichen Hügeln betrachten.

menden Auswüchse des Konsumdenkens. Japan schien die Antworten zu haben. Im 17. Jh. war das japanische »Landhaus« perfekt. Schöne Beispiele sind die Gebäude der kaiserlichen Villa Katsura (1620–1658) in Kyoto. Harmonisch der Gartenanlage eingepasst ist ihr asymmetrisches Äußere, hinter dem sich nur von Papierwänden unterteilte Raumfolgen verbergen. Diese Wände lassen sich leicht verschieben, um entweder die Räume zu vergrößern oder Sonnenlicht und Luft hereinzulassen. Jedes Haus blickt auf einen kunstvoll angelegten Garten. Japanern gilt der Garten als Repräsentation der Natur im Kleinen, angelegt, um vom Haus aus betrachtet zu werden, und nicht unbedingt, um hindurchzuwandeln.

Offensichtlich hatte Japan damals eine eigenständige Architektur entwickelt, die keine Notwendigkeit des weiteren Wandels in sich trug. Dies änderte sich erst im 19. Jh. mit der Industrialisierung und westlichen Einflüssen. Während die Geschichte der westlichen Architektur die einer kontinuierlichen Veränderung war, hatte die Verbindung aus Ritual und Zwängen der Natur Japan zu einer statischen Architektur-Landschaft gemacht.

DIE TEE-ZEREMONIE
Die Anfänge des ritualisierten Teegenusses lassen sich nach China zurückverfolgen. Ihre Wurzeln liegen nicht zuletzt im Zen-Buddhismus, dessen Mönche Tee als Mittel erkannten, sie im Verlauf langer Meditationen wach zu halten. Doch das, was uns als Tee-Zeremonie bekannt ist, entwickelte sich seit dem 15. Jh. in Japan. Kaum etwas anderes hat die japanische Kultur so beeinflusst wie die Tee-Zeremonie (*cha-no-yu*). Diese ist geprägt von der Schlichtheit der Handlung, von Harmonie und Reinheit – ein Aspekt der sich auch in der Architektur Japans widerspiegelt.

ASIEN

DAS HEISSE UND FEUCHTE KLIMA IN GROSS[EN]
TEILEN INDIENS UND SÜDOSTASIENS HATT[E]
ZUR FOLGE, DASS SICH DAS LEBEN SO WEIT WIE
MÖGLICH IM FREIEN ABSPIELTE. ES WAR NUR
NOTWENDIG, DIE MENSCHEN VOR DER STARKEN
SONNENEINSTRAHLUNG UND DEN HEFTIGEN
MONSUNREGEN ZU SCHÜTZEN. SO ENTSTANDEN
INSBESONDERE IN INDIEN TEMPEL, DIE IM WESE[NT]
LICHEN GROSSEN SKULPTUREN, REICH, JA ÜPPIG
VERZIERTEN MONUMENTEN GLEICHEN. AN IHRE[N]
WÄNDEN FINDEN SICH DARSTELLUNGEN VON
PFLANZEN, TIEREN, GÖTTERN UND MENSCHEN,
DIE SICH IN JEDER NUR DENKBAREN FORM DEM
LIEBESSPIEL HINGEBEN. DIESE GEBÄUDE WAREN
DAZU GEDACHT, VON AUSSEN BETRACHTET ZU
WERDEN. IHR INNERES, WENN AUCH HÄUFIG VER[
GOLDET UND REICH MIT MÖBELN UND STATUEN
AUSGESTATTET, BESTEHT MEIST AUS EINFACHEN
RÄUMEN. DER EXOTISMUS DES DEKORS WURDE
DURCH DIE MOGHUL-INVASION IN INDIEN ERNEU[
UND DANN VON DEN WESTLICHEN NATIONEN, D[IE]
DORT DIE HERRSCHAFT IM 19. JH. ÜBERNAHME[N]
UND DIE ARCHITEKTUR FÜR IMMER VERÄNDERTE[N]
GEPFLEGT UND BEVORZUGT.

RAUM IM FORT AMBER, JAIPUR, INDIEN
Jaipur wird wegen der sanften Farbe seiner Mauern die Rosarote Stadt g[enannt.]
Von Man Sing I. 1592 in Auftrag gegeben bildet das Innere von Fort Am[ber]
eine wunderbare Verschmelzung des hinduistischen und des Moghul-Stils.

INDIEN
HEILIGE ARCHITEKTUR

NATURGEISTER
Neben den Hauptreligionen gibt es in Indien verschiedene Kulte, die Naturgeister verehren. Diese Fruchtbarkeitskulte, die sich in der Verehrung männlicher und weiblicher Gottheiten – *yaksha* und *yakshini* – zeigen, fanden in der Skulptur der Kushan-Zeit (1.–3. Jh. n. Chr.) ihren höchsten Ausdruck. Die klar definierten Darstellungsformen dieser männlichen und weiblichen Figuren sollten für die Entwicklung ikonografischer Typen etwa des Buddha, aber auch anderer Gottheiten von Bedeutung sein. Die Baumgöttin, oben, ist eine *yakshini* von einem Stupa in Mathura (2. Jh. n. Chr.).

DIE TEMPEL und Denkmäler der Pallava-Dynastie in Mahabalipuram südlich von Madras stellen exquisite Relikte der Hindu-Architektur des 7. und 8. Jh. dar. Dank ihrer Lage am Meer und der Feinheit der Reliefs an ihren Schreinen bleibt wohl niemand von der Wärme und Sinnlichkeit dieser Kultur unberührt. Hier in diesen Höhlentempeln säugen heilige Kühe ihre Kälber im Schutz der Nandi-Stiere Shivas.

Westlichen Augen erscheinen Tempelanlagen wie die von Mahabalipuram verwirrend. Wo ist der Mittelpunkt? Worauf soll man blicken? Warum ist alles so reich verziert? Um die Antwort zu finden, muss man die religiöse Kultur verstehen. Der Hinduismus entstand aus dem indischen Brahmanismus. Der Buddhismus war die erste Religion auf dem Subkontinent, die im 3. Jh. v. Chr. Schreine aus dauerhaftem Material, Stein, errichtete. Zuvor waren die indischen Schreine und Tempel aus Lehm, Holz oder Bambus gefertigt. Im Hinduismus gibt es viele Gottheiten, und jede Kreatur, jeder unbelebte Gegenstand ist mit ihnen untrennbar verbunden. Kurz gesagt alle Dinge sind göttlicher Natur. So sind die hohen, getreppten *shikara* in Mahabalipuram – mehrstufige Tempel, die in den Himmel emporragen – mit Darstellungen aller heiligen Dinge, von Stieren über Könige bis zu Göttern, geschmückt.

SKULPTIERTER TEMPELSCHMUCK
300–500 Jahre nach der Errichtung dieser Bauten am Golf von Bengalen erreichte die Tendenz, Tempel üppig auszuschmücken, ihren Zenit. Indische Tempel wie diese sind so mit Skulpturen übersät, dass es schwierig ist, ihre Konstruktion zu erkennen. Doch ihren Architekten ging es nicht darum, konstruktive Elemente zu verdeutlichen. Vor allem sind diese Tempel als Skulpturen konzipiert und lassen sich am besten von außen verstehen. Ihr Inneres ist oft nicht mehr als eine dunkle Kammer. Die Freude liegt vielmehr darin, zu beobachten, wie die Sonne Schatten auf diese reich gestaltete Skulptur wirft, und zu fühlen, dass das Bauwerk Lebendigkeit besitzt. Hindu-Tempel unterscheiden sich deutlich von mittelalterlichen Kathedralen. Sie sind freudiger Ausdruck von Göttlichkeit und keine Form der Unterwerfung, wie sie sich in dem bedrückenden, wenn auch beeindrucken-

STRANDTEMPEL, MAHABALIPURAM, 8. JH.
Der aus einem Komplex von drei Schreinen bestehende Strandtempel wurde aus Steinquadern erbaut. Ursprünglich war er mit Reliefs überzogen, von denen viele von dem Meeresklima erodiert wurden.

den gewölbten Mauerwerk mittelalterlicher Kirchen ausdrückt. Während wir in einer gotischen Kathedrale nach oben blicken, um das gen Himmel strebende Mauerwerk zu betrachten, stehen wir in Mahabalipuram draußen und senken den Blick auf die Stufen der *shikara*, die die sechs Ebenen des Daseins darstellen – von der Ebene der Menschen bis zu den 27 Himmeln der Götter.

DER STUPA

Das früheste noch erhaltene Meisterwerk indischer Architektur ist der Große Stupa von Sanchi in Zentralindien, auch wenn, verborgen unter späteren Arbeiten, nur noch der Kern des alten Baus überlebte. Dieser buddhistische Tempel wurde zwischen 273 und 236 v. Chr. vom Maurya-Kaiser Ashoka erbaut. Was man heute sieht, stammt überwiegend aus dem 1. Jh. v. Chr. Und genau genommen stehen wir lediglich vor einer Rekonstruktion aus dem 19. Jh., da die Briten aus Neugier den Stupa zerlegten. Dennoch führt er uns zurück zu den Ursprüngen der dauerhaften indischen Baukunst.

Der markante Stupa besteht aus einer flachen Kuppel aus Ziegelsteinen, die sich über einer kreisförmigen Plattform von 40 m Durchmesser erhebt. Diese umgeben ebenso wie die heilige Terrasse auf der Spitze des Stupa steinerne Geländer. Man betritt sie durch vier reich skulptierte Tore oder *torana* (diese wurden via Nepal, China und Korea im Lauf vieler Jahre zu den *torii* japanischer Schreine). Der Stupa stellt die Welt dar und soll sowohl zum Gebet anregen als auch eine Darstellung des Weges sein, der zum Nirwana oder zu göttlicher Einsicht führt. Ein Mast, der die Weltachse symbolisiert, ragt im Zenit der Kuppel heraus und trägt einen dreistufigen Schirm (Symbol der drei Juwelen des Buddhismus: Buddha, Dharma und Sangha = Buddha, die Lehre und die Mönchsgemeinschaft). Auch in Nepal, Sri Lanka und Birma (Myanmar) erbaute man Stupa. Ashoka soll in nur drei Jahren 84 000 Stupa und andere Tempel errichtet haben. Doch egal, wie viele er wirklich baute, wohl kaum einer hat sich mit dem von Sanchi messen können.

Neben dem Bau von Stupa gab es ähnlich wie in Ägypten auch die Tradition, Tempel in Felsen zu schlagen. Auch wurden Tempel aus Holz erbaut, und wenn sie später durch steinerne ersetzt wurden, imitierten Steinmetze die Arbeit der Zimmerleute. So rufen die reich gestalteten Stufen späterer Hindu-Tempel oft ältere Konstruktionen in Erinnerung. Diese Entwicklung lässt sich deutlich am extravagant gestalteten Turm (*shikara*) des Ghateshvara-Tempels in Badoli, Rajasthan

KESHAVA-TEMPEL, SOMNATHPUR, 1268
Der Vishnu geweihte Keshava-Tempel besteht aus drei Schreinen innerhalb einer umwallten Anlage. Die niedrigen Türme und feinen Reliefs lassen den Tempel gedrungen erscheinen.

(10. Jh.), erkennen. Schon lange zuvor war der Buddhismus in Indien zurückgegangen und der Hinduismus zur führenden Religion geworden. Von nun an lässt sich trotz regionaler Unterschiede beobachten, wie der Hindu-Tempel sich in einer mehr oder weniger einheitlichen, dabei außerordentlich reichen Formensprache entwickelt, mit immer komplizierteren, üppigeren und sogar erotischen Skulpturen. Diese erreichten ihren Höhepunkt in jenen nahezu unermesslich reichen Tempeln wie dem Keshava-Tempel aus dem 13. Jh. in Somnathpur.

> »Es ist verboten, andere Sekten zu pflegen; der wahre Gläubige ehrt, was immer ihm in ihnen verehrenswert erscheint.«
> KAISER ASHOKA

GROSSER STUPA, SANCHI, 3.–1. JH. V. CHR.
Die Tore (torana), die im 1. Jh. v. Chr. hinzugefügt wurden, entsprechen den vier Teilen des Universums. Pilger treten durch das Osttor ein und umrunden den Stupa im Uhrzeigersinn.

MOGHUL-MALEREIEN
Im Indien der Moghul-Dynastie (16.–19. Jh.) entstand ein besonderer Kunststil. Die im Wesentlichen höfische Kunst zeigte zunächst persischen Einfluss; ihren Höhepunkt jedoch erlebte sie unter der Herrschaft Akbars (1556–1605). Die Malerei der Moghul-Zeit konzentrierte sich auf Buchillustrationen und Miniaturen. Diese Miniatur aus dem *Akbar-nama* des Abul Fazl (um 1595) zeigt Akbar, der auf einem Elefanten die Yamuna überquert. Der rote Sandstein der Palastmauern ist im Hintergrund zu erkennen.

Im Süden entstanden große Tempelanlagen, zu denen auch Schulräume, Schlaf- und Speisesäle, Wasser- und Getreidespeicher sowie Lagerhäuser gehörten. Diese Erweiterungen machten es nötig, die Türme größer und ausdrucksstärker zu bauen. Sie sollten die sie umgebenden profanen Gebäude dominieren. Ein schönes Beispiel liefert der Ekambareshvara-Tempel in Kanchipuram (ab 1509). Im Norden entwickelte sich durch die allmähliche Assimilierung islamischer Elemente während der Moghul-Herrschaft eine neue Stufe der Komplexität. Bereits im 13. und 14. Jh. bereicherten Kuppeln und Spitzbögen Hindu-Tempel.

Ein außergewöhnlich elegantes und sehr erfolgreiches Beispiel typischer einheimischer Stadtplanung ist die Anlage der Stadt Jaipur in Rajasthan. Der Rajputen-Herrscher Jai Singh II. von Amber (1699–1743) hatte den Bau dieser rasterförmig konzipierten Stadt befohlen. Er verlegte seine Hauptstadt 1727 vom nahe gelegenen Amber hierher. Die rosafarbene Architektur ist im höchsten Maße theatralisch und doch auf einzigartige Weise diszipliniert. Läden sind oben einheitlich mit Aussichtsterrassen versehen.

Die Stadt ist aus einheitlichem Material, rosa gefärbtem Bruchstein, gebaut, mit dem Sandstein imitiert werden sollte. Der Herrscherpalast liegt im Herzen der Stadt, die sich im Lauf der folgenden 275 Jahre bemerkenswert wenig verändert hat.

DER MOGHUL-STIL

Als Babur Shah von Afghanistan aus einmarschierte und 1527 Ibrahim, Sultan von Delhi, besiegte, läutete er in Indien ein goldenes Zeitalter islamischer Baukunst ein. In Nordindien und dem heutigen Pakistan schufen die Moghul-Herrscher Beispiele der beeindruckendsten und schönsten Architektur aller Zeiten, einschließlich des weltberühmten Taj Mahal. Der Vorläufer des Taj Mahal, das Humayun-Grab in Delhi (1564 begonnen), war das erste dieser großartigen Moghul-Bauwerke. Humayuns Sohn Akbar hatte es in Auftrag gegeben.

Inmitten einer streng konzipierten Wasseranlage gelegen präsentiert sich das Grabmal als ein geschlossenes Ensemble. Weiße Marmorteile setzen sich vom kräftig roten, den Bau dominierenden Sandstein ab. Die zweischalige Kuppel erhebt sich über einem Tambour, der von vier achteckigen Türmen gestützt wird, die ihrerseits auf

TAJ MAHAL, AGRA (1630–1653)
Als Mausoleum für Mumtaz Mahal erbaut, bildet das Taj Mahal das architektonische Juwel der Regierungszeit des Shah Jahan. Schimmernde weiße Marmorplatten verdecken das Ziegel- und Bruchsteinmauerwerk.

einer herrlichen, von Arkaden umstandenen roten Terrasse stehen. Der Umstand, dass die Innenräume, abgesehen von den Gräbern, leer sind, steigert noch die architektonische Kraft des Baus. Die Pfade und Kanäle im Garten führen die Achsen des Gebäudes fort.

Akbar ließ auch die gut erhaltene Bergstadt Fatehpur Sikri (um 1569–1580) mit ihrem herrlich luftigen Palast Panch Mahal und der dreikuppligen Großen Moschee errichten. Die noch erhaltenen Teile des Palastes zeigen, dass die Moghul-Herrscher die islamische Architektur so weit abstrahierten, um dem Geist und den Bedürfnissen ihrer Dynastie entsprechenden Ausdruck zu verleihen. Akbar wurde in einem wunderbaren Grabbau in Sikandara bei Agra (1602–1613) beigesetzt, einem Meisterwerk, in dem sich Gravitas und Ätherisches verbinden.

EIN BLICK ÜBER DAS ROTE FORT, DELHI, AUS DER VOGELPERSPEKTIVE
Dieses Gemälde eines Künstlers aus Delhi (um 1820) zeigt, wie das Rote Fort zur Zeit Shah Jahans aussah. Die Palastfestung (1639–1648) war Bestandteil der neuen Stadt Shah Jahans, Shahjahanabad (Old Delhi), und hat ihren Namen von den Sandsteinmauern, die sie umgeben.

DIE BAUKUNST UNTER SHAH JAHAN

Die berühmtesten Moghul-Monumente aber entstanden unter der Herrschaft des legendären Shah Jahan. Hierzu zählen das Ehrfurcht einflößende Rote Fort (1639–1648 und später) und die Große Moschee in Delhi (1644–1658) sowie als berühmtestes Bauwerk von allen das Taj Mahal in Agra (1630–1653).

Das Rote Fort, ursprünglich am Fluss Yamuna gelegen, bedeckt eine Fläche von 490 x 980 m. Hohe rote Mauern mit Zinnen umgeben das Fort. Besucher betreten es durch ein Tor, werden zunächst durch einen herrlichen Basar und dann hinaus in die Gärten und zu den Pavillons des Palastes geführt. Die Palastgebäude präsentieren sich als brillante Kombinationen geschlossener, halbgeschlossener und offener Räume, die hinter Arkaden und Kolonnaden mit tief herabgezogenen Vordächern liegen, die an Augenlider erinnern. Diese tragen dem Klima des in den Sommermonaten unerträglich heißen Delhi Rechnung. Die Pavillons weisen skulptierte Becken auf, die von Wasser gespeist werden, Kanäle durchziehen die Gärten und münden in Fontänen. An einem Teich steht ein Sommerpavillon. Die islamischen Herrscher versuchten immer wieder und auf unterschiedliche Weise das Idyll eines Gartens Eden zu erschaffen.

Die Große Moschee ist insbesondere wegen ihrer gewaltigen Ausmaße bemerkenswert. Sie wirkt jedoch etwas abweisend, was man niemals von Shah Jahans Meisterwerk, dem Taj Mahal, sagen könnte. Das Grabmal, eines der gefeiertsten und meist fotografierten Bauwerke der Welt, steht am Ende eines Kanals, der durch einen umfriedeten Garten verläuft. Es ruht auf einer Plattform. Vier kleinere Minarette umstehen die prägnante Kuppel. Das Kerngebäude ist eine Fortentwicklung des Humayun-Grabes. Doch hier stehen die Dachpavillons enger an der Kuppel, was das Gefühl der Einheit, des Einsseins verstärkt – Ausdruck der Liebe, die Shah Jahan für seine verstorbene Gemahlin empfand.

Die Lieblichkeit des Lichts, das vom weißen Marmor reflektiert wird, lässt sich nur schwerlich beschreiben. Im Innern, unter der 61 m hohen Kuppel, liegen hinter fein mit Edelsteinen intarsierten Marmorwänden die königlichen Gräber. Der Anblick in dem leichten Dämmerlicht ist sehr bewegend.

SHAH JAHAN
Die Regierungszeit des Moghul-Kaisers Shah Jahan (1628–1658) ist vor allem für ihre architektonischen Leistungen bekannt. Neben anderen Projekten ließ er die Stadt Shahjahanabad (heute Old Delhi) und das Taj Mahal, das herrliche Grabmal für seine Gemahlin Mumtaz Mahal, in Agra erbauen. Dieses Porträt des Kaisers mit der Inschrift »ein gutes Bildnis von mir in meinem 40. Lebensjahr« wurde 1632 vom Hofmaler Bichitr angefertigt.

SÜDOSTASIEN
HINDUISTISCHE UND BUDDHISTISCHE BAUKUNST

> *»... es war großartiger als irgendetwas, das uns Griechenland oder Rom hinterließ.«*
> HENRI MOHOUT

HINDUISMUS UND Buddhismus trugen indische Traditionen nach Südostasien. So verbreiteten sich im 13. Jh. Stupa, Stufenpyramide und Lotusknospenturm über Birma (Myanmar), Kambodscha und Thailand bis nach Indonesien. Ein Großteil der Sakral- wie der Palastarchitektur dieser Region fiel jedoch nach dem Niedergang jener Zivilisationen, die diese Bauten 500 Jahre zuvor errichtet hatten, dem Verfall anheim. Vielfach änderte sich daran nichts, bis die Bauwerke im 19. und 20. Jh. wiederentdeckt und konserviert wurden.

Wald etwa hatte die überragende architektonische Leistung Südostasiens, den Tempelberg Angkor Vat (12. Jh.) in Angkor, Kambodscha, bis 1858 vollständig bedeckt. Dem französischen Naturforscher Henri Mouhot verdanken wir die Wiederentdeckung: Angkor Vat ist, egal mit welchen Maßstäben betrachtet, ein mächtiges Monument. Der Tempel, bekrönt von fünf Lotusknospentürmen, erhebt sich auf säulenbestandenen Plattformen hinter mehreren Mauerzügen. Davor liegt ein Wassergraben von 4 km Länge. Man nähert sich dem Komplex über einen Damm, den beidseits riesige Geländer in Schlangenform säumen. Diese stehen mit dem hinduistischen Mythos von der Erschaffung der Welt in Beziehung. Angkor Vat wurde unter Suryavarman II. (reg. 1113–1150), König des Khmer-Reichs, als ein dem Hindugott Vishnu geweihter Tempel, als Monument königlicher Macht und – wie im Falle der Pyramiden der Pharaonen – als seine Grablege errichtet. Die Anlage ist beeindruckend, wunderschön in ihrer Silhouette und den zierlichen Details der in die Sandsteinblöcke geschnittenen Reliefs. Die Art, wie der Tempel sich, je näher man kommt, verändert, ist unvergesslich. Die Mauern der tieferen Terrassen sind reich mit Reliefs verziert, die auf einer Länge von 800 m Geschichten aus den indischen Epen *Mahabharata* und *Ramayana* erzählen.

TEMPELBERGE

Die Architektur Angkor Vats symbolisiert den indischen Weltenberg Meru. Die Bauweise ist trotz der kraftvollen Wirkung sehr einfach. Hier wie im nahe gelegenen Angkor Thom, der kolossalen, heute in Ruinen liegenden Stadt, die Jayavarman VII. (reg. 1181–1215) erbauen ließ, erwies sich die klassische Baukunst der Khmer als zwar elementar in ihrem Ansatz, doch technisch perfekt. Ohne Mörtel setzte man Stein auf Stein, und

ANGKOR VAT, ANGKOR, KAMBODSCHA, 12. JH.
Mit 1550 m Länge und 1400 m Breite ist der Hindu-Tempel von Angkor Vat der größte Tempelkomplex in der gewaltigen Khmer-Stadt Angkor.

BOROBUDUR, JAVA, 8./9. JH.

Borobudur, »Tempel der unzähligen Buddhas«, ist der größte buddhistische Tempel der Welt. Er wurde unter der Shailendra-Dynastie (775–864) errichtet und um 850 in seiner originalen Form fertig gestellt – mit nur einer Ergänzung in späterer Zeit: der unteren Prozessionsterrasse.

da man, anders als im antiken Rom oder mittelalterlichen Europa, keine Ziegel- oder Steingewölbe kannte, bildete man stattdessen unechte Gewölbe aus vorkragenden Steinschichten. Dies genügte den rituellen Anforderungen der Khmer-Könige, da so zahlreiche kleine Räumee in der massiven Anlage entstanden. Wie in Indien ermöglichte es auch hier das Klima, dass so ehrgeizige Projekte wie Angkor Vat und Angkor Thom vornehmlich auf Außenansicht angelegt werden konnten.

BUDDHISTISCHE ARCHITEKTUR

In Birma erreichte die Stupa-Baukunst herrlich dekorative Höhen, bezeugt in der unvergesslichen Shwedagon-Pagode in Yangon (früher Rangun), die man traditionell auf die Zeit Buddhas (6. Jh. v. Chr.) datiert, und im gewaltigen, symmetrischen Ananda-Tempel von Pagan (12. Jh.). Der Ananda-Tempel repräsentiert den Höhepunkt klassischer birmanischer Architektur. Aus aufeinander getürmten Schichten weißer Ziegel erbaut bildet er das, was westliche Betrachter ein griechisches Kreuz nennen würden – mit je einem Portikus in die vier Himmelsrichtungen –, und gipfelt in einer goldenen Spitze. Diese ragt aus einem zentralen Stupa auf, der sich seinerseits aus einer Gruppe kleinerer Stupa emporreckt. Im Innern befinden sich zwei dunkle Gänge, wo der Besucher vier 9 m hohe Buddhas antrifft.

Vielleicht aber stellt der Borobudur auf Java (8./9. Jh.) den eigentlichen Höhepunkt der Architektur in dieser Region dar. Dieser Mahayana-buddhistische Tempel stellt eine Kombination aus

Bauwerk, Skulptur und Landschaftsarchitektur dar. Der gesamte Komplex ist zugleich ein heiliger Berg, gesetzt gegen die umliegenden aktiven Vulkane, und eine steinerne Darstellung der Seelenreise über neun Stufen der Erkenntnis hin zum Nirwana. Diese neun Stufen haben in neun steinernen Terrassen Gestalt angenommen. Die ersten fünf sind quadratisch und am Rand durch Umgänge geschlossen; die folgenden drei sind rund und offen, jedoch mit 72 Stupa (einige fehlen) besetzt, die Statuen des meditierenden Buddha bergen. Die letzte Stufe schließlich bildet der zentrale Stupa, der Auge und Seele zum Nirwana lenkt. Die Umgänge sind mit über 1200 skulptierten Reliefs verziert, die Geschichten aus dem Leben und Wirken Buddhas erzählen. Ein Werk wie der Borobudur wurde weder auf Java noch irgendwo sonst in Südostasien ein zweites Mal erbaut. Wissenschaftler beschäftigen sich bis heute mit der Deutung des Tempels und mit den Ritualen, die hier vollzogen wurden.

ANANDA-TEMPEL, PAGAN, BIRMA, 12. JH.

Das bedeutendste Beispiel eines chetiya – einer Mischung aus Stupa und Tempel – ist der Ananda-Tempel. Seine Grundform ist dem indischen Stupa entlehnt, jedoch sind die Plattformen, die die Kuppel tragen, mit Treppen versehen und die Basis zu einem überdachten Tempel geöffnet.

KLASSIZISMUS

AB DEM SPÄTEN 18. JH. FANDEN MACHT UND BILDUNG WESTEUROPAS IN DER KLASSIZISTI-SCHEN ARCHITEKTUR AUSDRUCK. DIE BAUKUNST DES ALTEN GRIECHENLAND UND DES ALTEN ROM WURDE MITTELS NEUER TECHNIKEN UND EINER NEUEN FUNKTIONSZUWEISUNG AKTUALISIERT. MIT ZUNEHMENDEM VERSTÄNDNIS DER KULTUR DER ANTIKE MACHTEN DIE GESTALTUNGSFORMEN DER FRÜH- UND HOCHRENAISSANCE EINER ARCHÄOLO-GISCH KORREKTEREN ARCHITEKTURREZEPTION PLATZ. DIESER KLASSIZISMUS PASSTE HERVOR-RAGEND ZUM EHRGEIZIGEN ANSPRUCH DER MÄCHTIGEN STAATEN EUROPAS, UNABHÄNGIG DAVON, OB AUTOKRATISCH GELENKT ODER BEREITS IN DEN GEBURTSWEHEN DER DEMOKRATIE LIEGEND, UND ZU DEN AMBITIONEN DER JUNGEN VEREINIGTEN STAATEN VON AMERIKA. FÜR LETZTERE VERBANDEN SICH IN DIESER ARCHITEK-TUR DIE REPUBLIKANISCHEN IDEALE DES VOR-AUGUSTEISCHEN ROM MIT DER DEMOKRATIE ATHENS. DER KLASSIZISMUS KONNTE JEDEM NUR ERDENKLICHEN ZWECK DIENEN, EIN EDLES GEWAND FÜR VILLEN, RATHÄUSER, BAHNHÖFE ODER GAR EINEN SCHWEINESTALL LIEFERN.

LA MADELEINE, PARIS
Die Geschichte von La Madeleine ist ein Beispiel dafür, wie der klassizistische Stil verschiedenen Zwecken dienen konnte. 1806 von Napoleon zum Temple de la Gloire bestimmt war der Bau 1837 als erster Pariser Bahnhof vorgesehen, bevor er 1842 schließlich zur Kirche geweiht wurde.

DER KLASSIZISMUS
DER EINFLUSS GRIECHENLANDS UND ROMS

PIRANESI
Der in Venedig geborene Giovanni Battista Piranesi (1720–1778) absolvierte eine Ausbildung als Architekt und Ingenieur. Seine Stiche und Rekonstruktionen antiker Bauten Roms übten einen tief greifenden Einfluss auf die Entwicklung der klassizistischen Baukunst aus. Als Architekt vollendete Piranesi lediglich ein Bauwerk, doch trat er auch als Architekturtheoretiker hervor.

WANDEL IN EUROPA
Das 18. Jh. erlebte grundlegende Veränderungen in der politischen Geografie Europas. Italien und Spanien waren im Niedergang, Großbritannien, Frankreich und Preußen im Aufstieg begriffen. Noch vor Ende des Jahrhunderts sollte die Bourbonen-Monarchie mit dem Sturm der Revolutionäre auf die Bastille und der Ausrufung der Republik enden.

AM RUHMESTEMPEL oder La Madeleine in Paris (1804–1809; siehe S. 118 f.) lässt sich die Entwicklung der französischen Architektur knapp ein Jahrhundert nach dem Entstehen des Rokoko ablesen. Pierre Vignon (1762–1828), 1793 zum Oberbaumeister der Republik ernannt, entwarf den napoleonischen Tempel. Als Modell diente ihm die Architektur des kaiserlichen Rom im 1. Jh. n.Chr. (vermutlich der Kastor-Tempel).

DIE GRANDE TOUR
La Madeleine zeigt darüber hinaus den Erkenntnisstand, den die klassizistischen Architekten bezüglich der alten griechischen und römischen Baukunst erlangt hatten. Schon während des 18. Jh. reiste ein kleines Heer von Architekten, Künstlern und Gelehrten zu den antiken Ruinen Roms und Griechenlands, was bald als »Grande Tour« zur Pflicht wurde. Die Architekten begannen mehr und mehr wie Touristen zu handeln, indem sie die berühmten Gebäude früherer Zeit, die sie gesehen hatten, als Souvenir zu Hause wieder erschaffen wollten. Wenn wir heute lediglich Schnappschüsse und Videos griechischer und römischer Tempel zeigen, so bauten die Architekten von damals diese tatsächlich nach.

Eine Gruppe junger Puristen unter Lord Burlington (1694–1753) führte in Großbritannien eine Gegenbewegung zu den »Auswüchsen« des Barock an. Aufgrund ihrer Begeisterung für Andrea Palladio wurden sie als »Palladianer« bekannt. Ihre »Bibel der Praxis« waren Palladios *Quattro libri dell'architettura* und der *Vitruvius Britannicus* (1715). Diesen Leitfaden zu einer korrekten neuen britischen Architektur hatte der schottische Architekt Colen Campbell (gestorben 1729) verfasst und illustriert. Dieser Stil wurde von der Whig-Regierung Sir Robert Walpoles aufgegriffen; Campbell entwarf dessen Landhaus Houghton Hall in Norfolk (1722–1726). Des Weiteren schuf er als Hommage an Palladios Villa Capra (siehe S. 76) Mereworth Castle in Kent (1722–1725), Entsprechendes tat Burlington mit dem Chiswick House in London (1723–1729).

Auch einflussreiche Grundbesitzer wie Thomas Coke, Earl of Leicester (Besitzer von Holkham Hall, Norfolk), nahmen diesen neuen schlichten Baustil an (auch wenn die Innengestaltung weiterhin prächtig blieb). Coke vertrat auch bezüglich Landwirtschaft und Naturschutz neue, radikale Auffassungen. Mit Hilfe Burlingtons und dessen Schützling William Kent schuf Matthew Bretting-

HOLKHAM HALL, NORFOLK, ENGLAND, 1734–1765
Vier separate niedrigere Flügelbauten (Kapellen-, Küchen-, Bibliotheks- und Gästetrakt) umstehen in Holkham Hall, Norfolk, das mit Ecktürmen ausgestattete Geviert des Hauptgebäudes.

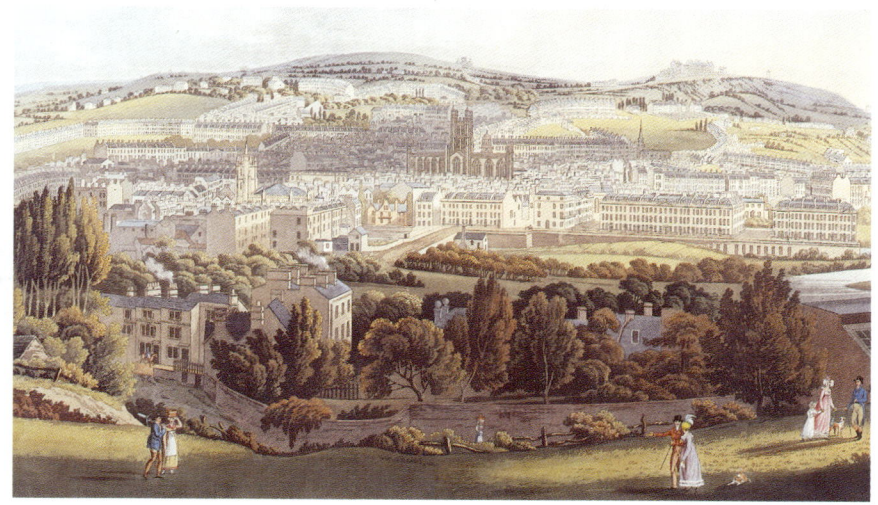

ANSICHT VON BATH, ENGLAND

Als 1755 die römischen Bäder wieder entdeckt wurden, war Bath bereits ein mondänes Heilbad. Blick auf die berühmten georgianischen Crescents an den sanft geschwungenen Hügeln.

Plätze (Circuses) in Bath und Edinburgh. Ferner verdanken wir ihm, interpretiert von Haus- und Stadtplanern, die beliebten Straßen und Plätze des georgianischen London und nahezu jeder Stadt Großbritanniens. Zu den Highlights gehören der Royal Circus (1754) und der Royal Crescent (1767–1775) in Bath von John Wood (1705–1754) bzw. seinem gleichnamigen Sohn (1728–1781) sowie der Bedford Square in London (1776–1786) von James Craig.

DUBLINER BESONDERHEITEN

Jenseits der Irischen See, in Dublin, entwickelte der Klassizismus besondere Eigenheiten, die Verschmelzung palladianischer Strenge mit monumentalen barocken, den Arbeiten Wrens entlehnten Elementen. Reihen eleganter, unaufdringlicher Häuser wurden mit schönen Hauseingängen, Oberlichtern und dekorativem Stuck belebt.

ham (1699–1769) die herrlichen Entwürfe für Holkham. Dieses palladianische Musterhaus setzt sich aus einem zentralen, auf einem Sockel stehenden Geviert mit Ecktürmen und vier Flügelbauten zusammen. Es ist von außen bar jeden Schmucks und aus gelben römischen Ziegeln gebaut. Die Strenge und unerbittliche Symmetrie von Holkham waren für die im Wesentlichen pragmatischen Engländer neu.

PALLADIANSCHE EINFLÜSSE

Der Einfluss Palladios durchdrang im 18. Jh. den britischen und irischen sowie in gewisser Weise auch den nordamerikanischen Baustil maßgeblich. In einer weniger regelrechten, jedoch schlicht-puritanischen Form schenkte er den Engländern und Schotten die klassizistischen Plätze, halbmondförmigen Straßen (Crescents) und runden

Eine weitere Verfeinerung ergab sich aus der Verschmelzung palladianischer Entwürfe mit den neuesten Erkenntnissen über römische und etruskische Dekoration. Dies drückte sich in der Arbeit Robert Adams (1728–1792) aus, eines schottischen Architekten, dessen Werk unzählige Nachahmer finden sollte. Es dauert, in abgewandelten Formen, in Innenräumen bürgerlicher Häuser rund um die Welt fort. Zu seinen schönsten Entwürfen zählen die Innenraumgestaltungen von Kedleston Hall, Derbyshire (60er Jahre des 18. Jh.), Culzean Castle, Ayrshire (1777–1792), und Syon House, London (1762–1769).

Die Kraft des Palladianismus lag in seiner Anpassungsfähigkeit. Seine Protagonisten hätten ihn gewiss nie als Stil für massenproduzierte Häuser vorgesehen, doch genau das wurde er aufgrund seiner leichten Reproduzierbarkeit. So lässt sich der palladianische Einfluss bis zu den bescheidenen Häusern in den industriellen Vororten nachweisen.

DIE MARMORHALLE, KEDLESTONE HALL, 1757–1770

James Paines Marmorhalle zeigt alles Beiwerk eines herrschaftlichen Anwesens im klassizistischen Stil: gewaltige Marmorsäulen, klassische Friese, kunstvollen Dekor und die obligatorische Kopie des Apollo vom Belvedere.

DIE KLASSISCHE LANDSCHAFT
DAS MALERISCHE

>*Die Natur verabscheut gerade Linien.«*
>
> HORACE WALPOLE

DER PALLADIANISMUS bestimmte für den Rest des 18. Jh. und darüber hinaus weitgehend den Stil des britischen Stadt- und Landhauses. Zugleich förderte er die Malerische Bewegung in der Landschaftsarchitektur. Während die üppigen Barockbauten in den streng geometrischen »französischen« Gärten standen, kombinierte man die kühl-eleganten Häuser palladianischen Stils mit romantischen Landschaften. Beides sind vortreffliche Paarungen.

Die Idee, ein Landhaus in eine idealisierte Landschaft zu setzen, wurde erstmals von William Kent und danach mit großem Erfolg vom stets aktuellen Lancelot »Capability« Brown (1716–1783) verwirklicht. Überall grub Brown Ackerland und unbefriedigende Naturlandschaften um, um sie in sanfte klassische Landschaften zu verwandeln. Seen und Gruppen sorgfältig platzierter Bäume, hier und da eine Brücke, ein Obelisk oder andere exotische Elemente (*folly*) charakterisieren sie. Seit den 20er Jahren des 18. Jh. nahmen solche Elemente immer mehr Raum ein. Charles Bridgeman (gestorben 1738) wird die Erfindung des »Aha« zugeschrieben, den er auch in die Gärten von Stowe, Buckinghamshire, verwendete. Hierbei handelt es sich um eine abgesenkte Parkbegrenzung, die vom Landhaus aus nicht zu sehen ist. So kann der Garten mit den Feldern in der Ferne verschmelzen, und Kühe und Schafe benachbarter Bauernhöfe werden daran gehindert, in die unter großem Aufwand und Kosten angelegten Grotten und Zierseen zu spazieren. Die viel bewunderten Gärten von Stowe weisen Tempel, Grotten und Brücken in verschiedenen Stilen auf. Colen Campbell entwickelte diese Idee im allegorischen Garten der Familie Hoare in Stourhead, Wiltshire, weiter: Dieser führte eine Reise durchs Leben vor, eine Art gartenbauliche Odyssee.

DER HÖHEPUNKT DER FOLLY

Den Höhepunkt der Exzentrik bildet sicherlich der bemerkenswerte neugotische Landsitz, den James Wyatt (1747–1813) für den millionenschweren Kunstliebhaber und Schriftsteller William

DIE GÄRTEN IN STOWE, BUCKINGHAMSHIRE, ENGLAND
Der riesige Landschaftspark, den Bridgeman gestaltet hatte, wurde in der Folgezeit mit Tempeln, Grotten und Brücken von Kent, Vanbrugh und Gibbs vervollkommnet.

IMPRESSION VON FONTHILL ABBEY, WILTSHIRE, ENGLAND
*Dieser Stich von Fonthill nach John Rutters Skizze (1823) zeigt
Beckfords außergewöhnliche Residenz, kurz bevor der Turm 1825 einstürzte.*

Beckford baute. Im Geiste des allmählichen Wiederauflebens des gotischen Stils (Gothic Revival) imitierte Wyatt hierfür eine stolze mittelalterliche Abtei: komplett mit aufragendem oktogonalen Vierungsturm wie an der Kathedrale von Ely. Unvorstellbar lange Treppenaufgänge, nicht endende Fluchten und der Schwindel erregende zentrale Turm charakterisierten Fonthill Abbey (1796–1812). Hier lebte Beckford ein fantastisches, dabei letztendlich trauriges und einsames Leben, gab Parties, die von den Fashionables, der Oberschicht, aber auch den Verrückten und Ausgestoßenen besucht wurden. Er zog gerade rechtzeitig in einen zweiten, weniger hohen Turm um, bevor Wyatts Gebilde, ein Exzentrikum in jedwedem Sinn, 1825 einstürzte. Fonthill zeigte trefflich, wie weit der Sinn für das Malerische sich im späten 18. Jh. entwickelt hatte.

JOHN NASH

Eine weit lebensnahere Interpretation des Malerischen gab John Nash (1752–1835), ein ausgesprochen erfolgreicher Architekt, der als Makler und Bauherr tätig war und gewiss nicht als Gentleman galt. Ihm gelang mit der Konzeption seines Meisterwerks, des Regent's Park in London (1811–1830), das malerische Element in die Stadt zu bringen. Nash baute rund um den Park einen herrlichen Ring aus großen, vornehmen, klassizistischen Palästen. Strahlend weißer Stuck ziert die Fassaden dieser Häuser; die Rückseiten bestehen hingegen nur aus schlichtem Ziegelwerk, das im Allgemeinen recht schlecht gemauert war. Obwohl die Häuserzeilen ziemlich hastig errichtet wurden, bilden sie einen wunderbaren Hintergrund für den Park. In den 50er Jahren des 20. Jh. noch vom Abriss bedroht, hat man Nashs Häuser inzwischen in einem weit höheren Standard als dem ursprünglichen erneuert – sie zählen heute zu den architektonischen Glanzlichtern Londons.

Vom malerischen Standpunkt aus betrachtet darf Cumberland Terrace (ab 1827) als schönster Pseudo-Palast gelten. Aus stadtplanerischer Sicht stellt der Park Crescent (1812), eine in einem großen Halbrund angelegte Häuserzeile mit Stuckfassaden, eine bemerkenswerte Errungenschaft dar. Er verbindet den Regent's Park mit der Portland Place – einer breiten, von Nash konzipierten Avenue – und mit dem beidseits davon sich erstreckenden Viertel mit vom Palladianismus geprägten Straßenzügen. Nash schuf auch einige der hübschesten Follies. Hierzu zählt der für seinen Hauptauftraggeber, den Prinzregenten und späteren König Georg IV., errichtete Royal Pavilion in Brighton (1815–1821), ein von der Hindu-Architektur inspirierter Vergnügungsbau.

DER ENGLISCHE GARTEN

Der bedeutendste französische Gestalter von Landschaften im malerischen Stil war Richard Mique (1728–1794). Am bekanntesten ist der von ihm entworfene Park des Petit Trianon in Versailles. Die Millionen von Menschen, die heute den Ort besuchen, finden dort den zuckersüßen Temple d'Amour und natürlich Le Hameau, den lebensgroßen Spielzeugbauernhof Marie Antoinettes. Dort ergötzte sie sich daran, eine Bäuerin zu sein – mit allen Annehmlichkeiten des höfischen Lebens.

KLASSIZISTISCHE SKULPTUR
Von der Antike inspirierte Skulpturen waren um 1800 sehr gefragt. Die Wohlhabenden verwendeten sie, um ihre Häuser und Gärten zu beleben. Der Italiener Antonio Canova (1757–1822) galt als einer der bedeutendsten Bildhauer der damaligen Zeit. In Venedig ausgebildet ließ sich Canova 1781 in Rom nieder, wo er die Grabstätte Papst Clements XIV. schuf. Als Antwort auf den frivolen Rokokostil suchte Canova seinem Werk Schlichtheit und Würde zu verleihen. Dabei ließ er sich von Werken der Antike inspirieren, wie man an seiner Venus sehen kann.

CUMBERLAND TERRACE, REGENT'S PARK, LONDON, AB 1827
*Nashs Entwurf für den Regent's Park zeigt den Wunsch, Stadt und
Land zu vereinen. Indem er die Straßen, die an den Park grenzen,*
*mit prächtigen Häuserzeilen bebaute, schuf er eine harmonische
Verbindung von klassizistischen und malerischen Elementen.*

DER AMERIKANISCHE KLASSIZISMUS
BEEINDRUCKENDE FASSADEN

THOMAS JEFFERSON (1743–1826) begründete das, was man nahezu als den offiziellen Architekturstil der Vereinigten Staaten bezeichnen kann: den amerikanischen Klassizismus. Als Hauptverfasser der Unabhängigkeitserklärung und einer der ersten Präsidenten der neuen Republik besaß Jefferson unvermeidlich großen Einfluss. Er hatte seine architektonischen Vorstellungen in den 80er-Jahren des 18. Jh. während seiner Zeit als Botschafter am Hof von Versailles entwickelt. In Frankreich kam er mit dem Palladianismus in Berührung, der ein halbes Jahrhundert zuvor in Großbritannien Triumphe gefeiert hatte. Der Stil sollte in Monticello seine Spuren hinterlassen, in jenem genialen Haus, das Jefferson für sich selbst in der Nähe von Charlottesville, Virginia (1770–1809), entwarf – eine Hommage an Palladios Villa Capra (siehe S. 76). Eine Reise zur Maison Carrée in Nîmes regte Jefferson zum Entwurf des State Capitol in Richmond, Virginia (1789–1798), an, eines großen ionischen Tempelbaus mit Büros. Das Kapitol von Richmond sollte in den gesamten Vereinigten Staaten und letztlich darüber hinaus den Stil zahlreicher öffentlicher Gebäude prägen. Sogar in China, in den sich unaufhaltsam ausdehnenden Städten der Provinz Guangdong, dem Wirtschaftszentrum des Landes, zeigen sich Fabriken und Häuserblocks aus Beton von den frühen Verwaltungstempeln der USA beeinflusst. Seit diese ersten amerikanischen Gebäude errichtet worden sind, haben sich neue Gesellschaften – um der Welt eine beeindruckende Fassade zu zeigen – am Jefferson-Stil orientiert.

Auch der klassizistische Stil des Greek Revival im revolutionären Paris beeindruckte Jefferson. So integrierte er, als er seinen Landsitz im Lauf der Zeit erweiterte, auch griechische Motive.

PALLADIANISCHER STIL
Der Palladianische Stil wurde für den offiziellen Wohnsitz des Präsidenten verwendet, das Weiße Haus in Washington (1792–1829), zu dem zunächst der irische Architekt James Hoban (1762–1831) einen Entwurf lieferte. Bei einem Brand 1814 beschädigt wurde es wieder aufgebaut und erweitert, obwohl die geschwungenen Portiken schon 1807/1808 von Benjamin H. Latrobe hinzugefügt worden waren.

Auch das Kapitol in Washington präsentiert sich unter seiner berühmten 68 m großen Eisengusskuppel, die sehr viel später hinzukam, als ein im Kern palladianisches Landhaus. Es wurde zunächst von William Thornton (1759–1828) unter Mitwirkung des französischen Architekten E. S. Hallet (1755–1825) entworfen, in enger Anlehnung an den von Jefferson eingeführten geförderten Baustil.

Jefferson war bestrebt die Botschaft der klassizistischen Architektur in den ganzen Vereinigten Staaten zu verbreiten. Zu diesem Zweck entwarf er u. a.

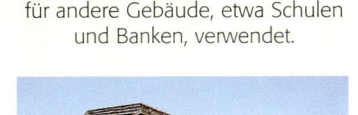

MAISON CARRÉE, NÎMES, 1–10
Thomas Jeffersons Entwurf für das State Capitol von Virginia ist von der Maison Carrée in Nîmes inspiriert. Antike Tempelformen wurden auch für andere Gebäude, etwa Schulen und Banken, verwendet.

DAS STATE CAPITOL, RICHMOND, VIRGINIA, 1789–1798
Das Gebäude ist der Maison Carrée nachempfunden, weicht jedoch vom Original durch seine Größe und die korinthische Säulenordnung (statt der ionischen) ab. Es beherbergte anfangs beide Häuser der Legislative.

LINCOLN MEMORIAL, WASHINGTON, 1911–1922

Das Lincoln Memorial, entworfen von Henry Bacon, ehrt Abraham Lincoln, den 16. Präsidenten der Vereinigten Staaten.

In der zentralen Kammer steht die berühmte weiße Marmorstatue Lincolns von Daniel Chester French.

THOMAS JEFFERSON

Thomas Jefferson (1743–1826), dritter Präsident der Vereinigten Staaten (1801–1809), war der Hauptverfasser der Unabhängigkeitserklärung. Obwohl er keine formelle Architekturausbildung absolviert hatte, war er bemüht eine neue nationale Architektur zu schaffen, stark beeinflusst von den Theorien Palladios und den Bauten des alten Rom. Er zog sich 1809 nach Monticello zurück, wo er sich der Errichtung der ersten staatlichen Universität von Virginia widmete.

die neue Universität von Virginia in Charlottesville (1817–1826) als nachahmenswerte Musteranlage. Dabei steht die Bibliothek, der Kopf des Campus, stolz am Ende eines lang ansteigenden rechteckigen Rasenareals. Ihr Aussehen sollte dem römischen Pantheon ähneln. Zwei Reihen von Studentenhäusern hinter Kolonnaden, die Wrens Royal Hospital in Greenwich, London, in Erinnerung rufen, flankieren sie. Hinter diesem Geviert liegen die ursprünglich für die Sklaven der Studenten erbauten Unterkünfte. Es bleibt festzustellen, dass Jefferson, der Verfasser des wunderbarsten Eröffnungssatzes einer politischen Deklaration (»Wir betrachten diese Wahrheiten als selbstverständlich, dass alle Menschen gleich geschaffen sind, dass sie von ihrem Schöpfer mit gewissen unveräußerlichen Rechten ausgestattet sind, dass dazu Leben, Freiheit und das Streben nach Glück gehören«), zeitlebens ein Sklavenhalter war.

JEFFERSONS VERMÄCHTNIS

Jeffersons klassizistische Neigung sollte die offizielle US-Architektur noch lange Zeit prägen. So wurde erst 1922 letzte Hand an das Lincoln Memorial gelegt, einen großartigen dorischen Tempel von Henry Bacon (1866–1942). Er wurde nicht nur errichtet, um die Erinnerung an Abraham Lincoln, den US-Präsidenten, der 1865 den Bürgerkrieg und die Sklaverei beendete, wach zu halten, sondern auch um The Mall zu vollenden, die Prachtstraße, die vom Washington Memorial (dem höchsten Obelisken der Welt) zum Kapitol führt. Diese war eine Neuauflage des prächtigen klassizistischen Plans, den der französische Architekt Pierre Charles L'Enfant (1754–1825) 1791

erstmals der Stadt vorgeschlagen hatte. Nun setzten ihn Daniel Burnham (1846–1912) und sein Team um.

Die großartige Idee Jeffersons, den Klassizismus in den Dienst der Demokratie zu stellen, traf auf eine hausgemachte klassizistische Art des Bauens, die sich in den Vereinigten Staaten seit den Tagen der ersten Kolonisten entwickelt hatte. Der »Schindel-Klassizismus«, den man besonders in New England findet, zählt zu den positiven Beispielen einer Hausarchitektur: elegant und anspruchslos zugleich, für jedermann leicht zu erbauen.

UNIVERSITÄT VON VIRGINIA, CHARLOTTESVILLE, 1817–1826

Bei der Universität von Virginia verbinden Kolonnaden Gebäude um einen zentralen Rasenplatz. Die Rotunde, die das römische Pantheon zum Vorbild hat, barg einst die Bibliothek.

DIE FRANZÖSISCHE REVOLUTION
VISIONÄRE PLÄNE

JACQUES-LOUIS DAVID
Zur Zeit der Französischen Revolution war Jacques-Louis David (1748–1825) der am engsten dem Klassizismus verbundene Maler. Beeinflusst vom antiken Rom und dem Werk Raffaels war er zunächst ein erfolgreicher Gesellschaftsmaler, dann ein Aktivist der Französischen Revolution. Er stellte nun zeitgenössische Revolutionsszenen dar, wie den *Tod Marats* (oben, 1793), sein berühmtes Gemälde.

DIE FRANZÖSISCHE Revolution bildet einen Wendepunkt in der Geschichte Europas. Sie führte hier schließlich zum Ende des Absolutismus und der Macht der Aristokratie und initiierte den allmählichen Aufstieg der Demokratie, des Individualismus und des Bürgertums. Allerdings lief zur Zeit der Diktatur des Wohlfahrtsausschusses jeder, der nicht mit den wankelmütigen neuen Behörden übereinstimmte, Gefahr, auf die Guillotine gesandt zu werden. Diese Unsicherheit führte dazu, dass Napoleon Bonaparte die Macht ergriff und sich selbst zum Kaiser krönte. Noch viele ähnlich dramatische Episoden sollten stattfinden, bis sich Frankreich in sicherem republikanischem Fahrwasser befand. Napoleon selbst entwickelte für seinen Hof einen kraftvollen Stil – heute würde man von einem »corporate image« sprechen. Der Architekt Charles Percier (1764–1838) war der Favorit des Kaisers. Ihm kam im Empire-Stil, mit dem man, abgesehen von den Schlachten, Bonapartes Herrschaft (1804–1815) assoziiert, eine Hauptrolle zu.

Dennoch gab es auch einen eigenen Stil oder vielleicht besser gesagt Geist im Gefolge der Revolution. Und dies, obwohl jene, die bisher in Frankreich die Kulturträger waren, im Kerker saßen. Dazu zählte Claude-Nicolas Ledoux (1736–1806), seit 1773 Hofarchitekt, der einige der kühnsten Bauwerke Europas in jener Zeit entwarf. Zweifellos war er jenen, die ihm im Dienst der Republik und dann des Empire nachfolgten, eine Quelle der Inspiration. Dies galt insbesondere, nachdem er seine visionären Entwürfe, deren viele nie oder allenfalls bruchstückhaft realisiert wurden, in seiner *L'architecture considérée* (1804) veröffentlicht hatte.

GROSSE ZIELE
Ledoux' bedeutendstes ausgeführtes Werk ist ein Bauabschnitt der Königlichen Salinen in Arc-et-Senans (1774–1779), einer außerordentlich beeindruckenden Fabrik, versehen mit einer Fassade in strengster dorischer Ordnung. Das Gebäude, das eigentlich im Zentrum von Chaux, einer von Ledoux entworfenen idealen Industriestadt, stehen sollte, ist ein Architektur gewordener Salzfelsen.

Es war eine Zeit bedeutender wissenschaftlicher, mathematischer und philosophischer Fragestellungen. Die fantasiebegabtesten Architekten antworteten darauf, indem sie versuchten, eine ideale neue Welt, bewohnt vom rationalen Menschen, zu bauen. Die extravagantesten aller Fantasien hatte Etienne-Louis Boullée (1728–1799),

KÖNIGLICHE SALINEN, ARC-ET-SENANS, 1774–1779
Als kreisförmiger Komplex im Zentrum von Ledoux' Idealstadt Chaux geplant wurde`von der Salinenanlage nur eine Halle realisiert. Ihr Portikus weist unkannelierte dorische Säulen auf, die dem grottenförmigen Eingang vorgeblendet sind.

ETIENNE-LOUIS BOULLÉE, NEWTON-DENKMAL, 1784
Boullée beabsichtigte die obere Hälfte der 150 m hohen Kugel von Newtons Denkmal mit vielen kleinen Löchern zu versehen, um so die Illusion von Sternen hervorzurufen. Das Innere sollte »mit Lichtern glitzern«.

der wenig baute, dessen herausfordernde Entwürfe aber die architektonischen Vorstellungen späterer Zeit nie mehr losließen (am augenfälligsten bei Adolf Hitler und Albert Speer). Boullée entwarf auf dem Papier eine Architektur, die zwar in ihrer Bedeutung nicht mit den wissenschaftlichen Errungenschaften – etwa mit Newtons Entdeckung der Schwerkraft und seinen Bewegungsgesetzen – gleichzusetzen war. Doch passte sie zu den Ambitionen von Politikern wie Napoleon, der davon träumte, ein sich von Calais bis Moskau erstreckendes Reich zu errichten.

Die beiden berühmtesten visionären Entwürfe Boullées betrafen eine Nationalbibliothek und ein Newton-Denkmal. Im Falle der Bibliothek wären die Benutzer zu gebildeten Ameisen geschrumpft: Die vorgesehenen Säulenhallen waren von solch immenser Größe, dass der menschliche Geist darin erschlagen und nicht erhoben worden wäre. Das Newton-Denkmal (1784) sollte die Form einer gewaltigen Kugel haben, die sich aus einer gestuften Rotunde erhob. Die Kugel symbolisiert das Universum und sollte den Sarkophag Newtons überhöhen.

NAPOLEONS PARIS

Wurden solche Träume verwirklicht? Teilweise ja. Beispielsweise sollte ein Schüler Boullées, J. F. T. Chalgrin (1739–1811), in Paris den Arc de Triumphe de L'Etoile, einen Triumphbogen, errichten. Die Arbeit an diesem herrlichen Siegesbogen begann 1808. Er ist berühmt a) für seine Größe und b) für seine Lage. Heute jedoch hat er einen Nachkommen, die »Grande Arche«, eine der *Grands Travaux*, die Präsident François Mitterrand in den 80er Jahren des 20. Jh. in Auftrag gab. Diese beiden heroischen Bauwerke liegen auf einer Achse und blicken entlang der Champs Elysées zur Place de la Concorde, dem großen, unter Ludwig XV. 1753–1775 angelegten Platz. An dessen einer Seite, jenseits der Seine, steht Napoleons Chambre

des Députés (1807) von B. Poyet, ein beeindruckender Bau, dessen Fassade eine antikisierende Tempelfront mit zehn korinthischen Säulen bildet. Napoleon war auch für das Aussehen und den Bau der langen klassizistischen Arkaden mit den dahinter liegenden Wohnungen und Läden verantwortlich, deren Säulen zu marschieren scheinen – wenn auch nicht gerade bis Moskau. Die Architekten waren Charles Percier (1764–1838) und Pierre François Léonard (1762–1853).

Summiert sich all dies zu einer Stilrichtung? Nein, aber es entstand eine Art von Architektur, die auch den Bedürfnissen politischer Herrschaft zunutze gemacht werden konnte. An der Struktur der meisten dieser Gebäude war nichts revolutionär. Die wahren Experimente wurden andernorts gemacht. Eher kleine Ingenieurprojekte in England, wo ja die Industrielle Revolution stattfand, waren die eine Sache. Bedeutender aber waren die frühen Industriebauten. Sie sollten, als das 19. Jh. in Schwung kam, weltweit mehr zur Revolutionierung der Architektur beitragen, als alle Monumente Napoleons zusammen.

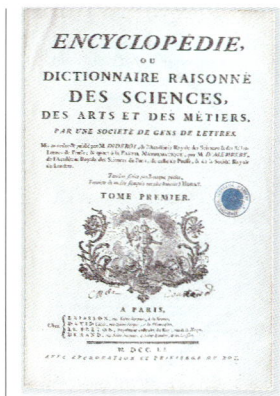

ARC DE TRIOMPHE DE L'ETOILE, PARIS, AB 1808
Dieses Luftbild von Paris zeigt die Champs Elysées, beherrscht von Napoleons Triumphbogen. Die Tuilerien, 1667 von André Le Nôtre angelegt, erkennt man am oberen Ende der Prachtstraße.

GREEK REVIVAL
DAS ATHENISCHE IDEAL

JOHANN WINCKELMANN

Winckelmann, der »Vater der modernen Archäologie«, wurde 1717 in Preußen geboren. Er las griechische Literatur und studierte, bevor er Bibliothekar im Vatikan wurde, Theologie und Medizin. Seine Schriften über klassische Kunst und das antike Griechenland inspirierten seine Zeitgenossen. Er vertrat die Auffassung, dass »der einzige Weg für uns, großartig oder wenn möglich sogar unnachahmlich zu werden, ist, die Griechen nachzuahmen«. Winckelmann starb 1768.

GRIECHENLAND GALT zu Recht als die Wiege westlicher Architektur. Ab Mitte des 18. Jh. begann man die antike Architektur dieses Landes als eine Art Heiliger Gral zu betrachten. Keine Baukunst war perfekter als die im Athen des 5. Jh. Sie bot die reine, vornehme und kraftvolle Ästhetik, die am besten in der Lage sein würde, die Ziele der neu organisierten europäischen Staaten zu repräsentieren. Die erste einflussreiche Abhandlung über die Wurzeln der westlichen Architektur war der *Essai sur l'architecture* (1753) von Abbé Laugier (1713–1769). Laugier versuchte hierin zu beweisen, dass eine »primitive Hütte« der Prototyp des griechischen Tempels in Holz war. Was bedeutete der Parthenon, das Heiligste des Heiligen, den Verfechtern des Greek Revival – lediglich eine mit großem Können getätigte Fortentwicklung in Stein dieses Vorfahren? Perfekte Architektur hatte rational und natürlich zu sein!

Weniger als ein Jahrzehnt später veröffentlichten James »Athenian« Stuart (1713–1788) und Nicholas Revett nach ihrer langen Studienreise durch Griechenland die *Antiquities of Athens* (1762). Zu diesem Zeitpunkt hatte Stuart bereits auf dem Areal von Hagley Hall, Birmingham (1758), einen griechischen Tempel gebaut. Der Stil wurde mit großer Begeisterung aufgenommen. In Großbritannien galt er als angemessen nicht nur für Entwürfe, die griechische Bauten nachahmen – so wurde versucht den Parthenon als Denkmal für die Gefallenen der Napoleonischen Kriege auf dem Calton Hill in Edinburgh zu errichten –, sondern auch für Kirchen, Landhäuser, Museen, Universitäten und sogar Bahnhöfe. Für den Euston-Bahnhof in London (1835–1837) entwarf Philip Hardwick (1792–1870) einen gewaltigen Eingang in der Form dorischer Propyläen. Die britische Transportbehörde ließ diesen majestätischen Torbogen 1961 abreißen.

ST. PANCRAS, LONDON, 1819–1822

Die beiden Karyatidenvorbauten der Kirche wurden vom Erechtheion in Athen (siehe oben rechts) angeregt. Die Figuren an der Nordseite waren ursprünglich größer, mussten aber gekürzt werden, damit sie unter das Vordach passten.

ERECHTHEION, ATHEN, UM 421–406 V. CHR.

Erbaut über dem Grab des legendären athenischen Königs Erechtheus liegt das Erechtheion im Norden der Akropolis. Die »Mädchen« des Karyatidenvorbaus stellen junge Dienstmägde dar, die Reinigungsrituale durchführen.

Gegenüber dem als Euston Arch bekannten Bau errichteten William Inwood und sein Sohn Henry die neue St. Pancras Church (1819–1922) im Gewand eines griechischen Tempels, der am östlichen Ende von Karyatiden-Vorbauten flankiert wird, die dem Athener Erechtheion nachempfunden sind. Was die Karyatiden – spärlich bekleidete griechische Jungfrauen, die ein Gebälk auf ihren Häuptern tragen – denken mögen in der grauen und stark luftverschmutzten Euston-Straße, mag jeder sich selbst ausmalen. Die Kirche wurde kunstvoll mit einem Turm versehen, der den Turm der Winde in Athen zum Vorbild hat. Mit anderen Worten: die Inwoods haben Teile berühmter griechischer Baudenkmäler neu arrangiert, um eine englische Pfarrkirche zu bauen.

SCHOTTISCHER KLASSIZISMUS

In England war es sehr populär, Elemente antiker griechischer Architektur herauszugreifen und sie neu zusammenzustellen. Ganz anders sah es weiter nördlich aus. Die Schotten verehrten Griechenland in solchem Maß, dass Edinburgh als Athen des Nordens bekannt wurde und der Greek-Revival-Stil hier weit in das 19. Jh. hinein fortdauerte, als er in England bereits längst der Neugotik Platz gemacht hatte. Das bedeutendste Bauwerk griechischen Stils in Edinburgh war die Royal High School (1825–1829) von Thomas Hamilton (1784–1858). Dieses Wissenschaftsgebäude lag herrlich auf einem die Stadt beherrschenden Hügel – ähnlich wie die Tempel der Akropolis in Athen.

In Glasgow ahmte Alexander Thomson (1817–1875), der »Griechen-Thomson«, der sein Geburtsland Schottland außer in seiner lebhaften Vorstellungskraft nie verließ, mit großer Energie und Originalität den griechischen Stil nach. Er baute zahlreiche monumentale Häuserzeilen, Villen, Lagerhäuser und insbesondere zwei merkwürdige und bezaubernde Kirchen, St. Vincent Street Church (1857–1859) und die Caledonian Road Free Church (1856–1867) – echte Erlebnisse in griechischem Idiom mit mesopotamischem Einschlag. Thomsons Talent war einzigartig und nach Jahrzehnten der Vernachlässigung hat man ihn wieder in die Reihe der großen Architekten erhoben.

St. Vincent Str. Church, Glasgow, bis 1859
Thomson verwendete hier überzeugend die griechische Formensprache. Damit sollte er die überwiegende Ablehnung der Neugotik in Schottland begründen.

PREUSSENS GLORIE

Das Greek Revival sollte jedoch in Preußen seinen größten Zuspruch finden. Unter der festen, jedoch großteils wohlwollenden militärischen Herrschaft Friedrichs des Großen wurde die griechische Architektur zu einem Symbol des neuen, mächtigen Staates. Das Tor zu Friedrichs Hauptstadt Berlin ist das berühmte Brandenburger Tor (1789–1793), ein griechischer Bau von C. G. Langhans (1733–1808). Friedrich Gilly (1772–1800) wies mit seinem nicht realisierten Entwurf eines gewaltigen Königsmonuments (1797) meisterhaft die weitere Richtung. Im Herzen Berlins sollte ein beeindruckender dorischer Tempel auf einen massiven Sockel stehen. Gilly starb, bevor das Projekt verwirklicht werden konnte. Der zukünftige Bayernkönig Ludwig I. griff jedoch seinen Entwurf auf, als er bei Regensburg seine exquisite und zutiefst romantische, die Donau überblickende Walhalla (1829–1842; siehe

S. 27) baute. Wenn Sie einmal wissen möchten, wie ein griechischer Tempel in all seiner Pracht aussah: Hier haben Sie ihn. Leo von Klenze (1784–1864), ein Schüler Gillys, brachte den Stil nach München. In seiner Glyptothek (1816–1830), einer Sammlung antiker Skulpturen, und den Propyläen, dem Tor zum Königsplatz, vermischte Klenze jedoch römische und griechische Formen. Damit ebnete er einem Stil den Weg, der in weiten Teilen Europas Mitte des 19. Jh. populär wurde. Eines der schönsten Beispiele hierfür bildet das Ashmolean Museum in Oxford (1841–1845) von C. R. Cockerell. Das Greek Revival hinterließ seine Spuren auch in Österreich, Polen, Ungarn und sogar in Schweden und Finnland. Es fand seinen Weg auch nach Italien – niemand sollte es versäumen, im wundervollen Caffè Pedrocchi in Padua (1816–1831), einer Kuriosität Giuseppe Japellis (1783–1852), einen Kaffee zu trinken.

KLASSIZISTISCHE MOTIVE
Beispiele römischer, griechischer und sogar ägyptischer Kunst wurden in Büchern des 18. Jh. veröffentlicht. Diese beeinflussten Architekten und Handwerker gleichermaßen. Das Wiederaufleben antiker Motive war eng mit der Bewunderung klassischer Bildung verbunden. Derartige Dekorationen galten als Zeichen guten Geschmacks. Die obige Vase stammt aus einer Zeichnung Piranesis.

BRANDENBURGER TOR, BERLIN, 1789–1793
Dieser beeindruckende dorische Torbau, einst auch Zollstation, basiert auf den Propyläen der Athener Akropolis. Er ist Ziel der Prachtstraße »Unter den Linden« und heute Symbol der deutschen Teilung und Wiedervereinigung.

KARL FRIEDRICH SCHINKEL
DER ERSTE FUNKTIONALIST

DER BEDEUTENDSTE ARCHITEKT des Greek Revival war der Preuße Karl Friedrich Schinkel (1781–1841). Schinkel nahm die Architektur des antiken Griechenland auf und übersetzte sie mehr, als dass er sie kopierte. Er hielt sich nie sklavisch an die Vorbilder, noch erging er sich in Eklektizismus, in dem Sinne, dass er Stile um der Neuerung willen vermischte. Seine Bauten charakterisiert weniger eine tief greifende und elementare Schönheit als eine Strenge. Wie er ein brillanter Vertreter des Greek Revival war, so war er vielleicht zugleich der erste wahre Funktionalist. Seine Gebäude erfüllen nicht nur perfekt die ihnen zugedachten Aufgaben, sondern zeigen klar ihre Struktur. Darüber hinaus finden in ihnen neue Technologien und Materialien dort, wo es sinnvoll erscheint, Verwendung; Schinkel bereiste Großbritannien. Dort faszinierten ihn nicht die üblichen Bauwerke, sondern die stattlichen neuen Lagerhäuser der Industrie, bei denen Eisen in großem Stil verarbeitet wurde.

KARL FRIEDRICH SCHINKEL
Der bedeutendste deutsche Architekt des 19. Jh. war zugleich Maler, Zeichner und Bühnenbildner.

Auch war Schinkel nicht Sklave eines Stils. Er nahm den Eklektizismus der zweiten Hälfte des 19. Jh. vorweg, wobei seine Ausflüge in die Gotik sehr diszipliniert waren – wie man es von einem Mann, der ab 1830 Leiter des Preußischen Staatsbauamtes war, erwarten durfte. Schinkel, ein Schüler Gillys, hatte schon seit 1810 für die Behörde gearbeitet. Noch auf andere Weise stellte er einen neuen Typus des Architekten dar: Er war ein Zivilbeamter – und dabei ausgesprochen effektiv. Die Zeiten hatten sich seit Palladio wahrlich geändert. Während der große Renaissancemeister als Steinmetz ausgebildet war, die Baudenkmäler Roms aus erster Hand studiert hatte und dann vieles selbst mit Hilfe einer Gruppe von Handwerkern in die Praxis umsetzte, war Schinkel akademisch gebildet und durchlief die Instanzen einer Staatsbehörde.

Er erwies sich als fähig jede ihm gestellte Bauaufgabe zu erfüllen: von reizenden, romantischen Villen wie dem

ALTES MUSEUM, BERLIN, 1823–1830
Schinkel fühlte, dass diese Stelle – inmitten von Berlins wichtigsten Verwaltungsbauten – ein monumentales Bauwerk benötigte. Das Museum besitzt eine Kolonnade, die sich über die volle Länge der Fassade erstreckt, einen imposanten Treppenaufgang und Reiterstatuen, die den Eingang flankieren.

Königlichen Gärtnerhaus von Schloss Charlottenhof bis zur bewegenden Strenge der Neuen Wache in Berlin (1816–1818), heute Gedenkstätte für die im 20. Jh. in Deutschland durch Krieg und Unterdrückung getöteten Menschen. Zwischen diesen beiden Extremen entwarf er für Berlin das große Schauspielhaus (1819–1821), die funktionalistische Bauakademie (1831–1836) und das hervorragende Alte Museum (1823–1830).

SYMBOL DES PREUSSISCHEN STAATES

Das Alte Museum war auf seine Weise so folgenreich wie Palladios Villa Rotonda. Es besaß zwei Funktionen: Es war herrliches Symbol des preußischen Staates sowie Museum und Kunstgalerie – ein vielschichtiger Bau. Das Erste, was der Besucher sieht, ist eine lange Kolonnade mit 18 ausgezeichnet gearbeiteten ionischen Säulen und 18 grimmigen, abwechselnd nach rechts und links blickenden Adlern auf dem Gebälk. Die Säulenreihe steht auf einem hohen Sockel. Nähert man sich, so erkennt man, dass der Eingang des Gebäudes weit zurückgesetzt und nur über eine von zwei sich entsprechenden Treppen erreichbar ist. Sehr modern wirkende, mit Oberlichtern versehene Galerien gehen rechts

BÜHNENBILD (AUSSCHNITT) FÜR *DIE ZAUBERFLÖTE*
Ab 1816 entwarf Schinkel Bühnenbilder. Diese Aquatinta von C. F. Thiele zeigt Schinkels Bühnenbild für den 2. Akt, Szene 7 aus Mozarts Zauberflöte, *aufgeführt in Berlin 1816.*

SCHINKELS HAUPTWERKE
Neue Wache, Berlin *1816–1818*
Schauspielhaus, Berlin *1819–1821*
Altes Museum, Berlin *1823–1830*
Königliches Gärtnerhaus, Charlottenhof, Potsdam *1829–1631*
Bauakademie, Berlin *1831–1836*

und links ab. Im Zentrum jedoch, welch wundervolle Überraschung, findet sich unter einer anmutigen, schlichten Kuppel eine zweistöckige, säulenumstandene Rotunde. Die Rotunde, einer der schönsten Räume der Welt, ist einem Kubus eingefügt, der sich in der Dachzone über die Säulenreihe erhebt, wobei dies demjenigen, der auf dem Platz vor dem Museum steht, verborgen bleibt. Hier hat Schinkel die Grundelemente der Architektur vereint: Die Rotunde ist aus einer einem Würfel einbeschriebenen Kugel entwickelt, und dieser Würfel ist in einen querrechteckigen Quader gesetzt – den durch die Länge der äußeren Kolonnade definierten Museumsbau, dessen Proportionen ebenfalls von Kugel und Würfel abgeleitet sind. Das Alte Museum ist zugleich ein rationales und ein romantisches Bauwerk – dem Geist nicht nur der griechischen, sondern aller Architektur verpflichtet. Wer sich dem Gebäude von hinten nähert, bemerkt die Einfachheit der Rückseite des Baus. Das Gebäude sollte sowohl ein stolzes Monument sein als sich auch auf strenge, militärische Weise der Umgebung einordnen.

> *»Vielmehr muß das Wesen des Schönen aus der Construction und einer zweckmäßigen Anordnung hervorgehen.«*
>
> KARL FRIEDRICH SCHINKEL

KÖNIGLICHES GÄRTNERHAUS, CHARLOTTENHOF, POTSDAM, 1829–1831
Das Königliche Gärtnerhaus wurde auf dem Areal von Schloss Charlottenhof (erbaut für den Kronprinzen) errichtet. Es weist flach geneigte, leicht überstehende Dächer und einen Turm im italienischen Stil auf.

DAS ZARISTISCHE RUSSLAND
INTERNATIONALER KLASSIZISMUS

KATHARINA DIE GROSSE
Katharina II. (1729–1796) kam in Stettin in der preußischen Provinz Pommern zur Welt. 1745 heiratete sie Peter, Großherzog und Erbe des russischen Throns. Nachdem Peter entthront worden war, ließ sich Katharina zur Kaiserin (1762) krönen. Es brach eine der blühendsten Epochen des russischen Zarenreichs an. Katharina war bekannt für ihre Intelligenz und Bildung. Sie förderte die französische Kultur in Russland und stand in Briefwechsel mit Voltaire und Diderot. Des Weiteren gab sie in ganz Russland Bauten in Auftrag und begann eine Kunstsammlung, die spätere Eremitage, anzulegen.

ZU BEGINN DES 18. Jh. beschloss Peter der Große (1682–1725) eine neue Stadt zu bauen, St. Petersburg. Obwohl seit Iwan dem Großen (1440–1505) Architekten aus anderen Teilen Europas auf Einladung der Zaren in Russland tätig waren, veränderte Peters kühne Initiative nicht nur das Gesicht der russischen Baukunst, sondern schenkte der Welt einige der fantastischsten und monumentalsten Bauwerke. Genau genommen war es nicht Peter, sondern Katharina die Große (endlich eine Frau in unserer Geschichte), die Russland Gebäude schenkte, die nicht nur denen Westeuropas vergleichbar waren, sondern diese, meist in Größe und Anspruch, noch übertrafen: Manche der Bauten der Zarin sind so originell wie atemberaubend. Wenn Peter Russland den Anstoß gab, dem russischen Geschmack und Klima angepasst in westlichen Stilen zu bauen, so brachte Napoleon den russischen Geschmack auf Monumentalbauten. Das mag merkwürdig klingen, bedenkt man den Umstand,

SMOLNY-KATHEDRALE, ST. PETERSBURG, 1748–1751, VOLLENDET 1835
Die Kirche ist über dem Grundriss eines griechischen Kreuzes errichtet und bildet den Mittelpunkt einer Klosteranlage, die von dem Tessiner Architekten Rastrelli begonnen worden ist.

dass Napoleon in Moskau einfiel und nach einem Monat vom harten russischen Winter zurückgetrieben wurde. Doch lange vor Napoleon hing der russische Hof an allem Französischen. Französisch war auch die Sprache, die in gebildeten Kreisen gesprochen wurde. Nach Napoleons Niederlage sollte die Architektur des zaristischen Russland ihren Höhepunkt erreichen. Schon vor Katharina gab es einige bedeutende und ehrgeizige Bauvorhaben, darunter die verblüffende Smolny-Kathedrale mit dem zugehörigen Klosterkomplex (1748–1757, vollendet 1835), der Große Palast von Zarskoje Selo (1749–1752), eine Rokokovariante in Blau, Weiß und viel Goldblatt, und natürlich der gewaltige Winterpalast – alle vom Tessiner Architekten Bartolomeo Rastrelli

GROSSER PALAST, ZARSKOJE SELO, 1749–1752
Die Fassade des Palastes, entworfen von Rastelli, erstreckt sich über 298 m. Sie verbindet verschiedene dekorative Elemente wie Säulen, Statuen und Pilaster. In der zweiten Hälfte des 18. Jh. wurde der Palast zum Lieblingssitz Katharinas II.

(1700–1771) für Zarin Elisabeth erbaut. Doch es waren Katharinas Vorhaben, die schließlich russischen Anspruch mit klassizistischen Formen verbanden.

Zu bedeutenden Werken russischer Architektur zählt auch das Taurische Palais in St. Petersburg (1783–1789), ein auf den ersten Blick strenges, dorisches Bauwerk, jedoch ein kostspieliges Haus, das Katharina ihrem Geliebten Grigorij Potjemkin baute. Hinter der Fassade – die dem zeitgenössischen russischen Geschmack unangenehm schlicht erschienen sein muss – lagen eine prunkvoll überkuppelte Rotunde, die auf dem Pantheon von Rom basiert, und im rückwärtigen Teil des Palastes eine griechische Halle, die auf beiden Seiten in vorspringende Apsiden auslief. Der Architekt war Iwan Jegorowitsch Starow (1744–1808), der sich in Paris geschult hatte und auch die beeindruckende Kirche von Nikolskoje (1773–1776) baute. Diese Kuppelkirche dorischen Stils machte Anleihen bei den alten Athenern (wieder der Turm der Winde) und bei den Fantasien Boullées und Ledoux'.

KLASSIZISTISCHE BAUWERKE

Katharina war eine großzügige Mäzenin. Sie stellte nicht nur Italiener und Russen ein, sondern auch Franzosen und sogar einen schottischen Architekten. Bei Letzterem handelt es sich um Charles Cameron (1746–1812), den Katharina 1779 nach St. Petersburg einlud. Ihm verdanken wir die gewaltige, mit Kolonnaden versehene Cameron-Galerie im Großen Palast (heute Katharinenpalast) in Zarskoje Selo und den ansehnlichen Palast von Pawlowsk (1782–1786). Eine niedrige Geburt stellte, wie die mächtige Kathedrale der Jungfrau von Kasan in St. Petersburg (1801–1811) beweist, kein Hindernis dar: Der Leibeigene A. N. Woronichin (1760–1814), der zur Ausbildung nach Paris und Rom gesandt worden war, hat sie entworfen.

Die großartigsten Beispiele für den russischen Klassizismus aber sind das von Ledoux und Boullée inspirierte Hauptquartier des Generalstabs der Russischen Streitkräfte (1819–1829) von Karl Iwanowitsch Rossi (Carlo Rossi; 1775–1849) und vor allem die Neue Admiralität, ebenfalls in St. Petersburg (1806–1823). Hier schuf Andrejan Dimitrijewitsch Sacharow (1761–1811; ebenfalls in Paris und Rom ausgebildet) ein Gebäude in wahrhaft russischem Geist. Es ist groß – die Fassade

KATHEDRALE DER JUNGFRAU VON KASAN, ST. PETERSBURG, 1801–1811
A. N. Woronochins gewaltige Kathedrale für die Ikone Unserer Lieben Frau von Kasan wurde im klassizistischen Stil erbaut und ist sowohl von St. Peter in Rom als auch von Palladios Villa Badoer inspiriert. Sie öffnet sich in einem Halbkreis aus 96 korinthischen Säulen zum Newskij-Prospekt.

erstreckt sich über atemberaubende 400 m und endet beiderseits in je einem zwölfsäuligen Portikus – und zentriert sich in jener Art von Torbogen, die auf Boullée zurückgeht. Darüber erhebt sich ein exotisch anmutender Turm, der aus einem Potpourri von antikem Mausoleum (Halikarnassos) und barocker Kuppel besteht, bekrönt mit einer Laterne mit einer nadelähnlichen gotischen Spitze.

NEUE ADMIRALITÄT, ST. PETERSBURG, 1806–1823
Über dem Eingangstor dieses Meisterwerks von Andrejan Sacharow, dem führenden russischen Klassizisten, erhebt sich ein mit einem Säulenumgang versehener Turm mit goldener Spitze.

DIE EREMITAGE
Im 18. Jh. entstanden in Europa öffentliche Sammlungen. In Russland blühten unter der Schirmherrschaft Katharinas der Großen Wissenschaft und Künste. Katharina befahl den Bau einer großen Anzahl öffentlicher Gebäude, darunter die Russische Akademie der Wissenschaften und die erste öffentliche Bibliothek. Das Privatmuseum Katharinas der Großen, die Kleine Eremitage, entworfen von Vallin de la Mothe, wurde 1764 gegründet, als sie 255 Gemälde aus der Berliner Sammlung von Johann Ernest Gotzowski erwarb. Unter Nikolaus I. wurde die Eremitage neu errichtet (1840–1852). 1852 wurde das Museum, die Neue Eremitage, der Öffentlichkeit zugänglich gemacht.

Die
INDUSTRIE-
GESELLSCHAFT

M IT DEM HERANNAHEN DER INDUSTRIELLEN REVOLUTION SAH SICH DIE ARCHITEKTUR ZUM ERSTEN MAL SEIT JAHRHUNDERTEN EINER NEUEN HERAUSFORDERUNG GEGENÜBER. DIE DAMPFKRAFT, IN ENGLAND ERSTMALS ERFOLGREICH VON NEWCOMEN, WATT, TREVITHICK UND ANDEREN ERFINDERN UMGESETZT (ABER BEREITS 2000 JAHRE FRÜHER VON HERO DEM GRIECHEN POSTULIERT), ERMÖGLICHTE FABRIKFERTIGUNG, DAS PRESSEN UND DIE MASSENPRODUKTION NEUER MATERIALIEN UND NEUE KONSTRUKTIONSMETHODEN FÜR BRÜCKEN UND GEBÄUDE. AUF VIELERLEI ART PASSTEN DIESE NEUERUNGEN BESSER ZU DEN FÄHIGKEITEN EINES INGENIEURS DENN ZU DENEN EINES ARCHITEKTEN. DER KRISTALLPALAST, NACH PLÄNEN VON JOSEPH PAXTON INNERHALB WENIGER WOCHEN VOR DER LONDONER WELTAUSSTELLUNG VON 1851 GEBAUT, WAR DAS VIELLEICHT RADIKALSTE GEBÄUDE ALLER ZEITEN. ARCHITEKTEN SPOTTETEN DARÜBER, BETRACHTETEN ES MEHR ALS EINE SCHLOSSERARBEIT DENN ALS KUNST. WIE SEHR SIE SICH IRRTEN! HIER ENTFALTETE SICH EINE NEUE, IN DIE ZUKUNFT UND NICHT AN DER VERGANGENHEIT ORIENTIERTE RENAISSANCE.

KRISTALLPALAST, LONDON
Zu den innovativen Elementen der Konstruktion zählten die vorgefertigten Teile und die Ausnutzung der fortgeschrittenen Industrie- und Verkehrsstruktur im England des 19. Jh. Der Palast ist ein Vorbote dessen, was noch kommen sollte.

DIE INDUSTRIELLE REVOLUTION
MASCHINEN DES WANDELS

ISAMBARD KINGDOM BRUNEL
Isambard Kingdom Brunel, der vielleicht bedeutendste Ingenieur der britischen Industriellen Revolution, wurde 1806 als Sohn eines bekannten Ingenieurs geboren. Neben der Brücke in Clifton zählen die Einführung der Breitspureisenbahn, die Hochgeschwindigkeitsbahnen ermöglichte, sowie der Entwurf des ersten Dampfschiffs zur regelmäßigen Atlantiküberquerung (The Great Western, 1838) und der Great Eastern (1858), die das erste transatlantische Telegrafenkabel verlegte, zu seinen bemerkenswertesten Werken. Die Great Eastern war 40 Jahre lang das größte Schiff der Welt. Brunel starb 1859.

VORTEILE DER ERZE
Mitte des 18. Jh. waren die Wälder Großbritanniens gelichtet und oberirdischer Kohleabbau erwies sich als wenig ergiebig. Die Erfindung von Dampfpumpen ermöglichte den Abbau tiefer gelegener Kohleflöze. Gerade hatte man auch eine Methode entdeckt, Eisen unter Verwendung von Koks zu schmelzen. Dies alles führte zu einem deutlichen Anstieg der Eisen- wie der Kohlegewinnung. Großbritanniens reiche Eisen- und Kohlevorkommen schufen die Basis für den großen Entwicklungssprung des Landes.

DIE INDUSTRIELLE Revolution begann in den 50er Jahren des 18. Jh. in England. Die Anwendung verlässlicher Dampfkraft bei Fertigungsmaschinen, die Fähigkeit, Waren weltweit zu verschiffen und der stetige Aufstieg der arbeitenden Mittelklasse bildeten die Voraussetzungen dafür, dass Großbritannien die erste Industrienation wurde. Die Folgen waren, gelinde gesagt, gemischter Natur. Die Industrie brachte jenen Elend, die in den mechanisierten Betrieben ausgebeutet wurden, und zwang die Städte so stark zu wachsen, dass sie jenen keinen menschenwürdigen Lebensraum mehr zu bieten vermochten. Umweltverschmutzung, neue Gefahren und Krankheiten verbreiteten sich. Doch zugleich brachte die Industrielle Revolution manch Gutes mit sich. Dies erkannten Architekten oft nicht: Im Allgemeinen waren sie sich lange dessen nicht bewusst, was die neuen Entwicklungen für Möglichkeiten boten oder standen diesem Umstand gar feindlich gegenüber. Für sie drohte die Industrielle Revolution auch die Architektur zu mechanisieren und das Handwerk auszulöschen. Bis zu einem gewissen Grad waren diese Ängste begründet. Und trotzdem erwiesen sich die ersten architektonischen Früchte der Industriellen Revolution als recht schön. Viele wie die elegante Iron Bridge (Eisenbrücke), die den Severn in Coalbrookdale, Shropshire (1779), überspannt, befanden sich weit abseits des ästhetischen Pfads, den die Architekten beschritten: Überwiegend schufen Ingenieure die ersten Bauwerke des Industriezeitalters. Es dauerte viele Jahre, bis das Gros der Architekten bereit war anzuerkennen, dass Ingenieure auch schöne und dabei noch wirtschaftliche Bauwerke schufen. In

HÄNGEBRÜCKE VON CLIFTON, BRISTOL, 1830–1863
Brunels virtuos konzipierte, über eine tiefe Schlucht führende Hängebrücke hat eine Hauptspannweite von 214 m. Im ursprünglichen Entwurf sollten die gewaltigen Brückenpfeiler Sphingen und hieroglyphische Dekors tragen.

der Zwischenzeit waren die Architekten damit beschäftigt, sich in einer obskuren Schlacht der Stile aufzureiben, einer Schlacht, die mehr oder weniger bis zum Ersten Weltkrieg dauern sollte.

LEISTUNGEN DER INGENIEURTECHNIK

Zu den großartigen neuen Ingenieurleistungen, die auch Architekten inspirieren sollten, zählt die Clifton Suspenions Bridge, Bristol 1830–1863, von Isambard Kingdom Brunel (1806–1859); die grazile Eisenkonstruktion hängt an beiden Enden an imposanten Pfeilern in ägyptischem Stil. Dazu kommen die Eisenskelett-Lagerhäuser mit ihren dorischen Säulen aus Gusseisen, die sieben Ar der neuen Albert Docks in Liverpool (Jesse Hartley; 1845) bedecken, sowie der ausgezeichnete Boatstore an der Werft der Königlichen Marine in Sheerness (1858–1860). Bei Letzterem handelt es sich um das erste mehrstöckige Eisenskelettgebäude der Welt. Wie bei vielen Bürogebäuden ein Jahrhundert später waren die äußeren Holzpaneele nur angeklemmt.

Bis zur Industriellen Revolution lastete das Gewicht der Gebäude auf den Mauern. Nun bildeten die Wände, wenn der Architekt oder Ingenieur es so wollte, nur mehr eine Haut. Natürlich hatten dies schon Baumeister im subsaharischen Afrika bei der Konstruktion von Moscheen aus Lehm seit vielen Jahrhunderten praktiziert; doch Gusseisen und – ab 1856, als John

THE BOATSTORE, WERFT DER KÖNIGLICHEN MARINE, SHEERNESS, 1858–1860
Dieses fortschrittliche Gebäude misst 64 x 41 m und wird im Mittelschiff durch Oberlicht erhellt. Es zählt zu den frühesten Eisenskelettbauten, begonnen im letzten Jahrzehnt der industriellen Vorherrschaft Großbritanniens.

Bessemer dies möglich machte – Stahl sind viel belast- und haltbarer als Holz. Ein Blick auf den Boatstore von Sheerness, entworfen von Godfrey Thomas Greene, Direktor für Ingenieur- und Bauwesen bei der Admiralität, gibt zu erkennen, dass aufgrund der Konstruktionsweise das Bauwerk unendlich erweiterungsfähig war. Eine Architektur der Unentschiedenheit war geboren. Kein Wunder, dass die meisten Architekten das Schlimmste befürchteten.

JEREMY BENTHAM
Jeremy Bentham (1748–1832), geboren in London, war Philosoph, Ökonom und Rechtsgelehrter. Seine Lösungsvorschläge für soziale Probleme beeinflussten das Denken im 19. Jh. stark. Benthams Beitrag zur Architektur bildet sein Plan für das so genannte Panopticon (1787). Es bestand aus einer zentralen Rotunde mit einem nach innen weisenden Zellenrund, das so ständig zentral überwacht werden konnte. Dieses Modell sollte auch Einfluss auf die Planung von Krankenhäusern, Schulen und sonstigen Bauwerken nehmen, die der ständigen Überwachung bedürfen.

NATIONALBIBLIOTHEK, PARIS, 1859–1867
Die leichte, luftige Gestaltung des Lesesaals zeigt die Vorzüge der neuen industriellen Baumaterialien. Die Struktur zeigt auch, wie die bisher religiösen Bauwerken vorbehaltenen Formen nun für weltliche Projekte übernommen wurden.

DIE ANTWORTEN DER ARCHITEKTEN

Wie reagierten die Architekten auf die Herausforderungen und Chancen, die die Industrielle Revolution heraufbeschwor? Die meisten gingen auf Distanz. Einige fanden eine neue Stimme, indem sie die Sprache der Industriezivilisation annahmen. Zwei wichtige Prototypen für die Bürogebäude des 20. Jh. fallen auf, lange vor dem Emporwachsen ihrer amerikanischen Gegenstücke. Es handelt sich um Gardener's Warehouse in Glasgow (1855/56) von John Baird I. (1798–1859) und die Oriel Chamber in Liverpool (1864) von Peter Ellis (1804–1884). Ersteres besteht aus einem kräftigen Eisenskelett in venezianischer Verkleidung, Letzteres innen wie außen aus Gusseisen, es besitzt aber eine dekorative Brüstung und Erkerfenster, die keinen eigentlichen Vorläufer haben. Diese relativ bescheidenen Anfänge in Städten, die die neuen eisenverschalten Dampfschiffe (die auf manche Art Anregungen boten) bauten und beherbergten, lassen schon den neuen, zunehmend nüchterneren Stil erkennen.

DIE NEUE BILDUNG

Mit der Industrialisierung wurde es notwendig, Wissen nicht nur einer kleinen Elite, sondern auch der breiteren Öffentlichkeit zugänglich zu machen. Dies führte zum Bau großer öffentlicher »Lagerhäuser« des Wissens wie dem Britischen Museum in London (begonnen 1820) oder der Pariser Nationalbibliothek. In den USA wurde die grandiose Boston Public Library (1887–1893) zu einem »Palast für das Volk«.

In der Hand bedeutender Ingenieure sollte diese Konstruktionsweise bald nicht nur zu den großartigen Bahnhöfen des 19. Jh. führen, den Kathedralen ihrer Zeit, wie sie häufig genannt werden, sondern auch zu spektakulären Bauten wie dem Eiffelturm (1887–1889) des legendären französischen Ingenieurs Gustave Eiffel (1823–1923) oder der Galerie des Machines (1889). Diese beiden Ehrfurcht gebietenden Bauwerke wurden für die Internationale Weltausstellung von Paris, der Nachfolgerin der Londoner Weltausstellung im Jahre 1851, errichtet. Die Galerie des Machines entstand aus der erfolgreichen Zusammenarbeit zwischen einem Ingenieur (Victor Contamin, 1840–1893) und einem Architekten (Charles Dutert; 1845–1906) und wies so den Weg für die zukünftige fruchtbare Zusammenarbeit der beiden Berufe.

DIE VERWENDUNG VON EISEN

Pierre-François-Henri Labrouste (1801–1875) machte beim Bau des großartigen, fast byzantinischen Inneren der Pariser Nationalbibliothek (1859–1867) gewagten Gebrauch von Gusseisen und Metall. Labrouste hatte in den 40er Jahren des 19. Jh. in der Bibliothek von Ste-Geneviève in Paris erfolgreich mit einer Innengestaltung in Gusseisen experimentiert. In der Nationalbibliothek nun zeigt sich absolute Sicherheit im Umgang mit dem neuen Material. Der Hauptlesesaal ist mit neun zierlichen Pendentifkuppeln aus Terrakotta überdacht. Jede weist in der Mitte eine Öffnung auf (im Gegensatz zu der in der Kuppel des Pantheon, Rom, jedoch verglast), das den Raum mit Tageslicht erfüllt, ohne zu stören. Schmale gusseiserne Säulen und Bögen tragen die Kuppeln. Der Gesamteindruck ist zierlich, fast zeltartig. Auch die Büchermagazine sind aus Gusseisen und so konstruiert, dass das Tageslicht bis in die untersten Ebenen vordringen kann. Der Zentralbereich des Magazins ist mit Metallgitterbrücken überspannt, ein Mittel, das Architekten ein Jahrhundert später in Frankreich und Großbritannien erneut aufgreifen sollten.

Die Kirche St-Eugène in Paris (1854–1855) von Louis-Auguste Boileau (1812–1896) erscheint von außen streng gotisch. Im Innern jedoch entdeckt man überrascht, dass Pfeiler, Kapitelle, Gewölbe und Bögen aus Eisen gefertigt sind. Das hätte die leidenschaftlichen Vertreter der Neugotik schockiert, die eine mittelalterliche Welt wieder zu erschaffen suchten, doch es war

TURBINENGEBÄUDE, MENIER-FABRIK, NOISIEL-SUR-MARNE, 1871–1872
Das Eisenskelett von Saulniers außergewöhnlichem Gebäude ist eine selbsttragende Konstruktion, die große Fenster und eine Curtain Wall, eine nicht tragende, vorgehängte Fassade, zulässt.

eine tragfähige, elegante und wirtschaftliche Lösung. Unabhängig von seinen Vorzügen war Gusseisen nun bei Innengestaltungen akzeptiert, nicht jedoch bei der Außengestaltung. Eisenrahmen konnten zu Recht als das Skelett eines Gebäudes betrachtet werden, seine Haut sollte aber aus etwas anderem bestehen – üblicherweise Stein –, so wie es in den gezeigten Beispielen und auch bei dem reizenden Universitätsmuseum in Oxford (1854–1860) von Benjamin Woodward (1815–1861) der Fall ist.

Das Museum umfasst eine Sammlung von Saurierskeletten. Diese hat man unter einem zierlichen Gewölbe aus Gusseisen in einem Wald aus ebensolchen Säulen ausgestellt, die dem Knochengerüst der Saurier gleichen. Umgeben ist diese Halle mit einem Gebäude in einem merkwürdig venezianisch-gotischen Stil (in Kombination mit der Küche der mittelalterlichen Abtei von Blastonbury), den damals der bedeutende viktorianische Kunstkritiker John Ruskin förderte (siehe S. 154 f.). Ruskin schimpfte auf die Industrialisierung und dessen Architektur.

EINE ARCHITEKTONISCHE MISCHUNG

Die Architekten setzten sich also damit auseinander, was mit den neuen Materialien anzufangen sei. Ihre Verwirrung drückt sich häufig in Bauwerken aus, die trotzdem reizend sind, z. B. der Schokoladenfabrik Menier in Noisiel-sur-Marne (1871–1872) von Jules Saulnier (1828–1900). Sie wirkt wie eine

UNIVERSITÄTSMUSEUM, OXFORD, 1854–1860
In einen Rahmenbau in gotisch-venezianischem Stil hat Woodward einen Wald gusseiserner Stützen gestellt, die ein zierliches Glasgewölbe tragen, unter dem Saurierskelette ausgestellt sind.

kleine Pralinenschachtel und ist eine brillante Mischung aus dekorativer Gestaltung und baulichem Erfindungsgeist. Die gekreuzten Eisenbalken ihres Skeletts sind außen sichtbar, doch werden sie von farbenfrohen Ziegeln aufgewogen, die ihre Form aufgreifen. Die Fabrik ist eine perfekte Anlage zur Schokoladenherstellung, sie besitzt den richtigen dekorativen Touch und ist auch energieeffizient: Sie steht auf mächtigen steinernen Trägern über einem Fluss, dessen Wasser die Maschinen antreibt.

Eisengebäude blieben im Wesentlichen Aufgabe der Ingenieure. Selbst Ende des 19. Jh. noch nutzten Architekten Eisen primär zu Dekorationszwecken wie an den Eingängen der Pariser Métro von Hector Guimard (1867–1942).

DER KRISTALLPALAST

Eines der radikalsten und bedeutendsten Bauwerke aller Zeiten, der Kristallpalast (1850–1851), war vielleicht der Parthenon der Industriellen Revolution. »War« muss man sagen, da ein Feuer diesen großartigen Tempel aus Glas und Eisen 1936 zerstörte. Er hatte 85 Jahre überdauert und war in dieser Zeit von seiner ursprünglichen Heimstatt im Hyde Park im Zentrum Londons nach Sydenham in Süd-London versetzt worden. Doch war der Kristallpalast stets nur als temporärer Bau gedacht.

Er war das Meisterwerk von Joseph Paxton (1801–1865), einem Gartenarchitekten, der in den 40er Jahren des 19. Jh. mit der Konstruktion leichter Palmen- und Lilienhäuser in den Gärten von Chatsworth House, Derbyshire, experimentiert hatte. Der Kristallpalast wurde im allerletzten Moment für die Weltausstellung von 1851 entworfen und gebaut. Die Ausstellung, die sechs Millionen Menschen besuchten, bildete für Großbritannien eine Gelegenheit, die Früchte der Industriellen Revolution zu präsentieren. Paxton verwendete beim Kristallpalast ein Maximum an Tafelglas – 300 000 Scheiben!

Die Konstruktion wurde deshalb gewählt, damit sie so schnell wie möglich von angelernten Arbeitern

KRISTALLPALAST, 1850–1851
Paxtons Konstruktion, ausgewählt aus 250 konkurrierenden Entwürfen, maß 564 m in der Länge (1851 Fuß, was der Jahreszahl der Fertigstellung entspricht). Der Bau wurde von 2000 Arbeitern binnen drei Monaten ohne Gerüst vollendet – zweifellos ein Wunder des Industriezeitalters.

LLOYD'S BUILDING, LONDON 1978–1986

Richard Rogers zentrales Atrium im Lloyd's Building zitiert Paxtons Glaspalast. Es ist mit zwölf Büroebenen Sitz von Lloyd's; an seiner Außenseite verlaufen Versorgungsschächte und Aufzüge. Ende des 20. Jh. zeigt dieser Hightech-Geldpalast, wie weit die Verwendung von Stahl und Glas inzwischen gediehen ist.

Natur wie der neuen Technologie verpflichtet. Er hatte den Aufbau der riesigen Blätter der Wasserlilien in Chatsworth House, Derbyshire, studiert, so wie es ein Steinmetz im Mittelalter vielleicht getan hat, der über die optimale Form des Gewölbes über einem Kirchenschiff nachdachte. Was er daraus lernte, war, dass das Lilienblatt die größtmögliche Stabilität bei leichtest möglicher Konstruktion bot. Eisen und Glas konnten eingesetzt werden, um Ähnliches in der Baukunst zu erreichen.

DIE EISENBAHNEN

Viel profitierte Paxton auch vom Aufkommen der Eisenbahn, die den Transport der verschiedenen Teile des Gebäudes von der Gießerei bis zur Baustelle erheblich beschleunigte. Die erste dampfbetriebene Hauptstrecke wurde 1830 zwischen Liverpool und Manchester eröffnet und Birmingham, wo viele Komponenten des Kristallpalastes hergestellt wurden, war seit 1837 mit dem Bahnhof Euston in London verbunden. Der Kristallpalast war in jeder Hinsicht ein neuer Typus von Bauwerk. Er benutzte nicht nur die neuen Materialien und Formen der Industriearchitektur, sondern nutzte die Errungenschaften der Industriegesellschaft insgesamt. Er war wahrhaftig eine Frucht der Industriellen Revolution in Großbritannien.

»Über den Besuchern erhob sich ein glitzernder Bogen — weit höher und geräumiger als die Gewölbe selbst unserer vornehmsten Kathedralen«
THE TIMES

errichtet werden konnte. Es handelte sich um das weltweit erste große vorgefertigte Gebäude aus modernen Materialien. Es wies den Weg zu einer neuen Form des Bauens, frei vom Stil und den Materialien, die die Architektur von Mesopotamien bis ins England des 19. Jh. bestimmt hatten. Es kündigte die großartigen verglasten Gebäude des späten 20. Jh. – die Bürokomplexe und Einkaufspassagen – an. Viele Architekten empfanden den Kristallpalast 1851 als eine Bedrohung oder betrachteten ihn, so sie kein Gefühl für die Zukunft besaßen, als ein riesiges Gewächshaus und nicht als ordentliche Architektur. Letztlich war der Palast nicht nur Vorreiter der Stahl-Glas-Konstruktionen des 20. Jh., sondern blieb den modernen Architekten stets im Gedächtnis. Betrachten Sie das großartige, von Richard Rogers entworfene Glasatrium des Lloyd's Building (1978–1986) in der Londoner Innenstadt: es verdankt Paxtons Kristallpalast sehr viel. Paxton war übrigens ebenso sehr der

DER KRISTALLPALAST IM BAU

Das Gebäude setzt sich aus Millionen identischer, vorgefertigter Einheiten in einem Netz aus stabilisierenden Röhren zusammen. Dieses Netz konnte mittels Stützen, die an seinen Knotenpunkten festgemacht wurden, in Minutenschnelle aufgerichtet werden.

EISENBAHNEN

GESTALTUNG IM ZEITALTER DER DAMPFMASCHINE

STRECKENARCHITEKTUR
Ingenieure verliehen
zunächst Brücken, Tunneln
und Viadukten das
Aussehen römischer oder
mittelalterlicher Bauten.
Die oben gezeigte
Tunneleinfahrt in Clayton
an der Eisenbahnlinie
London–Brighton ist wie
ein mittelalterliches Burgtor
mit Türmen und Zinnen
gestaltet. Mit der Zeit ließen
es dann die Eisenbahn-
gesellschaften zu, dass die
eindrucksvollen
Ingenieurarbeiten für sich
allein sprechen.

DIE ERSTEN EISENBAHNGEBÄUDE spiegeln unter dem Aspekt, was fällt in den Bereich der Ingenieurtechnik und was in den der Baukunst, das zwiespältige Denken des 19. Jh. wider. Die Schwierigkeiten, denen sich die Pioniere unter den Eisenbahngesellschaften gegenübersahen, lagen darin, Kundschaft zu gewinnen und die ungewohnte Welt aus Dampf, Rauch und hämmerndem Kolbenhub zu bändigen. Heute wirkt es geradezu rührend, wie frühe Lokomotivingenieure ihre eisernen Rösser mit klassizistischen Verzierungen versahen: Ein hoher Schornstein konnte zu einer kannelierten dorischen Säule werden, eine Haube auf einem Heizkessel wie ein dampfender Vesta-Tempel von Tivoli gestaltet sein. Doch entwickelten sich die Lokomotivbauer ebenso schnell wie ihre Maschinen; alsbald fanden sie, dass die Ästhetik der Lokomotive, die sich ganz natürlich aus ihren wesentlichen Elementen ergab, an sich schon gut sei. Im Laufe der Zeit wurden die Lokomotiven zu viel geliebten (und heute stark vermissten) Teilen der Landschaft.

Doch wie sollten Bahnhöfe, Brücken oder Tunnelöffnungen aussehen? Ganz einfach: Die ersten Eisenbahnarchitekten schlugen in ihren Musterbüchern nach. So entstanden Bahnhöfe und andere -bauten in jedem nur erdenklichen Stil. So konnten sie die Gestalt griechischer Tempel, römischer Bäder, mittelalterlicher Kirchen, von Landhäusern oder Verwaltungspalästen annehmen, aber nie als neuer Bautyp für sich selbst sprechen. Noch immer mussten Passagiere durch derartige architektonische Täuschungsmanöver geworben werden; wie dem auch sei: Die Ergebnisse waren oft köstlich.

BRITISCHE BAHNHÖFE

Die Eisenbahn nahm in England ihren Ausgang. Richard Trevithick, Ingenieur aus Cornwall, führte eine seiner ersten Lokomotiven, die »Catch-me-who-can« (»Hol-mich-ein-wer-kann«), auf einem Rundgleis vor – an der Londoner Euston Road, an der dann seit 1837 die London & Birmingham Railway in griechischem Glanz endete. (Der heutige Bahnhof Euston, 1967 erbaut, ist weder griechisch noch römisch, nur noch grau.) Als die Great Northern Railway einige hundert Meter östlich von King's Cross 1852 ankam, bevorzugte man für ihre Endstation einen ansehnlichen, schlichten Arkadenstil, der mit seinen gelben Ziegelsteinen die funktionale Erhabenheit römischer Brücken und Aquädukte hervorrief. Der Bahnhof war das Werk von Lewis Cubitt (1799–1883) und wurde von den frühen Architekten des Modern Movement stets dem märchenhaften neugotischen Baukomplex von St. Pancras vorgezogen, der seit Mitte der 60 Jahre des 19. Jh. die Midland-Bahn empfing. Der Bahnhof St. Pancras (1864–1868) war aber auch ein Triumph der Ingenieurkunst. Nur musste William Barlow (1812–1902) seine viel bewunderte Peronhalle hinter Sir George Gilbert Scotts Grand Midland Hotel (1865–1871) verstecken. Barlows Halle aus Eisen und Glas war wunderbar; mit 74 m

BAHNSTEIGHALLE VON ST. PANCRAS, LONDON, 1864–1868
Die Bahnsteighalle von Barlow nimmt mit ihrem angedeuteten Spitzbogen die gotischen Elemente an den Außenseiten des *Bahnhofsgebäudes auf. Links im Hintergrund sieht man das Grand Midland Hotel von Scott.*

VICTORIA-BAHNHOF, BOMBAY (MUMBAI), INDIEN, 1887
Die Mischkreation von Frederick Stevens zeigt dessen Vorliebe, die europäische Neugotik mit einheimischen Architekturformen zu verquicken – hier mit Elementen des indisch-islamischen Stils.

eine ausgeklügelte Konstruktion, Ingenieurleistung und Stadtplanung.

DER GESCHWINDIGKEITSRAUSCH

Eine sehr wichtige Folgeerscheinung der Eisenbahnen war, dass sie auch den Architekten und Ingenieuren erlaubten neue Ideen und Materialien mit einer nie gekannten Geschwindigkeit durch Länder und Erdteile zu transportieren. Das hatte seine guten und schlechten Seiten. Es bedeutete, dass fähige Architekten angestellt werden konnten, um in bisher vernachlässigten Städten den Standard zu erhöhen. Doch bestand zugleich die Gefahr, dass Gebäude und Städte einander immer ähnlicher wurden. Die massive Verbreitung von Ziegelhäusern im viktorianischen England etwa wurde u. a. erst durch das weitläufige britische Eisenbahnnetz ermöglicht.

CARACALLA-THERMEN, ROM, 212–216
Dieser riesige Komplex konte über 1500 Badende aufnehmen und umfasste Räume für die körperliche Ertüchtigung, Bibliotheken, Galerien und Gärten. Die Bäder, erbaut unter Kaiser Caracalla, waren 300 Jahre in Gebrauch.

Breite und 30 m Höhe konnte sie sich der größten Spannweite rühmen. Eisenstangen, die unterhalb der Bahnsteige verliefen, stabilisierten dieses großartige Dach. Viele Jahrzehnte lang sollten fortschrittlich denkende Architekten missbilligend auf die unstimmige Mischung aus Barlows funktionalem Meisterwerk und Scotts absonderlichem Fantasiegebilde blicken.

SPÄTERE FANTASIEBAUTEN

Der 1887 eröffnete Victoria-Bahnhof in Mumbai (Bombay), von Frederick Stevens (1848–1900) in einer bunten Mischung aus indo-sarazenischem und neugotischem Stil gestaltet, ruft bei ausländischen Reisenden meist ein Lächeln hervor. Doch die großartigsten Beispiele dafür, wie Bahnhöfe erfolgreich wiederbelebte historische Stile aufnahmen, sollten erst kurz vor dem Ersten Weltkrieg entstehen. Sie standen in New York, in Manhattan. Es handelt sich um den Pennsylvania-Bahnhof (1902–1911; aus keinem triftigen Grund 1963 abgerissen) von McKim, Meade & White und um den Zentralbahnhof (1903–1913) von Reed und Stem, Warren & Whitmore. Beide hatten ihre Vorbilder in den öffentlichen Monumetalbauten des alten Rom und beide waren Musterbeispiele für

PENNSYLVANIA-BAHNHOF, STADT NEW YORK, 1902–1911
Eindeutig von den öffentlichen Bauten des alten Rom beeinflusst wies diese monumentale Eingangshalle eine klare Funktionalität auf. Sie erlaubte ein Maximum an Bewegungsfreiheit zwischen den verschiedenen Bahnhofsbereichen und diente als beeindruckendes Tor zur Stadt.

INDUSTRIESTÄDTE
HÄUSER FÜR DIE ARBEITER

DIE ARCHITEKTURGESCHICHTE ist primär eine Geschichte großartiger Bauwerke, solcher, die die Kunst des Bauens voranbrachten und dem Bild entsprechen, das wir uns von den verschiedenen Gesellschaften machen. Die gewöhnlichen, alltäglichen Gebäude, in denen das Gros der Menschen im Lauf der Geschichte gewohnt hat, werden jedoch entweder vergessen oder gelten als Sache der Archäologen: Lehm-, Flechtwerk-, Strohhütten, Holzschuppen. Mit dem 19. Jh. indes wird es unmöglich, normale Wohnhäuser zu ignorieren.

Die Industrielle Revolution zog nicht nur die arbeitende Bevölkerung zu tausenden vom Land in die Städte, sondern entfachte nun, wo Häuser als Massenware hergestellt werden konnten, auch einen Boom in der Bauindustrie. Die fabrikmäßige Produktion wandte man nun auch beim Bau von Häusern für Industriearbeiter an. Die neuen Eisenbahnen trugen dazu bei, dass rund um die Bahnhöfe, neben den Viadukten, entlang der Kanalufer und im Schatten der rauchenden Fabrikschlote Massenwohnungen – Reihe auf Reihe Häuser aus rotem Backstein – entstanden. Die Städte veränderten sich für immer, zuerst in Großbritannien, dann im übrigen Europa, in den Vereinigten Staaten und allmählich in der gesamten restlichen Welt.

SLUM-ALTERNATIVEN

Die Geschwindigkeit, mit der diese Slums errichtet wurden, war ebenso verblüffend wie das Tempo, mit dem das Schienennetz ausgebaut wurde, wiederum zunächst in Großbritannien und dann in den Vereinigten Staaten. Die Industriestadt war geboren. Die Probleme, die sie aufwarf, konnten Architekten alleine nicht lösen. Da man die Massenwohnungen ohne besonderes Augenmerk auf die sanitäre Versorgung – Abwasser, fließendes Wasser, Licht, Frischluft – anlegte, wurden die Industriestädte Opfer furchtbarer Epidemien.

Nun war ein neuer Typ des Entwerfers gefragt, der Stadtplaner, der in größerem Zusammenhang denkt, sich überlegt, wie eine Stadt funktionieren und ein gesunder und angenehmer Lebensraum sein könnte. Die Rolle des Stadtplaners sollte sich erst im Lauf des folgenden Jahrhunderts allmählich entwickeln. In der Zwischenzeit blieb es Philanthropen, Kritikern und Erzählern mit sozialem Gewissen, wie Dickens, überlassen, Zeter und Mordio zu schreien und tatkräftiges Handeln zu fordern, um den Lebensstandard jener zu erhöhen, die dazu verdammt waren, im industriellen Sumpf zu leben. Als Erstes gingen Ingenieure Probleme wie die Stadreinigung, den Bau adäquater Abwasserkanäle und die Wasserversorgung an.

Es war indes nicht so, dass alle Industriellen den erbärmlichen Bedingungen, in denen ihre Arbeiter

TODMORDEN, WEST YORKSHIRE, ENGLAND
Die Baumwollindustrie prägte Todmorden. Über den Rochdale-Kanal und die Eisenbahnstrecke Manchester–Leeds wurde die Kohle für die dampfbetriebenen Webstühle herbeigeschafft.

LOWER ROAD, PORT SUNLIGHT VILLAGE, CHESHIRE, BEGONNEN 1888
William Hesketh Lever ließt Port Sunlight Village bauen, um die Kultur-, Sport- und Wohnbedürfnisse der Arbeiter seiner Seifenfabrik zu befriedigen.

Großbritannien stand nicht alleine, aber dort traten die Probleme zuerst auf und wurden zuerst in Angriff genommen. Die radikalste Lösung der Zeit war die Anlage von Gartenstädten, wie sie der Sozialreformer Ebenezer Howard als Erster entwarf. Howard stellte sich ein Netz selbstversorgender Städte von bis zu 35 000 Einwohnern vor, um so das Wachstum großer Geschwüre wie London, Birmingham und Manchester aufhalten zu können. Letchworth, Hertfordshire, war die erste dieser idealen Städte (begonnen 1903). Allerdings war sie nach recht exzentrischen Gesichtspunkten angelegt und bildete anfänglich ein

HONORÉ DAUMIER
Der Karikaturist, Maler und Bildhauer Honoré Daumier (1808–1879) ist für seine Cartoons und Zeichnungen bekannt, in denen er die französische Gesellschaft des 19. Jh. auf die Schippe nimmt. 40 Jahre lang war er in Paris als Karikaturist tätig, wobei er gut 4 000 Lithografien und ebenso viele Zeichnungen ausführte. Er verspottete die Mittelklasse und stellte die Armut ohne Sentimentalität dar. Dank seiner Arbeiten wurde die Aufmerksamkeit auf die negativen Auswirkungen der Industrialisierung gelenkt.

lebten, gleichgültig gegenüberstanden. Es stimmt, Arbeitskraft war im 19. Jh. spottbillig. Doch als die in den Fabriken produzierten Maschinen – etwa die Lokomotiven, die die Industrielle Revolution vorwärts trugen – komplexer wurden und nicht nur fertigende Hände, sondern auch ausgebildete Arbeitskräfte erforderten, wurde Facharbeit zunehmend wertvoll. Es waren die Unternehmer selbst, viele von ihnen von religiösen Überzeugungen getrieben, die begannen Architekten einzustellen, um für ihre Arbeiter Mustersiedlungen zu errichten. Der Textilfabrikant Titus Salt beauftragte die Architekten Lockwood und Mason für seine Belegschaft in Saltaire, Yorkshire (ab 1851), hübsche Häuser im italianisierenden Stil zu bauen. Im selben Jahr gab Prinz Albert in London – als Begleitprojekt zur Weltausstellung – Modellhäuser für Arbeiter in Auftrag. Sir Giles Gilbert Scott wurde 1859 gebeten in Ackroyd, Halifax, Yorkshire, Häuschen für Mühlenarbeiter zu entwerfen. Andere Industrielle folgten. So bauten die Quäker und Schokoladenhersteller Rowntree und Cadbury vorbildliche Siedlungen in New Earswick, York (1902), und Bournville (1895) oder der Seifenhersteller Lever in Port Sunlight, Cheshire (1888); schließlich zogen die Behörden nach.

PLANUNG DER INNENSTÄDTE

In den 90er Jahren entwarfen die jungen, von den Schriften John Ruskins und William Morris' durchdrungenen Architekten des neu gegründeten London County Council einige der schönsten innerstädtischen Wohnkomplexe ihrer Zeit: Der erste war Boundary Estate, Shoreditch, Ost-London, in einem eleganten Arts-and-Crafts-Stil.

Paradies für Vegetarier, Abstinenzler, naturheilkundliche Spinner und für Leute in Sandalen und Kitteln, die nordische Sagen von William Morris lasen. Arbeiter aus London kamen allenfalls bei Ausflugsfahrten mit preiswerten Tagesrückfahrkarten der Great Northern Railway dorthin, um sich über die Bevölkerung lustig zu machen. Das Problem der Massenwohnungen und des Wachstums der Industriestädte sollte zu einem Hauptthema werden, das viele der besten Architekten im 20. Jh. und darüber hinaus beschäftigte.

LETCHWORTH, HERTFORDSHIRE, ENGLAND, BEGONNEN 1903
In der Gartenstadt Letchworth liegen die öffentlichen Bauten und Plätze auf einem zentralen Areal, das Wohngebiete – von Vorortvillen bis zu Arbeiterhäusern – umgeben.

AUGUSTUS PUGIN
DAS MENSCHLICHE FEUERWERK

»ICH BIN EINE SOLCHE LOKOMOTIVE, immer sause ich umher.« Augustus Welby Northmore Pugin (1812–1852) ist einer der Hauptvertreter der Neugotik, die in den späten 30er Jahren des 19. Jh. in Europa entstanden war und bemerkenswert schnell weltweit Fuß fasste. Als Sohn Auguste Pugins, der vor der Französischen Revolution nach London geflohen war, wo er der Hauptassistent von John Nash wurde, wünschte Pugin nichts sehnlicher, als die mittelalterliche, katholisch geprägte Welt zurückzuholen. (Der katholische Glaube, von Heinrich VIII. in den Untergrund gedrängt, wurde erst 1829 wieder offiziell zugelassen.) Pugin hatte kein Problem

A.W. N. PUGIN
Pugins Privatleben war weniger erfolgreich als sein ambitioniertes Berufsleben. Innerhalb von 20 Jahren war er dreimal verheiratet.

mit der neuen Technik; er benutzte die Eisenbahn ausgiebig, um kreuz und quer durch Großbritannien zu reisen und Kirchen, Pfarrhäuser und Klöster, wo immer eine wiederbelebte katholische Gemeinde solches wünschte, zu errichten.

Als Folge der früheren Unterdrückung hatten die Katholiken viel aufzuholen und Pugin war ihr Hauptarchitekt. Er baute zahlreiche gotische Kirchen, oft zu schnell und mit zu kleinem Budget, als dass sie seinen ehrgeizigen, romantischen Entwürfen hätten gerecht werden können. Seine schönsten Kirchen, die auf die Entwicklung der Neugotik großen Einfluss ausübten, sind St. Giles, Cheadle (1841–1846), und St. Augustine, Ramsgate (1845–1851). St. Giles ist eine stolz ausgestaltete Steinkirche mit einer hohen Turmspitze; ihr Inneres mutet wie Aladdins Höhle auf Neugotisch an, eine Abfolge magischer Räume, jeder Quadratzentimeter bedeckt von herrlichen polychromen Ornamenten. Wie bei all seinen Projekten, auch den Houses of Parliament (Westminster Palace; mit Charles Barry, ab 1836) in London, hat Pugin selbst das kleinste Detail entworfen.

GALIONSFIGUR DER NEUGOTIK
Pugin war nicht nur ein wunderbarer Designer von Möbeln, Stoffen, Gewändern, Kirchensilber, Keramik und Bleiglas, sondern auch ein streitlustiger Autor – zu nennen ist insbesondere sein Buch *The True Principals of Christian or Pointed Architecture* (1841). Diese Publikation hatte bedeutenden Einfluss auf die Architektur der Neugotik und Ende des 19. Jh. auf die Arts-and-Crafts-Bewegung. Letztlich finden sich aber auch noch im Denken des Modern Movement, im Funktionalismus und Internationalen Stil des 20. Jh. Gedanken Pugins. Für Pugin sollte ein Gebäude lediglich die für die Konstruktion, Funktion und Bequemlichkeit notwendigen Elemente aufweisen, Verzierungen dagegen sollten

ZENTRALE LOBBY, HOUSES OF PARLIAMENT, LONDON
Pugin zeichnete nicht nur für die Fassaden- und Innengestaltung der Houses of Parliament verantwortlich, sondern auch für die Gestaltung der Ausstattungsstücke bis hin zu den Tintenfässern. Seine Entwürfe sind bis heute erhalten.

»Nur eine Restauration des Gefühls und der Empfindungen, nur diese allein können die gotische Architektur wieder aufleben lassen.«

AUGUSTUS WELBY NORTHMORE PUGIN

PUGINS HAUPTWERKE

Houses of Parliament, London (mit Barry), *1836–1868*
St. Wilfrid, Hulme, Manchester, *1839–1842*
St. Giles, Cheadle, Staffordshire, *1841–1846*
Kathedrale von Nottingham, *1842/43*
The Grange, Ramsgate, Kent, *1843/44*
St. Augustine, Ramsgate, Kent, *1845–1851*

THE GRANGE, 1843 / 1844, UND ST. AUGUSTINE, 1845–1851, RAMSGATE, KENT
Pugins Zeichnung zeigt links sein Haus, The Grange, und rechts St. Augustine. Seine asymmetrischen Anlagen sollten entscheidenden Einfluss auf die viktorianische Architektur haben.

sich auf das Wesentliche beschränken. Er war gegen jede Form von Täuschung, spottete über Bauten in märchenhaft historisierenden Stilen – ob chinesisch, ägyptisch, griechisch, römisch, indisch oder romantisch. Für ihn stellten diese nur eine billige Architektur aus Pappe dar. Die »romantische Schauergotik« bildete die Vorläuferin der vollblütigen englischen Neugotik, die Pugin vorantrieb, und war das Nebenprodukt einer literarischen Bewegung, die Horace Walpoles *The Castle of Otranto*, 1765, und William Beckfords *Vathek*, 1787, hoch schätzte. Die Neugotik dagegen war ein architektonisches Abenteuer, aus religiösem Gefühl und als Reaktion auf den damals häufig schon ermüdeten Klassizismus eingegangen. Sie erreichte ihren Höhepunkt in England, als Pugin gebeten wurde dem Klassizisten Barry zu helfen, den Eingang des Parlamentsgebäudes neugotisch auszugestalten.

Pugin begann seine Laufbahn im Alter von 15 Jahren: Damals entwarf er für Georg VI. in Schloss Windsor neugotische Möbel. Pugin wurde dann Bühnenbildner in Covent Garden, bevor er 1831 zum katholischen Glauben übertrat, mit seiner ersten Frau Anne durchbrannte und sein erstes Haus, St. Marie's Grange, Alderbury (1835–1836) baute. Der Ort liegt bei Salisbury, das eine großartige mittelalterliche Kathedrale besitzt. Später zog er nach Ramsgate, wo er The Grange (1843–1844) errichtete, ein Haus, das auf das Meer blickt und einen asymmetrischen Grundriss besitzt. Dieser war stärker an den Bedürfnissen seiner Familie ausgerichtet, als dem Diktat von Architekturstil oder -theorie

unterworfen. The Grange spielte in der Entwicklung der Hausarchitektur des späteren 19. Jh. eine Schlüsselrolle. Als passionierter Segler machte er seine Skizzen sogar, wenn er auf See dümpelte. Viele seiner Bootsfahrten führten nach Frankreich, wo er Antiquitäten des Mittelalters sammelte. Ein schlagfertiger, leidenschaftlicher, fröhlicher, aber rechthaberischer Mann, der ein bewegtes Leben ganz nach seinem Gusto führte, unterstützt von einem emsigen Team aus Handwerkern und Bauarbeitern, die intuitiv verstanden, worauf dieses menschliche Feuerwerk zielte. Da man ihn wegen eines Augenleidens mit Quecksilber behandelte, fiel er in geistige Umnachtung und wurde in Bedlam eingewiesen. Seine dritte Frau holte ihn jedoch nach Hause, wo er noch einen Wetterhahn für einen Kirchturm zeichnete und dann starb. Er wurde 40 Jahre alt.

DER KÖNIGSTHRON, HOUSE OF LORDS (OBERHAUS), VOLLENDET 1847
Pugin hatte mit dem Entwurf von Möbeln für Schloss Windsor in seiner Jugend Referenzen für diesen späteren Auftrag erworben.

DIE NEUGOTIK
EIN WELTWEITER BAUSTIL

> »Architektur muss in zwei Bereichen wahrhaftig sein. Sie muss dem Programm treu sein und den Konstruktionsmethoden.«
>
> VIOLLET-LE-DUC

DIE NEUGOTIK erreichte jeden Teil der Welt, auch wenn sie der ureigenste Stil des hochviktorianischen England ist. Auf einer Welle wieder aufgelebten leidenschaftlichen Christentums begleitete sie Missionare, wohin auch immer ihr Weg sie führte. Deshalb findet man sie in Melbourne, Shanghai, Mumbai (Bombay) und sogar in Nagasaki und Seoul, wenn auch nur noch in Relikten.

Die Neugotik besaß für die Architekten in der Nachfolge Pugins jedoch nicht nur religiöse Anziehungskraft. Sie stellte für die jungen Planer jener Zeit auch eine befreiende Kraft von den Zwängen des Klassizismus dar. Dies war natürlich nur eine, allerdings von vielen geteilte Sichtweise. Denn nach wie vor bewiesen Architekten wie der »Griechen-Thomson« in Glasgow und Cuthbert Brodrick (1822–1905), der das Rathaus von Leeds (1853–1859) entwarf, dass die klassizistische Tradition noch lang nicht ihre Kraft verloren hatte. Doch wie schon Newton im 17. Jh. mit seinem Dritten Bewegungsgesetz bewies – zu jeder Aktion gibt es eine gleichwertige, entgegengesetzte Reaktion.

Die Neugotik in England war vielleicht auch Ausdruck des gewachsenen Vertrauens in die eigene Geschichte und künstlerischen Werte, etwa im Gegensatz zu französischen oder italienischen. Großbritannien war nun auf der Höhe seiner Kräfte und bis zur Ablösung durch die Vereinigten Staaten gegen Ende des Jahrhunderts das mächtigste und größte Reich der Welt. Einem jungen Architekten der 40er und 50er Jahren des 19. Jh. war die Kathedrale von Salisbury mehr wert als alle Kirchen und Villen Andrea Palladios.

NEUE BAUTYPEN

Das 19. Jh. brachte viele neue Bautypen hervor – Rathäuser, Opernhäuser, Gerichtshöfe, Bahnhöfe und Grandhotels – und das Gotische als, wie Pugin zeigte, flexible Gestaltungsform wurde erfolgreich Entwürfen aller Art aufgedrückt. Der Königliche Gerichtshof in London (1874–1882) von George Edmund Street (1824–1881) vereint meisterlich überwiegend gotische Formen des 14. Jh. aus ganz Europa, die sich um eine aufregende neugotische Eingangshalle scharen.

Ebenso beeindruckend ist Alfred Waterhouses pompöses Rathaus in Manchester (1868–1872), ein Gebilde aus Türmen und Spitzen, das auf einem schwierigen dreieckigen Grundstück arrangiert wurde. Im Innern wurde jedes Detail bis

KÖNIGLICHER GERICHTSHOF, LONDON, 1874–1882
1866 gewann Street den Wettbewerb zum Bau dieses Gerichtshofes. Die Gebäude sind in neugotischem Stil erbaut und um einen riesigen Innenhof gruppiert. Die Große Halle ist besonders beeindruckend.

hinunter zu den Spülkästen in den beeindruckenden Wascräumen sorgfältig durchdacht. Die Büroräume gehen von Fluren ab, die komplexe und lohnende Blicke auf Abfolgen von Spitzbögen, gewundene Treppen und reiche Marmorflächen bieten.

Die Neugotik wurde, auch wenn man sie Gebäuden jedweder Art dienstbar machte, meist jedoch, wie es zu erwarten ist, für Kirchen genutzt. Zwar sind viele dieser Bauten ohne Schwung, doch gibt es auch viele Ausnahmen. In England zählt William Butterfield (1814–1900) zu den erfindungsreichsten Vertretern der Neugotik. Auf der einen Seite ein Verehrer Pugins, war er zugleich ein Meister der »strukturellen Vielfarbigkeit«: Kirchen wurden in einer bunten Mixtur aus farbigem Stein und bunten Ziegeln gebaut, ihr Inneres ist voll von verschiedenfarbigem Marmor und Mosaiken. Butterfield und seinesgleichen waren von den norditalienischen Kirchen beeinflusst, über die u. a. Street damals viel publizierte. Die anglokatholische Allerheiligenkirche in der Londoner Margaret Street (1849–1859), in einen kleinen Hof gezwängt, aber ihre Gegenwart deutlich mit einem hohen Turm kundtuend, und Keble College in Oxford (1867–1883), eine wahre »tour de force«, sind Butterfields anspruchsvolle polychrome Meisterwerke.

NEUGOTIK AUSSERHALB ENGLANDS

Außerhalb Englands war die Neugotik zwar weit verbreitet, doch auf gewisse Weise blutleer. Der französische Theoretiker Eugène-Emmanuel Viollet-le-Duc (1814–1879) hat zwar einen guten Namen durch seine grundlegenden Abhandlungen über die Gotik, doch seine eigenen Bauten sind entweder langweilig, wie St-Denys-de-l'Estrée in Paris (1864–1867), oder sperrig, wie die Wallfahrtskirche in Lourdes. Für Deutschland und Österreich gilt Ähnliches, man betrachte nur das scharfkantige und vollkommen seelenlose Profil der Votivkirche in Wien (1856–1879) von Heinrich von Ferstel (1828–1883): Sie erscheint wie das Produkt eines Modellbaukastens. Etwas lebendiger wird die Neugotik nur dort, wo sie historische Bauten nachahmt, wie etwa beim Neuen Rathaus in München.

ANGLIKANISCHE KATHEDRALE IN LIVERPOOL, 1903–1978
Scotts Kathedrale zählt zu den letzten Hauptwerken der Neugotik. Typisch ist die Verdopplung des Querschiffs, wobei der Raum zwischen den beiden Schiffen für einen hohen Turm genutzt wurde.

Die Neugotik reichte bis ins 20. Jh. Vielleicht stellt die anglikanische Kathedrale in Liverpool (1903–1978) von Sir Giles Gilbert Scott (1881–1960), die vieles spanischen Vorbildern verdankt, den Endpunkt und eine der dramatischsten späten Blüten dar: ein Gebirge aus rotem Sandstein mit Ehrfurcht einflößendem Innenraum. Doch auch hier findet sich nichts von der Wärme mittelalterlicher Arbeiten, und obwohl einfallsreich und beeindruckend, lässt sie sich am ehesten mit den Kraftwerken, die der Architekt um die Mitte des 20. Jh. in Battersea und Bankside (London) baute, vergleichen. Jedenfalls steht die Liverpooler Kathedrale, gedacht als Kraftwerk einer starken, selbstbewussten Christenheit, seit ihrer Fertigstellung trotzig in einer Welt, in der Kirchenbesuche unerbittlich zurückgehen, die Christenheit in immer mehr Sekten aufgespalten ist und diese im Leben der Gesellschaft keine zentrale Rolle mehr spielte.

EUGÈNE-EMMANUEL VIOLLET-LE-DUC
Der französische Architekt und Autor Viollet-le-Duc (1814–1879) besaß besondere Fähigkeiten in der Restaurierung mittelalterlicher Bauten. Er konzipierte und überwachte die Restaurierung der Stadt Carcassone und der Kathedralen von Laon (oben), Amiens und Paris. Für Viollet-le-Duc war der gotische Stil ein rationaler Konstruktionsstil.

VOTIVKIRCHE, WIEN, 1856–1879
Die Votivkirche Heinrich von Ferstels wurde als Dank für den vereitelten Anschlag auf Kaiser Franz Joseph errichtet. Die Kirche besitzt hohe, schlanke Türme mit gemeißelten vegetabilen Ornamenten.

LUDWIG II. VON BAYERN

Ludwig, der 1845 geborene Sohn Maximilians II. und Maries von Preußen, verbündete sich mit Preußen gegen Frankreich. 1870 forderte er auf Druck Bismarcks die deutschen Fürsten auf, ein Deutsches Reich zu bilden. Ludwig II. war ein Mäzen Richard Wagners (siehe gegenüber) und Bauherr einer Reihe viel besuchter Schlösser: Linderhof, Herrenchiemsee (an Versailles angelehnt) und Neuschwanstein. Zunehmend geistig umnachtet und einsiedlerisch ertränkte sich Ludwig 1886.

MONUMENTALE DEKADENZ
FLÜGE DER FANTASIE

NEU GESCHAFFENER Wohlstand und neue Bauweisen scheinen zumindest zwei der vielfältigen Faktoren gewesen zu sein, die eine Flut wilder und exzentrischer Bauwerke in der zweiten Hälfte des 19. Jh. hervorriefen. Was ein gutes Jahrhundert zuvor nette, der Architektur nachgeordnete Spielerei (Folly) war, wurde nun zur Architektur selbst. Eine der großartigsten dieser Spielereien ist Neuschwanstein (ab 1869), ein fantastischer Burgpalast im Gewand des romantischsten Schlosses, das je gebaut wurde. Seither war es Quell unzähliger Bilder von Märchenschlössern und diente Walt Disney in seinem Zeichentrickfilm *Dornröschen (Sleeping Beauty)* und in Disneyland als Muster. Neuschwanstein wurde vom jungen, reichen und etwas exzentrischen Ludwig II. von Bayern in Auftrag gegeben und von Eduard Riedel

(1813–1885) und Georg von Dollmann (1830–1895) errichtet. Ludwig, ein beim Volk beliebter, aber verschwenderischer Herrscher, der später unter mysteriösen Umständen starb, liebte es, sich zu verkleiden und als Lohengrin auszugeben, den legendären Schwanenprinzen und Helden in Richard Wagners gleichnamiger Oper. Ludwig war Wagners Hauptmäzen. Das ungeheuer kostspielige Schloss bietet nicht nur im Winter einen wundervollen Anblick und ist inzwischen die bekannteste Touristenattraktion Deutschlands.

Viel kleiner, aber nicht weniger verrückt und reizend ist Castell Coch bei Cardiff (1875–1891), das William Burges (1827–1881) für den Marquis von Bute wieder aufbaute. Burges ist einer der schöpferischsten Vertreter der Neugotik und entwarf sehr verspielte und sorgfältigst gearbeitete Möbel. Menschen jeden Alters liebten seine Innengestaltungen, und Castell Coch entspricht genau den Kindervorstellungen von einem Schloss und scheint mittelalterlichen Psaltern oder Gebetsbüchern entsprungen. Schade, dass hier heute statt Rittern in Rüstungen und Damen in Verzweiflung nur mehr andere Touristen zwischen den noch

NEUSCHWANSTEIN, BAYERN, 1869–1881
Inspiriert von der Wartburg in Thüringen, dem herrlichen Schauplatz des 11. Jh. für Wagners Tannhäuser, entstand Neuschwanstein als erstes der Märchenschlösser Ludwigs.

DORNRÖSCHEN-SCHLOSS, DISNEYLAND, KALIFORNIEN, 1955

Zwischen Ludwigs Neuschwanstein und dem Dornröschen-Schloss in Walt Disneys Freizeitpark für Familien, Disneyland in Kalifornien, besteht große Ähnlichkeit. Das Dornröschen-Schloss liegt in einem Bereich namens Fantasyland.

INNENRAUM, CASTELL COCH, BEI CARDIFF, 1875–1891
*Burges' üppig gestalteter Innenraum zeigt die Vorliebe des 19. Jh.
für mittelalterliche Handwerks- und Dekorationskunst. Im
Kontrast ist das Äußere recht schlicht gehalten.*

funktionierenden Fallgittern und den kräftigen
Steinmauern anzutreffen sind. Doch die Ausstattung
lenkt den Blick im Sucher der surrenden Video-
kamera zu mit Affen, Pfauen und Paradiesvögeln
belebten Gewölben.

Nirgends mehr als in Neuschwanstein gewinnt
man ein Gefühl dafür, wie wohlhabende
Viktorianer, die auf Kosten der
Armen lebten, der Hölle
der Realität in der
Industriegesellschaft
entfliehen wollten.
Unter denen, die
versuchten, das Los

all jener am unteren Ende der Industriegesellschaft
zu verbessern, war Prinz Albert, ein naher
Verwandter Ludwigs II. und emsiger Ehemann
Königin Viktorias. Als er im Alter von 42 Jahren an
Typhus starb, beauftragte die Königin Sir George
Gilbert Scott ihm ein wunderbar übertriebenes
Denkmal zu errichten. Das Albert-Memorial in
London (1863–1872) präsentiert sich als neu-
gotischer mehrfarbiger Baldachin, der sich auf
einem Sockel erhebt und mit reich verzierten
Spitzen gekrönt ist. Den Sockel, zu dem rundum
Stufen hinaufführen, zieren Steinreliefs berühmter
zeitgenössischer Persönlichkeiten, darunter Scott
selbst und auch Pugin.

AUSGEFALLENE DENKMÄLER

Eine Denkmal-Bauwut fegte über Europa hinweg,
nachdem in Italien und Deutschland Nationalstaaten
aus einer großen Anzahl rivalisierender und
einander bekriegender Herzog- und Fürstentümer
entstanden waren. Viele dieser Denkmäler sind
ziemlich haarsträubend, aber vielleicht keines so
wie das wunderbar pompöse Viktor-Emmanuel-
Denkmal in Rom (1885–1911) von Giuseppe
Sacconi (1854–1901). Es wurde errichtet in
Erinnerung an die Vereinigung Italiens und als
Hommage an den ersten König des Landes: Vor
einer schäumenden Flut aus weißem Marmor reitet
der König auf einem Bronzepferd. Auch diese
Dekadenz war es, die den Aufstieg der Arts-and-
Crafts-Bewegung förderte, die eine Rückkehr zum
Bescheidenen und Hausgemachten propagierte.

VIKTOR-EMMANUEL-DENKMAL, ROM, 1885–1911
*Dieses überdimensionierte Denkmal für Italiens ersten
König, mal »Schreibmaschine«, mal »Hochzeitstorte«
genannt, beherbergt ein Museum des Risorgimento,
der Einigung des Landes 1871.*

RICHARD WAGNER

*Wagners über-
wältigender Einfluss auf
die nachfolgende
Operngeschichte liegt
in seiner Doppelrolle
als Komponist und
Musikdramaturg
begründet. In seinem
bedeutendsten Werk,
Der Ring des Nibelungen
(1876), entwickelte er
einen völlig neuen
Stil musikalischer
Aufführung. Die
romantische Kraft von
Wagners Werk und der
intensive emotionale
Ausdruck spiegeln sich
in den Bauprojekten
seines Mäzens,
Ludwigs II. (siehe
gegenüber), wider, der
seine Schlösser nach
Szenen aus den
Werken Wagners
ausstaffierte. Der
Einfluss von Richard
Wagner auf Ludwig II.
kann nicht genug
betont werden.
Andererseits hätte
Wagner ohne Ludwig
nicht die späteren Opern
schreiben können.*

STILVIELFALT UND -FREIHEIT
ALLES IST ERLAUBT

JEAN-LOUIS-CHARLES GARNIER

Der 1825 in Paris geborene Garnier studierte an der École des Beaux-Arts und bereiste Italien. 1860 gewann er den Wettbewerb für die Pariser Oper, ein Projekt, das einschließlich der kriegsbedingten Unterbrechung 1870 15 Jahre bis zur Fertigstellung benötigte. Garnier schuf auch verschiedene bedeutende Bauten an der Französischen Riviera. Für die Pariser Weltausstellung von 1889 war er ebenfalls tätig. Garnier starb 1898 in Paris.

IDEEN, MATERIALIEN und Menschen reisten in der zweiten Hälfte des 19. Jh. weit und schnell. So musste der Eindruck entstehen, alles sei möglich – und für viele Architekten war dem auch so. Bei dem Nebeneinander von im Niedergang begriffenem Klassizismus und bunte Vielfalt bietender Neugotik entschied sich eine steigende Anzahl von Architekten dafür, das eine zu tun, ohne das andere zu lassen: Sie warfen alles zusammen, Kuppeln und Spitzbögen, dorische Säulen und ägyptische Pfeiler, indische Stupas und mesopotamische Zikkurate. Im besten Fall führte dies zu interessanten Verbindungen von Stilen und Traditionen; schlimmstenfalls erinnerte das Ergebnis eher an die klebrige, für feinere Geschmacke ungenießbare Masse, die entsteht, wenn man Erdbeermarmelade in eine Schale Reispudding einrührt. Warum auch sollte man im Kampf der Stile Stellung beziehen, wenn man sie gegeneinander ausspielen konnte, indem man sie in einem Gebäude kombinierte.

FUSIONEN

Mit dieser verworrenen architektonischen Praxis assoziiert man unwillkürlich den Justizpalast in Brüssel (1866–1883): eine gewaltige Aufhäufung von Steinen. Hier hat ein mesopotamischer Zikkurat sein Pendant im 19. Jh. gefunden. Der Palast war das Werk von Joseph Poelaert (1816–1879), der hier monumentale klassizistische Elemente auf eine Art und Weise zusammenzwängte, als entwerfe er mit dem Schraubstock und nicht mit dem Reißbrett. Das Sonderbarste an diesem wie an ähnlichen Bauten – dem Rijksmuseum in Amsterdam (1877–1885) oder dem Reichstag in Berlin (1884–1894) – ist, dass sie nachgerade unwirklich erscheinen.

Das Opernhaus in Paris (1861–1874) von Jean-Louis-Charles Garnier (1825–1898) ist ebenso protzig, aber liebenswert. Es hat ein wenig das Aussehen einer überladenen Hochzeitstorte. Hinter seiner doch sehr manierierten Fassade findet sich eine Innengestaltung, reichhaltiger als die üppigste Obsttorte. Das ist geballtes Barock, und obwohl so blendend, dass man eine Sonnenbrille benötigt, wenn man den Blick über die vergoldeten, von Kronleuchtern erhellten Flächen schweifen lässt, folgt das Haus dem Geist der Opern, für deren Aufführung es entworfen wurde. Der Sinn für Dramatik wird dadurch gewahrt, dass man fast eine Ewigkeit benötigt, um das Auditorium zu erreichen, das einen überraschend kleinen Teil dieser Zuckertorte ausmacht.

Deutlich weniger farbenprächtig, doch ebenso geschmacklos und bizarr ist die Kirche Sacré-Cœur in Paris (1875–1919), eine merkwürdig leblose Verquickung von weißen Arkaden, Giebeln, Obelisken, Campanile und Kuppeln – byzantinisch hier, romanisch dort –, die sich auf der Anhöhe des Montmartre abzeichnet. Der Bau stammt von Paul

EHRENTREPPE, OPERNHAUS, PARIS, 1861–1874

Garnier plante diese Treppe als einen Ort der Selbstdarstellung des Publikums: Er schrieb: »Der Anblick großzügiger Treppen voll von Menschen war auch ein Schauspiel von Prunk und Eleganz.«

Abadie (1812–1884) und lässt sich am besten aus der Ferne betrachten.

John Francis Bentley (1839–1902) wandte die byzantinische Tradition an der Kathedrale von Westminster deutlich überzeugender an. Hier tragen sanfter roter Ziegelstein am Außenbau, ein eleganter Glockenturm und ein numinoses Inneres – ein weiträumiges Schiff, überwölbt mit flachen Kuppeln, die in heiligem Schimmer entschweben – viel dazu bei, byzantinischer Ästhetik gerecht zu werden.

VON ADEL

Zwei Gebäude, eines in London und eines in Banff, stellen Beispiele dieser Stilfreiheit dar, die zumindest mit einem Fuß in der Architektur der Aristokratie des mittelalterlichen Schottland gründet. New Scotland Yard von Richard Norman Shaw (1831–1912) in Westminster (1887–1890) ist ein Polizeihauptquartier, das sich an der Themse auf einer Basis aus hartem Granit in warmem rotem Ziegelmauerwerk erhebt, aufgelockert von Fenstern vom elisabethanischen bis barocken Stil. Vier Türme wachen über das Gebäude, jeder mit einem einer Polizeistation angemessenen Bleidach

BANFF SPRINGS HOTEL, BANFF, ALBERTA, 1886–1888
Das in den kanadischen Rocky Mountains gelegene Hotel, ursprünglich Erholungsstätte an der neuen Eisenbahnlinie, beherrscht die Stadt. Erweiterungen erfolgten im 20. Jh.

versehen. Die Dächer sind denen nachempfunden, die den Norman-Türmen am Londoner Tower ihr keckes Aussehen verleihen. Shaws Dachlandschaft ist ein munteres Spiel aus gesprengten neubarocken Giebeln, Obelisken, Mansardfenstern und hohen Schornsteinen. Alles fügt sich glücklich zusammen.

So ist es auch bei der theatralischen Gebirgskette des Banff Springs Hotel (1886–1888) der kanadischen Firma Bruce Price in Banff, Alberta. Teile Kanadas erinnerten die schottischen Siedler, die im 19. Jh. in großer Zahl hierher kamen, an das heimatliche Hochland. Kein Wunder also, dass dieses große Erholungshotel ein wenig an ein schottisches Schloss erinnert. Doch ist es auch eine eigenständige Komposition, die wuchtige Elemente einsetzt, um das Gebäude deutlich von dem kiefernbestandenen Hintergrund abzusetzen. Hier herrscht eine Frische, die nur die Freiheit von den künstlerischen Zwängen und Vorbehalten des zeitgenössischen Europa hervorbringen konnte.

Es war die Glanzzeit der Ferienhotels. Sie waren abgestimmt auf gehetzte Geschäftsleute aus der Stadt, die hier – allerdings mit Stil und Komfort – zurück zur Natur finden wollten.

KATHEDRALE VON WESTMINSTER, LONDON, 1895–1903
Bentley brach mit dem neugotischen Stil, als er für seinen Kathedralen-Entwurf auf byzantinische Vorbilder zurückgriff. Das weiträumige Innere wurde allmählich mit Marmor und Mosaiken entsprechend Bentleys ursprünglicher Absicht ausgestaltet.

RICHARD NORMAN SHAW
Der 1831 in Edinburgh geborene Shaw ist einer der Hauptexponenten des englischen Historismus. Seine zahlreichen Bauten zeigen verschiedene Stilrichtungen, von der Neugotik bis zu seinen eigenen Interpretationen des Queen Anne Style, einer Spielart des Palladianismus im 16. Jh. Seine Beispiele letzteren Stils avancierten in den 20er und 30er Jahren des 20. Jh. zum Standard für britische Regierungsbauten. Shaws Entwürfe sollten auch den amerikanischen Shingle Style (Schindelstil) beeinflussen. Er starb 1912 in London.

WILLIAM MORRIS

William Morris (1834–1896), Designer, Handwerker, Schriftsteller und Sozialist, wurde in eine wohlhabende Familie in Walthamstow, London, geboren und an der Marlborough School sowie dem Exeter College ausgebildet. Morris trat mit den Präraffaeliten, insbesondere mit dem Maler Edward Burne-Jones und dem Dichter Dante Gabriel Rossetti, in Verbindung. 1861 gründete er die Firma Morris, Marshall, Faulkner and Company, die Tapeten, Stoffe, Bleiglas und Möbel schuf, 1890 den Verlag Kelmscott Press, für den er Schrifttypen und Schmuckränder entwarf.

»Sie sollten nichts im Haus haben, von dem Sie nicht wissen, ob es nützlich ist, oder das Sie nicht als schön empfinden.«
WILLIAM MORRIS

MORALITÄT UND ARCHITEKTUR
GEGNER DER INDUSTRIALISIERUNG

DIE ARCHITEKTUR jener Zeit, obwohl solide und gut mit den neuen Errungenschaften wie Heizung, Beleuchtung und Kanalisation ausgestattet, war allmählich im Niedergang begriffen. In vorangegangenen Epochen waren Baustile mehr oder weniger natürlich aus Zweckdenken heraus erwachsen: aus der Entdeckung neuer Technologien, der Verwendung verfügbarer Materialien oder dem dezidierten Wunsch nach Stillstand (so wie es, sagen wir, im alten Mexiko oder Ägypten der Fall gewesen zu sein scheint) oder Fortschritt. Doch niemals waren sie rückwärts geschritten. Die Architekten der Renaissance erkundeten die Stile der Vergangenheit, doch sie überarbeiteten sie für die Zukunft.

Ab der Mitte des 19. Jh. blickten Architekten und ihre Klientel nicht nur in eine Vergangenheit, ob es das Griechenland des Perikles oder das England König Artus' und seiner Tafelrunde war, zurück, sondern versuchten sie wieder zu erschaffen. Mehr noch, ihnen standen die technologischen wie finanziellen Mittel zur Verfügung, mit der architektonischen Büchse der Pandora alles zu machen, was sie wollten. Ihre Vorstellungen, wie wir gesehen haben, konnten verrückt spielen und taten es. Das Ergebnis war eine Flut trügerischen, wenn auch unterhaltsamen Unsinns. Heute ist es Mode, zu sagen, dass alle Baustile, egal welcher Epoche, gleich wertvoll und nicht im Nachhinein zu verurteilen seien; das aber ist dumm und übertrieben wissenschaftlich. Wir urteilen ebenso stark mit Auge und Gefühl wie mit dem reinen Intellekt. Das ist es, was John Ruskin (1819–1900) und William Morris (1834–1896) taten und was diese angesehenen Viktorianer auch zu den schärfsten Kritikern ihrer Zeit machte. Und mit diesen beiden romantischen, wenn auch durchaus fehlerbehafteten Gestalten reifte die Kritik: Die Gesellschaft musste darüber nachdenken, was und warum sie etwas tat.

NEUGOTIK
Beide, Ruskin wie Morris, stammten aus wohlhabenden Familien. Beide wurden in Oxford erzogen und beide verabscheuten die Industrie und alles, was mit ihr zusammenhing. Die Dampflokomotive, die Freundin Pugins, war die Feindin dieser beiden hochgeistigen Künstler und Schriftsteller. Ruskin verdankte Pugin zwar viel, doch er setzte diesen großen Mann herab, weil dieser ein Katholik war, als Erster mit Ideen auftrat, die Ruskin gern als seine eigenen gesehen hätte, und weil er in geistige Umnachtung fiel (siehe S. 146 f.). Pugin hatte bereits implizit geäußert, dass es eine direkte Verbindung zwischen

INNENGESTALTUNG VON MORRIS UND SEINEN SCHÜLERN
In Wightwick Manor, Wolverhampton, England, fanden viele von William Morris entworfene Stoffe Verwendung. Die Wände dieses Zimmers sind mit Morris-Tapeten versehen. Die Möbel stammen von seinen Schülern.

Architektur und Moralität gäbe. Griechische und römische Baukunst empfand er, weil sie heidnisch, England aber ein christliches Land war, als abscheulich. Darüber hinaus war für ihn das Gros der zeitgenössischen Architektur unmoralisch, weil unehrlich, und unehrlich, weil sie Formen heidnischer Sakralbauten für Häuser, Banken, Rathäuser oder Bahnhöfe verwendete, und korrupt, weil sie bedeutungslosen Dekor benutzte.

Ruskin stimmte mit ihm darin überein. Wegen seiner Liebe zu Venedig und dessen legendären Malern ermutigte er junge zeitgenössische Architekten, einen pseudovenezianischen Stil zu entwerfen, den er schließlich selbst verabscheute. Er suchte nach jener Art Ehrlichkeit des Bauens, die er bei den Werkleuten des Mittelalters sah. Das schöne Kapitel »On the Nature of Gothic« im zweiten Band von *The Stones of Venice* (1851–1853) sollte die Neugotik prägen. Ruskin unterstützte mit Druckwerken und Geld die präraffaelitische Schule von Malern und Handwerkern, darunter William Morris.

Morris verfocht die Sache der Handwerker und förderte die Rückbesinnung auf Webkunst, manuellen Druck, Freskomalerei und das Verfassen endloser, auf altnordische Überlieferungen zurückgreifender Sagas. Morris ließ sich von Philip Webb (1831–1915) ein Heim bauen, das Red House in Bexleyheath, Kent (1859–1860), Vorläufer der Arts-and-Crafts-Häuser der nächsten Generation.

Beide Männer wurden mit zunehmendem Alter immer radikaler. Dies ging so weit, dass Morris an Demonstrationen teilnahm, die soziale und politische Reformen forderten, und schließlich Marxist wurde. Ruskin schimpfte noch eloquenter auf die Übel der Industrialisierung und schrieb einen der großartigsten sozialistischen Texte, *Unto This Last* (1859), worin er die kapitalistische Gesellschaft mit einem seelenlosen Skelett vergleicht.

DAS VIKTORIANISCHE VERMÄCHTNIS

Das Vermächtnis von Morris und Ruskin war groß. Sie beeinflussten Denken und Werk nicht nur der Architekten, Designer und Handwerker der Arts-and-Crafts-Bewegung, sondern auch jener, die in ganz Europa städtische Wohnungen für Industriearbeiter bauten, und besonders des größten und radikalsten Architekten des 20. Jh., Le Corbusier. Die Architektur hatte im 19. Jh. ihre Unschuld verloren; sie war auf eine Weise in sich selbst gefangen, wie sie es nicht einmal im Italien des 16. Jh. war, als die Manieristen ihre Hoch-Zeit erlebten. Da alles möglich geworden war, war es an der Zeit, innezuhalten und nachzudenken. Was war wirklich wichtig? Wie könnte Architektur der Gesellschaft am besten dienen, und wenn eine bessere Gesellschaft wünschenswert wäre, was könnte der Architekt tun, um sie voranzubringen? Dies waren Fragen, die Architekten im 20. Jh. manchmal auf kluge und manchmal auf katastrophale Weise zu beantworten versuchten. Ruskin und Morris stellten sie; bisher hat niemand eine Antwort.

JOHN RUSKIN
Der englische Schriftsteller und Kritiker John Ruskin (1819–1900) kam in London zur Welt und wurde von Hauslehrern unterrichtet. 1836 ging er nach Christ Church, Oxford, wo er den Newdigate-Preis für Dichtkunst gewann. Kurz nach seinem Studienabschluss traf er J. M. W. Turner und unterstützte dessen Malweise in seinem Buch *Modern Painters* (1843–1860). Zusammen mit den *Seven Lamps of Architecture* (1848) und *The Stones of Venice* (1851–1853), in dem er die Gotik pries, machte ihn jene Publikation zum bedeutendsten Kunstkritiker seiner Zeit. 1869 wurde er Professor für Schöne Künste in Oxford. Briefe, Vorträge und Essays wurden in Sammelbänden, darunter *Time and Tide* (1867), veröffentlicht.

RED HOUSE, BEXLEYHEATH, KENT, 1859–1860
Philip Webb entwarf Red House für seinen Freund William Morris. Dieses Haus ist asymmetrisch angelegt, sein Stil der Landschaft angepasst. Seinen Namen trägt es nach den roten Dachziegeln und Backsteinen, mit denen es erbaut ist.

MASSENPRODUKTION

Mit der Einführung der Massenproduktion im großen Stil leistete die Automobilindustrie einen herausragenden Beitrag zum technischen Fortschritt. Mit der Fließbandproduktion revolutionierte Henry Ford (1863–1947) die industrielle Fertigung. 1903 gründete er zusammen mit Partnern die Ford Motor Company. Seine Geschäftsphilosophie bestand in Kostensenkung und Umsatzsteigerung. 1913 versetzte ihn die Massenproduktion in die Lage, zu günstigem Preis »ein Kraftfahrzeug für die breite Masse« herzustellen.

OZEANDAMPFER

Die frühen Jahre des 20. Jh. waren das goldene Zeitalter der großen transatlantischen Ozeandampfer. Ingenieure und Handwerker, die an diesen Schiffen arbeiteten, hatten großen Erfolg. Im Oktober 1910 wurde die in Belfast gebaute *RMS Olympic* (oben) von der Reederei White Star in Dienst gestellt. Sie machte 21 Knoten.

FUNKTIONELLE ARCHITEKTUR
DAS NACKTE GEBÄUDE

DIE LANGE WÄHRENDE Schlacht der Stile fand um 1900 ihr Ende, auch wenn es letztlich nur ein Waffenstillstand sein sollte. Was war der Grund dafür? Die Erfindung von Stahlrahmen, bewehrtem Beton (1892 von François Hennebique), elektrischem Fahrstuhl und Curtain Walls (»Vorhangwänden«), dann steigende Bodenpreise in den Städten und die daraus resultierende Notwendigkeit, immer höher zu bauen, sofern man einen Gewinn machen wollte. Und letztendlich die Erkenntnis, dass diese neu entwickelten Bauten gerade dann gut aussahen, wenn sie frei waren von allem historischen Ballast und stolz in der blanken Pracht des Maschinenzeitalters dastanden.

SCHNELLER WANDEL

In den Jahrzehnten vor dem Ersten Weltkrieg (1914–1918) veränderte sich die Welt in rasantem Tempo. Züge wurden schneller und zuverlässiger; von Schiffsschrauben getriebene Dampfer konnten den Atlantik rasch überqueren; die Gebrüder Wright begannen 1903 mit dem Motorflug; Maschinengewehre und andere neuartige Waffen veränderten das hässliche Antlitz des Krieges und vor allem: Wirtschaft und Technik ergriffen in Großbritannien, Frankreich und den Vereinigten Staaten die Macht. Sie waren die effektive Kraft hinter bröckelnden Regierungssystemen, die dann zumeist im blutigen Spektakel des Ersten Weltkriegs untergingen. Nun waren Bürogebäude, Warenhäuser und insbesondere Fabriken anstelle von Kathedralen und Palästen wichtig. 1908 markiert Henry Fords T-Modell die Geburtsstunde der Massenproduktion. Die ersten Automobile waren 1886 in Deutschland auf den Markt gekommen, doch bis Ford die vom amerikanischen Experten Frederick Taylor aufgestellten Prinzipien wirtschaftlichen Managements aufgriff, waren sie lediglich ein Spielzeug der Reichen. Fords stetig steigende Effizienz machte es ihm möglich, den Preis des ersten T-Modells zu halbieren: Das Zeitalter des Individualverkehrs hatte begonnen.

Die Vereinigten Staaten trieben diese neuen Entwicklungen mit einer Dynamik voran, die Europa schockierte. Bereits in den 80er Jahren des 19. Jh. schien es, das nichts mehr den Aufstieg der USA würde aufhalten können, und bei Ausbruch des Ersten Weltkriegs war das Land der Freiheit des Einzelnen, der Redefreiheit und des Rechts des Stärkeren bereits eindeutig die führende Wirtschaftsmacht der Welt. Hier und jetzt begann die Architektur sich von der Vergangenheit zu lösen. In den 80er und 90er Jahren des 19. Jh. bemühten sich die selbst noch traditionell ausgebildeten Architekten aus der alten, aus Säulen, Gesimsen und Giebeldreiecken bestehenden Ord-

DIE ÖFFENTLICHE BIBLIOTHEK VON BOSTON, 1887–1893

Die von McKim, Mead & White gebaute Bibliothek in Boston wurde als »ein Palast für das Volk« gepriesen. Das Gebäude ist traditionell mit tragenden Wänden gebaut. Ein Tonnengewölbe überfängt den Hauptlesesaal.

nung auszubrechen. Wir erleben, wie einflussreiche Architekten, etwa Henry Hobson Richardson (1838–1886) und McKim, Meade & White mit dem Großkaufhaus Marshall Field in Chicago (1885–1887; abgerissen) und der Bostoner Public Library (1887–1893), einen großartigen, kräftigen neuromanischen Stil einführen, um der Größe der Bauten gerecht zu werden. Beeindruckend und wuchtig, gerieten sie jedoch bald außer Mode. Schließlich setzte sich die auf das Wesentliche reduzierte Stahlskelettarchitektur durch.

WOLKENKRATZER

Charles B. Atwood (1849–1895), der für Daniel Burnham (1845–1912) arbeitete, baute 1894–1895 in Chicago das 15-stöckige Reliance Building. Dieser Bau repräsentiert vielleicht am unverfälschtesten die Wolkenkratzer der ersten Generation. Das Großfeuer, das 1873 über Chicago hinweggefegt war, verschaffte Architekten die einmalige Chance, alles neu zu bauen, mit neuen Materialien und Techniken. Seither ist Chicago die geistige Heimat der neuen Architektur.

RELIANCE BUILDING, CHICAGO, 1894–1895
Die Eleganz des Reliance Building basiert auf den guten Proportionen eines 15-stöckigen Stahlskeletts. Das Gebäude hat Erkerfenster, die Träger sind mit hellem Terrakotta verkleidet.

»*[Der Wolkenkratzer] muss jeden Zoll ein stolzer und hoch aufragender Gegenstand sein, in reinem Jubel aufsteigend …*«
LOUIS SULLIVAN

STAHLSKELETTBAUTEN

Stark steigende Grundstückspreise gaben in Städten wie New York und Chicago den Anstoß zur Errichtung höherer Gebäude. Um diesem Erfordernis gerecht zu werden, wurde ein tragendes, von den Außenwänden unabhängiges Metallskelett entwickelt. Das Stahlskelett trug sowohl sein Eigengewicht als auch Wände und Decken. Die Außenverkleidung wurde an Metallplatten befestigt, die wiederum an die Metallträger genietet wurden. Mit diesem Wechsel von Mauerwerk zu Stahl verringerte sich das Gewicht eines Gebäudes. Solche Konstruktionen erlaubten auch größere Fenster und weite, klare Innenräume.

DER GRIFF NACH DEM HIMMEL
DIE WOLKENKRATZER VON MANHATTAN

ART DÉCO
Der Name Art déco leitet sich von einer Ausstellung ab, die 1925 in Paris stattfand: *Exposition Internationale des Arts Décoratifs et Industriels Modernes*. Charakteristisch für diesen Stil sind kostbare Materialien, stilisierte Motive und Stromlinienform. In der Architektur fand das Art déco seinen bedeutendsten Ausdruck in Wolkenkratzern und Kinos. Das herausragendste Beispiel bildet das Chrysler Building, das innen und außen mit Art-déco-Motiven verziert wurde. Die ornamentale Verzierung an den Aufzugstüren (oben) erinnert an die Sonnenrad-Laterne des Gebäudes.

EIN VIERTELJAHRHUNDERT lang war das Woolworth Building das höchste Gebäude der Welt. Es beherrschte die Skyline New Yorks und war neben der Freiheitsstatue das Erste, was Besucher und Einwanderer, so sie über den Atlantik anreisten, von den Vereinigten Staaten sahen. Und was für ein Anblick sich bot! Ein 241 m hoher Turm, bekrönt von einer mittelalterlichen Spitze mit Laterne. Das Woolworth Building, das sich von der Straße wohl erzogen über vier übereinander folgende Stufen, jede schmaler als die vorherige, erhebt, kündet vom Selbstbewusstsein und Profitdenken der Vereinigten Staaten.

ANREGUNG AUS DEM MITTELALTER
Cass Gilbert (1850–1934) baute das Hochhaus zwischen 1910 und 1913. Er verwendete alle ihm verfügbaren neuen Techniken und Materialien und verkleidete seinen Turm mit einem feinen Mantel aus gotisch verziertem Terrakotta. Das hatte einen doppelten Sinn: Der Regen reinigt Terrakotta, somit bleibt der erste echte Wolkenkratzer der Welt immer sauber; die gotischen Details verraten, dass sich ein Turm in unserer Vorstellung stets mit der mittelalterlichen Welt verbindet. Entscheidend jedoch ist, dass das

Woolworth Building ein Signal war, nicht für die Reichen – egal wie reich die Woolworth-Dynastie 1910 bereits gewesen sein mag –, sondern für den Normalbürger. Der Name Woolworth stand in der Öffentlichkeit für große, preiswerte und freundliche Läden, wo alles für weniger als eine Hand voll Dollars zu erwerben war. So war die neue Architektur des 20. Jh. fest im Alltäglichen verwurzelt.

Die Gestaltung dieser neuen Varianten der Türme von Handelsfürsten, die in den mittelalterlichen Städten Italiens versucht hatten einander zu übertreffen, gewann in den folgenden Jahrzehnten beim Griff nach dem Himmel an Reife. Das 1930 eröffnete Chrysler Building (von William Van Alen, 1883–1954) überragt das Woolworth Building; doch musste es bereits binnen Jahresfrist seinen Rang dem von der Firma Shreve, Lamb and Harmon errichteten Empire State Building (1929–1931) überlassen. Seit langem gelten beide Bauwerke als Höhepunkt der Wolkenkratzer-Gestaltung. Sie sind nicht nur

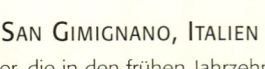

SAN GIMIGNANO, ITALIEN
Die Wolkenkratzer, die in den frühen Jahrzehnten des 20. Jh. in New York emporsprossen, erinnern an die Türme, die die pittoreske Silhouette von San Gimignano beherrschen. Jene Türme errichteten im 12./13. Jh. zwei rivalisierende Adelsfamilien – die Ardinghelli (Guelfen) und die Salvucci (Ghibellinen).

WOOLWORTH BUILDING, NEW YORK, 1910–1913
Gilberts Anleihen beim neugotischen Stil für das Woolworth Building in New York brachten diesem Bau den Spitznamen »Kathedrale des Handels« ein.

einfach sehr hoch, sondern besitzen auch eine Grazie, die über ihre atemberaubende Größe hinwegtäuscht. Zwar sind sie unleugbar Prachtbauten, doch zeigen sie dieselbe Rücksichtnahme wie das frühere Woolworth Building. Beide erheben sich aus Sockelgeschossen, die sie in die Straßenfluchten einbinden. Die Türme springen zurück und steigen, wieder wie das Woolworth Building, in kleiner werdenden Stufen auf. Oben ragen Spitzen heraus, die im Winter oder an Regentagen in den Wolken verschwinden. Beide sind, wenn auch nicht übermäßig, mit hübschen Art-déco-Elementen geschmückt und verwenden neue, wetterfeste Materialien wie rostfreien Stahl oder Chrom. Beide sehen noch ein Dreivierteljahrhundert nach ihrer Erbauung so gut wie neu aus. Außerdem sind sie sehr stabil, wie das Empire State Building im Jahr 1945 bewies, als ein Armeeflugzeug in den 79. Stock raste.

GESCHICHTEN IN GROSSER HÖHE

Beide Bauten sind sowohl außerordentlich populäre Touristenattraktionen als auch gut gehende Geschäftskomplexe und haben im Lauf der Jahre Kultstatus erlangt. Letzteren nährten Filme wie *King Kong* (siehe rechts) oder *Bladerunner*. Der niederländische Architekt Rem Koolhaas (siehe S. 224) karikierte in seinem Buch *Delirious New York* (1978) die enge Beziehung zwischen den beiden

EMPIRE STATE BUILDING, NEW YORK, BIS 1931
Das zikkuratähnliche Profil dieses Wolkenkratzers wurde teilweise von den Bauvorschriften von 1916 bestimmt. Diese verlangten, dass sich Gebäude nach oben verjüngen müssen, um Licht zu den unteren Ebenen und auf die Straßen gelangen zu lassen.

Bauwerken: In einem New Yorker Apartment liegen das Chrysler und das Empire State Building nach einem Marathon-Love-in gemeinsam im Bett und der RCA Tower lugt durch die Tür ins Zimmer.

ROCKEFELLER CENTER

Der RCA Tower kennzeichnet eine neue Stufe in der Entwicklung der Wolkenkratzer. Weder so hoch wie das Chrysler noch wie das Empire State Building (obwohl mit 70 Stockwerken nicht gerade klein), bildete er das Kernstück des Rockefeller Centers, einer außerordentlich beeindruckenden Anlage, bestehend aus neun Türmen, einem Fußgängerbereich mit Einkaufszentrum und einer Eislaufbahn. Der RCA Tower ist eher Primus inter Pares denn ein Star, der sich in seinem eigenen Glanz sonnt. Das Rockefeller Center besitzt bis heute Modellcharakter. Allein die Qualität dieser Anlage, erbaut, als New York gegen die große Depression kämpfte, die auf den Börsenkrach an der Wall Street 1929 gefolgt war, hindert einen jeden, der sie sieht, auf den Gedanken zu kommen, das Streben nach dem Himmel sei nichts weiter als eine momentane Laune gewesen. Mit den Woolworth, Chrysler, Empire State und RCA Buildings häuften die New Yorker Wolkenkratzer an, doch keineswegs in billiger Manier.

IKONE DER VOLKSKULTUR
Seit Präsident Hoover im Mai 1931 das Empire State Building eröffnet hat, beschäftigt es die Fantasie der Menschen. Schon der Filmklassiker *King Kong* bekräftigte 1933 den Status dieses Baus als Ikone der Volkskultur. Das Standfoto oben zeigt den Riesenaffen auf der Spitze des Wolkenkratzers, wie er sich vergeblich gegen den Angriff amerikanischer Doppeldecker wehrt.

»... die Kathedrale des Handels«

REV. S. PARKES CADMAN, ANLÄSSLICH DER ERÖFFNUNG DES WOOLWORTH BUILDING

FRANK LLOYD WRIGHT
UNGEHEUER UND GENIE

SEINE FRAU UND SEINE Kinder wurden ermordet. Sein Haus brannte zweimal ab, doch das von ihm in Tokyo erbaute Hotel überstand das furchtbare Erdbeben von 1926. Er floh mit einer Geliebten nach Frankreich. Seine berufliche Laufbahn erstreckte sich über 70 Jahre. Seine Autobiografie war ein Bestseller. Sein Leben wurde von Ayn Rand unter dem Titel *The Fountainhead* in einem Roman und in einem Film nachgezeichnet. Frank Lloyd Wright (1867–1959) entwarf einige der radikalsten und denkwürdigsten Gebäude aller Zeiten. Am bekanntesten sind seine Vororthäuser in Oak Park, Chicago, aus den Anfangsjahren seiner Karriere, das geniale und häufig publizierte Fallingwater (1936–1939), Bear Run, Pennsylvania, und das bis heute umstrittene Guggenheim-Museum (1943–1959), New York.

Wright erfuhr eine kurze Ingenieurausbildung und arbeitete, bevor er sich in den 90er Jahren des 19. Jh. in Chicago selbstständig machte, mit Louis Sullivan zusammen. 1889 hatte er sich in Oak Park ein Haus gebaut, Prototyp zahlreicher derartiger Villen für die zu Wohlstand gekommenen Bewohner Chicagos. Wright beanspruchte für sich die offene Innenraumgestaltung erfunden zu haben. Sicher ist zumindest, dass diese sich wie ein roter Faden

FRANK LLOYD WRIGHT
Wright wurde 90 Jahre alt, doch erst in den letzten 20 Jahren seines Lebens erhielt er bedeutende Aufträge.

durch viele seiner Gebäude – ehrgeizige und bescheidene Häuser, Kirchen, Büros und Museen – zieht. Solche Häuser setzten der Vorstellung vom Heim als einer Abfolge einzelner Räume ein Ende; die Raumübergänge wurden fließend.

Wrights Gebäude, die in diesem Sinne und auch wegen der Anwendung neuester Entwicklungen in den Bereichen Heizung, Beleuchtung und Haushaltsgerät modern waren, wurden aus vorhandenen natürlichen Materialien gebaut. Er fürchtete keineswegs neue Technologien – so fuhr er in den 30er Jahren eines der fortschrittlichsten Autos jener Zeit –, doch liebte er die Nähe zur Natur, war ein Meister in der Handhabung von Tageslicht im Innenraum. Das gewagteste seiner frühen Häuser ist Robie House in Chicago (1909–1910). Hier gehen die Zimmer großzügig wie auf einem Ozeandampfer ineinander über, vereint unter einem weit ausschwingenden Flachdach und versehen mit endlosen Fensterreihen. Allerdings ist das Haus mit Wrights schrulligem Art-déco-Dekor und Details versehen, die es verspielter erscheinen lassen, als von der Klarheit der Gesamtform und des Grundrisses her erwartet.

NATUR UND ARCHITEKTUR

Sein berühmtestes Haus, Fallingwater (1936–1939), verbindet moderne Architektur und Natur auf poetische und überzeugende Weise. Das Haus besteht aus Betonterrassen, die über einem Wasserfall auskragen. Die Art, wie die Räume auf, um und mittels dieser Terrassen angeordnet sind, ist geradezu magisch. Inneres und Äußeres verschmelzen wie in den schönsten traditionellen Häusern Japans, die Wright aus erster Hand kannte. Die

FALLINGWATER, BEAR RUN, PENNSYLVANIA, 1936–1939
Dieses Wohnhaus stellt vielleicht Wrights großartigste Verbindung von Architektur und Natur dar. Der Architekt empfahl seinen Bewohnern »nicht nur einfach auf den Wasserfall zu schauen, sondern mit ihm zu leben«.

GUGGENHEIM-MUSEUM, NEW YORK, 1943–1959
Wrights Absicht war es, ein Bauwerk zu schaffen, in dem Formen »auf ruhige, ungebrochene Weise« ineinander fließen, womit er die Ständerbauweise früherer Perioden aufgab.

Botschaft: Der moderne Mensch lebt in Harmonie mit der Natur, statt über sie zu triumphieren. Fallingwater war ein kostspieliges Haus, doch im selben Jahrzehnt experimentierte Wright mit den so genannten Usonia-Häusern: Sie wurden aus leicht montierbaren, vorgefertigten Holzteilen errichtet, die auf ein einfaches Betonfundament gesetzt wurden. Wright war vielleicht ausgesprochen arrogant, doch verkannte er nie die Bedürfnisse jener, die sich mühten über die Runden zu kommen.

Wright schuf damals auch einen der ungewöhnlichsten Bürokomplexe, die es bis dahin gab: das Johnson Wax Administration Building, Racine, Wisconsin (1936–1939; der Turm wurde später hinzugefügt). Den Kern des Gebäudes bildet ein Großraumbüro, in dem Angestellte an von Wright entworfenen Schreibtischen arbeiteten (wie Pugin liebte er es, seine Gebäude bis ins letzte Detail selbst zu planen). Das verglaste Dach wird von einem Wald dünner, doch außerordentlich starker Eisenbetonsäulen, die sich oben pilzartig entfalten, getragen. Es verwundert nicht, dass von nun an Wrights Bauten zum Vorbild für viele Sciencefiction-Kulissen wurden. Ein Nachteil des stromlinienförmigen, dem Raumfahrtzeitalter adäquaten Johnson Wax Building ist – unabhängig von seiner Brillanz –, dass die Angestellten keine Aussicht haben. Umso besser, könnte man meinen, denn so hält man sie von Ablenkungen während der so kostbaren Bürostunden fern.

WRIGHTS VERMÄCHTNIS

Zur selben Zeit baute sich Wright in der Wüste unterhalb von Phoenix, Arizona, ein Sommerhaus, Taliesin West. Dieses lang gestreckte, niedrige Haus war als kristalliner Bau entworfen, der so natürlich wie möglich aus der trockenen und grenzenlosen Landschaft auftaucht. Es diente Wright auch als Atelier, wo er Generationen junger Architekten lehrte in seinen Fußspuren zu wandeln und darf als fortdauerndes Vermächtnis des Architekten gelten.

Zu seinen späteren Arbeiten zählen der ungewöhnliche und herrliche Harold C. Price Company Tower, Bartlesville, Oklahoma (1956 fertig gestellt) – ein Bürohochhaus aus Beton, dessen auskragende Struktur der eines Baumes gleicht – und das ausgesprochen idiosynkretistische Guggenheim-Museum, New York, 1943 in Auftrag gegeben und nach vielen Auseinandersetzungen mit den städtischen Behörden 1959 sechs Monate nach Wrights Tod vollendet. Hier löste sich Wright völlig vom üblichen Museumsaufbau. Anstelle einer Folge einzelner Galerien schuf er einen fortlaufenden Raumfluss, erzielt durch eine Spiralrampe, die entlang der sich nach oben verjüngenden Wände wie im Innern eines von oben beleuchteten Schneckenhauses aus Beton aufwärts verläuft. Dies ist auf gewisse Weise das für die Mitte des 20. Jh. wieder erfundene Pantheon. Es ist ein Meisterwerk, obwohl es absichtlich die Straßenlandschaft stört, aus der es erwächst, und von den Besuchern verlangt auf einer Rampe zu stehen, um die Gemälde zu betrachten.

Das letzte Projekt, das Wrights Namen tragen sollte, das Marin County Civic Center, Kalifornien (1964 vollendet), entgleitet in Kitsch. Wie ein Raumschiff von Aliens, das auf einem Hügel eine Bruchlandung vollführt hat, ist es von Effekthascherei geprägt, mehr Trubel als Substanz.

»*Jeder große Architekt … muss ein großer, origineller Interpret seiner Zeit, seines Jetzt, seiner Ära sein.*«

FRANK LLOYD WRIGHT

ARTS & CRAFTS
SPEKTAKULÄRE ALLTÄGLICHKEITEN

WÄHREND ICH DIESES Buch schreibe, habe ich ein Auge auf den Computermonitor gerichtet, das andere aber auf das weitgehend unverdorbene Ackerland von Herefordshire und die gar nicht so weit entfernten Hügel der walisischen Grenze. Niedrige Fenster, beschattet von dem tief herabgezogenen Ziegeldach, umrahmen diese romantische Aussicht. Hohe Schornsteine überragen das Dach, das von tiefen, schrägen Strebepfeilern, die aus den weißen Rauputzwänden vortreten, gestützt wird. Es handelt sich um Perrycroft, Colwall, Herefordshire (1893–1895), ein hübsches Haus im Arts-&-Crafts-Stil, entworfen von Charles Francis Annesley Voysey (1857–1941).

Obwohl Voysey einen eigenen Stil pflegte, ist auch dieser Teil des damaligen Zeitgeistes. Dies spüre ich in Perrycroft: Das Haus ist ein wenig sonderbar, doch eine klare Reaktion auf den Muff und die Verspieltheit eines Großteils der spätviktorianischen Bauten. Das Haus besitzt eine offene Raumaufteilung (hierin stand Voysey Frank Lloyd Wright in nichts nach) und eine schöne lichte Innengestaltung; es vermittelt ein Gefühl von Harmonie und Wohlbefinden, das sich in der Solidität der Konstruktion und in den superb handgearbeiteten Details ausdrückt, etwa den Fensterriegeln, Türgriffen oder Feuerstellen. Es ist genau das, was Architekten des Arts & Crafts als ein »ehrliches« Haus bezeichneten, frei von überflüssiger Dekoration. Man lebt herrlich bequem darin und es ist eine Freude, nach Hause

zu kommen. Obwohl eigenartig in dem Sinn, dass es unverkennbar das Werk eines eigenwilligen Kopfes ist, scheint es zu der betörenden Landschaft zu gehören, die es schmückt. Das Haus ist Voyseys erster großer Auftrag und machte dem Auftraggeber alle Ehre. Voysey war ein schmächtiger, hochgeistiger und religiöser Mann, der seine eigene Kleidung entwarf – blaue Anzüge ohne Aufschläge und Revers, so als wolle er keinen Staub sammeln. Er schrieb einen faszinierenden Essay, *Individuality* (1915), und abgesehen davon, dass er eine faszinierende Persönlichkeit war, war er ein großer Verehrer Pugins (der Morris' streitbaren Sozialismus ablehnte) und entwarf Möbel, Stoffe und Tapeten.

TRADITIONELLES BAUHANDWERK
Die Architekten der englischen Arts-&-Crafts-Bewegung verabscheuten, ermutigt von Ruskin und Morris, das Maschinenzeitalter und den Einsatz von Stahlskeletten und -beton. Sie wollten englische Bauten (Kirchen, Dorfhallen und auch Pubs), errichtet von ehrenhaften englischen Handwerkern, Nachfahren der Kathedralenbauer. Alles musste von Hand gefertigt sein. Nur heimische Materialien sollten verwendet werden. Bauformen mussten unverfälscht angewendet werden. Dies war ein neuer Stil für eine neue Kundschaft – die wohlhabende Mittelschicht, durchdrungen von der Dichtkunst Tennysons und angetan von den Gemälden der Präraffaeliten. Für sie boten die

DIE PRÄRAFFAELITISCHE BRUDERSCHAFT
Die Präraffaeliten waren eine 1848 gegründete Gruppe von Künstlern, die sich gegen die klassizistischen Konventionen ihrer Zeit wandten. Sie nannten sich selbst Präraffaelitische Bruderschaft, um darauf hinzuweisen, dass sie sich von der Kunst des Mittelalters und der Renaissance bis zur Zeit Raffaels inspirieren ließen. Den Kern der Gruppe bildeten drei Studenten der Royal Academy: John Everett Millais, William Holman Hunt und Dante Gabriel Rossetti. Rossetti war sowohl ein ausgezeichneter Dichter als auch ein ebensolcher Maler. Das oben abgebildete Gemälde *The Damsel of Sanct Grael* (Das Mädchen vom Heiligen Gral; 1857) ist eines seiner Werke.

PERRYCROFT, COLWALL, HEREFORDSHIRE, 1893–1895
Voyseys Perrycroft liegt in den Malvern Hills. Das Haus ist über einem l-förmigen Grundriss errichtet und weist eine lange, horizontale Dachlinie auf. Das Esszimmer, der Rauchsalon und das Malatelier befinden sich an der Südseite des Hauptflügels.

DEANERY GARDEN, SONNING, BERKSHIRE, 1899–1902
Lutyens baute Deanery Garden für Edward Hudson, den Gründer der Zeitschrift Country Life. *Das lange Dach wird vom Walmdach des Erkers und dem auffälligen Kamin unterbrochen.*

Arts-&-Crafts-Häuser eine Stätte der Zuflucht vor der rauen Wirklichkeit des industriellen England.

Dennoch unterscheiden sich Voyseys weiße Häuser z. B. deutlich von denen E. S. Priors (1852–1932), die aus an Ort und Stelle ausgehobenen Materialien errichtet wurden und die Arts-&-Crafts-Logik ins Extreme trieben. The Barn in Exmouth, Devon (1896–1897), und Home Place in Holt, Norfolk (1904–1906), sind Musterbeispiele für den exzentrischen und dabei sehr bestimmten Stil. Diese Ideen drückten sich in den englischen Landhäusern Edwin Lutyens' (1869–1897) subtiler aus. Letztere besaßen in Stil und Charakter eine große Bandbreite, obwohl alle frühen Häuser Lutyens' örtliche Materialien verwendeten und auf geschickte Weise mit den gängigen Haustypen spielten. Dies gilt etwa für Marsh Court, Stockbridge, Hampshire (1901–1904), ein hübsches weiß gekalktes Haus, das Lutyens für Herbert Johnson, einen Börsenmakler, konzipierte, der sich im Alter von 50 Jahren mit einer halben Million Pfund zur Ruhe setzte. Es unterscheidet sich deutlich von Deanery Garden, Sonning, Berkshire (1899–1902), jenem beeindruckenden, für Edward Hudson, den Gründer der Zeitschrift *Country Life*, erbauten Backsteinhaus. Hudson hatte übrigens Lutyens mit Johnson bekannt gemacht.

GLEICHWERTIGE BEWEGUNGEN

Die Arts-&-Crafts-Bewegung sollte außer der Gestaltung der vornehmen englischen Landhäuser auch die ganz normaler Vororthäuser und früher kommunaler Bauvorhaben überall im britischen Reich und auch in Teilen Mitteleuropas, insbeson-

dere in Wien (die Wiener Sezession, siehe S. 166, hatte enge Beziehungen zu den Arts-&-Crafts-Anwendern) beeinflussen. In den Vereinigten Staaten der 80er Jahre des 19. Jh. perfektionierten McKim, Mead & White ihren Shingle Style mit so herrlichen Schindelverkleidungen wie am William Low House, Bristol, Rhode Island (1887–1888). Auch Charles S. (1868–1957) und Henry M. (1870–1954) Greene variierten den Arts-&-Crafts-Stil in Nordkalifornien auf Amerikanisch.

Zeitgenossen von Voysey, Prior und Lutyens ließen in Skandinavien alte Traditionen wieder aufleben, auch um mittels der Architektur ihren Nationalcharakter auszudrücken. Spanien hatte Gaudí (siehe S. 168 f.) und Schottland das einzigartige Talent eines Charles Rennie Mackintosh (1868–1928), dessen beeindruckende Glasgow School of Art (1897–1909) zeigt, wie Bautradition auf radikal neue Weise interpretiert werden kann. Auch wenn die Architekten der Arts-&-Crafts-Bewegung die Auswüchse des viktorianischen Stils beendet hatten, waren sie jedoch nicht Vorläufer der Moderne. In ihrem Herzen waren sie immer noch Viktorianer und ihre Träume befassten sich mit der frei erfundenen Zeit des guten alten England.

CHARLES RENNIE MACKINTOSH

Das Werk des schottischen Architekten und Designers Charles Rennie Mackintosh (1868–1928) war von großer Bedeutung für Europa. Das Meisterwerk des Architekten Mackintosh bildet die Glasgow School of Art (siehe unten). Er war auch für seine Raumausstattungen berühmt, die oft in Zusammenarbeit mit seiner Frau Margaret Macdonald (1865–1933) entstanden.

GLASGOW SCHOOL OF ART, 1897–1909
Die Ateliers liegen an der Nordseite (oben). Die Schulungsräume und Büros befinden sich im Ost-, das Auditorium, die Bibliothek und weitere Atelierräume im Westflügel.

JUGENDSTIL & SEZESSION
SCHNÖRKEL UND SPIRALEN

EMILE GALLÉ
Der in Nancy, Frankreich, geborene Designer und Glasmacher Emile Gallé (1846–1904) war einer der Initiatoren des Jugendstils. Er studierte Philosophie, Botanik und Zeichnen, später lernte er das Glasmachen. Seit 1874 leitete er neben der Keramikfabrik seines Vaters eine Glaswerkstatt, die auf 300 Angestellte anwuchs. Dort stellte er schweres farbiges Glas her, wobei häufig mehrere Glasschichten in verschiedenen Farben übereinander gelegt wurden. Daraus schnitt er dann Pflanzenmotive.

HECTOR GUIMARD
Der Architekt und Designer Hector Guimard (1867–1942) wurde in Lyon, Frankreich, geboren. Seine Werke sind geprägt von den Ideen Viollet-le-Ducs und der Architektur Victor Hortas, sie weisen fließende Linien auf, die zum Synonym für Jugendstil wurden. Zu seinen bekanntesten Arbeiten gehören die aus Gusseisen in vegetabilen Formen gestalteten Eingänge zur Pariser Métro (1898–1901).

DER AMERIKANER Samuel Bing eröffnete 1895 in Paris seinen Laden »Art nouveau« (Jugendstil). Dieser sollte einem kurzlebigen, aber sehr ausdrucksstarken Stil den Namen geben, der vielleicht besser für die Innengestaltung als für die Architektur geeignet war. Doch auch der Jugendstil war ein Versuch, wenn auch in gänzlich anderer Geisteshaltung als der englische Arts-&-Crafts- oder der amerikanische Schindelstil, ein neues Gewand für eine neue Ära zu finden. Er wirkte immer dekadent und es fällt schwer, beim Blick auf die noch existierenden Jugendstil-Eingänge

der Pariser Métro (von Hector Guimard, 1867–1942) nicht an die albtraumhaft erotischen Zeichnungen Audrey Beardsleys oder die Erzählungen Oscar Wildes zu denken. Als eine Dekorform in den Theatern, Geschäften, Restaurants und Cafés des Fin de Siècle verwendet wurde der Jugendstil mit relativ geringem Erfolg auch in den Bereich der Architektur übertragen. Als Ausnahmen stechen das großartige Hotel Gellert in Budapest (1912–1918) und die unaufdringlicheren Brüsseler Bauten von Victor Horta (1861–1947) hervor. Das Hotel Tassel (1892–1893) ist ein faszinierendes Gebäude mit reich gestalteten Mosaikböden und bemalten Wänden; in seinem Zentrum ein stark verziertes Treppenauge, das auf raffinierteste Weise mit Blätter- und Blütenformen spielt; alles sieht viel zu wertvoll aus, um darin zu wohnen. Dies war ein kostbarer Augenblick in der Entwicklung der modernen Ästhetik, eine Zeit des Absinthgenusses, des Rauchens von Stumpen, seidener Morgenröcke und des Aufstiegs des russischen Balletts.

NEUE FORMEN
Wunderbar entfalten die von Blumenmotiven geprägten Formen des Jugendstildekors ihre Wirkung an der Fassade des von Otto Wagner entworfenen Majolikahauses in Wien (1898–1899), eines sechsstöckigen Appartmenthauses. Wagner war ein bedeutender Architekt und damals Professor an der Akademie der Schönen Künste

HOTEL TASSEL, BRÜSSEL, 1892–1893
Der Treppenaufgang von Hortas Hotel Tassel weist Stützen mit rankenähnlichem Eisendekor auf. Horta verwendete pflanzliche Formen auch bei Geländern, Tapeten und Mosaiken.

in Wien, wo er die jungen Leute unterrichtete, die die Sezession schufen, einen weiteren Versuch, eine angemessene Architektur für eine neue Zeit zu finden. Unter diesen, die im Wien Sigmund Freuds und Egon Schieles ihren Weg begannen, waren auch Josef Maria Olbrich (1867–1908) und Josef Hoffmann (1870–1956). Olbrich entwarf das Wiener Sezessionsgebäude (1897–1898), eine klar umrissene Kunstgalerie von fast moderner Sensibilität, geschmückt mit einer von vergoldeten Lorbeerkränzen umwundenen Kugelkuppel.

Hoffmanns ehrgeizigstes Projekt war das Palais Stoclet in Brüssel (1905–1911), ein fantastisches Haus aus weißen Kuben, die zu einem zentralen, mit Statuen verzierten Turm hin aufsteigen. Es mutet wie eine Filmkulisse an. Die Innengestaltung ist licht und hell, dabei teilweise reich mit den goldschimmernden Kunstwerken des Malers Gustav Klimt geschmückt. Eine andere Schöpfung Hoffmanns sind die Wiener Werkstätten, wo noch heute Möbel und anderes Kunsthandwerk hergestellt werden.

Ein weiterer begabter Schüler Wagners war Adolf Loos (1870–1933), der in seiner Abhandlung *Ornament und Verbrechen* über-

flüssigen Dekor als Produkt eines kriminellen Gehirns zu erklären versuchte, unter Hinweis darauf, dass die meisten von ihm untersuchten Verbrecher in den Gefängnissen Wiens ihre Haut mit Tätowierungen geschmückt hätten. Wie Voysey bevorzugte Loos Anzüge ohne Aufschläge, bewunderte den Kult des englischen Gentleman und war ungewöhnlich weit gereist. Er verbrachte drei Jahre mit körperlicher Arbeit in den Vereinigten Staaten, wobei er die Entstehung der neuen Architektur in New York und Chicago verfolgen konnte.

Seine Forschungen hatten eine Flut von Texten und ausgesprochen anspruchsvollen Häusern zur Folge. Diese Bauten sind wegen ihres absichtlich schlichten Äußeren und ihrer opulenten Innengestaltung bemerkenswert, opulent deshalb, weil sie gründlichen Gebrauch von wertvollen Materialien machte, von Marmor, Messing oder Bronze. Loos glaubte, dass sich der ganze Reichtum eines Hauses an dessen Flächen zu entfalten habe. Seine Häuser wurden legendär; vielleicht sind Haus Scheu in Wien (1912) und Haus Müller in Prag (1931) die besten.

GUSTAV KLIMT

Der österreichische Maler Gustav Klimt (1862–1918) gründete 1897 mit anderen Künstlern und Architekten die Wiener Sezession, deren hochdekorativer Stil dem Jugendstil ähnelt. Klimt ist für seine aus flachen, dekorativen Mustern in Farbe und Goldblatt komponierten Bildnisse berühmt. Zu seinen raumgestalterischen Aufträgen gehörten die Wandgemälde für den Speisesaal des Palais Stoclet, das sein Freund Josef Hoffmann entworfen hatte.

PALAIS STOCLET, BRÜSSEL, 1905–1911
Hoffmanns Palais Stoclet präsentiert sich als asymmetrische und doch ausgewogene Anlage, die von Treppenturm und Erkern akzentuiert wird. Die Verkleidung besteht aus weißem Marmor, gerahmt von geometrischen Bronzefriesen.

ANTONI GAUDÍ
DER HEILIGE ANTONIUS VON BARCELONA

SEIT 1998 UNTERNIMMT die katholische Kirche in Barcelona Versuche, Antoni Gaudí (1852–1926), das möglicherweise frömmste, gewiss aber eines der eigenwilligsten Architekturtalente aller Zeiten, zu kanonisieren. Der hl. Antonius, der er vielleicht einmal sein wird (er muss zwei Wunder gewirkt haben, bevor ihn der Papst heilig sprechen kann, doch sind seine Bauten schon Wunder genug), konzentrierte sich in späteren Lebensjahren allein auf sein (noch lange nicht vollendetes) Meisterwerk, die Sühnekirche zur Heiligen Familie in Barcelona (Sagrada Familia; ab 1882). Nirgendwo auf der Welt gibt es ein diesem Bauwerk aus Stein gewordener

ANTONI GAUDÍ
Gaudí, Sohn eines Kupferschmieds, war nie verheiratet und lebte die letzten Jahre bei seiner Nichte.

Vegetation vergleichbares Gebäude. Gaudí lebte asketisch in der Krypta seines Baus. Eines Tag trat er zurück, um nach oben zu dem seltsamen Turm zu schauen, der über dem Geburtsportal der Kirche aufsteigt, und wurde von einer Straßenbahn überfahren. Schnell ins Krankenhaus gebracht hielt man den alten Mann für einen Vagabunden. Einige Tage später jedoch hielt Barcelona inne, als sich sein großer Leichenzug langsam durch die Stadt bewegte.

Gaudí entwickelte sich im Zuge des Aufstiegs des Modernismo, einer Kunstbewegung in Katalonien. Sie war Teil des Versuchs dieser Region, ihre eigene Identität wieder zu finden, die das kastilische Madrid über mehrere hundert Jahre nach besten Kräften mit Füßen getreten hatte. Sie führte auf der einen Seite zum eher neckischen Jugendstil, auf der anderen aber zu den außergewöhnlichen und beispiellosen Bauten Gaudís. Seine erste bedeutende Arbeit, der Palau Güell (1885–1889; alle seine Hauptwerke finden sich in oder um Barcelona), ist aufgrund seiner parabelförmigen Eingänge, die eher Höhlenzugängen gleichen, ungewöhnlich. Im Innern präsentiert sich der Hauptraum als fantastische Höhle mit einer blau gekachelten Kuppel.

DIE GÖTTLICHE PARABEL
Der Park Güell (1900–1914) war der Versuch, hoch über und doch nahe dem Stadtzentrum eine Gartenvorstadt zu bauen. Allerdings wurden nur zwei Häuser ausgeführt (Gaudí lebte in einem von ihnen, bevor er in die Krypta der Sagrada Familia umzog), doch blieb ein herrlich sich dahinschlängelnder Park zurück, dessen schönster Teil dort ist, wo eine vorn offene Markthalle steht. Ihr Dach, das von einer mit (absichtlich) zerbrochenen Keramikziegeln geschmückten Brüstung versehen ist, wird von einem Conga-Tanz dorischer Säulen getragen. Um den Platz sind Bänke

KIRCHE SAGRADA FAMILIA, BARCELONA, AB 1882
Nach Gaudís Tod 1926 setzten seine Partner die Arbeit an der Kirche fort. Ein Teil seiner Pläne wurde während des Spanischen Bürgerkriegs zerstört, doch wurde das Projekt 1954 wieder aufgenommen.

eingelassen, auf denen die Leute sitzen und plaudern. Es ist ein magischer Ort.

Die beiden Wohnblöcke, die Gaudí entwarf, Casa Batlló (1905–1907) und Casa Milà (1905–1910), suchen ebenfalls ihresgleichen. Der erste ist als »Haus der Knochen« bekannt: Seine Fassade wirkt wie die Haut einer schuppigen Riesenechse, seine Balkone scheinen aus Knochen mythischer Kreaturen geschaffen und sogar Zähne zu haben. Auch die elefantenähnliche Haut der Casa Milà (genannt »La Pedrera«, Steinbruch) ist merkwürdig. Hinter den wogenden Mauern gruppieren sich die Wohnungen um einen kreisförmigen Hof. Vergeblich sucht man nach einer geraden Linie innerhalb oder außerhalb dieser hochgelobten,

MOSAIK AN DER CASA MILÀ
Gaudís Bauten sind mit gemustertem Ziegelwerk, Keramiken, Mosaiken und Metallarbeiten verziert.

GAUDÍS HAUPTWERKE
Die noch im Bau befindliche Kirche Sagrada Familia,
Barcelona *1882–*
Palau Güell, Barcelona *1885–1889*
Park Güell, Barcelona *1900–1914*
Casa Milà, Barcelona *1905–1910*

ungewöhnlichen Wohnungen. Sonderbare skulpturale Schornsteine zieren das Dach.

Das merkwürdigste von Gaudís Bauwerken aber ist die Kirche Sta. Colònia de Cervello (beg. 1898, unvollendet), das Herzstück der Arbeitersiedlung Güell (eine katalanische Version von Bournville oder Port Sunlight, siehe S. 145). Das Dach der Krypta wird von Säulen getragen, die sich merkwürdig vorneigen; die Kirchenbänke, ebenfalls vom Architekten entworfen, folgen dem. Dies ist der wohl merkwürdigste je von einem Architekten geschaffene Raum – und doch wunderschön. Gaudís Werk ist einzigartig. Auf gewisse Weise versuchte es die Menschen sowohl mit Gott wie mit der Natur zu verbinden.

> *»Die gerade Linie ist menschlich,*
> *die geschwungene göttlich.«*
> ANTONI GAUDÍ

CASA MILÀ, BARCELONA, 1905–1910
Die wellenförmige Fassade dieses Wohnblocks mit ihren gusseisernen Balkonen erinnert an Formen des Jugendstils.

WELT DER EXTREME

D AS ENDE DES ERSTEN WELTKRIEGS BRACHTE
ZUGLEICH VERÄNDERUNGEN IM ARCHITEK-
TURVERSTÄNDNIS. IN DER SOWJETUNION, IM
FASCHISTISCHEN ITALIEN UND DEM NATIONAL-
SOZIALISTISCHEN DEUTSCHLAND BENUTZTEN NEUE
TOTALITÄRE REGIME DIE ARCHITEKTUR ZUR
PROPAGANDA, ALS KULTURELLEN VORSCHLAG-
HAMMER. AUCH SOZIALISTISCHE REGIERUNGEN
SETZTEN BEWUSST ARCHITEKTUR EIN — MODERNE
ALS GEGENSATZ ZUR NEOKLASSIZISTISCHEN
(ITALIEN UND DEUTSCHLAND) UND SOZIALISTISCH-
REALISTISCHEN (UDSSR UNTER JOSEF STALIN). ALS
SICH IN DER EUROPÄISCHEN GESELLSCHAFT EINE
POLARISIERUNG IN EINE HARTE LINKE UND HARTE
RECHTE VOLLZOG, FOLGTE DIE ARCHITEKTUR
NACH. DIE DAMIT VERBUNDENEN STILE WURDEN,
DA SICH EIN GROSSTEIL DER RESTLICHEN WELT
UNTER DEM JOCH EUROPÄISCHER STAATEN BEFAND,
IN ANDERE KONTINENTE GETRAGEN. NACH DEM
ZWEITEN WELTKRIEG ÜBERNAHMEN DANN DIE
USA DIE ROLLE DES PIONIERS IN DER BAUKUNST:
DER NEUE, VON MIES VAN DER ROHE AUSGEHENDE
STIL SOLLTE TONANGEBEND IN EINER VOM GROSS-
UNTERNEHMERISCHEN KAPITALISMUS GESTÜTZTEN
DEMOKRATIE WERDEN. ALLE ANDEREN STILISTI-
SCHEN BEWEGUNGEN SPIELTEN DEMGEGENÜBER
NUR DIE ZWEITE GEIGE.

OPERNHAUS, SYDNEY
*Jorn Utzons Aufsehen erregender Bau (1957–1973) bildet eine Mischung
aus Abstraktion und Naturalismus. Die Schalendächer, die sich gen Himmel
erheben, ähneln den geblähten Segeln der Boote im Hafen.*

DAS REVOLUTIONÄRE RUSSLAND

KOMMUNALES BAUEN

LENIN

Wladimir Iljitsch Uljanow, 1870 in eine Familie der Mittelschicht geboren, wurde von seinem wegen Verrats gehängten älteren Bruder politisiert. Nach seinem Juraexamen zog Lenin nach St. Petersburg, wo er in Kontakt zu anderen Revolutionären gelangte. Beim Zweiten Kongress der Russischen Sozialdemokratischen Partei versuchte er eine hochdisziplinierte Partei als Avantgarde der Arbeiterrevolution zu errichten. Lenin führte im Oktober 1917 die Gruppe der Bolschewiken (»Mehrheit«) der Partei gegen die Menschewiken, um eine »Diktatur des Proletariats« zu errichten. Bis zu seinem Tod 1924 war er die führende Persönlichkeit bei der Herausbildung der Sowjetunion.

UNTER DER KOMMUNISTISCHEN Herrschaft Wladimir Iljitsch Lenins, Josef Stalins und ihrer Nachfolger überlebte die geografische Einheit des einstigen Russischen Reiches mehr oder weniger intakt bis zum schnellen Niedergang der Sowjetunion ab 1989. Die Architektur im vorrevolutionären Russland, die von Moskau und St. Petersburg ausgegangen war, präsentierte sich allzu oft als schwerfälliger Klassizismus, hier und da durchsetzt von nationalen Romantizismen oder sogar dem Jugendstil. Seit den späten 20er Jahren des 20. Jh. – Stalin war nun quasi als neuer Zar in Amt und Würden – war das in Union der Sozialistischen Sowjetrepubliken umgetaufte Land eine brutale, zentralistische Diktatur mit entsprechend schwerfälliger Architektur. Obwohl sich unter all dem Schund einige Juwelen befinden – die Hochzeitskuchen-Türme der Moskauer Universität (1949–1953) von Rudnew u. a. und die zahlreichen unvergesslichen Stationen der Moskauer U-Bahn –, war die sowjetische Architektur zur Zeit des Großen Vaterländischen Krieges (1941–1945) insgesamt auf einen traurigen Zustand gesunken. Zwischen 1919 und 1930 gab es jedoch die kurze

und exotische Blüte einer genuin revolutionären Architektur, die noch zu Beginn des 21. Jh. Architekten wie Zaha Hadid, Daniel Libeskind (siehe S. 220–223) und andere inspirieren sollte. Die revolutionäre sowjetische Moderne ist geprägt von der Vorliebe, das Schema konventioneller Gebäude durch das Einbringen unvermittelter schräger oder spiralförmiger Elemente zu durchbrechen. Dabei setzte man auf mutig riesige, plakative Elemente, dramatische Überschneidungen und sogar bewusste Zusammenstöße abstrakter Bauteile. Dies war gebaute sowjetische Propaganda, eine Architektur der Befreiung von bürgerlichen Normen, so schockierend wie die neue Welle des sowjetischen Kinos und grafischen Designs.

NEUE STRUKTUREN

Das kraftvollste und bis heute bekannteste Projekt des frühen Sowjetdesigns ist die Schwindel erregende Stahlspirale des Denkmals für die Dritte Kommunistische Internationale (1919), entworfen von Wladimir Tatlin (1885–1953). Doch als Erstes nahmen Außenstehende als Beispiel des neuen Geistes in der Sowjetarchitektur den sowjetischen Pavillon auf der Pariser Kunstgewerbeausstellung von 1925 wahr. Von Konstantin Melnikow (1890–1974) entworfen, handelte es sich hierbei um eine ausgeklügelte Konstruktion aus rotem, schwarzem und grauem Holz, durchzogen von einer diagonal verlaufenden Treppe. Über dem Eingang befand sich natürlich ein dramatisches Hammer-und-Sichel-Motiv. Melnikow baute auch das einzige im damaligen Moskau erlaubte Privathaus, sein eigenes. Wohnhaus und Atelier (1927–1929) bilden einen bizarren Rundturm, der von vielen Fenstern in Form von Honigwaben erhellt wird. Auch die innere Raumaufteilung verblüfft.

MELNIKOWS ATELIER UND HAUS, MOSKAU, 1927–1929

Melnikows Baukomplex besteht aus zwei ineinander greifenden Zylindern, von denen einer höher ist. Diese sind aus 200 sechs- *eckigen »Modulen« zusammengesetzt; 60 davon entfallen allein auf die Fenster.*

RUSAKOW-KLUB, MOSKAU, 1927–1928
Das Hauptauditorium von Melnikows Klub für städtische Angestellte kann in die drei separaten Anbauten im Obergeschoss der Rückseite erweitert werden.

seilles (siehe S. 183) aus. Zur damaligen Zeit besuchte Le Corbusier Moskau nicht nur, sondern nahm auch 1931–1933 am Wettbewerb zum neuen sowjetischen Parlamentsgebäude (Sowjetpalast) teil und errichtete dort das Zentrosojus-Bürogebäude (1928–1936). Der Ginzburg-Komplex gruppiert sich um Gemeinschaftseinrichtungen (zum Kochen, Essen, Waschen). Er stellte zu einer Zeit, in der es – zu-

Glücklicherweise blieb das Haus auch im ultrakapitalistischen Moskau des 21. Jh. erhalten, es wird heute vom Sohn des Architekten bewohnt. Sonst gab es an Privathäusern nur noch die traditionellen »Datschas«, ländliche Refugien für Mitglieder der Parteielite der KPdSU.

Von größerer Bedeutung jedoch ist, dass Melnikow auch für die Entwicklung einer Reihe unverwechselbarer Arbeiterklubs verantwortlich zeichnete, die der politschen Erziehung und Ausbildung dienten. So entwarf er den recht aggressiven Rusakow-Klub für Angestellte des Moskauer Stadtsowjets (1927–1928). Noch bis in die 70er Jahre fand dieses wichtige Bauwerk seinen Widerhall in Konferenzzentren und sogar Rasthäusern in der gesamten Sowjetunion. Ilja Golosow (1883–1945) präsentierte hierzu mit dem Sujew-Klub für Moskauer Straßenbahnmitarbeiter (1927–1929) eine Alternative. Als markantes Element fällt hier der gläserne Treppenhauszylinder an einer Seite des Baus ins Auge. Er scheint das lang gezogene Gebäude zu verankern und zugleich um die Straßenecke herumzulenken. Wer würde zu Beginn des 21. Jh. derartig radikale Architektur für städtische Angestellte in Moskau, London oder New York in Auftrag geben und entwerfen?

NEUE FORMEN

Neuen Formen des kollektiven Wohnens kam in jener Zeit neben Kantinen für Fabrikarbeiter große Bedeutung zu. Das wichtigste Beispiel baute Moissej Ginzburg (1892–1946) für Angestellte des Finanzkommissariats (Narkomfin) Moskau (1928–1930). Der gewaltige, weiß verputzte Ziegelbau übte großen Einfluss auf die viel später von Le Corbusier geschaffene Unité d'Habitation in Mar-

mindest für wohlmeinende Außenstehende – keinen offenkundigen Hinweis darauf gab, dass die Sowjetunion unter dem immer fester werdenden Griff Stalins ihres revolutionären Idealismus beraubt werden könnte, ein Experiment kollektiven Wohnens dar. Radikal neue Gestaltungsweisen erlebten gerade noch den Beginn der 30er Jahre, doch dann beendete die von Stalin geförderte Schule des Sozialistischen Realismus in Kunst, Musik und Architektur derartige Entwicklungen abrupt.

KOLLEKTIVES WOHNEN FÜR NARKOMFIN, MOSKAU, 1928–1930
Im Gegensatz zu Melnikow war die Union Zeitgenössischer Architekten (OSA) der Ansicht, dass die Struktur der Bauten von den Lebensmustern der Bewohner bestimmt sein sollte.

DAS BAUHAUS
RATIONALES DESIGN

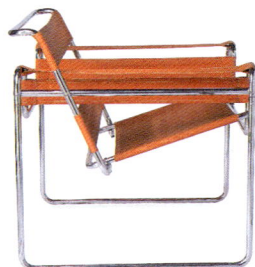

MARCEL BREUER UND DAS BAUHAUS

1925 wurde Marcel Breuer (1902–1981), einer der bedeutendsten Studenten des Bauhauses, Direktor der Designwerkstatt der Schule. Angeregt von den De-Stijl-Möbeln des niederländischen Designers Gerrit Rietveld (1888–1964) hatte Breuer 1921 begonnen an einer Reihe von Sitzmöbeln zu arbeiten. Seine ersten Stühle waren aus Holz unter Verwendung von in der Bauhaus-Werkstatt gewebten Stoffen. Mit seinem Stahlrohrsessel *B3* (oder *Wassily*) von 1925 (oben) legten seine Entwürfe ihr handgefertigtes Aussehen zugunsten moderner, »mechanischer« Formen ab und folgten damit der Veränderung des Bauhaus-Ideals.

DAS BAUHAUS (1919–1933) ist wahrlich eine Legende. Was war das Bauhaus? Zunächst einmal eine Kombination aus Kunstakademie und Kunsthandwerksschule unter Leitung des Architekten Walter Gropius (1883–1969). In Deutschland war man vor dem Ersten Weltkrieg weithin der Ansicht, dass die Welt des Kunsthandwerks sich mit der der Industrie verbünden sollte, um die Qualität deutschen Industriedesigns zu steigern.

Einer der am stärksten engagierten Architekten war Peter Behrens (1868–1940). Er entwarf für die AEG nicht nur die Turbinenfabrik in Berlin (1908–1909), sondern auch viele ihrer Produkte, darunter elektrische Ventilatoren und Bügeleisen. Einer seiner Assistenten (zu denen kurze Zeit auch Le Corbusier und Ludwig Mies van der Rohe zählten) war Gropius. Gropius' Hauptanliegen war es, Künstler, Handwerker und Architekten wieder zusammenzubringen. Der Name »Bauhaus« stellt ein ausgeklügeltes Wortspiel dar: Einerseits rief er die mittelalterliche Bauhütte in Erinnerung, anderseits spiegelte er die Absicht von Gropius und seinen Kollegen wider, Millionen von Menschen, die meisten von ihnen arm und zusammengepfercht, in moderne Gebäude umzusiedeln.

VEREINIGUNG VON KUNST UND TECHNOLOGIE

Gropius und sein Lehrerkollegium bildeten einen außergewöhnlichen Kreis. Der einflussreichste davon war der zunehmend mystische Schweizer Künstler Johannes Itten (1888–1969). Itten, der aussah wie ein Mönch, Vegetarier war und Yoga praktizierte, band Talente wie die Maler Oskar Schlemmer (1888–1943) und Paul Klee (1879–1940) ins Bauhaus ein. Als dann aber der niederländische Künstler Theo van Doesburg (siehe S. 176–177) die Kurse der Schule erfolgreich mit sofortiger praktischer Anwendung verband, trat er aus. Dies war die Antwort auf die damals in Deutschland in Mode kommende Neue Sachlichkeit. Es war nicht mehr die Zeit, mystisch zu sein, sondern sich mit den Ingenieuren und Technikern zusammenzutun, um eine wirklich moderne und streng funktionale Welt zu schaffen. Im Jahre 1927 begann das Bauhaus auch auf dem Gebiet der Architektur zu unterrichten; Pläne für vorgefertigte Massenunterkünfte und ideale niedrigpreisige Häuser wurden exemplarisch ausgearbeitet und ausgestellt.

AEG-TURBINENFABRIK, BERLIN, 1908–1909
In seiner bekanntesten Arbeit für die AEG legt Behrens ein deutliches Bekenntnis zu moderner Industrie und Produktion ab. Das klassisch inspirierte Äußere verleiht der Fabrik den Charakter eines Industrietempels.

FAGUSWERKE, ALFELD AN DER LEINE, NIEDERSACHSEN, 1910–1914

Walter Gropius (1883–1969) und Adolf Meyer (1881–1929)
führten bei ihrem Entwurf der Faguswerke für Schuhleisten einen

Stil ein, der die architektonische Ästhetik des Fabrikbaus weltweit
festschreiben sollte.

Die Tendenz zum Funktionalismus steigerte sich nach Gropius' Rücktritt 1928 — er wollte sich auf sein architektonisches Schaffen konzentrieren — und der Übernahme der Leitung durch den Schweizer Architekten Hannes Meyer (1889–1954) ins Extreme. Meyer stellte die lebende Karikatur eines humorlosen Funktionalisten dar. Man kann ihn sich gut als Professor Silenius, den jungen Architekten in Evelyn Waughs erstem Roman *Decline and Fall* (1928; deutscher Titel: Auf der schiefen Ebene), vorstellen; dessen Ziel war es, das menschliche Element aus der Architektur zu entfernen. Meyer wurde 1930 zum Rücktritt veranlasst. Als nun Mies van der Rohe die Leitung übernahm, waren die letzten beiden Jahre des Bauhauses weitgehend auf das Studium neuer Architektur konzentriert, obwohl auch weiterhin Kurse in Grafikdesign, Keramik, Malerei und Metallarbeit stattfanden.

DAS VERMÄCHTNIS DES BAUHAUSES

Das Bauhaus war erst 1926 in sein von Walter Gropius ultramodern geplantes, zweckbezogen gebautes Quartier in Dessau umgezogen; nun war es zur Übersiedlung nach Berlin gezwungen. 1933 kam Hitler an die Macht, das Bauhaus galt als Brutstätte von dekadenter Kunst und Sozialismus, der Befehl zur Schließung erging. Das war indes noch nicht das Ende: Lehrer und Schüler des Bauhauses emigrierten. Manche wie Gropius, der Künstler László Moholy-Nagy (1895–1946), der Itten nachgefolgt war, oder der brillante Architekt und

Designer Marcel Breuer (1902–1982) gingen für kurze Zeit nach London und von da in die Vereinigten Staaten.

Dort fanden sich viele der Bauhaus-Talente wieder. Und nach der Ankunft Mies van der Rohes im Jahr 1937 beherbergten die USA in den Sparten Malerei, Industriedesign und Architektur einen Großteil der Crème de la Crème der Moderne. So übernahm seit den 40er Jahren dieses im Grunde pragmatische Land zum ersten Mal die Führung in Architekturtheorie und -praxis. Wie in Wissenschaft, Technik, Musik und Film war es den Nazis auch auf diesem Sektor gelungen, die besten Talente aus Deutschland zu vertreiben.

BAUHAUS-GEBÄUDE, DESSAU, SACHSEN-ANHALT, 1925–1926

Der Umzug des Bauhauses von Weimar nach Dessau 1926 verschaffte Gropius die Gelegenheit,
seiner Philosophie Ausdruck zu verleihen — die Synthese aller Künste in einem Gebäude.

EUROPÄISCHE GROSSSIEDLUNGEN
REVOLUTIONÄRE EXPERIMENTE

FRÜHE EXPERIMENTE mit radikal neuen Wohnformen fanden meist im Umfeld wohlhabender privater Auftraggeber statt, die bereit waren diese zu finanzieren. Vor dem Zweiten Weltkrieg waren die meisten Massensiedlungen in Form und Funktion noch recht konservativ. Die ersten wirklich revolutionären Experimente, zum Guten wie zum Schlechten, fanden in der Sowjetunion statt und wurden nach dem Ersten Weltkrieg in den Niederlanden und in Wien mit architektonisch relevanteren Projekten fortgeführt. Städtische Behörden griffen die moderne Architektur erst während und nach dem Zweiten Weltkrieg für den Bau von Großsiedlungen auf. Auf dem ganzen Kontinent hatten die kriegsbedingten Zerstörungen einen Bedarf an neuen, schnell und effizient zu errichtenden Wohnungen hervorgerufen.

Vielleicht ist es von Bedeutung, dass Gerrit Rietveld, der gefeierte De-Stijl-Architekt, zu jener hervorragenden Gruppe (auch Adolf Loos und Hugo Häring zählten dazu) gehörte, die an der Gestaltung der Werkbundsiedlung (1930–1932) in Wien arbeitete. Diese war eine Wohnformentwicklung, die auf Mies van der Rohes Weißenhof-Siedlung in Stuttgart basierte. Es handelte sich hierbei um eine kommunale Anstrengung, die darauf abzielte, den allgemeinen Wohnstandard in der nun aufgeklärten österreichischen Hauptstadt zu heben. Nur wenige Jahre zuvor war Rietvelds Vision (glücklicherweise) auf die recht eigenwillige ästhetische Aussage des zugegebenermaßen exquisiten Schröder-Hauses – eines bunten, zweigeschossigen Würfels von außerordentlicher Komplexität – in Utrecht (1924) beschränkt geblieben. Ähnlich bedeutsam ist der Umstand, dass das Schröder-Haus an eine Reihe uninspirierter Appartementhäuser anknüpfte. Für sozialistische Stadtverwaltungen und radikale Architekten bestand die Herausforderung in einer Zeit, in der die Länder noch unter den Folgen des Ersten Weltkriegs litten, Großsiedlungen zu schaffen, die auch der Arbeiterklasse Sonne, Luft, Gärten und eine gesunde Lebensweise boten, wie dies bisher nur dem Bürgertum möglich war. Was war zu tun?

DAS ROTE WIEN
Zwischen 1919 und 1933 wurden unter der Leitung des Stadtarchitekten Karl Ehn im »Roten Wien« nicht weniger als 66 000 neue Behausungen errichtet. Bei einigen von ihnen handelte es sich um kleine Häuser, die in den neuen Gartenvorstädten, die man England abgeschaut hatte, gebaut wurden (insbesondere Rannersdorf, 1921, unter der Leitung von Hans Tessenow). Die meisten Wohnungen entstanden jedoch in riesigen Blöcken. Die eindrucksvollsten sind der Karl-Marx-Hof und der mit ihm verbundene Svoboda-Hof (1926–1930) von

SCHRÖDER-HAUS, UTRECHT, NIEDERLANDE, 1924
Rietvelds weißes Kubushaus besteht aus mehreren sich überlappenden Ebenen. Im Innern begrenzen bewegliche Trennwände die Räume. Der Architekt benutzte die abstrakten Normen der De-Stijl-Bewegung, um ein allein suggestives Strukturgefühl zu schaffen: »Mein Hauptziel«, schrieb Rietveld, » (ist es), einem noch ungeformten Raum eine gewisse Bedeutung zu geben.«

Karl Ehn: eine kilometerlange Häuserfront, gepflegte Grünanlagen und durchgängig Gemeinschaftseinrichtungen. Die Architektur war kaum radikal, doch Geist und Programm dieses gewaltigen Siedlungsplans waren es. Unglücklicherweise endete dieses beispielhafte sozialistische Siedlungsprogramm, als die Faschisten in Österreich an die Macht gelangten und den Weg für den Anschluss an Nazi-Deutschland im Jahr 1938 bereiteten.

NIEDERLÄNDISCHE STADTPLANUNG

Ähnlich politisch bedingte Siedlungsprogramme – obwohl hier schon die Baukunst selbst radikal war – wurden in Amsterdam und Rotterdam initiiert. Ein Regierungserlass von 1902 sorgte dafür, dass die niederländischen Städte systematisch alle zehn Jahre ihr Wachstum planten. Dies bedeutete, dass kontrollierter Wohnungsbau fester Bestandteil des Gemeinwesens wurde, das dort sowieso schon – seit mindestens 300 Jahren – wohl geordnet war. Was nun aber neu war, war die Verbindung dieses rationalen Siedlungsprogramms mit dem Stil der Moderne. Sie führte zu Europas erstem mehrstöckigem Wohnblock, De Wolkenkrabbe at de Dageraad, Amsterdam (1927–1930) von J. F. Staal. Etwa zur gleichen Zeit entwarf der junge Rotter-

SCHEEPVAARTSTRAAT, HOEK VAN HOLLAND, 1924–1927
J. J. P. Oud, Rotterdamer Stadtplaner und Gründungsmitglied von De Stijl, entwarf mehrere bedeutende Siedlungen. Ihm gelang es, Großsiedlungen zu schaffen, die menschlich blieben.

damer Stadtarchitekt J. J. P. Oud zwei hypermoderne, niedrige Wohnanlagen in Hoek van Holland (1924–1927) und den Kiefhoek-Komplex in Rotterdam (1928–1930). Glasklare Linien, die eine gesunde und effiziente Lebensweise nahe legen, charakterisieren diese Bauten, die eine absichtliche Abkehr von der eher schwelgerischen holländischen Schule des sozialen Wohnungsbaus im Arts-&-Crafts-Stil bedeuten. Bilderstürmern wie Oud war dieser Stil zu verspielt und unehrlich.

Rotterdam bekam auch das erste mehrgeschossige über Außengänge erschlossene Wohnhaus der Moderne, eine Gestaltungsform, die in den 50er und 60er Jahren in der ganzen Welt ihre Spuren hinterließ. Damals schien diese Bauweise radikal. Wie amerikanisch muss da der Bergpolder-Komplex (1923–1934) von J. A. Brinkman (1902–1949) und L. G. van der Vlugt (1894–1936) viele Jahre zuvor gewirkt haben! Moderne Wohnformen waren erwachsen geworden, doch durchsetzen sollten sie sich erst eine Generation später. Und dann sollten sie für die meisten Menschen, die ebenso ungern darauf blickten, wie darin wohnten, jedes Maß verlieren.

KARL-MARX-HOF, WIEN, 1926–1930
Neben Büros, Läden, einer Wäscherei und Bibliothek befanden sich in diesem riesigen Komplex 1383 Wohnungen. Solche Anlagen, ein Versuch von Wiens sozialistischem Stadtrat, erschwingliche Wohnungen bereitzustellen, wurden als »Arbeiterfestungen« bezeichnet.

> »Unsere Zeiten verlangten ihre eigene Form, … ihren eigenen Ausdruck.«
> GERRIT RIETVELD

DE STIJL
Dies ist der Name einer Gruppe niederländischer Künstler, die sich 1917 in Leiden um die Persönlichkeiten Mondrian, van Doesburg und Rietveld bildete. Sie veröffentlichte eine Zeitschrift gleichen Namens, die bis 1932 erschien. Die grundlegenden Thesen der Gruppe waren die Gesetze von Gleichgewicht und Klarheit in der Kunst und die Überzeugung, dass Kunst und Design in alle Lebensbereiche eingebracht werden sollten. Ihr Stil war der einer strengen Abstraktion. Die Bewegung war auf den Gebieten des Möbeldesigns, der Grafik und der Architektur sehr einflussreich.

LUDWIG MIES VAN DER ROHE
WENIGER IST MEHR

LUDWIG MIES VAN DER ROHE (1886–1969) war der Sohn eines Aachener Steinmetzen. Er hatte nur eine geringe Schulbildung, doch die Verbindung von praktischen Fähigkeiten im Bauen, einem starken Willen und großem Intellekt machte ihn zum bedeutendsten und einflussreichsten Architekten des 20. Jh. neben Frank Lloyd Wright und Le Corbusier

Mies, wie er allgemein genannt wurde, verdanken wir die modernen, jeder überflüssigen Zier beraubten Bürogebäude aus Stahl und Glas. Das Seagram Building, New York (mit Philip Johnson, 1954–1958), bleibt eines der schönsten dieser Art, ein Gebäude von höchster Integrität, in dem Form, Funktion und die besten Materialien – Bronze, Messing und Marmor ebenso wie Stahl und Glas – ein einheitliches Ganzes bilden. Hervorragend proportioniert ist das von der Park Avenue zurückversetzte Seagram Building, ein Tempel des Mammon. Obwohl in sich geschlossen, kann man sich ohne weiteres vorstellen, wie seine Linien – die waagerechten wie die senkrechten – in die Unendlichkeit reichen. In diesem Sinne stellt die Architektur Mies van der Rohes eine unerbittliche und logische Jagd nach Perfektion, nach dem Unendlichen und sogar nach Gott dar.

EIN SPIRITUELLER MENSCH

Das erste Bauwerk, das der junge Mies verehrte, war der Aachener Dom. Seine Lieblingsautoren waren die Kirchenväter Augustinus und Thomas von Aquin. Mies war bei weitem nicht der harte Geschäftsmann, der er schien – auch wenn er in seinem späteren Leben in Chicago immer

LUDWIG MIES VAN DER ROHE
Mies, einer der größten Architekten, zählt zu den Pionieren des Wolkenkratzerbaus; er entwarf auch den berühmten »Barcelona-Sessel«.

SEAGRAM BUILDING, NEW YORK, 1954–1958
Der elegante, 38-stöckige Sitz der Canadan Distillers steht zurückversetzt an der Park Avenue. Zur Gestaltung der Fassade wurden grau getöntes Glas, Bronzeplatten und -rahmen verwendet.

maßgeschneiderte Anzüge trug und nie vor 14 Uhr nach einem Lunch, dem zwei trockene Martini vorangingen, zu arbeiten begann. Er war ein zutiefst spiritueller Mann, seine Architektur ist ebenso kontemplativ wie praktisch. Obwohl Mies an eine mehr oder weniger unerschöpfliche Logik glaubte und diese in seiner Arbeit anwandte, verwirklichte er in seinen Gebäuden auch romantische Ideale. Sie wurden entworfen, um Muster der Perfektion in einer entschieden unzulänglichen Welt zu sein.

FRÜHE VORHABEN

Mies entwarf sein erstes Gebäude, ein neoklassizistisches Haus im schinkelschen Stil, für einen Professor Riehl in Neubabelsberg, als er 21 Jahre alt war. Er arbeitete dann bei Peter Behrens, diente im Ersten Weltkrieg bei den Pionieren und begann schließlich eine Reihe erstaunlicher Projekte zu entwerfen. Zu ihnen gehören 1919–1920 zwei nicht zu realisierende gläserne Bürotürme (die damalige Technik hinkte hinter Mies' kühnen Träumen her) und 1926 das bemerkenswerte Ziegelmauer-Denkmal für Karl Liebknecht und Rosa Luxemburg (die ermorderten deutschen Kommunistenführer). Im selben Jahr wurde Mies zum Vizepräsidenten des Deutschen Werkbundes ernannt und damit beauftragt, als Teil der Werkbundausstellung von 1927 die Stuttgarter Weißenhofsiedlung zu errichten. Mies stellte Walter Gropius ein (siehe S. 174), J. J. P. Oud (siehe S. 177), Le Corbusier (siehe S. 182 f.) sowie Pierre Jeanneret, Bruno Taut, Peter Behrens und andere, um die erste wirklich moderne Siedlung zu realisieren, deren weiße, kubistische Flachdachhäuser einen reizvollen Anblick bieten. Des Weiteren begann er unverwechselbare, puristische Möbel zu entwerfen, von denen viele noch zu Beginn des 21. Jh. produziert werden. Nun richtig in Schwung, wurde Mies

DIE HAUPTWERKE MIES VAN DER ROHES
Deutscher Pavillon, Barcelona *1928–1929 (1986 wieder aufgebaut)*
Haus Tugendhat, Brünn, Tschechische Republik *1928–1930*
Farnsworth House, Plano, USA *1945–1951*
Lake Shore Drive Apartments, Chicago, USA *1948–1951*
Crown Hall, Chicago, USA *1950–1956*
Seagram Building, New York, USA *1954–1958*

beauftragt den Deutschen Pavillon für die Ausstellung in Barcelona 1929 zu entwerfen. Das Ergebnis war einer der exquisitesten modernen »Tempel«, ein eingeschossiges Gebäude, das unter einem ausgreifenden Flachdach zusammengefasst, von Glas- und Marmorwänden unterteilt und auf einen Sockel aus Travertin gesetzt war, den ein mit schwarzem Glas ausgelegtes Bassin unterbrach. Das temporäre (1986 wieder aufgebaut) Gebäude sollte bis ins späte 20. Jh. hinein nachwirken.

MODERNER STIL

Die Ideen vom Pavillon für Barcelona wurden dann auf das herrliche Haus Tugendhat in Brünn in der Tschechischen Republik (1928–1930) übertragen. In diesem schönen Gebäude fanden Glas und kostbare Materialien in großem Maß Verwendung. Man zählt es mit Le Corbusiers Villa Savoye und Frank Lloyd Wrights Robie House zu den drei bedeutendsten Privathäusern des 20. Jh. Als Mies in Chicago am Entwurf des wunderbaren Farnsworth House in Plano, Illinois (1945–1952), arbeitete, griff er das Thema erneut auf. Wie im Falle des Hauses Tugendhat gleicht die herrliche natürliche Umgebung das strenge, in neutraler Farbgebung gehaltene Äußere und Innere des Hauses aus. »Weniger ist mehr« und »Gott ist im Detail«, für diese Aussprüche war Mies berühmt: Seine Gebäude sind bis aufs Äußerste reduziert und im bestmöglichen Standard gearbeitet.

Mies, der es als zunehmend schwierig empfand, unter Hitlers kulturloser Herrschaft zu arbeiten, verließ 1937 Deutschland. Zuvor hatte er das Bauhaus (er war der dritte und letzte Direktor) auf Druck der Nazis schließen müssen. Zunächst von Frank Lloyd Wright und Philip Johnson ermutigt unterrichtete Mies eine ganze Architektengeneration am Illinois Institute of Technology, Chicago, für welches er die unvergessliche Crown Hall (1950–1956) entwarf. Etwa zur gleichen Zeit schuf er die Zwillingswohntürme in Chicago, 860 Lake Shore Drive; bald darauf arbeitete am Seagram Building. Inzwischen warf man Mies häufig vor zu rational, zu objektiv und damit in den USA, wo Neuheiten hoch geschätzt wurden, ein alter Hut zu sein. Mies entgegnete: »Ich will nicht interessant sein, ich will gut sein.«

Zu seinen letzten Entwürfen gehören ein nicht realisierter Hauptsitz für die Firma Bacardi in Havanna (die kubanische Revolution kam dazwischen) und die Neue Nationalgalerie in Berlin (1968). Als das vorgefertigte Stahldach der Letzteren, 1250 t schwer, hochgehoben und platziert wurde, fuhr Mies in einem offenen Mercedes darunter, um den riskanten Ablauf zu verfolgen. Er freute sich, in ein demokratisches Deutschland heimgekehrt zu sein. Als einer der größten Architekten aller Zeiten, als einer, der den Geist des alten Griechenland mit dem der Moderne verbunden hatte, starb er im darauf folgenden Jahr.

»*Gott ist im Detail.*«

LUDWIG MIES VAN DER ROHE

DEUTSCHER PAVILLON, WELTAUSSTELLUNG, BARCELONA, 1928–1929
Bei diesem asymmetrischen, eingeschossigen Gebäude verwendete Mies van der Rohe erlesene Materialien — Marmor, Onyx und verchromten Stahl.

FASCHISTISCHE ARCHITEKTUR
DER TRIUMPH DES WILLENS

ALBERT SPEERS erster Auftrag, den er von den Nazis erhielt, war eine Villa in Grunewald, einem bewaldeten Vorort Berlins. Diese sollte für Karl Hanke, einen kleinen Funktionär, renoviert werden. Speer (1905–1981) überzeugte seinen Auftraggeber einige der Räume mit den neuesten Tapeten des Bauhauses (aus der Sicht von Hitlers Leuten einer Brutstätte der Kommunisten) gestalten zu lassen. Dies war 1932. Es sollte noch ein Jahr vergehen, bis Hitler an die Regierung kam. Damals war Speer – der zukünftige Generalbauinspektor der Reichshauptstadt und ab 1942 Rüstungsminister – noch ein bescheidener junger Architekt. Im Parteijargon gesprochen war er nichts weiter als der Leiter der Wannsee-Untergruppe des Nationalsozialistischen Kraftfahrerkorps.

DIE UMGESTALTUNG BERLINS
Zu Beginn des Jahres 1937 wurde der 32-jährige Speer damit betraut, Berlin neu zu planen oder – was dasselbe bedeutet – Germania zu erschaffen, wie die Hauptstadt nach dem angestrebten deutschen Sieg in Europa heißen sollte. Die Pläne waren

ungeheuer ehrgeizig. Im Zentrum Germanias sollte eine Prachtstraße, sechsmal so lang wie die Champs-Elysées, Nord- und Südbahnhof miteinander verbinden und dabei gewaltige Nazi-Paläste, riesige Hotels, großflächige Kaufhäuser, gigantische Kinos, monumentale Ministerien und einen von Hitler persönlich entworfenen Triumphbogen, der Napoleons Arc de Triomphe in den Schatten gestellt hätte, passieren. Ferner war eine megalo-manische Große Halle vorgesehen, gekrönt von einer 300 m in den grauen Berliner Himmel aufragenden Kuppel, deren Volumen 16-mal so groß wie das des Petersdoms in Rom gewesen wäre. US-amerikanische Armeeingenieure, die den Entwurf nach der deutschen Niederlage 1945 prüften, kamen zu dem Ergebnis, dass sich, wenn Nazi-Jünger diese Halle gefüllt hätten, sich innen Wolken gebildet hätten und in passender wagnerischer Manier Regen gefallen wäre. Dies hätte geschmacklosen Veranstaltungen einen Dämpfer gegeben.

Der verrückte Plan verrät viel vom Geist der Nazi-Architektur. Sie wurde meist in gewaltigen Maßstäben und in einer schwerfälligen, reduzierten neoklassizistischen Manier, die lose auf der des großen preußischen Architekten Schinkel (siehe S. 130 f.) basierte, entworfen – nicht einfach nur, um individuellen menschlichen Geist zu beeindrucken, sondern um ihn zu erdrücken. Dies war die Architektur von Unmenschen, die an langen Prachtstraßen stramm standen.

Letztlich bauten die Nazis relativ wenig. Die meisten neuen Bauten waren in einem Hänsel-und-Gretel-Stil gestaltet, während Fabriken einen Proto-Hightechlook annahmen. Öffentliche Bauten sollten die Pracht des kaiserlichen Rom übertreffen. Werner March und Speer entwarfen das kolossale Olympiastadion, Berlin (noch immer verwendet): Es sollte das Kolos-

NEUE REICHSKANZLEI, BERLIN, 1938–1939
Albert Speer hatte den Bau in knapp 18 Monaten errichtet. Die kostbaren Materialien und die einschüchternde Größe der Räume bildeten, unbenommen der geschickten Gesamtplanung, die bemerkenswertesten Elemente.

BAHNHOF S. MARIA NOVELLA, FLORENZ, 1932–1933
Micheluccis im Stil der Moderne erbauter Bahnhof steht am Rand des Stadtkerns. Sein verglaster Zentralbereich ragt wie eine Lichtschachtel empor.

seum in den Schatten stellen. Speers bester Bau war vielleicht das luftige Atelier für den Bildhauer Josef Thorak in München-Baldham (1938). Sein beeindruckendstes Werk – insbesondere unter dem Aspekt der Baugeschwindigkeit – war die neue Reichskanzlei, Berlin (1938–1939). Hierbei handelte es sich um einen blocklangen Palast, der sein Äußeres dem nahe gelegenen Alten Museum Schinkels entlehnte. Er wurde unter Einsatz neuester Techniken von Arbeitern und Handwerkern aus dem ganzen Dritten Reich in Rekordzeit fertig gestellt. Am (kindisch) beeindruckendsten war der extrem lange Spiegelsaal (größer als der Ludwigs XIV. in Versailles), der zu Hitlers Arbeitszimmer führte. Letzteres sollte zeigen: »Ich bin der Herr der Welt.« Obwohl Speers Stil zum erklärten Baustil der offiziellen Nazi-Architektur wurde, leistete die beeindruckende Autobahnarchitektur und -konstruktion von Fritz Todt einen gleichwertigen Beitrag.

FASCHISTISCHE ARCHITEKTUR IN ITALIEN

Die Architektur im Italien Mussolinis (1922–1943) war stets eklektisch: »Ich bin je nach den Umständen ein Revolutionär oder ein Reaktionär«, sagte der Diktator mit dem vorspringenden Unter-

kiefer. Es stimmte. Trotz einer Vorliebe für schwerfällige neoklassizistische Justizministerien, wie sie sich auf der gesamten Halbinsel finden, und trotz der kalten, bombastischen Architektur des EUR-Geländes in Rom (gebaut für die unter einem unglücklichen Stern stehende Esposizione Universale di Roma, 1942) ermöglichte das Regime auch viele wirklich brillante Gebäude. Die absolut besten sind fraglos der Bahnhof S. Maria Novella in Florenz (1932–1933) von Giovanni Michelucci (1891–1990) – der Geist der Caracalla-Thermen auf den neuesten Stand gebracht – und die Casa del Fascio (1933–1936; heute Casa del Popolo) des hoch begabten Giuseppe Terragni (1904–1943) in Como. Diese ist ein Gebäude von erstaunlicher Komplexität, das zunächst wirkt, als sei es kaum mehr als ein strenger, humorloser, mit Travertin verkleideter Kasten gegenüber der prächtigen Kathedrale von Como. Die Casa kann vielleicht als architektonisches Äquivalent zu Rubiks Würfel betrachtet werden.

Andere erwähnenswerte Baukunst im faschistischen Italien sind das Stadio Communale in Rom (1930–1932), zwei (zerstörte) Flugzeughangars des großen Ingenieurs Pierluigi Nervi (1891–1979) in Orvieto und Orbetello sowie die neuen Städte wie Sabaudia (ab 1933 von Luigi Piccinato, 1899–1983) in den malariaverseuchten Pontinischen Sümpfen.

CASA DEL FASCIO, COMO, ITALIEN, 1933–1936
Obwohl Sitz der örtlichen faschistischen Partei, erkennen Architekten jedweder politischer Couleur heute dieses schlichte, mit Marmor verkleidete Gebäude als ein Meisterwerk des Rationalismus an.

LE CORBUSIER
DER SONNE ENTGEGEN

LE CORBUSIER (der Künstlername von Charles-Édouard Jeanneret, 1887–1965), Einzelgänger, radikaler Denker, Polemiker, Maler, Bildhauer, Provokateur, Stadtplaner, Handwerker und Architekt, war der schöpferischste und poetischste Architekt, der je gelebt hat. Noch Jahrzehnte nach seinem Tod – er ertrank vermutlich absichtlich, als er in Südfrankreich der Sonne entgegenschwamm – gilt er den Angehörigen seines Berufsstandes als Kultfigur. Seine Bauten begegnen uns in vielen Gegenden der Welt, von seiner Wahlheimat Frankreich und dem restlichen Europa bis nach Brasilien, Indien und Japan.

Le Corbusier, geboren in dem Schweizer Uhrmacherdorf La Chaux-de-Fonds, wurde weltweit als »Corbu« (corbeau = Rabe, dem er – wie Bewunderer und Gegner einhellig meinen – sehr ähnlich sah) bekannt. Sein Vater gravierte Uhrgehäuse, was auch er tat, bevor er ein Stipendium gewann und sich auf Reisen begab – nicht nur durch Griechenland, Italien, den Balkan, Kleinasien und Nordafrika, sondern auch durch die Werkstätten und Ateliers einiger der radikalsten europäischen Architekten des frühen 20. Jh., darunter Peter Behrens in Berlin und Auguste Perret in Paris.

Obwohl seine ersten Häuser im Arts-&-Crafts-Stil gebaut sind, sollte er schon, kurz nachdem er sich 1917 in Paris

LE CORBUSIER
Sein Werk als Maler, der den Purismus dem Kubismus vorzog, hatte tief greifende Wirkung auf die Herausbildung seines Baustils.

niedergelassen hatte, zu einem der frühen Meister der weißen Villen der Moderne werden. Dort gab er mit dem Maler Amedée Ozenfant und dem Dichter Paul Dermée *L'Esprit Nouveau*, eine Zeitschrift »der modernen Ästhetik«, heraus. Auf den dynamisch gestalteten Seiten experimentierte Corbu mit Ideen, die ihm zu seinem Namen verhelfen sollten. Viele von ihnen fasste er in seiner radikalen Publikation *Vers une architecture* (1923) zusammen, worin er eine faszinierende Verbindung von griechischen Tempeln, gotischen Kathedralen, Flugzeugen, Autos, Ozeandampfern und der neuen Architektur bietet, die er famos als »meisterhaftes, korrektes und herrliches Spiel von in Licht zusammengebrachten Massen« beschreibt. Das Haus definierte er als »eine Maschine, um darin zu wohnen«. Dies wurde lange missverstanden; Corbu sprach sich nicht für maschinenähnliche Häuser aus, sondern für Häuser, die so schön und effizient sein sollten wie die besten neuen Maschinen. Und obwohl oft ignoriert, sagte er in nahezu dem gleichen Atemzug »Architektur geht über praktische Notwendigkeiten hinaus«.

IM LICHT DER SONNE
Neben Entwürfen idealer Städte der Zukunft und der Entwicklung eines eigenen Proportionensystems – des Modulor – zeigte Corbu der Welt seine erste radikale weiße Villa in Gestalt eines sehr einflussreichen Ausstellungsstandes, des »Pavillon de L'Esprit Nouveau«, 1925 auf der Pariser Kunsthandwerksausstellung. Sein erstes Wohnhaus war die Villa Savoye in Poissy, außerhalb von Paris (1929–1930). Auf Säulen, so genannten »piloti«, errichtet sollte das Haus eine Übung in reiner Geometrie sein, bei der

VILLA SAVOYE, POISSY, FRANKREICH, 1929–1930
Das hoch gestellte Piano Nobile der als Wochenendhaus in Auftrag gegebenen Villa Savoye lässt das Licht in die wichtigsten Wohnräume einfallen. Die Fenster und Dachterrassen ermöglichen Ausblicke in die Landschaft.

UNITÉ D'HABITATION, MARSEILLE, FRANKREICH, 1946–1952
Die für sich allein existente Unité ist der einzige realisierte Teil von Le Corbusiers Entwürfen für Marseille. Weitere solche geschlossenen Einheiten (unités) wurden noch in Nantes und Briey-en-Foret sowie in Berlin gebaut.

der menschliche Geist gegen die natürliche Welt gesetzt ist. Diese palladianische Villa aus dem Zeitalter der Motoren gibt ein herrliches Beispiel dafür ab, wie das Sonnenlicht und die Elemente in einem äußerst durchdachten Heim zum gegenseitigen Vorteil wirken können.

Nach dem Zweiten Weltkrieg – in dem Corbu, was ihn sehr in Misskredit brachte, mit der Vichy-Regierung kollaboriert hatte – nahm seine Arbeit eine völlig andere Richtung: Leichtigkeit und Weiße der 20er und 30er Jahre verschwanden. Dafür kamen schwerer, grober Beton, stark skulptierte Formen und eine Rauheit, die Corbus zunehmenden Rückzug in seine eigene spirituelle Welt markieren. Der bemerkenswerte Wohnblock Unité d'Habitation, den er in Marseille 1946–1952 baute, war ein großer Ozeandampfer aus Zement, eingebettet in eine mediterrane Stadt. Aufgebockt auf mächtigen Piloti birgt diese Megastruktur aus Beton 340 Wohnungen für etwa 1600 Menschen. Mit ihren Wohnzimmern von doppelter Höhe und der internen Einkaufsstraße (mit Hundesalon) war sie hypermodern und doch rief ihre dichte, physische Präsenz zugleich die Tempel des alten Ägypten in Erinnerung.

DAS SPÄTERE WERK
Kurz darauf entwarf Corbu die tief bewegende und skulpturale Wallfahrtskirche Notre-Dame-du-Haut in Ronchamp (1950–1954) und schließlich das wunderbare Dominikanerkloster Ste-Marie de la Tourette in Éveux

> *»Eine gewundene Straße ist ein Eselspfad, eine gerade Straße ist eine Straße für Menschen.«*
>
> LE CORBUSIER

(1957–1960). La Tourette wurde für einen Auftraggeber mit wenig Geld gebaut, doch ihre zementene Schlichtheit ist von unsäglicher Poesie. Hier zu verweilen bedeutet in Einklang mit der Welt zu sein. Das Dumme ist nur, wie bei anderen Bauten Corbus auch, dass dieser Wurf auf der ganzen Welt von einer jüngeren Architektengeneration in Umfeldern nachgeahmt wurde, wo die Askese fehl am Platze ist.

Nach dem Tod seiner Frau war Le Corbusier recht allein, seine Visionen wurden zunehmend religiös (er war nie an Geld interessiert und führte zwischen seiner bescheidenen Wohnung in Paris und einer Strandhütte in Cap Martin am Mittelmeer ein fast mönchisches Leben). Es ist seltsam, dass sein vielleicht ergreifendstes Gebäude – La Tourette – für Dominikaner erbaut wurde. Denn der hl. Dominikus schuf die Inquisition und löschte die Katharer, die albigensischen Häretiker, von denen Corbu abstammte, nahezu aus.

Vor seinem Tod entwarf Le Corbusier noch öffentliche Gebäude für Chandigarh, die neue Hauptstadt des indischen Punjab, entwickelte verschiedene Stadtgestaltungspläne (die für Algier wurden nie in Angriff genommen), plante ein (nicht gebautes) 1200-Betten-Krankenhaus für Venedig und schließlich den farbenfrohen stählernen Ausstellungspavillon »Maison de l'Homme« für Zürich (1965–1967). »Das Drama der Architektur«, schrieb Corbu, »ist das des Menschen, der durch das Universum lebt.« Am 27. August 1965 um 11 Uhr schwamm er in Cap Martin hinaus in die Sonne, um den größten aller Architekten zu treffen.

DIE MODERNE MITTE DES 20. JH.

EIN AMERIKANISCHER TRAUM

RAYMOND LOEWY

Loewy, der Kopf des amerikanischen Industriedesigns, kam 1893 in Frankreich zur Welt. Er wurde in den 30er Jahren des 20. Jh. mit innovativen Entwürfen für Alltagsgegenstände bekannt und begründete die Stromlinienform als Stilelement. In seinen späteren Jahren arbeitete er an der Innengestaltung des Skylab der NASA. Viele seiner Entwürfe – der Coldspot Super Six Fridge (ein Gefrierschrank), der Greyhound-Bus, die Schachteln der Lucky-Strike-Zigaretten – wurden zu Symbolen für das Amerika um die Mitte des 20. Jh. Loewy starb 1986.

DAS BLUTBAD BEISEITE gelassen zeigte der Zweite Weltkrieg die Vereinigten Staaten von ihrer besten Seite. Als Onkel Sam 1941 wieder in den Krieg zog, machte die gewaltige und verblüffend produktive Macht der USA einen Sieg in Europa nahezu unvermeidlich. Amerika, weder einer Invasion noch Bombardements durch Deutsche oder Japaner ausgesetzt, verzeichnete in den 40er Jahren einen Wirtschaftsboom. Es war die große Zeit der Hochgeschwindigkeitszüge, Hollywoods und des Jazz und brachte die neue glatte, weltweit anerkannte Architektur des Internationalen Stils.

DER AMERIKANISIERTE GEIST

Hierbei handelte es sich um eine Art des Entwerfens und Bauens, in der sich die landeseigene Kraft und die sich als sehr effizient erweisende Fähigkeit der US-Industrie und -Architekten, mit vorgefertigten Bauteilen zu arbeiten, mit dem Können europäischer Architekten und Designer verbanden. Zu Letzteren zählten vor allem die des Bauhauses (1933 geschlossen) und insbesondere Mies van der

Rohe, der 1937 aus Deutschland via London in die Staaten gekommen war. Walter Gropius, der Gründer des Bauhauses, lehrte in Harvard, Mies am Illinois Institute of Technology in Chicago. Beide entwarfen Universitätsgebäude, die den neuen amerikanisierten Geist der Moderne repräsentieren – praktische Herangehensweise, verbunden mit der reduktivistischen Logik des Bauhauses – und die viele der besten jungen Amerikaner anzogen, die nun ihren deutschen Lehrern zu Füßen saßen.

Mies' Arbeiten im Stil der Moderne um die Jahrhundertmitte (seine hoch geschätzte Crown Hall, Chicago; Farnsworth House; die Lake Shore Drive Apartments; das Seagram Building, siehe S. 178 f.) übten großen Einfluss auf verschiedene amerikanische Bürobauten aus, insbesondere auf die von Skidmore, Owings und Merrill. Mit dem Lever House in New York (siehe S. 196 f.) schufen diese in den 50er und 60er Jahren des 20. Jh. einen weltweiten Protoypen für Firmensitze. Ebenso glatt und ebenso überzeugend ist das General Motors' Technical Center in Warren, Michigan (1948–1956), von Eero Saarinen, ein Wolkenkratzer von unnachahmlicher Qualität. Saarinen, der mit einem Designteam von MG arbeitete, dessen Atelier sich in einem Kuppelbau im Herzen des Gebäudekomplexes befand, setzte auf »Technologietransfer«. Er verwendete Neuerungen und Materialien, die bis dahin nur bei Automobilen zum Einsatz gekommen waren, insbesondere Neoprendichtungen, die 20 Jahre später ein wichtiges Element der Hightecharchitektur wurden. Man kann sich leicht vorstellen, wie dieses Gebäude sich ins Unendliche erstreckt. Und das ist ein wichtiger Aspekt und macht den Reiz dieser höchst zuverlässigen amerikanischen Stahlskelettbauten aus: Sie sind Symbole eines erstaunlichen Vertrauens in die amerikanische Industriemaschine. Dies ist eine Architektur für Männer, die sich, nicht ganz ohne Berechtigung, als Herren der Welt betrachteten.

POESIE IN PALM SPRINGS

Das ist indes nicht die ganze Geschichte. Es gab unabhängig davon in Kalifornien eine andere, frühere Tradition der europäischen Moderne. Dort waren die jungen Architekten in den 20er und 30er Jahren stark von zwei Wiener Emigranten, von Richard Neutra (1892–1970) und Rudolph Schind-

HAUS LOEWY, PALM SPRINGS, KALIFORNIEN, 1946–1947
Die dortigen neuen Techniken lockten den Schweizer Albert Frey, einen Schüler Le Corbusiers, in die Vereinigten Staaten. Sein Entwurf für das Haus Raymond Loewys integriert dieses in die Wüste.

CASE STUDY HOUSE NO. 21, LOS ANGELES, 1958
*Pierre Koenig wurde von John Entenza, dem Verleger der
Zeitschrift* Art and Architecture, *eingeladen, für ihn das Case
Study House 21 zu bauen.*

ler (1887–1953), beeinflusst. Sie entwarfen in und
um Los Angeles und Palm Springs eine Reihe
strenger, eingeschossiger, offen gestalteter Häuser.
Mit gläsernen Schiebewänden und sorgfältig
bedachtem Naturbezug verbinden diese den
japanischen Zen-Buddhismus mit den funktionalen
Befindlichkeiten der frühen Moderne, die offene
Architektur Frank Lloyd Wrights mit der großartigen amerikanischen Landschaft. Kurz gesagt,
sie sind eine nahezu perfekte Verbindung aus Form
und Funktion – architektonische Sonette.

In den Jahren nach dem Zweiten Weltkrieg ent-
wickelte eine jüngere Generation amerikanischer
Architekten, darunter Pierre Koenig (geb. 1925),
ein im Krieg hoch dekorierter junger Ingenieur der
US-Armee, den Neutra-Schindler-Stil weiter.
Wiederum geschah dies in Los Angeles und in Palm
Springs, einem Refugium für Hollywoodstars und
Filmmoguln. Im Bestreben, eine saubere neue Welt
frei von den politischen und architektonischen
Gräueln der Vergangenheit zu schaffen, präsentieren
sich Koenigs Case Study Houses Nos. 21 (1958)
und 22 (1959) als poetische Stahlkonstruktionen,
die die Strenge und Einfachheit der amerikanischen
Industriebauten mit den Qualitäten der Wüsten-
häuser Schindlers und Neutras verbinden.

An anderer Stelle in Los Angeles, in Pacific Palisades, baute das außerordentlich erfolgreiche
Ehepaar Charles (1907–1978) und Ray (1912–
1988) Eames sein eigenes Haus aus Markenstahl
und anderen fabrikgefertigten Elementen. Sie

lieferten damit den Beweis, dass Massenfertigungstechniken eine innere Schönheit besitzen können,
wenn der Designer sie nur poetisch betrachtet. Die
Eames entwarfen auch einige der schönsten
Industriemöbel; und je mehr Jahre ins Land gingen,
desto mehr kamen sie in Mode.

SPÄTERE MODERNE

Eine Apotheose der Moderne der Jahrhundertmitte
brachte die erstaunliche, für die US-Luftwaffen-
akademie in Colorado Springs entworfene Kapelle
mit einer von Origami beeinflussten Struktur, die
an zum Gebet gefaltete Flugzeugtragflächen erinnert. Und wenn Sie glauben, Konsum sei die neue
Religion, so lässt sich ein gleichwertiges Beispiel
anführen: das Northland Shopping Center von
Victor Gruen in Detroit (1954).

NO. 8 PACIFIC PALISADES, PALM SPRINGS, KALIFORNIEN, 1949
*Charles und Ray Eames' eigenes Haus war so konzipiert, dass die integrierten Eukalyptusbäume
das Licht filtern, das durch die raumhohen Fenster fällt.*

MODERNISMUS UND FREIHEIT
DIE ARCHITEKTUR DER BEFREIUNG

ALVAR AALTO

Der 1898 in Kuortane, Finnland, geborene Aalto war einer der führenden Vertreter der skandinavischen Moderne. Seine Gebäude vereinigen die technologischen Neuerungen der Moderne mit der typisch skandinavischen Wertschätzung von Natur und natürlichen Materialien. Im Gegensatz zu vielen anderen Modernisten sagte er: »Die Natur und nicht die Maschine ist das wichtigste Vorbild der Architektur.« Aalto war auch ein begabter Designer von Glaswaren und Möbeln. Er starb 1976 in Helsinki.

IN SEINER ERSTEN Verkörperung war der Modernismus ein Werk der politischen Linken: Seine offene Architektur war frei von historisierenden Details oder Assoziationen zu autokratischen Regimen. Diese hatten sich über Jahrhunderte auf schwergewichtige Gebäude, überzogen von komplexem Symbolismus und theatralischen Details, gestützt.

Eine Grundforderung des Modernismus – Wohlbefinden – sollte in der Gestalt der Gebäude ihren Niederschlag finden, sie sollten weiß, leicht, warm und offen gegenüber der natürlichen Umwelt sein, entsprechend der Devise: Ein gesunder Körper in einem gesunden Haus. In der Zwischenkriegszeit wurde dieser ganzheitliche Ansatz aufs Wunderbarste in Alvar Aaltos

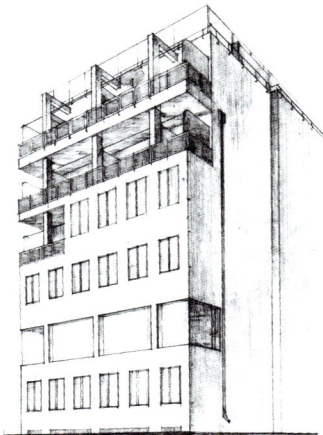

PAIMIO-SANATORIUM, BIS 1933
Aalto begann im Alter von gerade 30 Jahren die Arbeit an seinem berühmten Sanatorium. Fünfzig finnische Gemeinden zahlten Entwurf und Bau.

herrlichem Paimio-Sanatorium in Finnland (1929–1933) realisiert. Im Vergleich zu den Arbeiten der zeitgenössischen französischen, deutschen und britischen Modernisten war Paimio warm, menschlich und unaufdringlich. Dies ist der großartige Beitrag von Aalto und Skandinavien: der Moderne ein menschliches Antlitz zu verleihen. Während der 30er Jahre schuf Aalto eine innige Beziehung zwischen moderner Architektur und Natur. Sein eigenes Haus, die Villa Mairea (1938–1941), ließ die Scharfkantigkeit vieler neuer Bauten seiner Zeit veraltet erscheinen und machte innen wie außen vorsichtigen Gebrauch von natürlichen Materialien. Während sich ein Großteil der Architektur der Moderne antithetisch zur Natur verhielt, inszenierte Aalto die seine als Ergänzung zur natürlichen Umgebung.

NEUE DEUTSCHE ARCHITEKTUR
Nach dem Zweiten Weltkrieg boten die Architekten neue Formen der Befreiung an. In Deutschland fand unvermeidlich eine starke Reaktion auf die grandiose, militaristische Architektur des Dritten Reichs statt. Architekten, deren viele als Offiziere in der Armee gedient hatten, suchten einen Weg des Bauens, der frei war von politischen Assoziationen. Zwei der schönsten neuen Bauwerke dieser Art sind die Philharmonie (1959–1963) und die Staatsbibliothek (1967–1978) in Berlin von Hans Scharoun (1893–1972). Ihre stürzenden Dächer und ihr frei fließendes Inneres sind eine durchdachte und erfolgreiche Verbindung aus rationaler Planung und organischen Formen. Von Anfang an waren sie, nahe der Berliner Mauer gelegen, dazu gedacht, ein neues kulturelles Zentrum für ein wieder vereinigtes Berlin zu bilden, das 1989 Realität wurde. Scharoun bot eine ausdrucksstarke und sehr individualistische Architektur, die auch einen Gegenpol zur Selbstverherrlichung und den Unbilden des Nazi-Stils setzte. Zur selben Zeit, als Scharoun an der Philharmonie arbeitete, schuf Mies van der Rohe in der Nähe die Neue Nationalga-

VILLA MAIREA, NOORMARKKU, FINNLAND, 1938–1941
Die L-Form von Aaltos Haus umfasst den rückwärtig gelegenen Swimmingpool. Der Hauptteil des Gebäudes ist aus Stahlbeton gebaut, doch integrieren außen wie innen Holz- und Steinverkleidungen das Haus in seine Umgebung.

STAATSBIBLIOTHEK, BERLIN, 1967–1978

Die Staatsbibliothek bildet zusammen mit Scharouns Philharmonie und Mies van der Rohes Neuer Nationalgalerie das
Berliner Kulturforum. Strikter Funktionalismus bestimmt die Form
des Gebäudeinneren.

lerie, die brillant den Klassizismus des großen
Architekten Schinkel, auf den zahlreiche herausragende Bauwerke Berlins zurückgehen, und den
Bauhausstil verbindet: Ersteren bewunderten Speer
und Hitler, Letzteren verachteten sie.

Architektur ist jedoch auf vielfältige Weise
normativ und deterministisch – sie sagt uns, wie
wir zu leben haben –, egal wie idealistisch oder frei
von Ideologie ein Architekt auch sein mag. Nur sehr
wenige Architekten haben versucht genuin partizi-
patorische Bauten zu schaffen – solche, an denen
die Kunden und Nutzer teilhaben und tatsächlich
Beiträge zum Entwurf und zum Bauprozess leisten.
Lucien Krol (geb. 1927) unternahm im Falle des
Studentenwohnheims der Universität von Louvain,
Belgien (1969–1975), einen solchen Versuch. Es
handelte sich um einen Ad-hoc-Entwurf, der für
den Geist der 60er Jahre steht: »Befreiung« in Holz
und Beton, ein Ruf nach Freiheit, der weltweit auf
den Universitätsgeländen seinen Widerhall fand,
obwohl die neuen Universitätsbauten selbst meist
das Werk einer deutlich älteren Architektengeneration waren.

Ziemlich traurig ist, dass Revolutionen und so
genannte Befreiungen in der Nachkriegszeit selten
radikal neue Architektur hervorbrachten, selbst
nicht in Ländern wie Kuba, die in den Bereichen
Grafik, Film, Fotografie, Philosophie und Literatur
durchaus zu Experimenten bereit waren. Lediglich
in der Kuppelarchitektur der neuen Ballett- und
Kunstschule im Miramar-Distrikt in Havanna,
entworfen von Ricardo Porro, kann der Besucher
einen neuen und befreienden Geist am Werke
sehen. Die revolutionären Regierungen in Afrika,
Asien und Lateinamerika, weitgehend durch Gelder
aus Moskau oder Peking unterstützt, neigten dazu,
Häuserblocks aus Beton im sowjetischen Stil oder
andere Monströsitäten vollkommen unsensibel
gegenüber der Landeskultur zu errichten. Derartige Gebäude waren weit davon entfernt,
befreiend zu sein, sondern
zwangen neue Tyrannei auf.

UNIVERSITÄT, LOUVAIN-LA-NEUVE, BELGIEN, 1969–1975

*Bis Studenten verlangten, dass nur noch in niederländischer Sprache unterrichtet werde, war die
Universität Löwen zweisprachig. Dann wurde extra eine französischsprachige Universität gebaut.*

NEUE STÄDTE
DAS NEUE JERUSALEM

IN DEN 50ER UND 60ER Jahren des 20. Jh. unternahm man weltweit den Versuch, ideale Städte zu schaffen. Das Ideal erwies sich oft als unerreichbar. Der Grund ist recht offensichtlich. Die meisten Städte sind organisch gewachsen. Sie bestehen quasi aus Sedimentschichten, entstanden aus dem Planen und Bauen vieler Jahrhunderte. Eine große Stadt auf dem Reißbrett zu entwerfen bedeutet die Erwartung, dass sich das chaotische Drama des Auf und Ab menschlichen Lebens einem sauberen Muster anpassen lässt. Doch dieses würde, selbst wenn es zu dem Zeitpunkt, zu dem es aufgestellt wurde, sinnvoll schien, mit größter Wahrscheinlichkeit innerhalb weniger Jahre oder Jahrzehnte veraltet sein.

Neue Kleinstädte sind fast immer Trabanten älterer Städte, die entweder aus allen Nähten platzten oder deren Bevölkerung einer hässlichen und brutalen Lebensweise entfliehen wollte. Neue Großstädte waren dagegen etwas anderes, primär aus politischen Gründen geplant und meist, um eine neue Landeshauptstadt zu schaffen, wie bei Chandigarh, Brasilia und Canberra.

Die Art und Weise, wie Menschen eine neue Stadt annehmen oder sie umgestalten, zeigt anschaulich Chandigarh, die neue Hauptstadt des Bundesstaates Punjab. Die alte Hauptstadt Lahore musste 1948 der islamischen Republik Pakistan überlassen werden, sodass tausende hinduistischer Flüchtlinge ein neues Zentrum benötigten. Le Corbusier und andere, darunter die britischen Architekten Jane Drew und Maxwell Fry, entwarfen Chandigarh ab 1951.

LE CORBUSIER UND CHANDIGARH
Die Voraussetzungen bildeten Le Corbusiers lange Studien zu einer neuen Stadt der Sonne, des Lichts und des Grüns, obwohl er in Indien, anders als bei seinen berühmten Plänen für den Wiederaufbau von Paris in den 20er Jahren, Glastürme zugunsten niedriger Gartenstadt-Villen vermied. Die Hauptgebäude sind eine Kombination aus Le Corbusiers nach dem Krieg entwickelter Manier des Bauens in Sichtbeton und der Mogul-Tradition, wie die tiefen Loggien, Wassergärten, tief herabgezogenen Dächer und die für den Architekten typischen Sonnenschilde (*brises soleils*) aus Beton zeigen, die in die Fensteröffnungen eingefügt sind.

Das Ergebnis ist eine Folge beeindruckender, abstrakter Monumente, die Zeichnungen Picassos und Skulpturen Braques ähneln, gesetzt gegen den die Sinne schärfenden Hintergrund des Himalaja. Die wichtigsten öffentlichen Bauten sind das Parlamentsgebäude (1955–1960), der Gerichtshof (1952–1956) und das Sekretariatsgebäude (1952–1956). Die Entwürfe wurden

PARLAMENTSGEBÄUDE, CHANDIGARH, INDIEN, 1955–1960

In Le Corbusiers Entwürfen für Chandigarh verschmelzen moderne Vorstellungen mit denen der Mogul-Zeit. So ist hier das halbmondförmige Dach zugleich praktischer Sonnenschutz und Reverenz an frühere Formen. Das Gebäude ist sowohl modern wie monumental.

ANZAC PARADE UND PARLAMENTSGEBÄUDE, CANBERRA, AUSTRALIEN

Im Vorderteil liegt das War Memorial, von dem die Anzac Parade hinab zum Wasser führt. Auf der anderen Seite des künstlichen Sees (Teil des Originalplans von Griffin) liegt in Weiß das Alte Parlaments- und dahinter das Neue Parlamentsgebäude.

JANE DREW
UND MAXWELL FRY

Jane Drew (1911–1996) und Maxwell Fry (1899–1987), Vorreiter des Internationalen Stils in England, heirateten 1942 und waren ab 1945 Geschäftspartner. Fry machte sich mit Entwürfen für Privathäuser in England einen Namen. Zu Drews Werk zählen Gebäude in Nigeria, dem Nahen Osten und ein Bereich des Festival of Britain. Ihre berühmteste Arbeit sind vielleicht ihre Wohnhäuser in Chandigarh, wo Fry als Seniorarchitekt am New Capital Project, dem Bau der neuen Hauptstadt, tätig war.

von Le Corbusiers Cousin und langjährigem Partner Pierre Jeanneret ausgeführt, der seine eigenen subtilen Entwürfe für das Dorf Peon (1952–1953) und den Gandhi Bhavan (1959–1961) beisteuerte. Ein Großteil der Wohnhäuser wurde von Drew und Fry entworfen. Faszinierend ist es, zu erfahren, wie diese Gebäude von der einheimischen Bevölkerung angenommen wurden: Hinter die rationalen zweigeschossigen Fassaden sind nun drei oder sogar vier Stockwerke hineingezwängt. Teils aus diesem Grund ist die Bevölkerungsdichte in Chandigarh sehr viel höher als vorgesehen; und als Ergebnis genießt auch diese Stadt das malerische Treiben anderer indischer Städte.

Anders als Canberra erfreut sie sich einer Architektur von großer Eigenheit, einer Architektur, die das Leben moderner Zeiten mit den alten Traditionen verbindet und eine Energie besitzt, die in der extrem gering bevölkerten australischen Hauptstadt verloren gegangen ist. Der Reichtum einer Stadt besteht in ihrem Leben und ihrer Dynamik, nicht in ihrer reibungslosen Organisation, offenkundigen Effizienz und globalisierten Architektur, der es an Stofflichkeit, Tiefe und Bedeutung mangelt.

CANBERRA

Walter Burley Griffin hatte schon 1912 den Plan für die neue australische Hauptstadt Canberra vorgelegt, doch wurden einige der Hauptbauten –

der Hohe Gerichtshof von Australien (1972–1980), die Nationalgalerie (1968–1982) von Edwards Madigan Torzillo und Briggs sowie das Neue Parlamentsgebäude (1979–1988) von Mitchell, Giurgola & Thorp – erst in den 80er Jahren des 20. Jh. fertig gestellt. Was diese scharfkantigen, skulptierten Betonbauten gemeinsam haben, ist, dass sie an vielen anderen Orten der Welt stehen könten.

Giurgolas Parlamentsgebäude ist der interessanteste dieser weitgehend anonymen »National«-Bauten, obwohl es selbst ihm an Gefühl mangelt. Der amerikanische Architekt hat auf geniale Weise die beiden politischen Kammern halb verdeckt, halb enthüllt einem Hügel eingepasst und ebenso sauber das Gefüge des Gebäudes mit den Achsen der Stadt verbunden. Darüber hinaus erkennt man einen Zusammenhang dieses großartigen neoklassizistischen Bauwerks mit Le Corbusiers häufig zitiertem Eingang zum Sowjetpalast in Moskau. Einheimische haben auch gesagt, dass die eigenwillig geschwungenen Wände einem Paar riesiger Rücken an Rücken gesetzter Bumerangs ähneln – obwohl es ein Geheimnis bleibt, warum jemand so etwas tun sollte. Sicher ist, dass solche Klugheit und das Wissen um Bezüge wenig oder gar nichts dazu beitragen, das Gebäude oder Canberra selbst menschlicher oder liebenswerter zu machen. Leben in einer neuen Stadt zu schaffen ist letztendlich keine architektonische Aufgabe: Es ist Sache der Einwohner selbst.

»Der erste Ausdruck der Schöpferkraft unserer Heimat … gedeihend auf unserer neu gewonnenen Freiheit«
NEHRU
ÜBER CHANDIGARH

OSCAR NIEMEYER
DER BLICK AUF DIE COPACABANA

OSCAR NIEMEYER (geb. 1907) brachte einen beispiellosen Grad an Sinnlichkeit in die Moderne ein. Angeregt, wie er sagte, vom Blick auf die Berge um Rio de Janeiro, auf den Atlantik und seine fantastischen Strände, den er von seiner Wohnung aus hatte, verlieh er der Architektur der Moderne eine bildhauerische Kraft, die einen überwältigen kann. Vielleicht war es genau das, was die moderne Architektur benötigte: einen Schuss Latino-Leidenschaft, um Tiefe, Schatten und Dynamik zu erhalten, die ihr viel zu oft fehlten. Wie dem auch sei, es ist nicht die Latino-Leidenschaft, die Niemeyers häufig fast barocke Bauten so besonders machen, sondern es sind die ureigene Vision des Architekten und die besonderen politischen Umstände, die das moderne Brasilien entstehen ließen.

Die Revolution von 1930, die Getúlio Vargas an die Macht brachte, war bemerkenswert, weil die neue herrschende Klasse zugleich die Avantgarde bildete. Als Folge spielte der

OSCAR NIEMEYER
Das Gros von Niemeyers Werk wurde in seiner Heimat Brasilien ausgeführt, obwohl er 1964–1969 im französischen Exil war.

Entwurf des neuen Ministeriums für Gesundheit und Erziehung (heute der Kulturpalast) in Rio de Janeiro (1937–1942) eine bedeutende Rolle in der Entwicklung radikaler, staatlich geförderter Architektur in Brasilien. Den Wettbewerb für den Bau gewann Lucio Costa (geb. 1902), der später begann die neue Hauptstadt Brasilia zu planen – mit Niemeyer, einem Kommunisten, als Hauptarchitekten. Der Entwurf war stark von Le Corbusier beeinflusst, der als Berater nach Rio eingeladen war.

EXPERIMENTELLE FORMEN

Niemeyers eigenes Werk, beginnend mit dem brasilianischen Pavillon auf der New Yorker World Fair (1929), wurde immer verzierter und immer gewagter, als er mit den neuen Formen, welche die Betonverarbeitung ermöglichte, experimentierte. Seine Arbeiten für Juscelino Kubitschek, den Bürgermeister von Belo Horizonte, schlossen das helle und elegante Casino (1942) und den Yacht-Club (1943–1944) sowie die verblüffende wellenförmige Kapelle des hl. Franz von Assisi (1943–1946), beide in Pampulha, ein.

Das außergewöhnliche Schiff dieser Kapelle wird von vier parabelförmigen Betonbögen strukturiert, die zugleich Dach und Wände ohne visuelle Brüche bilden. Die Legende vom hl. Franz erzählt Candido Portinari auf traditionellen portugiesischen Fayencebildern, die die Räume zwischen Boden und Gewölbescheitel füllen. Die Gesamtwirkung ist von großer Originalität und Strenge. Obwohl Niemeyer Risiken einging, wenn er mit der Architektur spielte, waren die Ergebnisse stets in hohem Maß in sich stimmig.

In den späten 50er Jahren des 20. Jh. war Kubitschek Präsident Brasiliens. Sein Traum war es, eine neue, ultramoderne Hauptstadt inmitten des Regenwaldes zu schaffen. Der Plan von Costa war so einfach wie monumental; Niemeyer entwarf dazu passend die wichtigsten

NATIONALES KONGRESSGEBÄUDE, BRASILIA, 1960
Niemeyers hoch aufragendes Kongressgebäude ist der beherrschende Bau auf dem Platz der Drei Gewalten. Costas ursprünglichem Plan folgend verläuft die Nord-Süd-Achse Brasilias zwischen den beiden Gebäudeteilen.

DIE KATHEDRALE VON BRASILIA, 1959–1970
*Die kreisrunde Kathedrale wird von Betonrippen überspannt, die an der Spitze von einem Ring aus Beton und Stahl
zusammengehalten werden. Das Bodenniveau der Kirche liegt unter dem ihrer Umgebung, sodass man
vom Eingang aus hinabsteigen muss.*

öffentlichen Gebäude. Diese liegen rund um den weiträumigen Platz der Drei Gewalten: das Gebäude des Nationalkongresses (vollendet 1960), das Justiz- und das Außenministerium; leicht unterhalb erhebt sich die spektakuläre Dornenkrone der neuen Kathedrale (1959–1970). Dies sind Bauten von enormer Kraft, besonders aus der Ferne betrachtet, ein jeder eine monumentale Skulptur. Sie sollten spezifischen Funktionen dienen, aber ebenso sehr die neue Hauptstadt mit einer sofortigen und erkennbaren Identität ausstatten. Seit Brasilia haben nationale und regionale Regierungen in der ganzen Welt versucht ihre Identität und touristische Anziehungskraft mit theatralischer und monumentaler Architektur zu verstärken: Die Oper von Sydney (siehe S. 170 f.) und das Guggenheim-Museum in Bilbao (siehe S. 224 f.) sind zwei Beispiele, an die man sofort denken muss. Das eigene, die Copacabana überblickende Haus des Architekten war im Vergleich dazu völlig bescheiden. Es öffnet sich wie eine Blume zur umgebenden Landschaft und dem Meer; es ist so entworfen, dass Innen- und Außenraum nahtlos ineinander fließen.

Zu Niemeyers späteren Arbeiten zählen das kraftvolle Haus der Kultur in Le Havre, Frankreich (1972), mit seinem an eine Raumstation erinnernden Inneren, und das außergewöhnliche, am Meer gelegene Museum für Zeitgenössische Kunst in Niterói in der Nähe Rios (1997), eine Art fliegende Untertasse auf hohem Landepfahl, die die See überblickt. Dies ist eine Architektur, die den Menschen anhalten und schauen lässt. Sie besitzt enorme Kraft, doch ist sie im Zusammenhang mit dem Meer gesehen nicht maßlos.

IM WESENTLICHEN BRASILIANISCH

Niemeyer arbeitete bis ins 21. Jh. an wichtigen Projekten. Seine Karriere ist faszinierend, nicht nur weil sie mit einem der seltenen Momente in der modernen Geschichte zusammenfiel, in dem eine Staatsregierung in ihrem Geschmack und Empfinden nahezu institutionalisierte Avantgarde darstellte, sondern weil Niemeyer im Wesentlichen ein lokaler Architekt blieb, trotz seiner Verbindung mit den Denkströmungen der Zeit auf internationaler Ebene. Er war ein Architekt, der seine unbezweifelbare Fähigkeit dazu einsetzte, für Brasilien eine Architektur zu schaffen – so klar identifizierbar wie die Gaudís in Katalonien, Schinkels in Preußen und Imre Makoveczs in Ungarn.

»*Ich muss das entwerfen, was mir auf eine Art gefällt, die auf natürliche Weise mit meinen Wurzeln und meinem Ursprungsland verbunden ist.*«

OSCAR NIEMEYER

BRUTALISMUS
ENTWÜRFE MIT ROHBETON

DENYS LASDUN
Der 1914 in London geborene Denys Lasdun begann seine Karriere 1935 bei Coates Wells, bevor er (1938–1948) Tecton beitrat, einer von Berthold Lubetkin gegründeten Architektengruppe. Lasduns Stil ist von der Betonung der Horizontalen charakterisiert. Zu seinen bemerkenswerten Gebäuden gehören das Royal College of Physicians (1961–1964) und das National Theatre (1967–1976), beide in London.

DEN NAMEN »Neuer Brutalismus« gab der britische Kritiker Peter Reyner einer Architekturrichtung, die dem Auge ebenso hart erscheint wie der Berührung. Es handelte sich um eine speziell britische Erscheinung, die noch immer, ein halbes Jahrhundert nach ihrem Beginn, Kontroversen auslöst. Brutalismus war ein bewusst hässlicher Moment der Architekturgeschichte. Leider wurde diese raue, harte Ästhetik, die teils auf späteren

Arbeiten von Le Corbusier (insbesondere der Unité d'Habitation, siehe S. 183) und, ohne dass es artikuliert wurde, auf der Betonarchitektur von Hitlers Atlantikwall basierte, zuerst beim sozialen Wohnungsbau angewandt. Nach den Zerstörungen des Zweiten Weltkriegs benötigte Großbritannien dringend Wohnraum. Die Nachkriegsregierungen machten Zielvorgaben von bis zu 300 000 neuen Wohnungen pro Jahr, eine Aufgabe, die mit einer neuen Fertigungstechnik erfüllt werden konnte, bei der Beton direkt vor Ort in Schalungen gegossen wurde.

Die harte neue Ästhetik ging mit einer theoretischen Untermauerung einher, die u.a. von Reyner Banham und den Architekten Peter (geb. 1923) und Alison Smithson (1928–1992), Bewunderern der Art Brut des französischen Künstlers Dubuffet, entwickelt wurde. Die Smithsons entwarfen eines der härtesten brutalistischen Bauwerke, die Wohnanlage Robin Hood Gardens (1969–1972) in Ost-London. Noch härter indes waren die früher erbauten Wohnanlagen Park Hill (1955–1960) und Hyde Park (1962–1965) in Sheffield, die die Stadtarchitekten Jack Lynn und Ivor Smith geplant hatten. Verbunden durch Hochstraßen, die leider nur zubald zu Agitationsfeldern für Straßenräuber wurden, sind diese kräftigen Megastrukturen bei denen, die in ihnen leben, ungeliebt; nur die Denkmalpfleger bewundern heute die brutale Ehrlichkeit ihrer logischen, offen gezeigten Konstruktionsweise.

STÄDTISCHES WOHNEN

Interessant ist, dass zwei der subtilsten Londoner Betonwohnblöcke der Nachkriegszeit, die Betrachter als »brutalistisch« bezeichnen könnten, in den 90er Jahren des 20. Jh. zu sehr beliebten Adressen für die kunstbeflissene Mittelschicht wurden. Es handelt sich um Trellick Tower (1966–1973) von Ernö Goldfinger (1902–1987) und Keeling House (1960) von Denys Lasdun (geb. 1914). Lasdun vermied alle Etikettierung, doch ist sein Werk, obwohl im Grunde rationaler als das der jüngeren Smithsons, kompromisslos hart. Beide Häuserblocks sind zwar streng logisch und in nüchternem Beton ausgeführt, doch sprechen zwei Dinge für sie: Sie sind faszinierend, weil ausgesprochen skulptural gestaltet, und, was für

TRELLICK TOWER, LONDON, 1966–1973
Von Ernö Goldfinger im Stil des Brutalismus als Teil eines Wohnkomplexes entworfen birgt Trellick Tower Zweiraumwohnungen mit fantastischer Aussicht. Der Fahrstuhlturm ist klar abgesetzt. In den 90er Jahren des 20. Jh. wurde das Gebäude zu einer begehrten Adresse im Londoner Westen.

die Bewohner noch wichtiger ist: Beide bieten einfallsreiche, helle und geräumige Wohnungen.

BAUWERKE DES BRUTALISMUS

Wie schon erwähnt, waren möglicherweise einige Architekten dieser Stilrichtung nicht nur von Le Corbusiers Sichtbeton-Phase (1945–1964) beeinflusst, sondern auch von den bemerkenswerten deutschen Befestigungen, die – rund 15 000 – an der französischen Atlantikküste gegen die drohende Invasion der Alliierten angelegt worden waren, die schließlich am 6. Juni 1944 (D-Day) stattfand. Major Lasdun von den Royal Engineers war nur einer von vielen Architekten, die daran teilgenommen und diese expressionistischen Konstruktionen gesehen hatten. Jeder, der von den öffentlichen Bauten an der Londoner South Bank zur Betonarchitektur des Atlantikwalls zurückblickt, wird es kaum vermeiden können, Vergleiche anzustellen, selbst wenn der Einfluss nur unbewusst erfolgt ist.

Zu den bedeutenderen von jenen Bauwerken zählen die Hayward Gallery und die Queen Elizabeth Hall, entworfen von den jungen Wilden der Bauabteilung des Londoner Grafschaftsrats, und das National Theatre, ein kraftvoller und intelligenter Sichtbetonbau von Denys Lasdun (der eher einem städtischen Berg denn einer herkömmlichen Architektur gleicht). Da einfache, gröbere Varianten des englischen Brutalismus etwa auch bei mehrstöckigen Parkhäusern und Abfallaufbereitungsanlagen verwendet wurden, verwundert es kaum, dass der Stil allgemein als brutal empfunden wird. Architekten, Designer, Kritiker und Historiker jedoch haben stets mehr als nur heimliche Bewunderung für die bravourösen skulpturalen Eigenschaften der mächtigsten brutalistischen Bauwerke gehegt. Eine letzte Ironie ist vielleicht die Tatsache, dass die großen Zivilbauten Hitlers und seiner Architekten, entworfen im neoklassizistischen Stil, um für 1000 Jahre zu bestehen, großteils nur fünf bis zwölf Jahre existierten, dass die brutalistischen Bauten des Atlantikwalls hingegen, die die Küsten der Normandie und der Bretagne verunstalten, vermutlich 1000 Jahre alt werden, es sei denn, mächtige Fluten schwemmen sie hinweg.

BEFESTIGUNG BEI CALAIS, FRANKREICH, 1942

In Vorbereitung auf die Invasion der Alliierten beauftragte die deutsche Armee die Organisation Todt zwischen Bordeaux und Calais einen Verteidigungsgürtel zu bauen. Er scheint das Werk der britischen Architekten des Brutalismus der 50er Jahre vorwegzunehmen.

BRITISCHER BRUTALISMUS

Der Brutalismus, wie er in Großbritannien praktiziert wurde, war ein merkwürdig widernatürlicher Stil. Le Corbusier bewunderte die rauen natürlichen Eigenschaften des Betons (béton brut); er benutzte ihn, weil er ein preiswertes Baumaterial ist und wenig Unterhalt erfordert. Seine britischen Bewunderer hingegen benutzten rohen Beton als Stilmittel. Sehr häufig wurden nach dem Zweiten Weltkrieg Materialien eher verwendet, um eine Sichtweise auszudrücken, als ihrer Eigenschaften halber.

LONDONER NATIONALTHEATER, 1967–1976

Wie geologische Straten übereinander geschichtet und mit Betonplatten verkleidet liegt der Bau am Ufer der Themse. Er umfasst drei Theater sowie attraktive öffentliche Bereiche.

WIE ES EUCH GEFÄLLT

ZU EINEM GEWISSEN ZEITPUNKT WAR DIE ARCHITEKTUR DER MODERNE ERWACHSEN GEWORDEN UND IN EINEM MASSE AUSGEREIFT, DASS VIELE BEOBACHTER GLAUBTEN, NUN SEI DIE URALTE SUCHE NACH EINEM BAUSTIL BEENDET. MODERNE ARCHITEKTUR, SO HIESS ES IN DEN 50ER JAHREN DES 20. JH., HABE FUNKTIONAL UND MORALISCH DIE LÖSUNG DER FRAGE GEFUNDEN, WIE ZU BAUEN SEI. DIE WAHRHEIT LAG EIN WENIG ANDERS. ARCHITEKTUR IST, WIE DER PLANET, AUF DEM SIE STEHT, STETS IM WANDEL BEGRIFFEN. GERADE ALS ALLENTHALBEN VERLAUTETE, ARCHITEKTUR SEI EIN FESTES GUT, EXPLODIERTE SIE IN EINEM KALEIDOSKOP NEUER FORMEN UND STILE: POSTMODERNE, HIGHTECH, CLASSICAL REVIVAL ODER DEKONSTRUKTIVISMUS. UND ZWISCHEN DIESEN PRAKTISCHEN SAMMELBEGRIFFEN FANDEN SICH ZAHLREICHE ANDERE ANSÄTZE. EINIGE DURCHLIEFEN ENTWICKLUNGSPHASEN, ANDERE DAUERTEN KAUM MEHR ALS EINEN FLÜCHTIGEN MOMENT. WIEDER ANDERE HABEN GEZEIGT, WIE DIE ENDE DES 20. UND ANFANG DES 21. JH. VERFÜGBAREN TECHNOLOGIEN SOWIE WIRTSCHAFTLICHEN UND POLITISCHEN FREIHEITEN DER ARCHITEKTUR UNERWARTETE UND DURCHAUS ERSTREBENSWERTE WEGE WEISEN KÖNNEN.

GLASPYRAMIDE, LOUVRE, PARIS
I. M. Peis Pyramide wurde 1983–1989 errichtet und bildet den Eingang zu den neu angelegten Museumsräumen unter dem Haupthof des Louvre. Die Konstruktion vereinigt überzeugend historische und zeitgenössische Elemente.

BAUEN FÜR GROSSUNTERNEHMEN
DAS GESCHÄFT MIT DER ARCHITEKTUR

IM NEW YORK UND Chicago der 50er Jahre des 20. Jh. war »Mies bedeutet Geld« das geflügelte Wort unter Stadtplanern und Managern. Damit meinten sie, dass Mies van der Rohe (siehe S. 178 f.) eine Bauform gefunden habe, die ideal für Methoden, Organisation und Ambitionen der Hochfinanz sei. Mies war nämlich gewiss kein Architekt, der sein Büro betrieb, um das große Geld machen oder einen kostspieligen Lebensstil führen zu können.

Mies' Stahl-Glas-Türme galten stets als Muster einer reinen, platonischen Architektur, an der er bereits seit 1919 gearbeitet hatte. Seine US-amerikanischen Schüler jedoch begriffen schnell, dass Mies' philosophischer und sogar spiritueller Idealismus gut auf den Bautypus Firmensitz übertragen werden kann, der sich in den 50er Jahren innerhalb eines einzigen Jahrzehnts rund um den Erdball verbreitete. Das amerikanische Team von Louis Skidmore (1897–1962), Nathaniel Owings (1903–1984) und John O. Merrill (1896–1975), deren Firma SOM das erste multinationale Architekturbüro werden sollte, verwirklichten als Erste solche Firmensitze.

DER PROTOTYP

Das in den späten 30er Jahren des 20. Jh. gegründete Büro SOM bildete den Prototyp eines geschäftsorientierten Architekturbüros. Seine Architekten, geschäftsmäßig schick gekleidet, sahen wie Manager aus und handelten auch so. SOM-Büros waren nett und ordentlich; in Reih und Glied standen die Zeichentische zwischen den Aktenschränken. Dies kennzeichnete einen grundlegenden Wandel – weg vom Bild des Architekten als unkonventionellen Intellektuellen oder Künstlers mit praktischem Hang zum Bauen. Das Interessante daran ist, dass der Lehrmeister der Generation der SOM-Architekten, Mies, der für ihr Bürogebäude, das Lever House, maßgebend war und selbst wie ein mächtiger Magnat aussah, in Wahrheit ein Mann war, dessen Geist sich mit nahezu allem anderen als Geldverdienen oder dem geschäftsmäßigen Führen eines Büros beschäftigte. Mies mochte zwar gut geschneiderte Anzüge, Havanna-Zigarren und trockene Martinis, doch war er mehr Philosoph als Geschäftsmann. Diejenigen, die er am Illinois Institute of Technology unterrichtete, lernten vielleicht instinktiv, die formelhaften

> »Wir beschäftigen uns mit den ältesten Dingen, die wichtig für den Menschen sind: seinem Schutz und darüber hinaus seinem Bedürfnis nach Schönheit und persönlichem Ausdruck.«
> NATHANIEL OWING

SOM-BÜRO, CHICAGO, 50ER JAHRE DES 20. JH.
1936 gegründet führte SOM über 10 000 architektonische Planungsvorhaben in über 50 Ländern durch. Neben Niederlassungen in den USA gab es Büros in London und Hongkong.

LEVER HOUSE, NEW YORK, 1951–1952
Die glatte Glasfassade verbirgt wirkungsvoll das dahinter liegende Stahlskelett. Das Hochhaus erhebt sich über einem zweigeschossigen Basisbau mit Innenhof.

KPF-BÜRO, LONDON, 90ER JAHRE DES 20. JH.
Zu den Arbeiten von KPF zählt der Hauptsitz der Weltbank in Washington, für den die Firma mit über 300 Angestellten vom American Institute of Architects einen Ehrenpreis erhalten hat.

Eigenschaften von Mies' Architektur, die perfekt für die industriellen Massenfertigungstechniken in den USA geeignet zu sein schien, mit dem Wirtschaftsstreben der Industrie zu verbinden.

In den vorhergehenden vier Jahrzehnten hatte der Architekt Albert Kahn (1869–1942) in den USA und der UdSSR hunderte von Fabriken und Montagewerken in Stahlskelettbauweise errichtet. Er betrachtete seine Arbeit als Ingenieurtätigkeit und nicht als Kunstschaffen, obwohl europäische Intellektuelle, Mies und Le Corbusier eingeschlossen, sie als modellhaft für die neuen Bauformen ansahen. Es ist gut möglich, dass Mies selbst von Kahn angeregt wurde; einige der weniger bedeutenden Gebäude auf dem Campus des IIT, darunter die Kapelle, lassen dies vermuten.

PROFESSIONELLE EFFIZIENZ

Diese beiden Vorbilder wurden von Gordon Bunshaft, SOM, im Entwurf des Lever House, New York (1951–1952), zusammengeführt. Mit seiner nahezu ätherischen Fassade aus blaugrünem Glas, gerahmt von feinen Quer- und Längsstreben aus verchromtem Stahl, bildet Lever House ein superglattes Behältnis für Firmenmanager, die Geld machen wollen. Es war in der Tat so glatt wie die neuesten Automobile aus Detroit.

Lever House gab der Geschäftswelt eine Vorstellung von Modernität, Sauberkeit und professioneller Effizienz. Die Bedeutung von Lever House kann nicht genug unterstrichen werden. Seine Fassade löste tausende von nahezu identischen Kopien von New York bis Nairobi, von San Francisco bis Singapur aus. Es unterscheidet sich jedoch stark von Mies' Seagram Building (1954–1958, siehe S. 178 f.), einem edlen, luxuriösen Einzelstück, das dem Vergleich mit griechischen Tempeln und ägyptischen Pyramiden standhält – nur dass es ein Bau moderner Verehrung ist, gewidmet dem Mammon, nicht der Athena oder dem Ra. Lever House ist ein Ford der Oberklasse gegenüber dem Rolls-Royce oder Mercedes-Benz Seagram.

PROZESS UND PRODUKT

Das Profitdenken von SOM machte sich weltweit in vielen neuen Architekturbüros breit. Sie ahmten seine Arbeitsweise nach und schufen für die Immobilienfirmen und Unternehmen einen weltweit gültigen Gebäudestil, der mit geringen Veränderungen – die sich weitgehend auf die »Haut« der Bürogebäude beschränkten – über ein halbes Jahrhundert oder noch länger Bestand haben sollte. SOM schuf auch das Vorbild für das, was als »kommerzielle Architektur«, entworfen von »kommerziellen Architekten«, bekannt wurde. Zahlreiche Nachkommenschaft trifft man auf der ganzen Welt, wobei die zweite Generation von SOM in den USA, KPF (Kohn, Pedersen, Fox), verantwortlich ist für die Schaffung von Millionen Kubikmetern aalglatter Bürogebäude und spiegelnder Einkaufszentren. So wurde Architektur zum reinen Produkt, zum Markenzeichen und Managementstil, das heißt: SOM und KPF sind Coca-Cola und McDonald's der Architektur. Im Laufe der Zeit hat sich diese Firmenarchitektur als einfach zu bauen erwiesen, als dem Stilwandel problemlos anpassbar, strapazierfähig und profitabel. Diese Architektur ist jedoch meilenweit entfernt von Mies van der Rohes Glasturmträumen der Jahre 1919–1921.

HAUPTSITZ DER DG-BANK, FRANKFURT, 1993
Das für gemischte Nutzung vorgesehene Projekt von KPF versucht das Wohngebiet des Frankfurter Westends mit der Geschäftsstraße Mainzer Landstraße, an der das Gebäude steht, zu verbinden.

DIE POSTMODERNE
WENIGER IST DIE REINE LANGEWEILE

ROBERT VENTURI

Der 1925 in Philadelphia geborene Venturi studierte an der Princeton University Architektur und arbeitete in den 50er Jahren in den Vereinigten Staaten für einen der Vorreiter des Modernismus, Louis Kahn (1901–1974). In den 60er Jahren wandte er sich gegen den Internationalen Stil und wurde, als er *Complexity and Contradiction in Architecture* (1966; deutsch: Komplexität und Widerspruch in der Architektur) veröffentlicht hatte, zu einer wichtigen Persönlichkeit der Postmoderne. Zu seinen Bauten zählen das Vanna Venturi House in Philadelphia (1962) und der Sainsbury-Flügel der National Gallery in London (1991 eröffnet).

»*Architektur ist ebenso evolutionär wie revolutionär.*«
ROBERT VENTURI

MITTE DER 60ER JAHRE des 20. Jh. stellte eine wachsende Anzahl von Architekten (und das Gros der Auftraggeber) die nichts sagende Art der neuen Architektur in Frage, die – im Kielwasser von Mies van der Rohe und dem »kommerziellen« Stil, den er ausgelöst hatte (ohne für ihn verantwortlich zu sein) – Stadtzentren zu erdrücken begann. Dieser meist gesichtslose Firmenbaustil, der zusammen mit den in Massenfertigung hergestellten Wohnanlagen gefühllos ins Herz der alten Gemeinden schnitt, wurde als ein Hohn auf die schöne neue Welt, wie sie Le Corbusier und das Bauhaus versprochen hatten, betrachtet.

VENTURIS MISSION
1966 veröffentliche Robert Venturi (geb. 1925) sein Manifest *Komplexität und Widerspruch in der Architektur*, in dem er Mies' berühmte Aussage »weniger ist mehr« umkehrte und verkündete »weniger ist die reine Langeweile«. Er befürwortete in der Architektur eine leicht chaotische Lebendigkeit, glaubte an ästhetische Zweideutigkeit und visuelle Spannung; seine postmoderne Vision war eher die einer Architektur des »Sowohl-als-auch« als eines »Entweder-oder«. Es war an der Zeit, Reichtum und Freude in die Architektur zurückzubringen und sich von dem zu lösen, was zu einer erbarmungslos langweiligen Baukunst geworden war, die kein Gefühl für die Umwelt besaß, sondern allein aus ihrer inneren Logik lebte. Moderne Architektur war unsensibel geworden für das Leben und die Werte, denen sie vorgab zu dienen.

Venturis Buch übte großen Einfluss aus. Es kennzeichnet den Beginn einer neuen Architekturepoche – der Postmoderne. Der Begriff ist der Philosophie und Literatur entnommen und war bereits viele Jahre in Gebrauch. In der Theorie handelte es sich um eine noble Idee. Denn die Architekten schienen die Fähigkeit verloren zu haben, so mit den Formen zu spielen wie ihre Kollegen vorhergegangener Jahrhunderte, insbe-

VANNA VENTURI HOUSE, PHILADELPHIA, 1962
Venturis erstes Haus – für seine Mutter gebaut – ist vom Werk Palladios und Le Corbusiers beeinflusst, doch besitzt es auch Elemente des amerikanischen Hauses wie Vordach und Giebel.

sondere der Barockzeit. Postmodernes Design ist im besten Sinn ein »hohes Spiel«, zunächst von Venturi und einigen amerikanischen Architekten – zu nennen sind Charles Moore, Michael Graves, Robert Stern und der deutlich ältere Philip Johnson – gespielt, das sich dann genauso über die ganze Welt verbreitete wie zuvor in den 50er Jahren die Billigimitation von Mies' Bauweise. Im schlechtesten Fall war es ein dummes Spiel für große Kinder, das in den 70er und 80er Jahren zu einer Flut von bonbonfarbenen Häusern führte, die unfreiwillig persiflierende Zusammensetzungen von historischen und Hollywood-Stilen sind, mit tolpatschiger Ignoranz auf konventionelle Stahlskelettbauten geklebt.

Venturis Mission war es nicht, exzellentes Design auf den Müll zu werfen. Als Schüler des großen Formalisten Louis Kahn – dessen Kimbell Art Museum in Fort Worth, Texas (1969–1972, siehe S. 51), eines der großartigsten Gebäude aller Zeiten ist – an der University of Pennsylvania School of Architecture in Philadelphia, griff er Ideen von Le Corbusier und Alvar Aalto auf. Er wandte sich gegen geistlose Langeweile und gedankenlose Wiederholung.

ERSTE PROJEKTE

Sein erstes Gebäude war ein Haus für seine Mutter in Chestnut Hill, Philadelphia (1962). Hierbei handelt es sich um eine verspielte Villa mit comichaftem Äußeren, das so unterschiedliche Quellen wie Palladio und Le Corbusier zitiert und das volkstümliche Vordach, den Giebel und übergroße Details dem amerikanischen Landhaus entlehnt. Die Innenaufteilung des Hauses ist reich und komplex.

Venturi gründete zusammen mit Denise Scott-Brown ein erfolgreiches Büro. Gemeinsam mit ihm und Steven Izenour schrieb er ein zweites viel gelesenes Buch, *Learning from Las Vegas* (1972), einen Lobpreis volkstümlicher Architektur mit Elementen, wie man sie in unprätentiösen Straßen Amerikas findet. Zu ihrer Arbeit gehört eine breite Palette von Bauten: von verspielten Häusern bis zu farbenfrohen Kunstgalerien. Interessant ist die Vorgehensweise von Venturi und Scott-Brown, als sie 1991 den neuen Erweiterungsbau der National Gallery in London entwarfen. Obwohl die Räume selbst freundlich von oben erhellt werden, ist die Trafalgar-Square-Fassade ziemlich düster.

Die Gefahr des postmodernen Ansatzes lag darin, dass er schnell in Kitsch entgleiten konnte. Und das geschah auch, denn alles war erlaubt. Letztlich kam es nur zu einem Kleiderwechsel und nicht zur Entwicklung einer passenden, verant-

PUBLIC SERVICES BUILDING, PORTLAND, USA, 1980–1982
Das 15-stöckige städtische Verwaltungsgebäude von Michael Graves ist ein postmodernes Wahrzeichen. Die kleinen quadratischen Fenster kontrastieren mit den kräftigen Farbfeldern.

wortlichen Architektur. Beispiele oberflächlicher postmoderner Gestaltung können überall in westlichen Städten gefunden werden – aber auch in den schnell wachsenden Städten Südostasiens.

MICHAEL GRAVES

Ein anderer Meister dieses Stils, und zwar im besten Sinne, war Michael Graves (geb. 1934), dessen Public Services Building in Portland, Oregon (1980–1982), zeigt, wie Postmoderne sein sollte. Das 15-stöckige Gebäude ist fast wie ein Würfel mit spielerischen, kunstvollen Elementen, die Ledoux und anderen historisierenden Architekten (siehe S. 126) entlehnt wurden. Trompe-l'œil-Effekte und vieldeutige Anstriche schaffen den Eindruck von Eleganz, die im Grunde aber oberflächlich ist. Dies ist Kulisse, ohne den Tiefgang oder die Großartigkeit eines Ledoux, Boullée oder der großen Barockarchitekten.

Graves hatte seine Laufbahn in den frühen 70er Jahren als einer der New York Five (zusammen mit Richard Meier, Charles Gwathmey, Peter Eisenman

POSTMODERNE KERAMIKEN

Der Architekt Peter Shire (geb. 1947) aus Los Angeles, der Mitglied von Ettore Sottsass' Memphis-Gruppe war, ist bekannt für seine individuellen Keramikentwürfe. Der California Peach Cup (1980) ist typisch für seine Arbeit und ein gutes Beispiel für postmodernes Design.

TV-AM BUILDING, LONDON, 1982

Terry Farrells Hauptsitz des Frühstückskanals TV-AM ist einer der ersten postmodernen Bauten Großbritanniens. Deutlich sind die farbliche Akzentuierung und die aus Plexiglas hergestellten Eierbecher an der Giebelspitze zu erkennen.

und John Hejduk) begonnen. Gemeinsam waren ihnen die Faszination von der Architektur Le Corbusiers der 20er Jahre und der Wunsch, deren Qualitäten wieder aufleben zu lassen. Wenn Graves' Sprung in die Postmoderne damals vielleicht merkwürdig erschien, dann waren Le Corbusiers Anhänger sicherlich genauso erschüttert, als ihr Meister in den 40er Jahren den klaren, weißen Stil aufgab und sich die raue Ästhetik des Betons zu Eigen machte.

Graves hatte eine Reihe von Nachahmern, nicht zuletzt Terry Farrell (geb. 1940), dessen gemeinhin »Eierbecher-Haus« genannter Hauptsitz des kurzlebigen Fernsehsenders TV-AM in London (1982) nicht mit Hinweisen auf diesen Frühstückskanal spart: Das Motiv der aufgehenden Sonne ist hinter einer bewegten, unruhigen Fassade verborgen. »Eierbecher« aus Plexiglas bekrönen die Wasserfront des aus einer Garage umgebauten Gebäudes. Der Bau besitzt eine gewisse Leichtigkeit, wirkt wie eine Bühnenkulisse – Effekte, die Farrell in seinen späteren Werken, etwa dem Embankment Place über dem Bahnhof Charing Cross, verlieren sollte. Im Lauf der 80er Jahre wurde die Postmoderne zum typischen Stil insbesondere von Geldinstituten.

PHILIP JOHNSON

Philip Johnson war der Mann, der Mies van der Rohe 1937 in die Staaten holte und zusammen mit dem Historiker Henry-Russell Hitchcock 1932 New York in einer Ausstellung im Museum of Modern Art mit dem »Internationalen Stil« bekannt machte. Als er das umstrittene AT&T Building in New York (1984) schuf, hatte er bereits seit vielen Jahren die Postmoderne vertreten. Der mächtige, steinverkleidete Wolkenkratzer, gern mit einem Chippendale-Schrank verglichen, reckt seinen riesigen, in Anlehnung an den italienischen Manierismus gesprengten Giebel hoch über Manhattans Skyline. Grob gesagt handelt es sich um ein mit anderen Mitteln umgesetztes Seagram Building, obwohl es weit weniger elegant ist. Johnson war beim Seagram-Projekt der Partner Mies van der Rohes gewesen. Es fasziniert, wie häufig er seinen Stil änderte. Ein Augenzwinkern genügte und schon war der Pionier der Moderne

EMBANKMENT PLACE, LONDON, 1987–1990

Das gewölbte Metalldach von Terry Farrells Bürohaus über dem Bahnhof Charing Cross macht den Bau zu einem Blickfang am Themseufer.

ein »Historist«. Und noch ein Augenaufschlag und der listige Meister war ein Postmoderner. Bald genug wird er die Postmoderne aufgeben, in den Dekonstruktivismus eintauchen und sich dann in den 90er Jahren nochmals wandeln.

EUROPÄISCHE ENTWICKLUNGEN

In Europa manifestiert sich der Geist der Postmoderne in einigen Zweckbauten auf wesentlich sanftere, beiläufigere und manchmal sehr überzeugende Weise. Ein gutes Beispiel bildet James Stirlings (1926–1992) und Michael Wilfords (geb. 1934) gepflegte, dabei provokative Neue Staatsgalerie in Stuttgart (1977–1984). Hier verbinden sich neue Technik, Klassizismus, geschickte Stadtplanung und das muntere Spiel der Postmoderne zu einem wundervollen Höhepunkt in Stirlings außerordentlicher Karriere. Stirling war ein stattlicher, selbstherrlicher Mann, der 1944 beim Einmarsch der Alliierten ins besetzte Frankreich mitgewirkt hatte. Er machte stets und deutlich klar, dass er Etikettenschwindel verabscheut. Auch er ist ein schlagender Beweis dafür, dass die besten Architekten der Postmoderne jene waren, die vorher eine andere Phase durchlaufen hatten. Sie hatten sich von der längst vertrockneten, zunehmend charakterlosen Moderne gelöst, suchten nach neuen Inhalten und Formen sowie auf neue Weise mit der Geschichte in Verbindung zu treten.

AT&T BUILDING, NEW YORK, 1984
Philip Johnsons New-Yorker Wolkenkratzer wendet sich gegen die Moderne. Seine Spitze zeigt einen gesprengten Giebel, der Journalisten an Chippendale-Möbel erinnerte.

JAMES STIRLING

Nachdem James Stirling (1926–1992) an der Universität Liverpool Architektur studiert hatte, arbeitete er ab 1956 mit James Gowans (geb. 1923) zusammen. Frühe Bauten wie das Leicester University Engineering Building (1959–1963) begründeten ihren Ruf. Von 1963 bis 1971 arbeitete Stirling allein. Nennenswerte Bauten aus dieser Zeit seiner Laufbahn schließen das Cambridge University History Building (1964–1967) ein. 1971 wurde Michael Wilford sein Partner.

NEUE STAATSGALERIE, STUTTGART, 1977–1984
Die Neue Staatsgalerie ist die Erweiterung eines klassizistischen Museumsbaus. Der zentrale Hof bildet den Ausgangspunkt für den Besucherrundgang. Die Galerieräume sind in einem u-förmigen Block angeordnet, der auf einem Sockel steht.

EXTREME
AUF MESSERS SCHNEIDE

WIE WEIT ALSO WÜRDE die Idee der Postmoderne in der Architektur umzusetzen sein? In den USA haben wir gesehen, wie ein Teil, der comichaft begann, im Dienst der Firma Disney endete. Das scheint konsequent und angemessen. Was in den USA fehlte, waren vielleicht Ironie und ein Gefühl dafür, wie man ernsthaft, aber auf neue Weise mit Geschichte spielen kann. Architektur kann, das wissen wir seit dem Manierismus in Italien, klug und verspielt sein, ohne peinlich zu werden oder im Krampf zu enden. Es überrascht daher nicht, dass es die Italiener waren, die Ende

MUSSOLINIS BAD, CENTRO DOMUS, MAILAND, 1980
Branzi arbeitete in den 70er Jahren für die italienische Zeitschrift Casabella *und hatte mit den Designgruppen Studio Alchimia und Memphis zu tun, was hier auch erkennbar ist.*

der 70er Jahre der sich in Belanglosigkeit ergehenden Postmoderne eine neue, anfangs unerwartete Wendung in zwei verschiedene Richtungen eröffneten. Beide entstanden in Mailand. In einem Fall handelte es sich um eine kluge Kritik an der Moderne wie auch an der Banalität der Postmoderne, vorgetragen von einer losen Gruppe hochkarätiger Architekten, die auch als herausragende Produktdesigner tätig waren. Die andere Richtung war ein ernsthaftes, wenn auch manchmal beunruhigendes Spiel, das zu einigen der tiefgründigsten Beispiele der Architektur in neuerer Zeit führte. Dazwischen gab es, insbesondere in England, Experimente von Architekten, die versuchten Strömungen in der postmodernen Musik und Mode mit denen der doch ernsthafteren Architektur zu verknüpfen.

MAILÄNDER DESIGN
Zunächst gab es die Arbeit zweier Mailänder Gruppen, von Studio Alchimia und Memphis, die sich um Alessandro Mendini (geb. 1931), den Herausgeber von *Domus*, einer sehr einflussreichen Architektur- und Designzeitschrift, und Ettorre Sottsass (geb. 1919) sammelten. Beide Gruppen kreierten witziges Design für Gebrauchsgegenstände aller Art. Ihr Debüt in der Öffentlichkeit hatten sie auf der Mailänder Möbelmesse 1980. Ihr Ziel war es auch, die Wahrnehmungsweise der Menschen bezüglich der Dinge um sie herum grundlegend zu verändern. In Sottsass' Worten bestand Memphis in einem »gallertartigen, exklu-

MUSEUM GRONINGEN, NIEDERLANDE, 1984
Das von Alessandro Mendini und Philippe Starck in Kalifornien am Computer entworfene Museum wurde von holländischen Schiffsbauern nach deren Plänen vor Ort aufgebaut.

VILLA ZAPU, NAPA VALLEY, KALIFORNIEN, 1984–1988
Das für den schwedischen Weinbauern Thomas Lundstrom konzipierte Haus ist ganz aus Holz gebaut. Ein separater Gästeturm steht jenseits des Swimmingpools.

siven Bereich, dessen ureigene Natur vorgegebene Modelle und Definitionen ausschloss«. Sie befanden sich in einem Prozess der »Mutation der Form und waren offen für Veränderung«. Dies war eine gezielte Herausforderung an die Adresse der Moderne und des rationalistischen Designs. Der neue Ansatz drückte sich oft besser in Ausstellungsobjekten als in Bauwerken aus. Das Ensemble »Mussolinis Bad« von Andrea Branzi (geb. 1934), ausgestellt im Centro Domus, Mailand (1980), war eine wunderbare Parodie auf die Absurditäten des faschistischen Prunks und des Diktators Versuch, seine repressive Regierungsform mit der Bildsprache der Moderne zu verquicken. Die Grenzen dieses »ironischen« Stils werden in Gebäuden wie Mendinis Museum für Zeitgenössische Kunst in Groningen, Niederlande (1984), offensichtlich. Ein Spaß, egal wie anspruchsvoll auf dem Papier, wirkt bei seiner Übertragung in Architektur merkwürdig.

Viel erfolgreicher war die Villa Zapu in Napa Valley, Kalifornien (1984–1988), der britischen Architekten Julian Powell-Tuck (geb. 1952), David Connor (geb. 1950) und Gunnar Orefelt (geb. 1953). Sie traten während der Punk-Bewegung in

den späten 70er Jahren in Erscheinung, arbeiteten mit Malcolm McClaren und Vivienne Westwood zusammen und begründeten einen kantigen »Stil der Straße«. Das Haus ist ein architektonisches Abenteuer, theatralisch, witzig und vornehm, eine Art postmoderne palladianische Villa inmitten eines kalifornischen Weinbergs, eine Mischung aus Punk-Versuchen und dekonstruktivistischem Täuschungsmanöver. Aus lokalen Materialen (Redwood) gebaut und herrlich in die Landschaft gesetzt, ist es ein gutes Beispiel dafür, was eine postmoderne Haltung erreichen konnte.

ALDO ROSSI

Zur selben Zeit, zu der Mendini und Sottsass sich daranmachten, in Mailand zu provozieren, arbeitete Aldo Rossi (1931–1997) an so extremen Werken wie dem Teatro del Mondo (1980) in Venedig, einem schwimmenden Holztheater, zusammengesetzt aus den Schlüsselelementen seiner »rationalistischen« Architektur und teilweise auf den metaphysischen Stadtlandschaften in den Bildern Giorgio de Chiricos (1888–1978) basierend — und am tief bewegenden, dabei entmutigenden Friedhof San Cataldo in Modena (vollendet 1984). Rossis kraftvolle Architektur war meist voller Trauer, ruhig, trübselig und vermittelte ein Gefühl der Leere.

Während sich dies auf vielfältige Weise als geradezu ideal für das San-Cataldo-Projekt erwies, schien es bei der Gestaltung von Sozialwohnungen fehl am Platze. Der von ihm entworfene Wohnblock Gallaratese 2, eine lange Straßenbahnfahrt außerhalb von Mailand gelegen, ist gespenstisch, eine nicht enden wollende, von Arkaden gesäumte Reihe weißer Wohnungen ohne ein einziges auflockerndes Element.

ALESSI
1921 gründete Giovanni Alessi seine Firma. Ihre ersten Produkte waren Kaffeeservice. Wirklich bekannt wurde Alessi erst in den 70er Jahren, als man nummerierte, signierte Stücke von Architekten und Designern, darunter Ettore Sottsass, herstellte. 1983 startete die Firma das Projekt »Piazza für Tee und Kaffee«. Sie beauftragte elf Architekten, darunter Robert Venturi, Michael Graves (sein Wasserkessel ist oben abgebildet), Richard Meier, Aldo Rossi und Alessandro Mendini damit, »Architektur im Kleinformat« herzustellen. Dies wurde zu einem großen Erfolg, Alessi wurde für verspieltes postmodernes Design bekannt. Später wirkten auch Philippe Starck und Frank Gehry mit.

MODELL DES FRIEDHOFS SAN CATALDO, MODENA, ITALIEN, VOLLENDET 1984
Aldo Rossi gewann 1971 den Wettbewerb und legte den Friedhof in den folgenden Jahren an. Die Einfachheit von Rossis Entwurf verdankt vieles dem italienischen Rationalismus der 30er Jahre.

RICHARD ROGERS

Der 1933 in Florenz geborene Rogers wurde in London und Yale ausgebildet. Rogers hat neben Pionierbauten wie dem Lloyds Building in London und dem Centre Pompidou in Paris auch Großplanungen für Berlin und Shanghai vorgelegt und ist der Verfasser von Cities for a Small Planet (1997), dem Versuch, eine erträgliche Kombination aus Architektur und Stadtplanung aufzuzeigen. 1998 bat man Rogers den Vorsitz der Urban Task Force zu übernehmen, einer von der britischen Regierung eingesetzten Institution, die sich mit der Regeneration der Städte befassen soll.

ARCHIGRAM

Archigram war in den frühen 60er Jahren eine Gruppe innovativer junger Architekten um Peter Cook in der Architectural Association, London. Cook und seine Kollegen gaben ihre eigene Zeitschrift heraus, veranstalteten Ausstellungen ihrer Entwürfe von Gebäuden und Städten im Stil von Superheld-Comicheften. Einige dieser Städte konnten unbegrenzt erweitert werden, ihre Einrichtungen wurden abgesteckt; andere (von Ron Herron) konnten angesiedelt werden, wo immer ihre Bewohner es wollten. Archigrams Entwürfe waren spielerisch und spekulativ. Nur wenige wurden verwirklicht, doch hatten sie in jungen Jahren großen Einfluss auf Richard Rogers und Norman Foster, wie in Rogers' und Pianos Centre Pompidou ganz deutlich wird.

HIGHTECHARCHITEKTUR
DAS ZEITALTER DER NEUEN MASCHINEN

IN DEN USA WAR Hightech ein modischer Stil, der die Inneneinrichtung der 80er Jahre des 20. Jh. dominierte. Seine Merkmale waren Oberflächen in Mattschwarz und Chrom. In Europa handelte es sich hierbei jedoch um eine Architekturrichtung, angeführt von drei Haupttalenten: Norman Foster (geb. 1935), Richard Rogers (geb. 1933) und Renzo Piano (geb. 1937). Piano und Rogers waren gemeinsam mit dem irischen Ingenieur Peter Rice die Schöpfer des ersten Hightechbauwerks, des Centre Pompidou in Paris (1971–1977), einer dynamischen und farbenfrohen Maschine zur Ausstellung von Kunst, deren Innenleben sich außen zeigt. Dieser Umstand löste einige schelmische Kommentare aus, die hierfür die Bezeichnung »Stil des Gedärms« fanden. Die Idee jedoch war es, ein Maximum an Innenraum zu schaffen, indem man alle technischen Notwendigkeiten – tragende Elemente, (Roll-)Treppen, Aufzüge, Heizungs- und Abflussrohre etc. – außerhalb der Gebäudehülle verlegte.

Die Wirkung ist außergewöhnlich, eine stark belebte Struktur, die wenig dem Herkömmlichen verdankt, entworfen von einem Team langhaariger, bärtiger, junger Hoffnungsträger im Sog der Ereignisse von 1968. Für einen Augenblick hatte es so ausgesehen, als ob linksgerichtete Studenten, militante Arbeiter und andere Radikale die Fünfte Republik würden stürzen können. Drei Jahre später war der streng konservative Georges Pompidou französischer Präsident, der trotz des anfänglichen Schocks dem radikalen Entwurf von Piano und Rogers seine Zustimmung gab.

EINFLÜSSE DES HIGHTECH

Das Centre Pompidou steht nicht ohne Vorläufer da. Seine Wurzeln liegen teilweise in Rogers' Bewunderung für den Londoner Kristallpalast von 1851 (siehe S. 140 f.), das erste vorgefertigte monumentale Bauwerk der Welt. Und sie liegen in Pianos Fasziniertsein von modernen Ingenieurbauten (insbesondere des französischen Ingenieurs Jean Prouvé) sowie den Arbeiten der englischen Gruppe Archigram.

CENTRE POMPIDOU, PARIS, 1971–1977
Pianos und Rogers' Entwurf ist ideal für eine moderne Kunstgalerie. Der Umstand, dass die Versorgungselemente des Gebäudes außen verlaufen, maximiert den Raumfluss im Innern.

SAINSBURY CENTRE FOR VISUAL ARTS, UNIVERSITY OF EAST ANGLIA, NORWICH, 1978

In Auftrag gegeben, um eine völkerkundliche Sammlung aufzunehmen, dient das Zentrum auch einer akademischen Institution.

In den frühen 90er Jahren wurde an einer Seite des Gebäudes ein unterirdischer Anbau geschaffen.

NORMAN FOSTER

Norman Foster, 1935 in Manchester, England, geboren, zählt zu den herausragenden Architekten der Welt. Der Hauptsitz der Hongkong & Shanghai Banking Corporation und der Umbau des Reichstagsgebäudes in Berlin (siehe S. 11) zählen zu seinen bedeutendsten Arbeiten. 1999 erhielt er den Pritzker-Architekturpreis.

»*Ich gestehe besessen vom Erfinden zu sein.*«
NORMAN FOSTER

Rogers hatte sein Postgraduiertenstudium mit Norman Foster in Yale absolviert. Gemeinsam mit Freunden reisten sie durch die Staaten, um sich neue Entwicklungen in Architektur und Technik anzuschauen. Vor allem Foster war von der Arbeit des Erfinders Buckminster Fuller (siehe S. 208) fasziniert, der auf brillante Weise ein größtmögliches Raumvolumen mit den leichtestmöglichen stabilen Materialien überspannte.

Er war auch von der leichten, klaren, auf Technologie gründenden Stahlarchitektur von Ezra Ehrenkrantz, Craig Ellwood und Pierre Koenig (siehe S. 184 f.) in Kalifornien beeindruckt, die nichtsdestoweniger poetisch war. Diese Eindrücke, kombiniert mit der Liebe zu Flugzeugen, ließen Foster einen sofort erkennbaren, eigenen, gleichmäßigen und knappen Stil entwickeln, so wie Rogers' Werk sich als von extravagant präsentierten Strukturen belebt und zugleich zusammengehalten erweisen sollte.

Foster und Rogers arbeiteten in den 60er Jahre gemeinsam mit Su Rogers und Wendy Cheeseman als Team 4 in London. Fosters erstes Meisterwerk ist das Sainsbury Centre for Visual Arts an der University of East Anglia in Norwich (1978), ein Gebäude wie ein Flugzeughangar, in den sanft gefiltertes Tageslicht eindringt. Als Foster ein Jahrzehnt später in einer Sendung des Fernsehsenders BBC gebeten wurde über sein Lieblingsbauwerk zu sprechen, wählte er typischerweise die Boeing 747, den Jumbo.

Interessant bei der Hightecharchitektur ist, dass sie Technologien feierte, die schnell wieder verschwanden – natürlich nicht vollständig. Es ist nicht schwer, in den Bauten von Rogers oder Foster – neben einem nostalgischen Hang zu viktorianischen Maschinen – eine kühle Leidenschaft für die neuesten Materialentwicklungen und modernstes bautechnisches Know-how zu entdecken. Dies gilt besonders für die früheren Projekte. Hightechbauten verlangten einen großen Input an erfahrenem Industriehandwerk.

Ein Bau wie etwa Fosters Hauptsitz der Hongkong-Shanghai-Bank (1981–1985) ist hervorragend gemacht, jede Komponente, innen wie außen, extra für das Gebäude entworfen. Foster und andere Hightecharchitekten versuchten, wie bei der Auto- oder Flugzeugmontage, einen einwandfreien Standard zu erreichen. Dieses hoch gesteckte Ziel war nur zu erlangen, wenn die Architekten in der Lage waren, die vollständige Kontrolle über den Bauprozess auszuüben – eine Rolle, die im Übergang vom 20. ins 21. Jh. immer schwieriger zu erhalten und aufrechtzuerhalten war, weil der Architekt im Bauteam immer mehr an den Rand gedrängt wurde.

HAUPTSITZ DER HONGKONG-SHANGHAI-BANK, HONGKONG, 1981–1985

Die acht tragenden Versorgungstürme des Bauwerks befinden sich an den Seiten und umstehen ein Atrium, das durch alle zwölf Stockwerke reicht.

FLUGHAFEN CHEP LAP KOK, HONGKONG, 1998

Drei 100 m hohe Hügel wurden abgetragen, um das größte Bauprojekt aller Zeiten zu verwirklichen. Fosters Terminalgebäude ist *wie ein riesiges Flugzeug geformt und besteht aus einem Leichtstahldach über einer Konstruktion aus Sichtbeton.*

RENZO PIANO

Piano wurde als Sohn eines Bauunternehmers 1927 in Genua geboren. Bevor er sich 1970 mit Richard Rogers zusammentat, studierte und lehrte er an der Polytechnischen Hochschule von Mailand. Sein erster bedeutender Auftrag war der Pavillon der italienischen Industrie für die Weltausstellung 1970 in Osaka. Seine Arbeit konzentriert sich auf die Verwendung neuer Technologien und neuer Materialien. Hierzu zählen der kilometerlange Flughafen Kansai (siehe S. 224), das Fußballstadion von Bari und der Wiederaufbau des Potsdamer Platzes in Berlin. Piano unterhält Büros in Genua, Paris und Berlin. 1998 erhielt er den Pritzker-Preis für Architektur.

Entsprechend ihrer Passion waren Foster, Rogers und Piano in den 90er Jahren des 20. Jh. alle in den Bau bedeutender Flughäfen eingebunden: Rogers im Falle des Terminal Fünf in Heathrow, London, Foster bei Chep Lap Kok, dem neuen Flughafen von Hongkong, und Piano beim Kansai-Flughafen (1991–1994, siehe S. 224), der auf einer künstlichen Insel in der Bucht von Osaka entstand.

VISIONEN VOM ALL

Nach allgemeiner Übereinkunft und nahezu allen Maßstäben gilt Foster um die Wende zum 21. Jh. als erfolgreichster Architekt der Welt. Er entwarf Galerien und Museen ebenso wie Firmensitze, Schulen, Brücken, Möbel, Elektrizitätsmasten (für das nationale italienische Stromnetz) und Fahrzeuge. Teils ist dieser Erfolg Fosters Dynamik zu verdanken, teils dem hoch begabten Team, mit dem er sich umgibt. Mehr als das jedoch trägt der Umstand dazu bei, dass seine Architektur so hundertprozentig zu den wirtschaftlichen, politischen und kulturellen Führern seiner Generation passt wie Mies van der Rohes Bauten zu den »movers, shakers, moneymakers« im New York und Chicago der 50er Jahre. Foster verknüpfte Anmut mit Effizienz und überbrückte so die Lücke, die zwischen der Kunst eines Mies und der Maschinenkompetenz von SOM bestand (siehe S. 196 f.).

Renzo Piano rückte Hightech weg von den maschinenbeeinflussten Intentionen Fosters und der fast barocken Ästhetik Rogers' hin zu einer weicheren und organischeren Auffassung. Von ihm war ebenso zu erwarten, dass er die Eigenschaften und Möglichkeiten von Holz, Sperrholz und Ziegel

testet, wie dass er die Grenzen der Materialtechnik erweitert. Auf der einen Seite entwarf er vielleicht den anspruchsvollsten aller Flughäfen – Kansai – und auf der anderen stellte er zwei sehr unterschiedliche, aber gleichermaßen schöne und bedeutende Museen her. Das erste war die Menil Collection in Houston, Texas, eine Heimstatt für eine besonders schöne völkerkundliche Sammlung im erbarmunglosen Vorortdschungel dieser sonnengedörrten Stadt. In Zusammenarbeit mit Peter Rice fand Piano einen einfachen bautechnischen Kunstgriff: Eine Reihe von Betonlamellen über den Museumsräumen filtert tagsüber das Licht blendfrei in die Galerien. Das Ergebnis ist ein einfaches Gebäude, außen mit Schindeln verkleidet und innen erfüllt von sanftem, im Tagesverlauf wechselndem Licht, das weitmöglichst erlaubt die Ausstellungsstücke so zu sehen, wie sie ursprünglich wirken

MENIL COLLECTION, HOUSTON, TEXAS, 1986
Der Rahmen dieses Baus ist aus Stahl, die Wände sind aus Schindeln. Die Lamellen des Dachs bestehen aus Stahlbetonstreifen über schmalen Stahlträgern.

sollten. Hier besteht die technologische Innovation in der Form des Betondachs, das im Innenraum auf natürliche Weise erreicht, was zu viele Architekten mit Neonlampen zu erlangen suchten.

GRÜNENDE TECHNOLOGIE

In klar akzentuiertem Kontrast zur Bucht unterhalb von Nouméa, der Hauptstadt der französischen Kolonie Neukaledonien, präsentiert sich das Kulturzentrum Jean-Marie Tjibaou (1991–1998) als ausdrucksvolle Holz- und Stahlkonstruktion, die futuristisch und zugleich als Erweiterung der Natur wirkt. Pianos Kulturzentrum ist das letzte der vom französischen Präsidenten François Mitterrand in Auftrag gegebenen »Großen Projekte«. Dieses diente auch zur Beschwichtigung der Einwohner – viele empörten sich darüber, dass die Franzosen keinerlei Absicht hegten, die südpazifischen Inseln in die Unabhängigkeit zu entlassen (was seinen Grund in den reichen Nickelvorkommen und der Schlüsselrolle in Frankreichs Nuklearwaffenprogramm hat).

Das Zentrum präsentiert die Kultur der einheimischen Kanaken. Sammlungen, eine Bibliothek, ein Multimedia-Zentrum, ein Café, ein Buchladen sowie Konferenz- und Vorführungsräume sind in den zehn hülsenförmigen Bauten untergebracht. Sie sind verkleidet mit langen Latten widerstandsfähigen Hartholzes, die, wenn der Wind hindurchfährt, im Zusammenklang mit den umgebenden Bäumen sanft tönen. Das Zentrum ist nicht klimatisiert, doch so angelegt, dass es während eines Großteils des tropischen Tages von einem frischen Lüftchen durchzogen wird.

KULTURZENTRUM JEAN-MARIE TJIBAOU, NOUMÉA, NEUKALEDONIEN, 1991–1998

Die geschwungenen Bauten des Zentrums bestehen aus Glas, Stahl und laminiertem Holz. Piano beschrieb sie als »Behälter mit einer archaischen Erscheinung, deren Inneres mit all den Möglichkeiten, die die moderne Technik bietet, ausgestattet ist«.

Trotz seiner eigenwilligen Ästhetik hat das Jean-Marie-Tjibaou-Zentrum mit der Menil Collection gemein, dass ein großer Teil von Computertechnik und anderer Hochtechnologie in die Bauten einging, die im Grunde einfach und in Harmonie mit ihrer natürlichen Umgebung sind. Bemerkenswert ist, dass die, die am Ende des 20. Jh. am stärksten an einer hoch entwickelten Technologie interessiert sind, im Allgemeinen zugleich jene sind, denen am meisten daran gelegen ist, Energie zu sparen. Ihr Ziel ist es, die Architektur auf eine Linie mit den neuesten technologischen Entwicklungen zu bringen und dabei zu versuchen die Ausgaben für Energie zu minimieren.

Eine große Befriedigung ist es, im neuesten Flugzeug auf einem Flughafen wie Kansai oder Chep Lap Kok zu landen, wo sich die Technologien von Maschine und Architektur treffen, oder in einem 300 km/h fahrenden Eurostar-Zug im von Nicholas Grimshaw entworfenen Bahnhof Waterloo (1993) anzukommen, wo die wulstigen Züge wie Stahlfinger in die maßgeschneiderten metallenen Handschuhe passen.

NICHOLAS GRIMSHAW

Der 1939 geborene Grimshaw hat in seiner Heimat England eine Reihe ehrgeiziger Projekte verwirklicht. Hierzu zählen die Druckerei der Financial Times (1988) und Sainsbury's Supermarket in Camden, beide London (1988), sowie das RAC Centre in Bristol (1995). Seine Werke besitzen viele Qualitäten der Hightecharchitektur, wobei er konsequent die neuen Technologien einsetzt. Sein britischer Pavillon für die Weltausstellung 1992 in Sevilla besaß Glaswände, gekühlt von Wasserkaskaden, deren Pumpen von Solarzellen betrieben wurden. Sein Eden Project (2000) in Cornwall, England, ist eine Biosphäre, die versucht ein Mikroklima wieder zu erschaffen.

ARCHITEKTEN ALS INGENIEURE
DIE WOHLTEMPERIERTE MASCHINE

BUCKMINSTER FULLER
Der Ingenieur, Philosoph und Architekt Buckminster Fuller wurde 1895 in Massachusetts geboren. Eine seiner ersten Unternehmungen war die Fertigung von Häusern aus Hartfaserteilen. Er entwickelte verschiedene Theorien zur Lösung von Problemen menschlicher Behausung und Ernährung. Sein bedeutendster Beitrag zur Architektur bildete jedoch die »geodätische Kuppel«, eine sich selbst tragende Konstruktion, die mit zunehmender Größe auch an Stärke gewann. Fuller starb 1983.

HIGHTECH ERFORDERTE eine besondere Herangehensweise. Architekten mussten eng mit Ingenieuren zusammenarbeiten und schufen aus ingenieurtechnischen Entwicklungen einen neuen Stil. In geringeren Händen als denen eines Renzo Piano, Richard Rogers oder Norman Foster führte Hightech zu übertriebener Ästhetik, in der die Strukturen eines Bauwerks überzogen sein konnten, nur um die Laune eines Designers zu befriedigen.

Während des 20. Jh. gab es viele Architekten, die nahezu reine Ingenieurbauten entwarfen, so etwa der außerordentlich produktive Albert Kahn (1869–1942) mit seinen riesigen, effizienten und wohl durchdachten Bauten wie der Chrysler Half-Ton Truck Assembly Plant in Detroit (1937–1938), die eine Fläche von nicht weniger als 4,6 ha bedeckt. Gleichzeitig gab es Ingenieure und Erfinder wie Buckminster Fuller, die so eindrucksvolle Bauwerke wie die Reparaturwerkstätten für Güterwaggons in Baton Rouge, Louisiana (1958), schufen, deren Stabilität und Aussehen einzig von den maschinell gefertigten Elementen abhingen, ohne irgendeinen architektonischen Anspruch zu erheben. Dach und Wand waren eins.

Irgendwo zwischen diesen beiden Extremen spross eine Architektur, die ihre Logik und Ästhetik technischem Design verdankte, aber nicht in Form der selbstbewussten stilistischen und idealistischen Art von Rogers, Foster und Piano. Zwei der beeindruckendsten Beispiele zeichnen sich über Chicago ab. Es handelt sich um das John Hancock Center (1965–1970) und den Sears Tower (vollendet 1974), zwei Wolkenkratzer, die beide von SOM (siehe S. 196 f.) entworfen wurden und zum Zeitpunkt ihrer Fertigstellung jeweils für sich in Anspruch nahmen, das höchste Gebäude der Welt zu sein. Bei Ersterem werden die mit Büros und Wohnungen gefüllten Stockwerke außen von riesigen X-Streben aus Stahl gehalten. Mit anderen Worten, die Struktur des Gebäudes liegt offen und verleiht dem Turm sein bemerkenswertes Aussehen. Der Eindruck einer rein technischen Struktur wird durch die hohen rotweißen Masten auf dem Dach noch gesteigert, die die meisten Kommentatoren an ICBM-Missiles erinnern.

Der Sears Tower ist ähnlich ausgestattet, doch ist er schlicht ein typischer US-Stahlskelettbau, der zu neuen Höhen emporgetragen wurde. Das Gebäude tritt langsam zurück, während es 457 m hoch über Chicagos Bürgersteigen aufsteigt, und verliert an Masse, je mehr es sich der Sphäre der Flugzeuge nähert. Beide Bauwerke repräsentieren die zunehmend wichtige Rolle des Bauingenieurs innerhalb des architektonischen Prozesses. Beide erinnern etwas an die alten Tempel und Monolithen. Wie die Pyramiden des alten Mexiko oder Ägypten blicken sie so über ihre Umgebung hinweg, als sei sie ihnen vollkommen gleichgültig.

LUFTIGE ARCHITEKTUREN
Ein weiteres außerordentlich beeindruckendes SOM-Projekt ist der Hajj-Terminal in Dschiddah (1982). Aufgabe war es, der riesigen Zahl musli-

HAJJ-TERMINAL, DSCHIDDAH, SAUDI-ARABIEN, 1982
Diese revolutionierende Konstruktion verbindet traditionelle Architekturformen mit neuesten Hightechmaterialien, um das Flughafengebäude zu überdachen.

OLYMPIASTADION, MÜNCHEN, 1967–1972

Frei Ottos zeltähnliche, elegante Dachhaut aus Acrylglas über-
spannt Olympiastadion, Olympiahalle und Schwimmhalle. Sie
wird von einem Stahlnetz gehalten, das an hohen, schlanken
Stahlpylonen festgemacht ist.

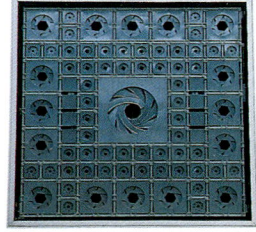

INTELLIGENTE BAUTEN

Fortschritte in der Technik haben es Architekten und Ingenieuren ermöglicht, Konstruktionen zu schaffen, die auf Veränderungen der Umgebung reagieren und sich menschlichen Bedürfnissen anpassen können. Das Institut du Monde Arabe (1983–1989) wurde als ein Symbol der Partnerschaft zwischen Frankreich und 21 arabischen Ländern gebaut. Die Südfassade besteht aus 240 »Diaphragmen« (eines ist oben abgebildet), die in geometrischen Mustern angeordnet sind. Sie werden von lichtempfindlichen Zellen gesteuert und lassen – je nach Sonnenstand gefiltert – natürliches Licht in das Gebäude eindringen, ohne die Kunstwerke darin zu schädigen.

mischer Pilger eine weiträumige Flughalle zu bieten: Zwei Millionen Menschen können sich hier gleichzeitig auf ihrem Weg nach und von Mekka aufhalten, das jeder Muslim mindestens einmal in seinem Leben besuchen sollte. Die Lösung, hauptsächlich ein Werk des Bauingenieurs Fazlur Rahman Khan, besteht in einer Folge von riesigen Zelten unter Verwendung neuester Spanndachtechnik. Diese Konstruktion erinnert an die Zelte, die die Nomaden auf ihrem Weg durch die Wüsten Arabiens mitführen, und zugleich an frühe Flughäfen, die gewöhnlich aus nichts weiterem bestanden als aus einigen Zelten, aufgeschlagen am Rand des Rollfeldes.

Das Besondere am Hajj-Terminal, abgesehen von seiner Größe, ist der Umstand, dass es sich hier um einen modernen Flughafen ohne Wände, Verglasung oder Klimaanlage handelt. Die Zelte sind wie riesige Sonnenschirme an den Seiten offen, um den Wüstenwind einzulassen. In diesem Maßstab für so viele Passagiere mit üblicher Technik zu bauen wäre in Bezug auf den Energieaufwand exorbitant teuer geworden. Nach der »Ölkrise« 1973–1974 entworfen, bei der die arabischen Länder dem Westen Rohölvorräte vorenthalten und so den Ölpreis in noch nie da gewesene Höhen getrieben hatten, stellt der Hajj-Terminal das Modell eines Niedrigenergiegebäudes dar, das seinem Zweck und seiner Umgebung wunderbar entspricht.

Ebenso beeindruckend sind die Stahlspanndächer des Olympiastadions in München (1967–1972), entworfen von Günther Behnisch (geb. 1922), während des Zweiten Weltkriegs U-Boot-Kommandant, und dem brillanten Ingenieur Frei Otto

(geb. 1925). Behnischs späteres Hysolar-Institut der Universität Stuttgart (1987) ist ein aufregendes Bauwerk, doch liegt dort der Akzent auf einem verspielten technischen Stil, der dem Hightech näher steht als einer künstlerisch veränderten technischen Struktur.

REINE INGENIEURBAUTEN

Norman Fosters mehrspänniger Millau-Viadukt über das Tarn-Tal im südfranzösischen Zentralmassiv ist das Werk eines Architekten, der sich zum Ingenieur entwickelt hat. Im Gegensatz dazu bildet das Institut du Monde Arabe in Paris (1983–1989) von Jean Nouvel (geb. 1946) eine ausgesprochen schöne Arbeit eines Architekten, der Ingenieurwissen für einen visuellen Effekt einsetzt, der zum Geist und zur Struktur des Baus passt. Eine ganze Wand dieses viel geliebten Komplexes besteht aus einer modernen »Mashrabiyya«, der Sonnenschutzwand traditioneller arabischer Gebäude.

MILLAU-VIADUKT, ZENTRALMASSIV, FRANKREICH, 2000

Diese schlanke, von Seilen gehaltene Brücke der Autobahn Paris–Barcelona beeinträchtigt die
majestätische Landschaft kaum. An ihrem höchsten Punkt indes ist sie höher als der Eiffelturm.

DIE JAPANISCHEN METABOLISTEN
DIE AUFGEHENDE SONNE DER POP-ART

JAPANS KAMPF, nach den Nuklearschlägen von Nagasaki und Hiroshima eine neue architektonische Identität zu finden, blieb für die daran Beteiligten bis zum Beginn der 60er Jahre ein schmerzvolles Unterfangen. Als Japan mit neuer Entschlossenheit und Energie in die moderne Welt eintrat, wie sollte es da eine eigene architektonische Sprache finden? Wie konnten seine Architekten es vermeiden, in eine totale Verwestlichung zu geraten?

Zu Beginn bleibt festzuhalten, dass Le Corbusier, der das von den japanischen Architekten Kunio Maekawa und Junio Sakakura gebaute Nationalmuseum für Westliche Kunst in Tokio (1955–1959) entworfen hatte, den größten Einfluss auf eine neue Generation japanischer Architekten nach dem Krieg hatte. Corbu sollte die Arbeit von zwei der herausragendsten modernen Architekten Japans inspirieren, von Kenzo Tange (geb. 1913) und Tadao Ando (geb. 1941). Obwohl der Einfluss des Schweizer Meisters in den 50er Jahren seinen Höhepunkt hatte, trat um 1960 eine Gruppe junger Architekten und Kritiker mit einer Philosophie in Erscheinung, die Ideen der traditionellen japanischen Gestaltung, der Pop-Architektur (insbesondere der britischen Designgruppe Archigram; siehe S. 204) und Le Corbusiers verband. Als sie ihre Neuschöpfung auf der World Design Conference in Tokio 1960 vorstellten, bezeichneten sie diese als »Metabolismus«.

EIN »ISMUS« VON EIGENEN GNADEN
Außer dem 26-jährigen Kisho Kurokawa gehörten zur Gruppe Fumihiko Maki, Kiyonori Kikutake, Masato Otaka und der Kritiker Noboru Kawazoe. Sie wollten einen eigenen modischen und einflussreichen »Ismus« haben, einen, der mit denen der jungen westlichen Architekten konkurrieren konnte. Der Name sollte einen biologischen und biomorphologischen Ansatz bei der Gestaltung von Gebäuden und Städten andeuten, die bei vollem und sogar übertriebenem Gebrauch von neuesten Bautechniken und Kommunikationsformen entsprechend den Anforderungen wachsen konnten.

Der Metabolismus zeigte zunächst mit einer Reihe kollaborativer Fantasieprojekte Flagge, zu denen Ocean City, Helix City und Space City zählten und die sich auf einer Linie mit den Städte-

entwürfen der Gruppe Archigram befanden. In der Wirklichkeit führte dies zu einer kleinen Zahl faszinierender Gebäude, darunter das viel zitierte Nagakin-Hotel, der Schachtelturm in Tokio (1972) von Kisho Kurokawa. Zwei Betonschäfte, die Aufzüge, Nottreppen und Versorgungsleitungen bergen, erschließen 140 Einzelgehäuse. Bei diesen handelt

NAGAKIN-HOTEL, TOKIO, 1972
Die bizarre Schachtelstruktur von Kurokawa war ein Versuch, moderne Technik zu nutzen, um die Probleme in Japans überfüllten städtischen Zentren zu lösen. Der verspielte Funktionalismus erhebt die optische Unstimmigkeit zu einer Tugend.

es sich um Studioräume, ausgestattet mit modernster Technik und elektronischem Raffinement, alles sehr à la James Bond (der in Tokio spielende Bond-Film *Man lebt nur zweimal* kam 1967 in die Kinos); sie sind stark modifizierte Schiffskabinen, jede mit einem Bullauge versehen. Die Idee des Gebäudes ist es, die Möglichkeit kontinuierlichen Wandels bzw. der steten Unvollendetheit anzudeuten. Und es war ein großer Spaß! Weitere Gebäude wurden in ähnlicher Manier errichtet, darunter Youji Watanabes Sky Building No. 3 in Tokio (1971), das aussieht wie ein Berg gestapelter Wohnwagen, und Tatsuhiko Nakajimas Kibogaoko-Jugendburg, eine verrückt erscheinende Herberge in der Präfektur Shiga (1973), mit einer Reproduktion von Michelangelos David in der Lobby.

YAMANASHI-KOMMUNIKATIONSZENTRUM, KOFU, BIS 1967
16 Betonröhren tragen den massiven Bau; sie beherbergen die Versorgungsleitungen. Die ständige Erweiterbarkeit des Gebäudes bedeutet, dass es auf gewisse Weise unvollendet bleibt.

ERWEITERBARE ARCHITEKTUR

Der ältere Kenzo Tange schuf das vielleicht beste metabolistische Gebäude. Er war ein Designer, der sich während seiner langen Karriere als sehr fähig erwies; diese begann mit der Ausführung des Hiroshima-Friedenszentrums (1949–1955) Le Corbusiers, trat in den 80er Jahren in eine dramatische postmoderne Phase ein und durchlief noch eine Reihe weiterer Stile.

Das Yamanashi-Kommunikationszentrum in Kofu (1964–1967), gebaut an den Hang des Fuji, ist ein muskulöses, theatralisches Bauwerk, eine Samurai-Burg des 21. Jh., deren Stockwerke mit Büros und Ateliers von mächtigen Versorgungstürmen gehalten werden. Diese lassen den Bau unendlich erweiterbar erscheinen, obwohl er in der Praxis, wie beim Gros der »erweiterbaren« Architektur, nicht mehr verändert wurde. Eine der großen Stärken von Tanges Entwurf ist es, dass er in einer sich schnell ändernden Welt ein nicht völlig fertiges Produkt anbot, wobei seine Bauweise mit »Pfosten und Balken« an die Wurzeln östlicher wie westlicher Architektur erinnert. Dagegen steht die im Gebäude implizite Verherrlichung der neuen Kommunikationstechnologie, die das Leben im letzten Drittel des 20. Jh. revolutionierte – ein Großteil dieser Technologie wurde in Japan entwickelt und hergestellt

SONY-TURM, OSAKA, 1976
Bei Kurokawas Sony-Turm, einem Vorläufer vom Centre Pompidou und Rogers' Lloyds Building, hängen die Versorgungselemente – Aufzug und stahlverkleidete Nasszellen – am Hauptrahmen.

und veränderte in der Folge Wirtschaft und Gesellschaft des Landes. Des Weiteren wiesen sich die Metabolisten als Meister der Ausstellungsarchitektur aus.

So schuf Kurokawa den unterhaltsamen Pavillon Takara Beautilion auf der Weltausstellung des Pop-Zeitalters in Osaka (1970). Dieser Bau, voll gepfropft mit »Happenings«, nahm auch Bildwelten vorweg, die einige Jahre später in Sciencefictionfilmen verwendet wurden, insbesondere in Ridley Scotts *Alien* (1979), in dem Bauten des Raumfahrtzeitalters eher organisch erschienen.

Kurokawas Sony-Turm (1976) in Osaka ist ein Ausstellungsgebäude für die neuen Produkte der Firma und verlangte daher eine größtmögliche Ausstellungsfläche im Innern. Die Lösung besteht darin, dass alle Versorgungselemente nach außen verlegt wurden. Die verschiedenen Funktionen dieses »Informationsbaums« sind in gewissem Maße autonom wie Blätter und Zweige eines Baumes – eine biologische Metapher für eine biomorphe Architektur.

KISHO KUROKAWA
Der 1934 in Nagoya, Japan, geborene Kurokawa studierte an den Universitäten von Kioto und Tokio. Er war Gründungsmitglied der japanischen Metabolisten und arbeitete mit Kenzo Tange, bevor er 1961 in Tokio sein eigenes Büro eröffnete. Zu seinen Hauptbauvorhaben zählen das Ethnologische Museum in Osaka, das Museum für Zeitgenössische Kunst in Hiroshima, der Tour de Pacifique in Paris und der Internationale Flughafen in Kuala Lumpur. Kürzlich erhielt er den ersten Preis im Wettbewerb für die Grundkonzeption von Astana, der neuen Hauptstadt von Kasachstan.

WIEDERKEHR DES KLASSIZISMUS
AUFTRÄGE AUS DER NEUEN WELT

DIE REAKTION AUF die weltweite Moderne führte zur Postmoderne und ein Zweig davon wiederum führte in die Sackgasse der manchmal triefenden, manchmal nachgerade größenwahnsinnigen Wiederbelebung des Klassizismus.

Während in Großbritannien und bis zu einem gewissen Grad auch in den USA Architekten in bescheidener Weise immer noch Villen und gelegentlich auch öffentliche Gebäude im klassizistischen Stil entwarfen, war anderswo der Klassizismus in den 50er Jahren des 20. Jh. gänzlich verschwunden. Sogar die sowjetischen Architekten hatten den Stil zugunsten von Beton und Vorfabrikation aufgegeben. Seine Wiederkehr begann mit klassizistischen Anspielungen, die einige postmoderne Architekten in den späten 70er Jahren machten (insbesondere Charles Moore und Philip Johnson in den USA; siehe S. 200), und mit dem substanzielleren Dialog zwischen Moderne und Klassizismus, den James Stirling bei der Neuen Staatsgalerie in Stuttgart (siehe S. 201) führte.

Quinlan Terry (geb. 1937), ein junger Architekt aus Stirlings Büro, glaubte fest daran, dass der Kanon des Klassizismus gottgewollt sei. Dieser »Missionar« eröffnete im ländlichen England (in Dedham, Suffolk, bekannt durch John Constables berühmte Gemälde *Das Tal von Dedham* und *Der Heuwagen*) sein Büro und schuf für jene, die in Margaret Thatchers geldgeilem Großbritannien (1979–1990) zu neuem Wohlstand gelangt waren,

und für die Krone eine Reihe kostspieliger Stadt- und Landhäuser im georgianischen Stil. Terry baute auch einen Großteil von Richmond-upon-Thames in Surrey (1988) in Gestalt einer massigen Uferanlage wieder auf, in der moderne neonbeleuchtete Läden und Büros sich mit ihren niedrigen Decken und Klimaanlagen hinter den mit Liebe zum Detail ausgeführten klassizistischen Ziegelfassaden mit Schiebefenstern und hohen Kaminen verstecken.

TALLER DI ARQUITECTURA

Im kalifornischen Malibu beauftragte die Getty Foundation das Büro »Landon, Wilson et al.« mit der Planung eines Museumbaus, der sich schließlich mehr oder weniger als eine wieder zum Leben erweckte altrömische Villa entpuppte. Einen völlig entgegengesetzten Ansatz vertrat das eigenwillige Architekturbüro Taller di Arquitectura, das in Barcelona und Paris ansässig war. Das Büro in Barcelona war in einer mit viel Einfallsreichtum umgebauten Zementfabrik untergebracht. Hier trafen sich in den frühen Jahren von Ricardo Bofills Schaffen Dichter und Nachplapperer, Maler und Philosophen mit Musikern und Architekten. Ursprünglich

EINE BRITISCHE VISION

In der BBC-Fernsehsendung A Vision of Britain und in seinem gleichnamigen Buch forderte Prinz Charles wieder Schönheit und menschliche Werte in die Architektur zu bringen. Er benannte zehn Grundsätze als Richtlinien für zeitgenössisches Bauen, darunter Größe, Hierarchie, Harmonie und Gemeinschaft. Um einen Wandel herbeizuführen, gründete der Prinz von Wales ein eigenes Architekturinstitut, das 1992 in London eröffnet wurde.

RICHMOND RIVERSIDE, SURREY, 1988
Diese Anlage am Ufer der Themse wurde von Quinlan Terry, einem Architekten des Classical Revival, entworfen. Das im georgianischen Stil gehaltene Äußere verbirgt moderne Läden und Büros.

arbeitete Taller in der kräftigen Sprache des Pop, doch seit Mitte der 70er Jahre brachte Chefdesigner Peter Hodgkinson, ein englischer Architekt aus Bath, das Büro mit grässlichen Entwürfen für große Wohnsiedlungen auf die neoklassizistische Schiene – gebaut aus vorgefärbtem und vorgefertigtem Beton. Trotz der modernen Materialien wirkten die Gebäude, zumindest aus der Ferne, so beeindruckend wie das Schloss von Versailles.

Die ersten dieser Siedlungen waren als eine Art Versailles für das Volk gedacht. Doch entgegen der äußeren Pracht waren die Wohnungen klein und hatten niedrige Decken. Bei späteren Vorhaben konnte Taller die Zimmerhöhen steigern, klassizistische Details aus Beton einbringen und so einen Hauch von Rom und der »hohen Kunst« des Klassizismus in die Wohnzimmer der französischen Bürger am unteren Ende der sozialen Skala bringen.

NEUE SIEDLUNGEN

Die ersten Taller-Siedlungen entstanden in St-Quentin-en-Yvelines (1978–1982) und Marne-la-Vallée (1978–1983). Binnen weniger Jahre waren sie Heimstatt von Einwanderern. Vielleicht lebten die Menschen hier mit ein wenig mehr Komfort als die Höflinge, die sich in den Attiken von Versailles unter der Herrschaft Ludwigs XIV. drängten. Vielleicht! Es handelt sich um gewaltige, ebenso von Piranesi und Boullée wie von Versailles inspirierte Projekte. Der Hauptblock in Marne-la-Vallée ist 18 Stockwerke hoch. In St-Quentin-en-Yvelines überbrückt eine riesige Terrasse mit neoklassizistischen Wohnungen einen See, wie beim berühmten französischen Renaissanceschloss Chenonceaux. 1982 beschrieb Peter Hodgkinson diese umstrittene Baukunst als »Klassizismus der großen Meister von gestern, reduziert auf die Notwendigkeiten von heute« und fügte hinzu: »Beton ist der neue Stein«. Nicht jeder stimmte ihm zu, in Frankreich entstanden weitere solcher Siedlungen.

Vielleicht bildet das Nationalmuseum für Römische Kunst in Mérida (1980–1985), ein Werk des

WOHNANLAGE PALAIS D'ABRAXAS, MARNE-LA-VALLÉE, FRANKREICH, 1978–1982
Bofill schuf diese monumentale Wohnanlage aus vorgefertigten Betonteilen in einer Pariser Vorstadt. Riesige Säulen aus Beton sind den Flügelbauten vorgeblendet.

spanischen Architekten Rafael Moneo (geb. 1937), den beeindruckendsten aller Versuche des Classical Revival (des Neo-Klassizismus des 20. Jh.). Dieses wunderschöne Museum ist um ein zentrales Atrium angelegt, eine Interpretation römischer Prachtbauten der Kaiserzeit. In leichten römischen Ziegel erbaut, die sich zu hohen Bögen fügen, ist die Wirkung monumental und doch vom Tageslicht gemildert. Moneos Kunst war es, diese Erinnerung an das alte Rom mit offensichtlichen Elementen der Moderne harmonieren zu lassen. Außerdem ist der Bau über einer römischen Ausgrabungsstätte errichtet, die zugänglich gehalten wurde.

Unter Moneos Hand hatte der wieder belebte Klassizismus einen Sinn und sogar eine Zukunft. In Großbritannien dagegen war er gefesselt in der nostalgischen Vision des Prinzen von Wales und in den USA von Las Vegas, Hollywood und reichen Institutionen – wenig anders als im Rom der Antike.

NATIONALMUSEUM FÜR RÖMISCHE KUNST, MÉRIDA, SPANIEN, 1980–1985
Die Bögen dieses aus Ziegeln gemauerten Atriums rhythmisieren und gliedern den Raum. Durch die Glasdächer der Teilräume fällt natürliches Licht.

ZUKUNFTS-
MUSIK

ENDE DES 20. JH. STANDEN DER ARCHITEKTUR
DIE VERSCHIEDENSTEN WEGE OFFEN. NEUE
MATERIALIEN, COMPUTER UND EIN GEFÜHL DES
FREISEINS VON ALLES UMFASSENDEN PHILOSOPHIEN
UND BEHERRSCHENDEN BEWEGUNGEN VERSCHAFF-
TEN DEN ARCHITEKTEN DEN GRÖSSTEN SPIELRAUM,
DEN SIE JE BESESSEN HATTEN. MAN MUSSTE SICH
NEUEN VERANTWORTLICHKEITEN STELLEN, FRAGEN
DER ÖKOLOGIE UND DES GEBRAUCHS UND
MISSBRAUCHS VON FOSSILEN BRENNSTOFFEN SOWIE
DER EINBEZIEHUNG DERER, DIE DIE GEBÄUDE
NUTZEN SOLLTEN. EINE EXPLODIERENDE STÄDTI-
SCHE BEVÖLKERUNG WURDE TEILWEISE DURCH
HINZUFÜGUNG NEUER GEBÄUDE IN DER STRUKTUR
DER ALTEN STÄDTE UNTERGEBRACHT. DER COM-
PUTER ERWIES SICH ALS WAHRER VERBÜNDETER, ER
ERLAUBTE ES DEN ARCHITEKTEN, AUSSERORDENT-
LICHE VISUELLE GEDANKENSPRÜNGE ZU VOLL-
FÜHREN. ALS SICH DIESE NEUEN FREIHEITEN ERÖFF-
NETEN, WURDE DER ARCHITEKT PARADOXERWEISE
IM ZUNEHMEND STÄRKER INDUSTRIALISIERTEN
BAUPROZESS IMMER MEHR MARGINALISIERT. MEHR
DENN JE ZUVOR WIRD ES FÜR ARCHITEKTEN ZU
BEGINN DES 21. JH. LEBENSNOTWENDIG, IHRE
VORSTELLUNGEN ZU ERWEITERN UND NACH DEN
STERNEN ZU GREIFEN.

EDEN PROJECT, CORNWALL, ENGLAND
*Grimshaws geodätische Kuppeln für das Eden Project (2000) zeigen
all die Vorteile der neuen Technik. Sie sind dreifach »verglast« mit
einem starken, leichtgewichtigen, hochtransparenten Material, das
zudem besser als Glas isoliert.*

UNGARISCHE ARCHITEKTUR
Nach der sowjetischen Unterdrückung des Aufstands von 1956 kam die ungarische Architektur unter staatliche Kontrolle. Die bedeutendsten Projekte waren die Erneuerung historischer Bauwerke in Budapest, um ausländische Investoren und Touristen anzulocken. In den frühen 70er Jahren entstand die Gruppe Pécs, die versuchte eine einheimische »organische« Architektur wieder zu kreieren. Die bedeutendsten Werke dieser Gruppe sind die von Imre Makovecz (oben).

BRUNO ZEVI
Der Architekt und Architekturhistoriker Bruno Zevi (1918–2000) war ein Erneuerer der modernen Architektur. In seinem Buch *Towards an Organic Architecture* (1947) argumentierte Zevi, dass eine organische Form, nicht aber die klassizistische Symmetrie der Schlüssel zum modernen Design sei. Er lehrte an den Universitäten von Rom und Venedig und schrieb eine Reihe von Abhandlungen, die das Werk Frank Llyod Wrights und die der »organischen Architektur« zugrunde liegende Theorie bekannt machten.

ORGANISCHE ARCHITEKTUR
ZURÜCK ZUR NATUR

DER GEIST der Grünen Bewegung in der Architektur lässt sich am besten an der bemerkenswerten Laufbahn Imre Makoveczs aufzeigen. Makovecz wurde 1935 als Sohn eines Zimmermanns in Budapest geboren. Als kleiner Junge half er Nazi-Panzer in die Luft zu jagen. Nach Niederschlagung des Ungarnaufstands 1956 durch die eindringenden Sowjettruppen wurde er verhaftet und zunächst zum Tode verurteilt. Auf der Architekturschule hatte er gegen die Auswirkungen von Plattenbauten im Sowjetstil gewettert, welche die bedeutenden ungarischen Städte zerstörten. Als religiöser Mensch schlug Makovecz stattdessen eine Architektur vor, die Himmel und Erde miteinander verbindet.

DIE ENTWICKLUNG EINES STILS
Dies gestaltete sich zunächst schwierig, da Makovecz weder in staatlichen Büros arbeiten, noch unterrichten durfte. Er fand jedoch eine Stelle bei der staatlichen forstwirtschaftlichen Kommission, wo er eine Gruppe von Zimmerleuten und jungen Architekten aufbaute. In den Wäldern oberhalb der Donau baute er Behausungen aus Holz, Skihütten und andere kleine Gebäude, in einem organischen Stil, der eine komplexe Interpretation und Aufarbeitung der Ideen von Frank Lloyd Wright, ungarischen Dichtern, Rudolf Steiner, Antoni Gaudí, Odon Lechner und ungarischen Traditionen darstellte.

In den 70er und 80er Jahren des 20. Jh. baute Makovecz mit dieser Gruppe neue Dorfhallen in Form riesiger Raubvögel und anderer Kreaturen. Sie waren preiswert zu errichten (verwendeten Bäume als Stützen), einfach zu unterhalten und aufwertende Zentren für die Dorfbewohner, die die drohende Industrialisierung des ländlichen Ungarn fürchteten.

HL.-GEIST-KIRCHE, PAKS, UNGARN, 1992
Das Innere von Makoveczs dreitürmiger Kirche ist vollständig aus Holz geschaffen. Der Raum wird von oben durch ein Bleiglasfenster erhellt.

Makovecz beschrieb seine Bauwerke als »Gebäudewesen«. Keines ist vollkommen symmetrisch, da weder Mensch, noch Flora oder Fauna dies sind. Seine erste Arbeit, die kritisch kommentiert wurde (von der *Architectural Review*, 1981), war die Aufbahrungskapelle in Farkasret (1977), einem Budapester Vorort. Sie ist als Menschengerippe in Holz gestaltet. 1986–1989 entwarf und baute Makovecz die außerordentlich expressive römisch-katholische Kirche in Paks. Zur gleichen Zeit wurde die machtvolle lutherische Kirche in Siofok in Form ausgebreiteter Schwingen errichtet.

Nach dem Sturz der Kommunistischen Partei wurde Makovecz zum Nationalhelden und erwählt den ungarischen Pavillon – einen kirchenähnlichen Bau, bekrönt von vielen kleinen Türmchen – für die Weltausstellung 1992 in Sevilla zu bauen. Makovecz war nicht allein. Neben ihm trugen auch andere ungarische Architekten, insbesondere Gyorgy Csete (geb. 1937) aus Pecs, einen ähnlich organischen und gegen das Establishment gerichteten Geist in Gruppen gleich gesinnter Architekten und Handwerker hinein.

PERSÖNLICHE VISIONEN

Carlo Scarpa (1906–1978), ein venezianischer Architekt, tauchte in die reiche Tradition seiner Geburtsstadt ein und schuf eine Architektur, die der historischen Umgebung, in die sie hineingebaut wurde und die sie auf organische Weise verbesserte, im Geiste verwandt, aber nie sklavisch ergeben war. Sein geheimnisvollstes Werk ist das Brion-Grabmal (1970) auf dem Friedhof von S. Vito di Altivole, Asolo, streng, doch sehr persönlich und in die Umgebung eingebettet. In Wien entwickelte der Künstler Friedensreich Hundertwasser (1928–2000) farbige, mosaikhafte Wohnblöcke, die wie Illustrationen eines Kinderbuchs wirken.

Anderswo im Westen wurde der Wunsch, Architektur naturnah zu formen, von einer kleinen Gruppe von Architekten realisiert, die glaubten, dass die neue Technik gleichzeitig genossen werden und ökologisch korrekt sein könne. Eines der überzeugendsten Büros von ihnen war Future Systems (Jan Kaplicky, geb. 1937, und Amanda Levette, geb. 1955). Dort war man fasziniert von der potenziellen Leichtigkeit moderner Materialien. Future Systems, die teilweise in die Fußstapfen Buckminster Fullers (siehe S. 208) traten, schufen schöne Formen, die leicht und elegant waren und den Boden so sanft wie irgend möglich berührten. Kaplicky ließ sich für seine Konzepte von auf dem Wasser stehenden Insekten, von NASA-Mondmodulen, Quallen, Bambushütten, Organismen und anderen Strukturen, in denen Licht alles war, inspirieren, wie auch seine reizend von ihm illustrierten Kinderbücher verraten. Sein Ziel war es, Materialien und Energieaufwand auf ein Minimum zu reduzieren. Obwohl modern wie das Raumfahrtzeitalter, passen die Entwürfe von Future Systems gut in natürliche Landschaften.

WOHNUNGEN, LÖWEN- UND KEGELGASSE, WIEN, 1985
Bei diesem Wohnblock machte sich der Künstler und Architekt Friedensreich Hundertwasser von konventionellen Zwängen frei. Er setzte unregelmäßige Farbbänder und Zwiebeltürmchen ein.

Dies liegt daran, dass ihre Formen – wie die Makoveczs, aber in einer technischen Sprache – letztlich der Natur entlehnt sind. The Ark, ein elegantes Besucherzentrum und Museum, geplant für The Earth Centre, einen Ökologiepark mit Bildungsanspruch in Doncaster, England (ursprünglich geplante Eröffnung 2001), erhielt die Gestalt eines riesigen, durchsichtigen Schmetterlings. Und wie dieses farbenprächtige Insekt bildet es einen natürlichen Kontrast zu der wogenden, kultivierten Industrielandschaft, in die es gesetzt wurde.

Ein noch freundlicheres Bauwerk stellt ein Wochenendhaus dar, gegraben in die Hügel von Pembrokeshire im ländlichen Wales – Malator (1998), nach einer Kinderfernsehsendung, in der merkwürdige Humanoiden in unterirdischen Häusern leben, bekannt als »Teletubby-Haus«. Dort sind die Landschaft und eine Architektur aus leichtgewichtigen Materialien aufs Herrlichste miteinander verwoben.

FRIEDENSREICH HUNDERTWASSER

Der dekorative Stil des österreichischen Malers und Architekten Friedensreich Hundertwasser (1928–2000) steht in der Tradition von Gustav Klimt und Egon Schiele: Sein Werk zeigt eine Vorliebe für Spiralformen und seine Farbgebung mit einer Konzentration auf Gold und Silber sowie phosphoreszierende Rot- und Grüntöne zeugt von asiatisch-persischem Einfluss. 1971 begann seine Arbeit an Stadtplanungsprojekten für Wien und Neuseeland. Sein Entwurf für die Wohnungen in der Wiener Löwen- und Kegelgasse basiert auf einem Dialog mit den zukünftigen Bewohnern.

WIEDER VERWENDETE GEBÄUDE
ANPASSEN UND INSTANDSETZEN

DIE WELLE DER ZERSTÖRUNG historischer Gebäude, die in den 50er und 60er Jahren auf der ganzen Welt über die Städte fegte und im 21. Jh. in den Entwicklungsländern (insbesondere China) noch anhält, führte zu Bewegungen, die sich für die Rettung unseres architektonischen Erbes einsetzen. Es war jedoch nicht realistisch, zu erwarten, dass jedes Bauwerk von historischem oder architektonischem Interesse als Kuriosum würde erhalten bleiben können. Wenn man indes neue Nutzungen für alte Bauten finden kann, dann haben sie eine lebensfähige Zukunft. Anders als früher ging die Tendenz im 20. Jh. zunächst dahin, überflüssige Bauten abzureißen und neu anzufangen.

Seit den 60er Jahren lernten verständnisvolle Architekten alte Gebäude anzupassen und mit neuem und oft unerwartetem Sinn zu erfüllen. Eine neue Verwendung vermochte oft sogar den Charakter eines alten Bauwerks zu verbessern, dessen ursprüngliche Funktion – wie im Falle von Kraftwerken oder Fabriken – späteren Generationen nicht mehr akzeptabel erschien. Der Umbau des Castelvecchio in Verona in ein Kunstmuseum (1956–1964) zählt zu den vorbildlichsten Umwandlungen eines alten Bauwerks in den 60er Jahren. Verantwortlich zeichnete der venezianische Architekt Carlo Scarpa (1906–1978; siehe S. 217).

MUSEUM CASTELVECCHIO, VERONA, 1956–1964
Scarpa verband Geschichte und Gegenwart mit ineinander greifenden Flurteilen. Sein Materialbewusstsein machte es ihm möglich, beides zu verschmelzen, ohne dass es zu Brüchen kam.

Scarpa liebte kostbare Materialien und komplexe architektonische Formen und Oberflächen. Er verstand es, diese auf neue Weise zu nutzen, wobei er von Kitsch einerseits und sklavischer Imitation alter Formen andererseits weit entfernt blieb.

Im Museum Castelvecchio wurde die Grundsubstanz der alten Burg respektiert; von ihr setzen sich die »Eingriffe« des Architekten deutlich ab. Ein solches Zusammenspiel von Alt und Neu ergab ein Museum von hohem Rang, das der ausgestellten Kunst ebenso gerecht wird wie dem alten Gebäude und seinen Besuchern. Der Bau erhielt positive Resonanz von Seiten der Kritiker. Architekten in der ganzen Welt zeigte es, was mit intelligenter Konservierung erreicht werden kann.

DAS MUSÉE D'ORSAY
Einen weiteren Schritt bildete die (auf ähnliche, wenn auch dramatischere Weise erfolgte) Umwandlung des Pariser Gare d'Orsay, gebaut im reichen Beaux-Arts-Stil, in das Musée d'Orsay (1984–1986) durch den Mailänder Architekten Gaia Aulenti (geb. 1931). Die Stärke des Entwurfs liegt in der offensichtlichen Freude Aulentis am großartigen, weiten Wandelraum dieser glasüberdachten Halle, der auch durch die neu eingefügten Nebenräume nicht zerstört wird. Die im Musée d'Orsay ausgestellte Kunst umspannt den Zeit-

MUSÉE D'ORSAY, PARIS, 1984–1986
Der 1900 für die Weltausstellung gebaute Bahnhof wurde zur Ergänzung des Louvre umgestaltet. Den geplanten Abriss hatte das neuerliche Interesse an der Architektur des 19. Jh. verhindert.

TATE MODERN, LONDON, 1999
Die Höhe von Scotts Schornstein war auf 99 m begrenzt, um nicht mit der St.-Pauls-Kathedrale zu konkurrieren. Die neue zweigeschossige Glasarchitektur erstreckt sich wie ein Lichtbalken über dem Dach und lässt Tageslicht in die oberen Galerieräume fallen.

raum von 1848 bis 1914 und passt perfekt in das herrlich schwelgerische Innere des früheren Bahnhofs. Von Victor Laloux (1850–1937) entworfen war es rechtzeitig zur Pariser Weltausstellung 1900 fertig geworden.

Damals begannen Braque und Picasso sich mit afrikanischer und anderer »primitiver« Kunst zu beschäftigen, begannen jene Experimente, die zum Kubismus führen sollten. Vom Kubismus war es nur ein kurzer Schritt zur Architektur von Le Corbusier, zur Moderne, die die verzierten alten Gebäude niederriss, um Platz zu schaffen für die funktionalistische Architektur der 50er und 60er Jahre.

Einige der großartigsten öffentlichen Gebäude des 20. Jh. waren Kraftwerke. Sie wurden von den Architekten, die die Ingenieure berieten, in einer Vielfalt heroischer Stile errichtet. Man wollte die Energieerzeuger kultivieren, indem man sie in Tempel der Kraft umwandelte. Zwei der schönsten wurden an den Ufern der Themse in London gebaut: Battersea (1955) und Bankside (1963). Letzteres blickt über die Themse genau auf die St.-Pauls-Kathedrale. Battersea wie Bankside hatten von Sir Giles Gilbert Scott (1880–1960), dem Erbauer der Kathedrale von Liverpool (siehe S. 149) und der Waterloo-Brücke, eindrucksvolle

Seitenansichten und heroische Fassaden erhalten. Beide wurden in den 70er Jahren überflüssig.

Battersea ging durch die Hände einiger Besitzer, jeder versprach das Werk in eine Unterhaltungsstätte zu verwandeln, doch bis zu Beginn des 21. Jh. geschah nichts. Bankside hatte mehr Glück. Es wurde von den Schweizer Architekten Jacques Herzog (geb. 1950) und Pierre de Meuron (geb. 1950) in die Tate Modern (Tate-Galerie für moderne Kunst) 1999 umgewandelt. Hierzu waren der Einbau von fünf Galerieetagen auf der dem Fluss zugewandten Seite des Gebäudes und die Umwandlung der früheren Turbinenhalle in eine gewaltige Lobby und Galerie für riesige Skulpturen nötig. Das Museum wurde durch eine von Norman Foster, dem Bildhauer Anthony Caro und Chris Wise, einem Ingenieur von Ove Arup and Partners, geschaffene Fußgängerbrücke mit der St.-Pauls-Kathedrale verbunden.

DER REICHSTAG

Foster brachte eine der letzten großen »Umformungen« des 20. Jh. hervor: den Reichstag in Berlin (siehe S. 11; ursprünglicher Bau 1884—1894 von Paul Wallot, 1841–1912), ein massiges neubarockes Heim für das Parlament des Kaiserreichs. 1933 ausgebrannt und in der Schlacht um Berlin 1945 schwer zugerichtet wurde er ohne Kuppel ab den 60er Jahren wieder für Büros genutzt. Foster entkernte das Gebäude bis auf die Außenmauern, fügte einen neuen hufeisenförmigen Plenarsaal an und bekrönte ihn mit einer öffentlich zugänglichen Glaskuppel. Hier fand ein Gebäude in modifizierter Version seine ursprüngliche Rolle wieder, nachdem es Zeuge vom Aufstieg und Fall des Zweiten und Dritten Reiches, der Weimarer Republik und der Deutschen Demokratischen Republik (DDR) gewesen war.

DAS MUSEUM
Die Museen des 19. Jh. waren häufig große, reich geschmückte Gebäude, die versuchten der Kunst, die sie beherbergten, Rang zu verleihen. Mit der Moderne kamen die Fragen nach der Natur der Kunst und Museen mit kahlen, weißen Schauräumen. In letzter Zeit hat sich dort, wo das Bauwerk in Beziehung zu der Sammlung steht, die es beherbergt, zwischen Kunst und Architektur eine dynamischere Beziehung entwickelt – die Wiederverwendung von Gebäuden ist Teil dieses Dialogs.

TURBINENHALLE, TATE MODERN, LONDON, 1999
Nach Entfernen der Maschinen blieb ein ziegelverkleidetes Stahlskelett zurück. Man goss ein Betonfundament und fügte das Stahlgerüst ein, das die sieben Stockwerke trägt.

DEKONSTRUKTIVISMUS
DAS AUFBRECHEN DER SCHACHTEL

FRANK GEHRY
Gehry kam 1929 in Toronto zur Welt. Seine Familie zog später nach Los Angeles, wo er 1962 sein eigenes Büro eröffnete. Gehrys Frühwerk ist wegen der Wahl ungewöhnlicher Materialien bemerkenswert – bei seinem Temporary Contemporary Museum in Los Angeles verwendete er auch Kettenglieder und Wellblech. Neuere Arbeiten wie die Residenz Schnabel (1986), das Vitra-Design-Museum (1987–1989) und das Guggenheim-Museum in Bilbao besitzen fast bildhauerische Qualität, ermöglicht durch Computerdesign.

DEKONSTRUKTIVISMUS ist eine von der Philosophie des Franzosen Jacques Derrida (geb. 1930) inspirierte Architekturrichtung. Derrida verstand darunter, dass die Bedeutung eines Textes (Essay, Roman, Zeitungsartikel) mehr das Ergebnis des Unterschieds zwischen den verwendeten Wörtern als ihres Bezugs zu den Dingen ist, für die sie stehen. Mit anderen Worten, die verschiedenen Bedeutungen eines Textes können freigelegt werden, wenn man die Struktur der Sprache, in der er geschrieben wurde, aufhebt.

In den USA wurde dieses philosophische System in den 80er Jahren des 20. Jh. unter der Bezeichnung »Dekonstruktivismus« auf die Gestaltung von Gebäuden übertragen. Einige Architekten begannen konventionelle Gebäude auseinander zu nehmen und anders wieder zusammenzusetzen, um sie mit einer neuen Bedeutung zu erfüllen oder einfach um einer neuen aufregenden Mode zu folgen. Natürlich zerlegten sie nicht bestehende Bauten, sondern entwarfen auf dem Zeichentisch oder am Computer dekonstruktivistische Gebäude, die manchmal unvollständig und manchmal im höchsten Maß verzerrt aussahen. Im besten Fall waren solche Bauten höchst anspruchsvolle Spiele, mutige Experimente und sogar aufregende Erfahrungen; im schlechtesten Fall waren sie nichts weiter als minderwertige Produkte, Sklaven der Mode und ziemlich ärgerlich.

FRÜHE ENTWÜRFE
Die Bewegung wurde von Peter Eisenman (geb. 1932) in Gang gebracht, nachdem er als Mitglied der New York Five eine bewusste Rückkehr zur reinen, weißen Architektur Le Corbusiers vollzogen hatte. Stückchen für Stückchen begann Eisenman die neuen amerikanischen Häuser auf seinem Zeichentisch aufzubrechen, Wände voneinander

VITRA-DESIGN-MUSEUM, WEIL AM RHEIN, 1987–1989
Die dekonstruktivistische Form von Gehrys Bau schafft eine einzigartige Anordnung von Ausstellungsräumen, die von Lichttürmen und stürzenden Glasdächern beleuchtet werden.

wegzuschieben, Raum-
elisionen und -illusionen zu
schaffen, die rationale
Geometrie der klassischen
Moderne zu zerbrechen.
1988 gab es (unter der Ägide
des 82 Jahre alten Philip
Johnson; siehe S. 200 f.)
zahlreiche Beispiele dekon-
struktivistischer Gestaltung,
die meisten in Modellform
oder auf dem Papier, im
Museum of Modern Art in
New York zu sehen, wo 1932
der Internationale Stil vom
26-jährigen Johnson und von
Henry-Russell Hitchcock
geprägt worden war. Als sich
der neue Stil herauskristalli-
sierte und mit bedeutenden,
auch ausgeführten Bauten in
den 90er Jahren Fuß fasste,
waren Daniel Libeskind (geb.
1946; siehe S. 222), Zaha
Hadid (geb. 1950; siehe
S. 223) und – obwohl er es
verabscheute, mit irgend-
einem Eitkett versehen zu
werden – Frank Gehry (geb.
1929; siehe gegenüber) die
Stars der neuen Bewegung.

ENTWÜRFE FÜR VITRA

Gehrys eigenes Haus in Santa
Monica, Kalifornien (1978–
1979), stellt den faszinierenden Zusammenbruch und
das folgende erneute Zusam-
mensetzen eines Familien-
heims dar, wo Heimwerker-
grundartikel wie Draht,
Wellblech und Kettenglieder
absichtlich verwendet wurden. Wände und Rampen
sind von hier nach da und an
unerwartete Ecken ver-

VITRA-DESIGN-MUSEUM, WEIL AM RHEIN, 1987–1989
*Ralf Fehlbaum, Direktor der Firma Vitra, hatte Frank Gehry beauftragt ein Museum für
die Stühlesammlung seiner Familie zu entwerfen. Gehrys eigener Beaver Chair (1987) aus
laminiertem Karton steht im Vordergrund rechts.*

schoben. Zehn Jahre später baute Gehry das Vitra-
Design-Museum in Weil am Rhein. Es wurde für
eine deutsch-schweizer Möbelfabrik gebaut, die
sich auf die Herstellung hervorragender Büromöbel
spezialisiert hat, darunter nach Entwürfen von
Charles und Ray Eames sowie Gehry selbst. Das
Museum ist ein spielerischer und höchst überzeugender Bau aus gebogenen und diagonalen Elemen-

ten, wobei das Innere erfindungsreich und dennoch
praktisch gegliedert ist. Das Museum übt eine
starke visuelle Wirkung aus und hat viel dazu
beigetragen, Vitra einen bleibenden Platz in der
Geschichte des modernen Designs zu verschaffen.
Die kraftvollsten Werke Gehrys Ende des 20. Jh.
bildeten die Disney Concert Hall in Los Angeles
(seit 1995) und das Guggenheim-Museum in Bilbao

DANIEL LIBESKIND
Der 1946 in Polen ge-
borene Libeskind studierte
in Amerika und Israel Musik
und wandte sich dann der
Architektur zu. Seine Arbeit
erfährt immer wieder
Anregungen aus der
Mathematik, Musik und
Malerei; dabei entstehen
theoretische Formen, die
dann architektonisch
umgesetzt werden.
Libeskind war in Harvard,
UCLA und an der University
of London als Lehrer tätig,
bevor er 1989 in Berlin ein
Büro eröffnete. Neben der
Erweiterung des Victoria &
Albert Museum (siehe
unten) arbeitet er zurzeit
auch am Entwurf eines
neuen Theaters in Bremen
und des Imperial War
Museum of the North in
Manchester, England.

(1993–1997; siehe S. 225), zwei spektakuläre,
bedeutende Bauwerke, die quer durch alle Gesell-
schaftsschichten mit Beifall bedacht wurden. Hier
präsentiert sich moderne Architektur von ihrer
kühnsten Seite.

Drei Projekte von Daniel Libeskind, einem in
Polen geborenen Musiker, der Architekt wurde und
bereits lange in England und den USA als Lehrer
bekannt war, bevor er den Wettbewerb für das
Jüdische Museum in Berlin 1989 gewann, sind
vielleicht noch bemerkenswerter. Das blitzartige
Gebäude benötigte zehn Jahre zur Fertigstellung,
nach vielen Verhandlungen und politischen Ver-
zögerungen. Das Jüdische Museum, das in Zick-
zacklinie über sein Areal entlang des bestehenden
barocken Berlin-Museums verläuft, sollte ursprünglich eine Erweiterung des älteren Gebäudes
werden, wurde aber zum Schwanz, der mit dem
Hund wedelt. Selbst ohne Ausstellungsstücke
kamen im Jahr der Fertigstellung des Baus
hunderttausende Menschen, um dieses außerordentlich kraftvolle Gebäude zu sehen, zu
erfahren. Es ist ein ausgesprochen emotionales
Werk, das schon durch die Architektur allein die
Geschichte der Berliner Juden erzählt. In diesem
Sinne könnte man ihm eine barocke Qualität
zuschreiben, einen Hauch von Theater ebenso wie
enorme Tragweite und Bedeutung. Charakteristisch
für das Gebäude sind seine Zinkhaut, die Fenster-

JÜDISCHES MUSEUM, BERLIN, 1989–1999
*Aufgrund der Erfahrungen seiner Familie im Holocaust hat das
Museum für Libeskind persönliche Bedeutung. Er beschreibt
das Gebäude als »so zerrissen wie die Geschichte der Stadt; so
schwierig wie die Implikationen seiner Geschichte«.*

schlitze und im Innern die Leere, die durch die
Galerien weht und die Besucher an die kulturelle
und menschliche Leere erinnert, die im Herzen
Berlins durch die Vernichtung der jüdischen Bevöl-
kerung zurückblieb. Die atonale Eigenschaft der
Architektur ist teilweise von den klangvollen Teilen
Arnold Schönbergs (1874–1951) unvollendeter
Oper *Moses und Aron* inspiriert, eines faszinieren-
den Werkes, mit dem sich Libeskind immer und immer
wieder während der Entwurfsphase beschäftigte.

Das Museum hat keinen offensichtlichen Eingang. Man erreicht es durch das alte Gebäude über
eine lange, sich verjüngende Treppe, die in das
Untergeschoss und zu rampenförmigen Gängen
führt. Diese erlauben es den Besuchern, eine von
drei Routen auszuwählen: hoch ins Gebäude hinauf,
durch das Gebäude hindurch und aus dem Gebäude
heraus. Eine führt in die Leere des Holocaust, ein
Grauen erregender, unbeheizter Turm aus rohem
Beton, durch einen winzigen Spalt von Tageslicht
erhellt. Dieser wurde inspiriert von jenen, die sich
an solche winzigen Lichtschlitze erinnerten – als
einzige Verbindung zur Außenwelt und Symbol der
Hoffnung auf den abscheulichen Fahrten in Vieh-
waggons, die viele der 250000 Berliner Juden in
die Konzentrationslager brachten.

SPIRALEN UND AUSWÜCHSE

Mit dem Jüdischen Museum etablierte sich Libeskind als einer der radikalsten Formgeber seiner
Zeit. Dem Jüdischen Museum folgten das Felix-
Nussbaum-Museum, Osnabrück (1998), gewidmet
dem Werk eines jüdischen Malers, der in einem

ENTWURF FÜR DEN »KESSELHAUSFLÜGEL«, VICTORIA & ALBERT MUSEUM, LONDON 2005
*Libeskinds Erweiterung des Londoner Museums für Kunsthandwerk steht auf einem engen Areal.
Indem die Grenzen gesprengt werden, gelingt es, einen variationsreichen Galeriebau zu schaffen.*

ZAHA HADID
Die 1950 in Bagdad geborene Zaha Hadid studierte ab 1972 an der Londoner Architectural Association. Später lehrte sie dort gemeinsam mit Rem Koolhaas. 1979 eröffnete sie ihr eigenes Büro. Sie ist bekannt für ihre atemberaubenden architektonischen Entwürfe und hat erste Preise in Wettbewerben für den Kurfürstendamm in Berlin (1986), ein Kunst- und Medienzentrum in Düsseldorf (1989) und das Cardiff Opera House (1990) gewonnen. Zu ihren Arbeiten zählen des Weiteren zwei Projekte in Tokio (1988) und eines in Osaka (1990). Hadid hatte mehrere Ausstellungen mit ihren Bildern und Zeichnungen, außerdem unterrichtete sie in Harvard und Columbia.

von Weil am Rhein, zu der ein in die Erde gegrabenes Umweltforschungszentrum gehört.

Für die University of North London entwarf Hadid eine geschlossene Brücke (2001), um die verschiedenen Bereiche des von der viel befahrenen Holloway Road durchschnittenen Campus miteinander zu verbinden. Die Stahlkonstruktion endet bei den verschiedenen Gebäuden in Eingangshallen, die als Cafés oder Bibliotheken genutzt werden können. Die Gänge selbst sind von interaktiver Computertechnik durchsetzt, sodass sie innen den Studenten als digitale Zeitung dienen können. Von außen sind sie eine »städtische Zeitung, die bewegte Bilder und Projektionen zeigt, um über der Holloway Road einen dynamischen, filmischen Raum zu schaffen«. Dieses gute Beispiel neuer dramatischer Architektur leistet einen nützlichen Dienst und verleiht zugleich einem unerquicklichen Durcheinander von Gebäuden und einer Straße, die bisher nichts weiter als eine Rinne voller Autos schien, Leben und Charakter.

Hadids erster bedeutender Großbau wird das Zentrum für zeitgenössische Kunst in Rom, für das sie 1999 den Wettbewerb gewann. Für Laien ist die Geometrie der Entwürfe schwer zu verstehen, doch verspricht das Gebäude, wenn es 2005 fertig gestellt sein wird, eine faszinierende Erfahrung. Es handelt sich um eine Galerie, die als eine Art zweite Haut über eine alte Stadt gelegt ist, flankiert von Kasernen. Die komplexe Abfolge ihrer Räume verläuft von innen nach außen. Kunstwerke in unerwartetem Umfeld werden die Eintönigkeit von Museen beheben. Die Räume sind als Herausforderung an Kuratoren gedacht, mit der Architektur zu agieren. Hierin spiegelt sich deutlich der Geist des Dekonstruktivismus wider.

Konzentrationslager starb, und der radikale Erweiterungsbau des Victoria & Albert Museum, London (geplante Fertigstellung 2005; entworfen gemeinsam mit Ingenieur Cecil Balmond). Diese Erweiterung hat die Form einer komplexen, kristallinen Spirale, die aus einem bestehenden Museumshof aufsteigt. Ihre Form basiert auf der fraktalen Geometrie, die sukzessive Subdivisionen mehrflächigen, dreidimensionalen Raumes einbezieht. So entsteht ein hochinnovatives wie dynamisches Gehäuse für ein Museum, in dem interaktive Technologie einen wesentlichen Bestandteil ausmacht.

Libeskinds erste Villa, ein kurvenreiches Atelier für die Bildhauerin Barbara Weil, Mallorca (geplante Fertigstellung 2002), liegt auf einer Felsklippe und ist als geologischer Auswuchs gestaltet.

DYNAMISCHE RÄUME

Zaha Hadid, eine im Irak geborene Architektin, studierte und lehrte an der London's Architectural Association, bevor sie für ihre bewegenden Zeichnungen und Pläne bei Wettbewerben bekannt wurde – insbesondere für den Peak in Hongkong. Dort verbindet sich die dynamische Geometrie russischer Konstruktivisten mit den neuen ästhetischen Gefühlen der Dekonstruktivisten. Hadids erstes Gebäude ist ein Feuerwehrhaus für die Möbelfabrik Vitra in Weil am Rhein (1991), ein Gebilde aus dramatisch verlängerten Horizontalen und Winkelprojektionen. 1999 vollendete sie in der Nähe ein Ausstellungsgebäude für die Garten- und Landschaftsschau

AUSSTELLUNGSPAVILLON FÜR EINE GARTENSCHAU, WEIL AM RHEIN, 1999
Hadids Entwurf möchte die Grenzen zwischen Architektur und Landschaft auflösen. Hierzu setzte sie ein Netz von Wegen ein, die um und durch das Gebäude verlaufen, wobei Ausstellungsräume und Café offen bleiben.

DER COMPUTER
DIGITALE TRÄUME

REM KOOLHAAS
Der 1944 geborene nieder-
ländische Architekt Rem
Koolhaas arbeitete, bevor er
nach London ging, um an
der Architectural Association
zu studieren, als Journalist.
Seine Abhandlung *The
Berlin Wall as Architecture*
(1970) war eine Sensation,
für die er ein Stipendium in
den USA erhielt. Die
Faszination New Yorks
veranlasste ihn zur
Veröffentlichung *Delirious
New York, a retroactive
manifesto for Manhattan*
(1978). 1975 gründete er
den Office of Metropolitan
Architecture (OMA).
Er wirkte auch am
Niederländischen Tanz-
theater (1987) und an der
Restrukturierung von Lille,
Frankreich, mit. Frank Gehry
nannte ihn »den heutzutage
umfassendsten Denker in
diesem Metier«.

FILMEMACHER der frühen 60er Jahre liebten sie – die Computer. Große Datenbanken wurden in großen, grauen Kästen untergebracht und Bänder drehten sich auf Plastikspulen, während professorale Männer in weißen Kitteln sich eifrig um sie kümmerten. Computer belegten ganze Gebäude, meist im Stil von Mies. Doch während sie viele der eher finsteren Aspekte des Lebens im 20. Jh. zu regulieren schienen – vor allem Atomwaffen – und meist als unheimlich galten (etwa der Alpha-60-Computer in Jean-Luc Godards Film *Alphaville* oder der HAL 9000, der in Stanley Kubricks *2001: Odyssee im Weltraum* zusammenbricht), hatten sie seltsam geringe Auswirkungen auf die Gestaltung der Gebäude selbst.

Frühe Anwendungen des so genannten CAD (computergestütztes Design) hatten geringe oder gar keine Wirkung auf die Ästhetik oder die Natur der Bauten. Sie halfen besonders Architekten, die sich mit der Planung von Geschäftskomplexen befassten, Entwürfe mit großer Geschwindigkeit herzustellen. Wenn der Computer in den 80er Jahren ein Werkzeug war, dann in den Händen der meisten Architekten ein grobes – eine Spitzhacke oder Schaufel.

Zwei der ersten bedeutenden Bauwerke, die zeigen, wie der Computer nicht nur beim Entwurf komplexer Projekte helfen, sondern sogar vorschlagen kann, wie diese aussehen und gebaut werden könnten, sind der Internationale Flughafen Kansai in der Bucht von Osaka, Japan (1988–1994), von Renzo Pianos Architekturbüro

und das Guggenheim-Museum in Bilbao, Spanien (1993–1997), von Frank Gehry.

Der Kansai-Flughafen ist wegen seines 1,6 km langen Terminalgebäudes bemerkenswert. Dieses wirkt wie ein riesiger Storch, der auf einer künstlichen Insel in der Bucht von Osaka ruht. Honshu, die Hauptinsel Japans, ist gebirgig und hat nur wenig und daher kostbares Bauland. Aus zwei Gründen war es vernünftig, den neuen Flughafen ins Meer zu bauen: Es sparte wertvolles Land und hielt den Fluglärm von den Siedlungsgebieten fern. Das komplexe Profil und die Konstruktion des flügelähnlichen Terminalgebäudes, so entworfen, dass es Taifunen standhält, sind ebenso vom Computerprogramm wie von Funktion und Ästhetik bestimmt. Das Ergebnis ist ein hochtechnisiertes Gebäude mit eleganten, nahezu organischen, frei fließenden Linien.

COMPUTERISIERTE FLUGHAFENGESTALTUNG
Kansai-International steht auch für die ausgereifte Entwicklung eines neuen Typs von Flughafenterminals, in denen die Natur des Fliegens und die Ästhetik eines Flugzeugs gefeiert werden und die Passagiere ihr Flugzeug sehen können. In den 80er und 90er Jahren hatten die Betreiber einen internationalen Terminal viel zu oft als eine Art Einkaufszentrum mit einem irgendwo in der Ferne angefügten Flughafen betrachtet. Die beiden besten neuen Flughafengebäude der 90er Jahre, nach dem Pianos, sind der zweite Terminal von Stansted, London, und der von Hongkong, beide von Foster and Partners entworfen. In Hongkong und Stansted wurden dieselben Grundsätze angewandt: klare Wege durch das Gebäude, maximale Tageslichtzufuhr und ein Aussehen, das dem Ehrgeiz der Gebrüder Wright und ihrer Nachfolger gerecht wird.

GUGGENHEIM
Frank Gehrys viel gerühmtes Guggenheim-Museum in Bilbao hat das Bild der baskischen Hauptstadt nahezu völlig neu gezeichnet. Bis zu dessen Eröffnung war

INTERNATIONALER FLUGHAFEN KANSAI, BUCHT VON OSAKA, JAPAN, 1988–1994
Das aerodynamisch gewellte Dach ist mit 90 000 identischen Paneelen aus rostfreiem Stahl gedeckt, die es in die Lage versetzen, Taifunen standzuhalten. Im Innern lässt diese Dachform die Luft frei im Terminalgebäude zirkulieren.

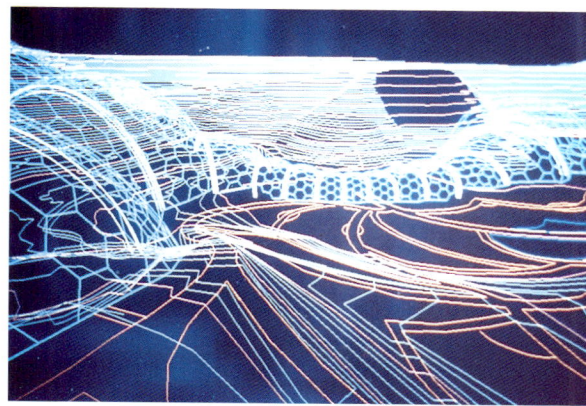

COMPUTERERSTELLTER ENTWURF FÜR DAS EDEN-PROJEKT
*Die Struktur von Nicholas Grimshaws Reihe riesiger
Gewächshäuser in Südwestengland basiert auf einem
3-D-Computermodell.*

Bilbao vor allem als Aufmarschgebiet der Bomben
zündenden Untergrundorganisation ETA bekannt,
die entschlossen ist das ohnehin in großem Maß
freie Baskenland der spanischen Herrschaft zu
entreißen. Seine Unabhängigkeit des Geistes und
die Ursprünglichkeit seines Volkes (der ersten
bekannten Siedler Europas, mit einer einzigartigen
Sprache) feiert Gehry mit seinem eigenwilligen, ins
Auge fallenden Gebäude, das inmitten der Stadt im
früheren Hafenviertel liegt. Die komplexen Kurva-
turen und der Schnitt der vielen unterschiedlich
geformten Titanplatten, die sie verkleiden, wurden
mithilfe von computergestütztem Design erstellt.
Doch was man hier sieht, entstammt eindeutig
Hand und Auge eines großen, modernen

Barockbaumeisters, der auf intelligente Weise mit
den fast unendlichen Möglichkeiten arbeitet, die
ihm die Nutzung des Computers bietet.

CYBER-TRÄUME

Zu Beginn des 21. Jh. ist die Verwendung des Computers in der Architektur zur Selbstverständlich-
keit geworden. Man kann in den engen Küchen von
Shenzhen oder Guangzhou junge chinesische
Architekten mit ihren Kollegen, frisch von der Uni,
antreffen, die auf ihren Laptops Fassaden von
»Instant«-Bürotürmen entwerfen. Sie haben Bilder
von Bürotürmen aus der ganzen Welt, die sie aus
Hochglanzmagazinen gesammelt haben, in ihre
Computer gescannt, die sie nun vertikal oder
horizontal dehnen, damit sie in das Betongerüst des
neuesten chinesischen Büroblocks passen. Die
Ergebnisse werden kurz darauf gebaut.

Viele junge Architekten weltweit, die versuchten neue Formen frei fließender Strukturen und
Innenräume zu schaffen, haben Computer subtiler
eingesetzt. Neue Materialtechnik – Leichtmetalle
und Polycarbonate – erlauben es den Architekten,
ihrem Traum von unendlich formbarer Raum-
struktur näher zu kommen. Obwohl die Verwirk-
lichung solcher Cyber-Träume noch ein gutes
Stück vor uns liegt, ist es aufregend, Architekten
zu sehen, die versuchen Beschränkungen abzu-
schütteln, die sich in den vergangenen 2500 Jahren
in ihrer Grundsubstanz bemerkenswert wenig
verändert haben.

CATIA

*Das für den Entwurf
des Guggenheim-
Museums von Bilbao
verwendete Computer-
programm ist in den
späten 80er Jahren
von der französischen
Luftfahrtindustrie
entwickelt worden.
Es arbeitet mit
Oberflächen und nicht
mit Polygonen. Die
Entfernungen zwischen
den Oberflächen von
Stein, Metall, Glas, Putz
usw. werden vor der
entsprechenden
Konstruktion bestimmt.
Wenn die Oberflächen-
gestaltung vollendet ist,
kann der Computer
beginnen das
Raumvolumen und die
Konstruktion zu
berechnen, die nötig
ist, um eine solche
Oberflächengestaltung
zu tragen.*

GUGGENHEIM-MUSEUM, BILBAO, 1993–1997
*Das große zentrale Atrium vereint die bauschenden
Formen des Guggenheim-Museums. Das titanverkleidete
Museum ähnelt einem großen Schiff und spielt so auf die
Rolle Bilbaos als bedeutender Hafen an.*

LEBENSWERTE STÄDTE
DIE FUNKELNDE STADT

> »*Die Essenz der metro-politanen Kultur ist Wandel — ein Zustand ewiger Animation.*«
> REM KOOLHAAS

IM ERSTEN KAPITEL unserer Geschichte erfuhren wir, wie Architektur mit dem Aufstieg der ersten Städte entstand. Beides war nahezu synonym. Seit alters schmückt Architektur die Straßen und Plätze von Städten und beide entwickelten sich als ein organisches Ganzes. Im Lauf der Jahrhunderte jedoch lässt sich ein Unterthema verfolgen: Einzelne Architekten und Auftraggeber begannen Stück um Stück an der Vergrößerung ihres eigenen Ruhms zu bauen. Damit begann die Natur der Stadt auseinander zu brechen. Sie konnte kein organisches Ganzes mehr sein, wenn individuelle Bauten antraten den Ehrgeiz mächtiger Auftraggeber auszudrücken.

Trotz allem hatten die übliche Verwendung lokalen Baumaterials und der Umstand, dass jeder jeden kannte, zur Folge, dass bis zu einem bemerkenswert späten Zeitpunkt — nämlich der Industriellen Revolution — Städte in der ganzen Welt oft nicht prächtiger waren als hunderte oder tausende von Jahren zuvor — vielleicht ausgenommen Rom oder Istanbul.

Erst mit der Industriellen Revolution wurden sie zerstückelt, überformt und oft brutal misshandelt. Man zog breite Straßenschneisen und Eisenbahnlinien hindurch. Diese zerrissen nicht nur gewachsene Strukturen, sondern ermöglichten auch den Antransport von Baumaterialien aus unterschiedlichen Landesteilen und der ganzen Welt. Städte hatten nicht länger mehr ein homo-

CANNON'S WALK, SOUTH STREET, SEAPORT, NEW YORK
Im 19. Jh. lag die Industrie traditionell im Stadtzentrum. Doch als die Betriebe an die Peripherie zogen, wurden manche Bereiche entvölkert. Dies war eine Chance für Neuentwicklungen von Altstädten, wie diese Fußgängerzone in New York zeigt.

LAS RAMBLAS, BARCELONA, SPANIEN

Verkehrsader und Ort des Flanierens — die Prachtallee im Herzen Barcelonas. Bäume säumen den mittigen Fußweg, wo Zeitungs- und Blumenstände sowie Straßenmusikanten eine lebendige Mixtur bilden. Ein schönes Beispiel für eine lebenswerte Stadt.

KONZERTHALLE DES NATIONALORCHESTERS, LYON, FRANKREICH

*Die berühmte Konzerthalle mit ihrer charakteristischen Muschel-
form wurde 1975 eröffnet und 20 Jahre später im Rahmen des*
*Sanierungsplans von Lyon renoviert. Eine neue Beleuchtung
bindet die Konzerthalle nun stärker in die Umgebung ein.*

LUFTBILD VON DETROIT, USA

*Wenn die Anforderungen der Industrie auf Kosten der
menschlichen Lebensbedingungen gehen, kann es zu städtischem
Wildwuchs kommen. Eine solche Umwelt schafft Probleme für die
Gemeinschaft und neigt zu Kriminalität und Verschmutzung.*

STADTBELEUCHTUNG

*Im Lauf der letzten
Jahre ist die Frage der
Stadtbeleuchtung
wichtiger geworden. Da
Stadtzentren ihre
traditionelle Rolle als
Produktionsstätten
immer mehr verlieren
und sich zu Erholungs-
räumen entwickeln, hat
sich das Nachtleben
des Stadtzentrums
verstärkt. Dies macht
größere Sicherheit
erforderlich und hierzu
ist die Straßen-
beleuchtung wichtig.
Interessanter jedoch ist
der Einsatz von Licht
zur Hervorhebung
architektonischer
Schätze, aber auch, um
neue Stadtlandschaften
zu schaffen. Eine
neue Stadtbaukunst
entsteht aus Licht und
Schatten.*

genes Aussehen, was Baumaterialien und Haustypen
betrifft. Auch neue globale Bautypen entstanden
schnell mit der Industrialisierung – Bahnhöfe,
Großmärkte, Fabriken, Bürogebäude, Kaufhäuser
und Stätten der Massenunterhaltung.

NIEDERGANG UND WIEDERGEBURT DER STADT

In der Eile, mit der diese schöne und eruptiv neue
Welt entstand, wurden die Regeln bisheriger
Stadtplanung, von Sitten und Normen, die sich seit
der Gründung Jerichos (um 7000 v. Chr.)
herausgebildet hatten, aufgegeben. Viel zu häufig
setzte man überall, wo Baugrund zu ergattern war,
neue Gebäude hin. In der zweiten Hälfte des 20. Jh.
brachte die unselige Allianz von unsensibler
moderner Architektur, städtischen Schnellstraßen
auf Betonstützen und dem Drang, in Vororten zu
wohnen, weltweit eine Verödung der städtischen
Zentren. Die Stadt wurde auseinander gerissen.

In den letzten beiden Jahrzehnten des Jahrhunderts indes legten Architekten, Stadtplaner,
Politiker, Kritiker und Menschen, die in den
Städten wohnen wollten, ein leidenschaftliches
Engagement an den Tag, um das Problem der
städtischen Degenerierung anzugehen. Die unter-
nommenen Anstrengungen trugen Früchte. Stadt-
erhaltungsgruppen, insbesondere in Europa und
den USA, begannen historische Stadthäuser zu
retten, liebevoll zu restaurieren und schließlich

eine geeignete Nutzung zu finden. Neue Gebäude sollten verstärkt ihre Umgebung berücksichtigen. Während dies anfänglich zu imitierenden Entwürfen führte, haben zu Beginn des 21. Jh. viele Architekten gelernt in einer innovativen Weise zu bauen, die die Umgebung aufwertet und nicht mehr beeinträchtigt.

Konferenzen, auf denen Architekten, ihre Kritiker und Unterstützer über die Frage diskutierten, wie »grüne« Städte zu schaffen seien, ökologisch gesund und angenehm, in denen man wohnen und arbeiten könne, wurden in erstaunlicher Häufigkeit abgehalten. Obwohl Architekten in vielen Teilen der Welt das Problem erkannt hatten, gab es weiterhin Anlass zur Sorge, da in der so genannten Dritten Welt die schnelle Industrialisierung oder die brutale Abholzung von Regenwald zu (vor-)städtischem Wildwuchs führte, der sich wie ein Buschbrand ausbreitete: In zunehmendem Maße strömten Menschen aus armen ländlichen Gebieten in Lateinamerika, Afrika oder Asien unkontrolliert in die Städte, nicht, weil sie dort einfach lieber leben oder die Kultur genießen wollten, sondern um ein Stück Brot oder eine Schale Reis zu verdienen und in der Lage zu sein, ein paar Mark an ihre in der abgelegenen Heimat zurückgebliebenen Familien zu senden. Barackensiedlungen wuchsen wie bösartige Tumoren um die Stadtzentren der Entwicklungsländer.

Herkulische Anstrengungen wurden, kurz vor zwölf, unternommen, um das Innere der alten Städte wieder zu beleben: durch effektive öffentliche Verkehrsmittel (bei eingeschränktem Individualverkehr), erschwingliche Wohnungen, neue Kulturattraktionen, wieder erstandene alte Viertel, grüne Lungen – und schließlich hohe architektonische Standards.

DIE LEBENSWERTE STADT

Solche Maßnahmen, gesteuert vom politischen Willen, haben Städte wie Barcelona, Antwerpen, Lyon oder Berlin sowie zumindest Teile von New York und London in den letzten 20 Jahren verbessert. Es bleibt noch ein langer Weg zu gehen, obwohl die ganze Geschichte hindurch die größten Städte, egal wie prächtig ihr Aussehen war, auch stets die lebendigsten waren. Das Gleichgewicht von Ordnung und Chaos, Gefühl und Vernunft, individuellen und öffentlichen Interessen manifestiert sich in einem ausgewogenen Stadtplan und einer guten Architektur, verleiht einer Stadt ihre Großartigkeit. Zu Beginn des 21. Jh. ist es gewiss dringend, die Städte zu gesunden Lebens- und Arbeitsorten zu machen, doch wie es so schön heißt, auch Rom wurde nicht in einem Tag erbaut.

> »Die Stadt wird komponiert, daher nie gebaut und daher für die Ewigkeit errichtet.«
> ALFRED LORD TENNYSON

SANIERTER RATHAUSPLATZ, LYON, FRANKREICH
Seit 1989 sind über 150 öffentliche Räume in Lyon und Umgebung von berühmten französischen Architekten, Stadtplanern und Landschaftsarchitekten umgestaltet worden. Einer dieser sanierten Plätze ist der vor dem Rathaus.

GLOSSAR

A

Abakus Die flache Platte zwischen dem oberen Abschluss eines Kapitells und dem Architrav.

Ädikula Eine von Säulen oder Pilastern gerahmte Wandnische, die von Gebälk und Giebel bekrönt wird, gedacht zur Aufstellung einer Statue.

Agora Markt- und Versammlungsplatz alter griechischer Städte.

Akanthus Pflanze mit gezackten Blättern, die als Zierform beim korinthischen Kapitell vorkommt.

Akropolis Griechische Zitadelle mit Tempeln, meist auf dem höchsten Punkt der Stadt gelegen.

Altarraum Der den Priestern vorbehaltene Teil der Kirche, der auch den Hauptaltar birgt.

Apsis Eine große halbkreisförmige oder polygonale Nische als Abschluss des Altarraums am Ostende einer Kirche.

Architrav Die unterste Lage des klassischen Gebälks; auch der profilierte Türsturz.

Archivolte Profilierter Bogen.

Arkade Von Säulen oder Pfeilern gestützte Bogenreihe. Ist eine Arkade lediglich einer Wand vorgeblendet, spricht man von einer Blendarkade.

Atrium Hof im Zentrum eines Gebäudes; auch Vorhalle einer Kirche.

Attika Mauerzone über dem Gesims einer Säulenreihe.

Auskragung Das Vorspringen eines Bauteils über seine Stütze bzw. den Unterbau hinaus, es wird durch die Fixierung des innen liegenden Teils ausbalanciert.

B

Baldachin Von Säulen getragene Überdachung, meist über einem Altar oder einem Grab, aber auch einer Statue.

Baluster Geschwellte Säulchen aus Stein oder Holz, die ein Geländer oder eine Brüstung tragen.

Balustrade Brüstung mit Baluster.

Baptisterium Taufkapelle – innerhalb oder losgelöst von einer Kirche – mit dem Taufbecken im Zentrum.

Basilika Mindestens dreischiffiger Bau mit erhöhtem Mittelschiff, das durch eigene Fenster im Obergaden (Lichtgaden) erhellt wird; bei den Römern Markt- und Gerichtshalle, in frühchristlicher Zeit und im Mittelalter vornehmlicher Kirchentyp.

Belvedere Kleiner Aussichtsturm/ -terrasse oder ein in einem Park erhöht liegendes Sommerhaus mit weiter Aussicht.

Bergfried Innerer Befestigungsturm einer Burg; so ausgestattet, dass er im Belagerungsfall als Wohnquartier dienen kann.

Betonfertigteile Bauteile, die in einer Fabrik aus Beton gegossen und dann vor Ort in Position gebracht werden.

Bogen Gewölbte Konstruktion aus Mauerwerk, die eine Öffnung überspannt.

Brüstung Eine niedrige Begrenzungswand bzw. Geländer am Dachansatz, an einer Brücke oder einem Balkon (bzw. Empore).

C

Campanile Frei stehender Glockenturm, besonders in Italien gebräuchlich.

Chor/-raum Raumteil einer Kirche, in dem sich die Mönche zum Chorgebet versammeln; außerhalb von Klosterkirchen identisch mit Altarraum.

Cruck frame Englische Variante des Fachwerkbaus, die wie eine umgedrehte Schiffskonstruktion erscheint.

Curtain Wall Vorhangfassade; Außenwand ohne tragende Funktion, die einem Skelettbau vorgehängt ist.

D

Dachbinder Der waagerechte Hauptbalken, der die unteren Enden der Sparren oder Pfetten verbindet und ihr Auseinanderdriften verhindert.

Dachvorsprung/Traufe Unterer, waagerechter Abschnitt eines Satteldaches, der über einer Wand vorspringt.

Decorated Style Sonderform der englischen Hochgotik, für die reiche Zierformen an Baugliedern, etwa beim Maßwerk, typisch sind.

E

Early English Style Strenger, weitgehend schmuckloser Architekturstil der englischen Frühgotik.

Entasis Leichte Schwellung eines Säulenschaftes, um der optischen Täuschung entgegenzuwirken, die Säule sei in der Mitte dünner.

Erker An Fassaden oder Ecken vorspringender, durchfensterter, ein- oder mehrstöckiger Gebäudeteil zur Gliederung und Bereicherung des Außenbaus.

F

Fächerfenster Ein häufig halbrundes Fenster mit strahlenförmig angeordnetem Gitter, das optisch an einen Fächer erinnert.

Fächergewölbe Eine für den Perpendicular Style, eine Sonderform der englischen Gotik, typische Gewölbeform; alle Rippen weisen die gleiche Krümmung auf und strahlen fächerförmig von einem Kämpfer aus.

Fassade Schauseite (»Gesicht«) oder Front eines Gebäudes.

Fiale Schlankes gotisches Ziertürmchen als Aufsatz an Strebepfeilern oder Portalen.

Fresko Wand- bzw. Deckengemälde, das auf den noch feuchten, frischen (ital. fresco) Putz gemalt wurde.

Fries Mittlerer Abschnitt eines klassischen Gebälks; auch ein waagerechtes, fortlaufendes, auf eine Außenwand aufgebrachtes, meist skulptiertes Band.

G

Galerie Lang gezogener Repräsentationsraum, oft in einem oberen Stockwerk eines Schlosses, der Erholung, Unterhaltung oder zur Ausstellung von Kunstwerken dienend. Im mittelalterlichen Kirchenbau ist eine Galerie ein durch Arkaden geöffneter Laufgang vor einer Mauer.

Gebälk In der klassischen Gebäudeordnung der Teil über den Säulen, bestehend aus Architrav, Fries und Gesims.

Gesims In der klassischen (und klassizistischen) Architektur der vorspringende obere Teil eines Gebälks; auch das vorspringende, waagerechte Sims am oberen Ende einer Wand.

Gewölbe Gekrümmte Decke über einem Raum.

Giebel Zunächst dreieckige Stirnwand eines Satteldachs. In der klassischen Architektur die dreieckige, mit Skulpturen bestückte Wandfläche oberhalb des Gebälks; später jede ähnliche (Zier-) Bekrönung über Fenstern oder Türen.

Griechisches Kreuz Kreuz mit vier gleich langen Armen.

Gurtbogen Quer zur Längsachse eines Raumes verlaufender Verstärkungsbogen des Gewölbes.

H

Hypokausten Typisches Heizsystem der Römer; Warmluft zirkuliert durch Schächte unter dem Gebäudeboden.

Hypostyl Säulenhalle, deren Dach von vielen Säulen getragen wird.

I / J

Impluvium Auffangbecken des Regenwassers im Atrium eines römischen Wohnhauses.

Insulae (Miet-)Wohnblocks in römischen Städten.

Interkolumnium Abstand zwischen zwei Säulen.

Joch Überwölbter Raumabschnitt zwischen zwei Gurtbögen.

K

Kannelierung/Kanneluren Konkave, senkrechte Rillen am Schaft von Säulen und Pilastern oder auch auf einer anderen Oberfläche.

Kapitell Das Kopfstück, das auf dem Säulenschaft sitzt.

Karyatide Stütze in Mädchengestalt, erstmals am Erechtheion in Athen verwendet.

Kassetten Vertiefte, meist quadratische oder polygonale Felder an Decken oder Bögen.

Keilsteine Keilförmige Blöcke in Bögen und Gewölben.

Kolonnade Säulenreihe, die ein Gebälk trägt.

Konsole Aus einer Wand vorspringendes Tragelement zur Stützung eines Dachbalkens, eines Gewölbes oder einer Figur.

Kragstein Siehe Konsole.

Kreuzgang Überdachter Gang um einen zentralen viereckigen Hof; er verbindet in einem Kloster die verschiedenen Bereiche mit der Kirche.

Krypte Niedriger, oft mehrschiffiger gewölbter Raum unter dem Chor zur Aufnahme von Gräbern.

Kuppel Meist halbkugelförmige Überwölbung runder, vier- oder vieleckiger Gebäude bzw. Gebäudeteile; sie kann auch am Außenbau in Erscheinung treten.

Kyma/Kymation Blattwellenfries oder Eierstab zur Begrenzung von Flächen.

L

Langhaus Ein- oder mehrschiffiger Laienraum einer Kirche.

Laterne Kleiner, durchbrochener Aufsatz im Zenit einer Kuppel, durch den Licht in den darunter liegenden Raum fällt.

Lehrgerüst Gerüst, meist aus Holz, das zum Bau von Bögen, Gewölben oder Kuppeln als Hilfmittel eingesetzt und dann wieder abgebaut wird.

Lichtgaden Das Obergeschoss eines Mittelschiffs, das von Fenstern durchbrochen ist (vgl. Basilika).

Loggia Offene Bogenhalle.

Lünette Halbmondförmiges Bogenfeld.

M

Mansardendach Benannt nach dem französischen Architekten Mansart; gestuftes Dach mit Räumen.

Maschikulis Pechnasenkranz; kleine, vorspringende Verteidigungsbrüstung mit Bodenöffnung, durch die geschmolzenes Blei, Pech oder Steine auf Angreifer geschüttet werden konnten.

Maßwerk Ornamentale Muster in Stein, die den oberen Teil gotischer Fenster oder Bogenfelder füllen.

Mastaba Grabbau im alten Ägypten.

Metope Gebälk-Feld zwischen dorischen Triglyphen, häufig mit Skulpturenschmuck versehen.

Mezzanin Halb- oder Zwischengeschoss.

Mihrab Gen Mekka gerichtete Nische in einem Sakralbau des Islam.

Minarett Schlanker Turm einer Moschee, von dem aus die Gläubigen zum Gebet gerufen werden.

Modul Maßeinheit, zu der die Teile eines Gebäudes in einfachen Verhältnissen stehen. In der klassischen Architektur handelt es sich im Allgemeinen um den Durchmesser einer Säule, direkt über ihrer Basis, der sich wiederum in 60 Partes oder Minuten unterteilen lässt.

N

Naos Hauptraum eines griechischen Tempels, birgt die Götterstatue.

Nische Vorne offene Aussparung einer Mauer.

Nut und Feder Holzverbindungstechnik; Teile werden aneinander gefügt, indem eine vorstehende Zunge, die Feder, des einen Stücks in eine entsprechende Vertiefung, die Nut, des anderen greift.

O

Oculus Kreisförmiges Fenster, auch »Ochsenauge« genannt.

Oratorium 1. Vom Hauptraum abgeschlossene Empore in einer Kirche; 2. im weiteren Sinne ein privater separater Betsaal.

P

Pagode Mehrstöckiger chinesischer oder japanischer Turm, ein sakraler Bau, der meist eine Reliquie birgt; bei ihm kragen die Dächer eines jeden Stockwerks vor.

Palladianismus Von den Bauten und Veröffentlichungen Andrea Palladios

(1508–1580) abgeleiteter Baustil. Der Palladianismus setzte im frühen 18. Jh. in Italien und England ein und verbreitete sich um die Mitte des 18. Jh. von da nach Amerika.

Panoptikum Gebäude, dessen Flure von einem zentralen Beobachtungspunkt ausstrahlen.

Pavillon In eine Landschaftsszenerie gesetzter leichter Zierbau; auch ein vorspringender, im Dachbereich eigenständiger Teil eines größeren Gebäudes (Schlossbau).

Pendentif Hängezwickel; sphärisches Dreieck als Verbindung zwischen quadratischem Unterbau und Fußkreis einer Kuppel.

Peristyl Die ein Gebäude (Tempel) oder einen Hof umgebende Säulenreihe.

Perpendicular Style Spätstufe der gotischen Architektur in England, geprägt durch stark lineare Gliederungselemente wie das Stabwerk oder das Fächergewölbe.

Pfeiler Massive, gemauerte Stütze, meist von rechteckigem oder quadratischem Grundriss; zu unterscheiden von der Säule.

Piano Nobile Hauptetage eines Palastes, erhebt sich zumeist über dem Erdgeschoss und beherbergt die herrschaftlichen Repräsentationsräume.

Pilaster Flacher, rechteckiger Pfeiler, einer Wand vorgesetzt und gestaltet gemäß der Säulenordnung.

Portal Monumentaler Gebäudeeingang.

Portikus Überdachter Eingangsbereich oder Portal mit Säulen.

Postament Sockel von Säulen, Statuen oder Vasen.

Pylon Torbau eines ägyptischen Tempels; Pfeilerturm einer Hängebrücke.

Q

Quadermauerwerk Mauer aus glatten, regelmäßig behauenen, quaderförmigen Steinen, horizontal verlegt.

Querschiff Ein- oder mehrschiffiger Bauteil einer Kirche, der quer zum Langhaus verläuft, das Mittelschiff in der Vierung schneidet und dem Grundriss die Form eines Kreuzes verleiht.

R

Radfenster Rundes Fenster mit speichenartiger Unterteilung, wobei die Zwischenflächen mit Bleiglas gefüllt sind.

Rahmen Ein Konstruktionsskelett, bestehend aus Holz, Eisen, Stahl, Stahlbeton etc.

Relief Skulptur, die aus der Grundfläche herausentwickelt ist und mit dieser noch in Verbindung steht.

Rippe Plastisches Band aus Stein oder Ton am gotischen Gewölbe; es trägt die Last des Gewölbes und leitet sie auf die Mauern ab.

Rocaille Asymmetrischer Muschelrand als Zierelement, das zum Leitmotiv des Rokoko wurde.

Rotunde Runde Säulenhalle oder Rundbau, meist von einer Kuppel bekrönt.

Rustika (=Bossenwerk) Mauerwerk aus Quadersteinen mit gewölbter Außenfläche (Buckelquadern), das ein Bauwerk archaisch-wehrhaft erscheinen lässt.

S

Säule Menschenähnliche Stütze, bestehend aus Basis (Fuß), rundem Schaft und Kapitell (Kopf).

Säulenordnung Antike Konstruktion aus Säulen und Gebälk, proportioniert und gestaltet entsprechend allgemein anerkannten Regeln (Kanon). Die Griechen kannten drei Ordnungen: die dorische, ionische und korinthische Ordnung.

Die Römer fügten die toskanische und die komposite Ordnung hinzu.

Schaft Hauptteil einer Säule zwischen Basis und Kapitell. **Schalung** Form aus Holz, in die Beton gegossen wird.

Schindeln Überlappende Brettchen, die die Mauer eines Hauses verkleiden und/oder sein Dach bedecken.

Schlussstein Verzierter Stein am Schnittpunkt der Rippen im Scheitel eines gotischen Gewölbes.

Seitenschiffe Sie flankieren ein Mittelschiff und können dabei niedriger als dieses (Basilika) oder gleich hoch (Halle) sein.

Spannweite Abstand zwischen den Stützen eines Bogens, Gewölbes oder Balkens.

Stabwerk Schlanke Pfosten, die in der Gotik ein Fenster oder andere Öffnungen unterteilen; sie gaben dem Perpendicular Style in England seinen Namen.

Stahlbeton Betonelemente werden mit Stahlsträngen verstärkt, damit sie hohem Druck ohne einzuknicken standhalten können. Diese Entwicklung hat kühne Betonbauten mit sehr großer Spannweite möglich gemacht.

Stichbalken Kurzer, waagerechter Balken, der am oberen Ende einer Innenwand vorspringt und die offene Dachkonstruktion stützt, wie dies vor allem für das spätgotische England typisch ist.

Stoa Frei stehende Säulenhalle, die man in der antiken griechischen Baukunst findet.

Strebepfeiler Ein pfeilerförmiger Wandvorsprung aus Haustein oder Ziegelwerk, der die Wand verstärkt, insbesondere am Widerlager eines Gewölbes.

Strebewerk In der Hochgotik verselbstständigen sich die Wandpfeiler zu turmartig freien Strebepfeilern, die mittels Strebebögen den Schub des Gewölbes abfangen und ins Fundament ableiten; dadurch werden die Mauern derart entlastet, dass sie durch riesige Fenster aufgelöst werden können.

Stupa Ursprünglich ein Grabhügel, dann ein halbkugelförmiger Bau; im Buddhismus ein sakrales Bauwerk, das die Funktion eines Reliquienschreins, Erinnerungsmals und einer Votivgabe in sich vereint. Zugleich ist es Sinnbild der Essenz der buddhistischen Lehre.

Sturz Waagerechter Stützbalken, der die Öffnung in einer Mauer (Türe, Fenster) überspannt.

T

Tambour Runder oder polygonaler, durchfensterter Unterbau des Kuppelgewölbes.

Tatami Eine in der japanischen Wohnkultur verwendete Bodenmatte aus Reisstroh; sie wurde zur Maßeinheit für Teeräume.

Travertin Kalktuff

Triglyphe Vertikal geschlitzte Platte, welche die Metopen im dorischen Gebälk voneinander trennt.

Triumphbogen Von den Römern eingeführtes, frei stehendes, monumentales Siegesdenkmal in Form eines einfachen (Titusbogen) oder dreifachen Torbogens (Bogen des Septimius Severus) mit Inschriften und reichem skulpturalem Schmuck.

Tuff Rauer, poröser Baustein, aus Vulkanstaub entstanden.

Tympanon Dreieckiges Giebelfeld einer Tempelfront oder lünettenförmiges Feld über einer Türöffnung, meist mit figuralem oder ornamentalem Schmuck versehen.

V

Verblendung Auf der Mauerfläche eines Gebäudes angebrachte Verkleidung.

Vestibül Vorraum einer größeren Wohnung.

Vierung Der Raum im Kreuzungspunkt von Mittelschiff und Querschiff in einer kreuzförmigen Kirche, oft von einer Kuppel überhöht.

Volute Spiral- oder Schneckenform, die sich an ionischen, korinthischen und kompositen Kapitellen findet.

W

Walmdach Satteldach, bei dem die Giebel durch je eine weitere geneigte Dachfläche ersetzt sind.

Wange Verstärktes Mauerwerk, das den seitlichen Druck eines Bogens auffängt.

Wasserspeier Meist in fantastischer Menschen- oder Tiergestalt skulptierter, am Dachansatz vorspringender Wasserausguss.

Westwerk Monumental ausgebildeter, querriegelartiger Westbau vor einer karolingischen oder romanischen Kirche, oft mit eigener Kapelle im Obergeschoss.

Z

Zikkurat Mesopotamischer Tempelturm in Form einer Stufenpyramide.

REGISTER

BILDNACHWEIS

S.1 © Michael Holford M. **S.2** AKG London Erich Lessing. **S.3** © Guggenheim Museum Bilbao Erika Barahona Ede M. **S.4** Arcaid Joe Cornish ur. **S.4–5** Corbis UK Ltd Bob Krist (Hintergrund). **S.5** View Pictures Peter Cook-© FLC-ADAGP, Paris und DACS, London 2000 ur. **S.7** Art Directors & TRIP A. Ghazzal u. **S.8** Sonia Halliday Photographs. **S.9** Robert Harding Picture Library r. **S.10** Corbis UK Ltd Jonathan Blair l. **S.11** Foster & Partners Nigel Young u. **S.12–13** Bridgeman Art Library, London-New York Stapleton Collection. **S.14** Ffotograff Charles Aithie u; Robert Harding Picture Library Richard Ashworth or. **S.15** AKG London or; Bridgeman Art Library, London-New York Musée du Louvre, Paris Mr. **S.16** AKG London or; Robert Harding Picture Library Guy Thouvenin ul. **S.17** Corbis UK Ltd: Gianni Dagli Orti ur; Robert Harding Picture Library or. **S.18** Robert Harding Picture Library ul. **S.19** AKG London Erich Lessing or; Corbis UK Ltd: Martin Jones ol; DK Picture Library Geoff Brightling u. **S.20** Werner Forman Archive ol; Art Directors & TRIP P. Bucknall Mu. **S.21** Scala, Musée du Louvre, Paris or; Tony Stone Images Gavin Hellier u. **S.22** Art Directors & TRIP ol. **S.22–23** Axiom James Morris u. **S.23** Robert Harding Picture Library or. **S.24–25** Robert Harding Picture Library Roy Rainford. **S.26** © Michael Holford: ul; Scala, Museo Pio-Clementino ol. **S.27** AKG London ol; Trireme Trust Paul Lipke ur; © Dorling Kindersley Simon Murrell or. **S.28–29** AKG London o; © Dorling Kindersley Andrew Evans ul. **S.29** British Museum, London or; Scala ur. **S.30** Art Directors & TRIP Robin Smith ul; © Dorling Kindersley Simon Murrell ol. **S.31** National Gallery of Art, Washington Samuel H. Kress Collection-Foto von Richard Carafelli. **S.32** AKG London ol; Corbis UK Ltd Mimmo Jodice ul; Ffotograff Charles Aithie Mo. **S.33** Architectural Association Anthony Hamber u; © J. Paul Getty Trust John Stephens or. **S.34** Archivo Iconografico, S.A. or. Archivision, Toronto l; Robert Harding Picture Library ur. **S.35** Corbis UK Ltd Wolfgang Kaehler ur. **S.36–37** Sonia Halliday Photographs. **S.38** Scala, San Vitale, Ravenna Ml. **S.38–39** Powerstock Photolibrary-Zefa u. **S.39** Bridgeman Art Library, London-New York Fogg Art Museum, Harvard University Art Museums, US or. **S.40** A. F. Kersting ul; Scala or. **S.41** Petrushka © V. Gritsuk Mu; Scala, State Museum of Russia, Leningrad or; © Dorling Kindersley Simon Murrell ur. **S.42** AKG London Trinity College, Dublin ol; Eye Ubiquitous Hugh Rooney or; Angelo Hornak Library ul. **S.43** Archivo Iconografico, S.A. u. **S.44** Angelo Hornak Library ul; Courtesy of The Dean and Chapter, Durham

Cathedral or. **S.45** Joe Cornish Mo; Domkapitel Speyer, Dombauamt ur; © Dorling Kindersley Simon Murrell or. **S.46** British Museum, London ol. Corbis UK Ltd Paul Almasy u. **S.47** A. F. Kersting o; Pictorial Press Ltd ur; © Dorling Kindersley Simon Murrell or. **S.48** © Dorling Kindersley Simon Murrell Ml; Robert Harding Picture Library Michael Jenner ul; Art Directors & TRIP H. Rogers Mr; M. Good ur, Mr. **S.49** Werner Forman Archive Mr; Robert Harding Picture Library Schuster u. **S.50** Art Directors & TRIP H. Rogers u. **S.51** Ffotograff Patricia Aithie ol; Christoph Kicherer ur; Kimbell Art Museum, Fort Worth, Texas Mr. **S.52–53** Angelo Hornak Library. **S.54** Corbis UK Ltd Angelo Hornak Mul; Scala, Galleria degli Uffizi, Florenz ol. **S.55** Art Directors & TRIP G. Taylor o. **S.56** Bibliothèque Nationale De France, Paris c; Angelo Hornak Library ur; © Crown Copyright. NMR Royal Commission on the Historical Monuments of England © The Dean and Chapter Library, York Minster ul. **S.57** Ulm-Neu-Ulm Touristik G. Merkle Mo. **S.58** © Michael Holford ol. **S.59** Tony Stone Images ur. **S.60** The Art Archive ol; Robert Harding Picture Library ul; Hulton Getty or. **S.61** Archivo Iconografico, S.A. or; Bildarchiv Preußischer Kulturbesitz Staatliche Museen, Berlin-Photograph Jörg P. Anders ul; The J. Allan Cash Photolibrary Mu. **S.62** Robert Harding Picture Library Michael Jenner ul; © Dorling Kindersley Simon Murrell ol. **S.63** Archivo Iconografico, S.A. u; Corbis UK Ltd Jonathan Blair o. **S.64** A. F. Kersting ul. **S.65** Angelo Hornak Library Courtesy of the Dean and Chapter, Westminster Abbey ul; Pictures Colour Library or. **S.66–67** Corbis UK Ltd Massimo Listri. **S.68** Ikona or. **S.68–69** AKG London Galleria Nazionale delle Marche, Urbino-Photograph Erich Lessing u. **S.69** Scala or. **S.70** AKG London AKG Berlin-S Domingie u; Ikona or. **S.71** Robert Harding Picture Library Christopher Rennie ol; Ikona Osvaldo Böhm, Italien ur. **S.72** Corbis UK Ltd Michael Nicholson ol; Angelo Hornak Library ur. **S.73** Spectrum Colour Library o. **S.74** Arcaid Joe Cornish Mr; Corbis UK Ltd Catherine Karnow ul; Jonathan Blair Ml; DK Picture Library James Strachan ur. **S.75** AKG London Erich Lessing ur; Edifice Darley ol; Esto Photographics Norman McGrath or. **S.76** Arcaid Joe Cornish u; Bridgeman Art Library, London-New York Private Collection Mo. **S.77** Corbis UK Ltd Mo; John Heseltine Mu. **S.78** Ikona Archivo Vasari Mu; Scala, St. Carlo alle Quattro Fontane, Rom ol; © Dorling Kindersley Simon Murrell ul. **S.79** Bridgeman Art Library, London-New York Santa Maria della Vittoria, Rom, Italien o. **S.80** Archivi Alinari or; Bridgeman Art Library, London-New York National Gallery of Victoria, Melbourne, Australia-Everard Studley Miller Bequest ol; Rafael Valls Gallery, London ul. **S.81** Archivi Alinari Archivo Seat M. **S.82** Angelo Hornak Library l. **S.83** Corbis UK Ltd Stephanie

Colasanti, Karlskirche, Wien u; Robert Harding Picture Library ol; A. F. Kersting or. **S.84** A. F. Kersting Mo; © Dorling Kindersley Simon Murrell ol. **S.85** Bridgeman Art Library, London-New York, City of Westminster Archive Centre, London Mru; Edifice Darley ol; Fotomas Index Mo; Angelo Hornak Library u. **S.86** Archivo Iconografico, S.A. u; Scala: Galleria Palatina, Florence ol. **S.87** Photographie Giraudon or. **S.88** Angelo Hornak Library ul. **S.89** Corbis UK Ltd Tony Arruza Mur; A. F. Kersting ol; Rodney Wilson or. **S.90** Bridgeman Art Library, London-New York Hove Museum and Art Gallery ol; Scala, Mauritshuis Museum, Den Haag u. **S.91** Axiom Chris Coe o; Link Picture Library Orde Eliason ur. **S.92–93** Mireille Vautier. **S.94–95** Archivo Iconografico, S.A. ol; Robert Harding Picture Library Adina Tovy u. **S.95** Art Directors & TRIP H. Rogers or. **S.96** South American Pictures Robert Francis ul; Art Directors & TRIP Ken McLaren o. **S.97** Ancient Art & Architecture Collection Ronald Sheridan u; Art Directors & TRIP S. Grant ol. **S.98** Corbis UK Ltd Jeremy Horner u. **S.99** Corbis UK Ltd Peter Wilson o. **S.100–101** Arcaid Bill Tingey. **S.102** Axiom Gordon D. R. Clements ol; **S.102–103** Robert Harding Picture Library Schuster u. **S.103** British Library, London 15258.cc.3. or; Tony Stone Images Jean-Marc Truchet Mo. **S.104** AKG London Mlu; Tony Stone Images D. E. Cox ol. **S.105** Ffotograff Roy Lawrence u. **S.106** Archivo Iconografico, S.A. u; Axiom Jim Holmes ol. **S.107** Moh Nishikawa or; Nigel Paterson ur. **S.108** Edifice Darley Mlu; Nigel Paterson ur, o. **S.109** Axiom Jim Holmes or; Nigel Paterson Mru. **S.110–111** A. F. Kersting. **S.112** © Michael Holford Victoria & Albert Museum ol; A. F. Kersting: u. **S.113** Corbis UK Ltd Sheldan Collins or; Scala ur. **S.114** A. F. Kersting u; V&A Picture Library ol. **S.115** British Library, London Add Or 948 or; V&A Picture Library Mru. **S.116** Axiom P. Rayne u. **S.117** Robert Harding Picture Library ol; Art Directors & TRIP T. Bognar ur. **S.118–119** A. F. Kersting. **S.120** Photographie Bulloz ol; **S.120–121** Angelo Hornak Library u. **S.121** Edifice Jackson or; Fotomas Index ol; National Trust Photographic Library Nadia MacKenzie ur. **S.122** National Trust Photographic Library Andrew Butler u. **S.123** AKG London Galleria Palatina, Palazzo Pitti, Florenz-Photograph S. Domingie or; Bridgeman Art Library, London-New York Guildhall Library, Corporation of London u; Corbis UK Ltd Historical Picture Archive ol. **S.124** Special Collections and Archives, James Branch Cabell Library, Virginia Commonwealth University, Richmond, Virginia ul; DK Picture Library Ml. **S.125** Corbis UK Ltd Bettmann or; Angelo Hornak Library Mo, ur. **S.126** Architectural Association Peter Cook Mu; The Art Archive Musée de Versailles ol. **S.127** Bibliothèque Nationale De France, Paris ol; Jean-Loup Charmet Bibliothèque des Arts

DANK DES AUTORS

Ich danke all jenen, die mir alle Typen, Schulen, Richtungen und Schauplätze von Architektur näher gebracht haben: John Betjeman, Ian Nairn, Hubert de Cronin Hastings, John Summerson, Colin Boyne, Dan Cruickshank, Gavin Stamp, Peter Buchanan, Augustus Welby Northmore Pugin, Berthold Lubetkin, John Ruskin, Bill Slack, Martin Pawley, Penelope Chetwode, Renzo Piano, Imre Makovecz, Ricky Burdett, Tudy Sammartini, Lance Knobel, Ilse Crawford, Nigel Coates, Daniel Libeskind und den vielen Architekten, Ingenieuren, Historikern und Gebäudebesitzern, die mir in den letzten zwanzig Jahren ihre kostbare Zeit zur Verfügung gestellt haben.

Danke auch an das leidgeprüfte Team von Dorling Kindersley – Anna Kruger, die dieses Buch ins Leben rief; Stephen Knowlden, der das Design verantwortete; Rowena Alsey, Simon Murrell und Carla De Abreu, die das Design entwarfen; Peter Jones, Neil Lockley und Jo Marceau, die das Buch lektorierten; Sam Ruston, der die Bildrecherche übernahm – und an alle, die an dieses Projekt glaubten.

DORLING KINDERSLEY DANKT
Mihály Katona, Judith More, Tim Scott, Louise Thomas und Hilary Bird für das Register.

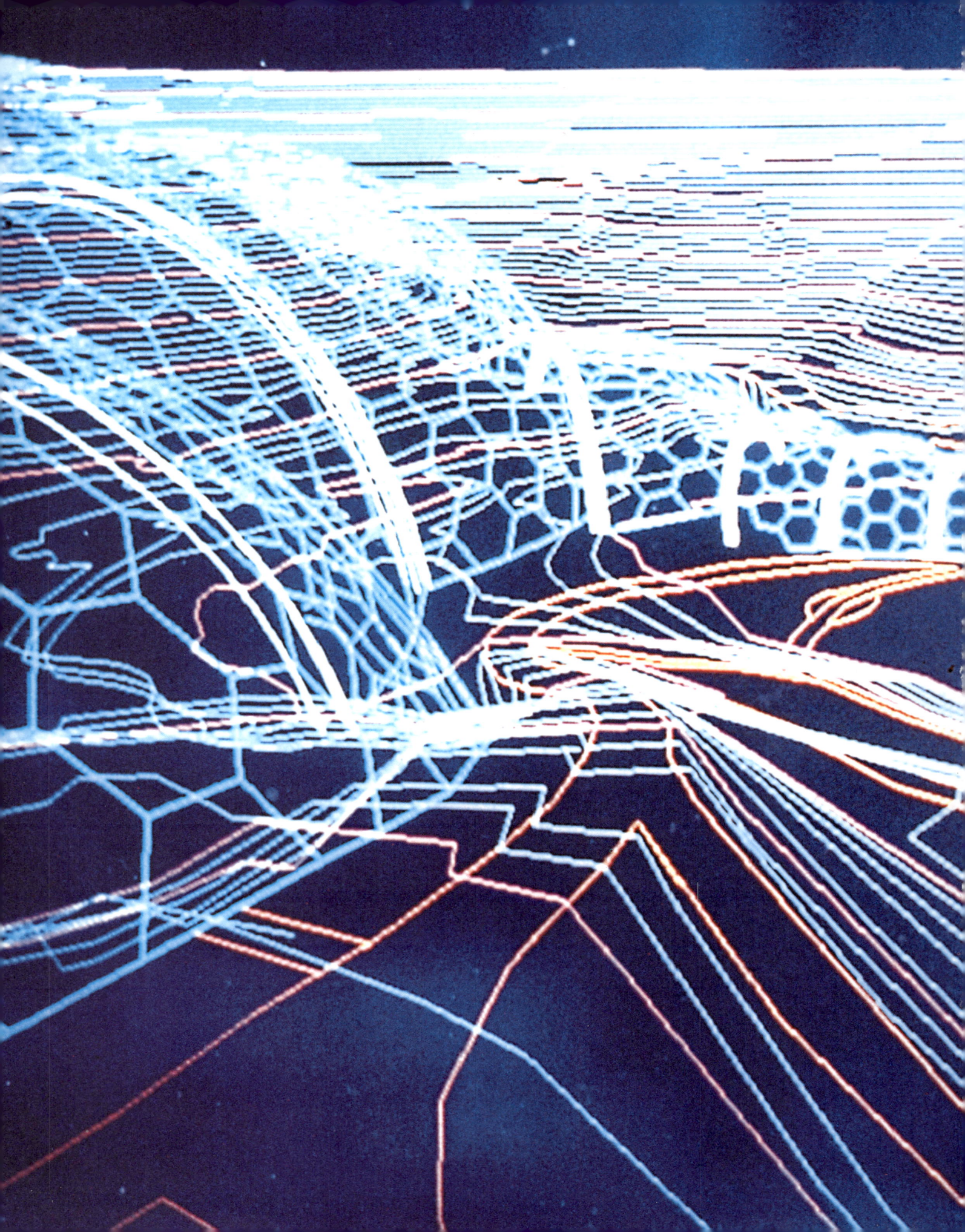